爱情的破碎

一部分手史

【法】萨宾娜·梅尔基奥尔 - 博奈 / 著
陈晓琳 / 译

中国环境出版集团·北京

承蒙法国驻华大使馆襄助

至纫公谊

Ouvrage publié dans le cadre
du Programme d'Aide à la Publication Fu Lei
de l'Ambassade
de France en Chine

译者序

一部学术性与感性并存的“分手史”

古往今来，人们都会对灿烂美好的事物产生自然而然的向往，本能地规避它们暗淡、凋谢的另一面。感情亦是如此。纳兰性德用“人生若只如初见”的感叹，道出了往事不可追的怅然神伤，也让我们正视了多数感情的必然命运——爱情固然令人心驰神往，但萌芽之时憧憬和浓情之时的热烈并不是它的全部；爱情亦有令人不堪回首、痛彻心扉的另一面，也会像万物一样从蓬勃走向消亡。这或伤感、或痛苦、或怅然，或激烈的另一面也是爱情的本身，是它不可分割的一部分。爱情始终都是文艺作品经久不衰的养料，以至于本书作者在开篇就提出了“关于爱情的一切好像都已经被说尽了”这样的质疑。向阳而生是我们的本性，因此，有关爱情的这道不尽的“一切”其实更多地集中在了它朦胧之初的心悸和情深之时的动人，我们不愿意，甚至会特意回避一个不争的事实——爱情是一个漫长的、动态的过程，它是脆弱的、多变的，也许有一天，它也会走向消亡。《爱情的破碎：一部分手史》的作者梅尔基奥尔－博奈在这部作品中为我们解读的正是爱情从极到衰、充满泪水和挣扎，最终难以为继的另一面。本书法语原文书名为 *Les revers de l'amour. Une histoire de la rupture*，其中“revers”的意义即为“事物的反面，另一面”，在这部探讨爱情的另一面的作品中，我们看到的不是被光韵笼罩、被歌颂、被吟唱的理想之爱和神化之爱，而是历史上一段段未能修成正果、戛然而止的破碎之爱。

本书作者梅尔基奥尔－博奈女士是法国著名历史学家，现已出版《婚姻史》（*Histoire du mariage*, Robert Laffont, 2009）、《一部风流史》（*Une Histoire de la frivolité*, Armand Colin, 2013），《伟人和他们的母亲》（*Les Grands hommes et leur mère*, Odile Jacob, 2017）、《女性的笑容 一部权力史》（*Le rire des femmes*. *Une histoire de pouvoir*, PUF, 2021）等十余部学术著作。我们只需要通过这些作品的题目就不难看出，作者研究领域集中在探究人类情感、特别是两性情感关系的"感性史"领域。本书在法国出版时，也被出版社归为"感性史"领域。感性史（Histoire des sensiblités）这一概念由法国著名史学家吕西安·费博弗尔提出，是脱胎于文化史和思想史的一个史学分支，从二十世纪至今一直是国内外史学界的研究热点之一，此方向最著名的专家就是法国史学家阿兰·科尔班。在法语《罗贝尔词典》中"sensibilité"一词大体有两个方面的意思：一是指"人体对外界环境变化做出适应性调整的这一特性"，即"感官"；二是指"敏感个体的特性"，即"感性"。阿兰·科尔班的研究，例如《雨、阳光和风：一部天气感官史》（*La Pluie, le soleil et le vent : une histoire de la sensibilité au temps qu'il fait*，Aubier Montaigne，2013）等，多集中于"感官"领域。在翻译本书的过程中，我们发现作者梅尔基奥尔－博奈对"Histoire des sensiblités"这一概念的解读方式与科尔班有很大不同，相对于知觉和感官，作者的关注点集中于内在的情感。这一设想也得到了作者本人的证实，在与其邮件沟通的过程中，作者强调她眼中的"Histoire des sensiblités"最主要在于"与理性相悖"——"五感同样也是情感的一部分，但起到的只是推动作用，最终的落脚点仍然在非理性的'感性'上"。因此，在本书中，

“Histoire des sensiblités”这一概念的最贴切翻译应为“感性史”。

虽然爱情在文艺创作中无处不在，但是正如原著作者在引言中指出的一样，从历史学角度研究两性情感并非易事，因为情感的私密性和多样性决定了我们不可能像剖析重大历史事件一样解读个人、尤其是个人私生活情感——更何况客观至上的学术研究似乎与主观情感之间存在着先天屏障。本书却恰恰是一部探究主观情感的学术著作，其法语原著于2019年由专注于出版学术著作的法兰西大学出版社（Presses Universitaires de France, 简称 PUF）出版。读者只需浏览本书就会发现，这本书并非一部慨叹爱情不再的文艺作品，而是一部结构和逻辑严谨、史料丰富、语言风格简单明了，且具有鲜明问题意识的学术作品：全书按照时间发展顺序，共分为五个部分，作者在每一个部分都会引领我们重温三、四对著名爱侣“失败”的感情经历，他们之中有亨利八世、路易十四等权倾一时的君王、有李斯特、乔治 · 桑这样至真至烈的文人墨客和艺术家，也有像内穆尔公爵、隆格维尔夫人一样身处政治漩涡长袖善舞的宫廷贵族……作者选取了十八对西方历史上的著名爱侣作为典型“案例”，通过有据可循的史料记载以及当事人的私人通信，用客观、平实和真挚的笔触为读者呈现了一段段破碎的爱情旋律。通过这些被画上句号的爱情故事，我们领略到的除了一张张人类心灵地图以外，还有隐藏在它们背后的宏大历史和社会画卷，这也是为何我们不能将本书狭隘地归于“情感史”（Histoire des émotions）范畴的原因——因为作者真正想要传达的，是“无据可寻”的私人情感背后必然的历史推手：“分手史”的实质，其实是有关两性关系和婚恋的“制度史”。在每个章节之初，作者都会为我们详尽地梳理所处时代的政治、历史文化和宗教背景、社会风俗，及其对两性关系的规范和制度，除了个人情感以外，这些因素也同样对爱情的发展和消亡起到了决定性作用。

作为一本客观、严谨的学术著作，本书并未充斥着繁琐的学术名词和抽象的叙述，因此完全缺少史学背景或者学术意图的读者们大可不必担心坠入五里雾中；恰恰相反，阅读本书将会是一次愉悦的体验，这也是为何该书原著作为学术作品，在法国出版时却得以赢得市场肯定的原因之一：作者用深入浅出的解析和平实的叙述为我们哀而不伤地展现了一段段未成正果的爱情，并引领我们分析、思考爱情萌发和消亡的必然和偶然，让我们在重温历史要人的爱情起伏之余用辩证、理性的方式审视自我情感。

在翻译本书的过程中，译者的首要要义在于追求信实、遵循原文，尽量保留法语原著平实、严谨的叙述风格；为求准确，翻译并未采用读之畅然的化译。翻译中的一大难点在于对原著中的高频关键词汇“rupture”一词的阐释。该词在法语中大意为“折断、断裂、终止”，2019 年原著出版之际，作者在法国电视二台（France 2）中的一次采访中特意强调了该词汇在其书中所指，即“停止经营一段关系”——在爱情中，这个行为也随着历史时期的发展被冠以多种术语：如“离婚”作为一个在现代社会中最具代表性的“终止两性关系”的行为，直至法国大革命后才被纳入法国法律框架中，在此之前，夫妻关系一经缔结即不可终止；除此之外还有汉语中的“分手”一词，如今我们普遍意识中的“分手”似乎是一个制度规范之外、相对“轻巧”地结束爱情的方式，若将书中“rupture”统一冠以“分手”之名显然不妥。因此，我们根据上下文对这一关键词汇进行了具体处理，根据所处时代法律制度和所处上下文的情绪背景分别译为“分居”、“离婚”、“分手”、“破碎”、“决裂”等词汇。

作为一部“非典型性”学术著作，本书法语原著鲜有注释，所引用的文章和资料出处均在行文中标注。中文译本也遵循了法语原著的这一风格，但鉴于东西方读者的文化背景不同，为减少我国广大读者的理解困难，我们为一些不为中国读者所熟知、具有特定文化意蕴的专有词汇添加了中文脚注，后标注“译者注”。

书中所引用的人物、地点和作品名称，除少数存在通行中文翻译的词汇以外，均由我个人翻译。行文中所有引用部分，无论是否已存在中文译本，均由我个人翻译。另外，由于排版限制，中文译本中的专有名词，特别是人名和作品名称并未在中文翻译后配以原文。

衷心感谢原著作者梅尔基奥尔－博奈女士、中文译本责任编辑王荣女士，以及中国环境出版集团对出版《爱情的破碎：一部分手史》中译本一事的全力支持。中译本中所有翻译不准确之处，均由我本人负责。

陈晓琳

2021 年冬于北京

目　录

引言：从社会混乱到情感混沌

“爱情只有初始阶段富于魅力。人们常常乐于重始一段恋情，我对此一点也不吃惊。”

利涅亲王，《我的差别》

“新事物的魅力会像衣物一样逐渐褪色，让人赤裸裸地看到激情背后是永恒不变的单调，它永远都只有一种形式和同样的语言。”

福楼拜，《包法利夫人》

关于爱情的一切好像都已经被说尽了。一切？爱的征服为文学和历史提供了大量素材，但是爱的决裂却几乎从来没有引起过人们的注意，也没有史学家把这个主题作为研究对象。然而激情、各种冲突和感伤也是一部历史，因为它们要遵循各种各样的文化准则、不同程度的敏感度和各种感性表现形式。在当今社会，这些因素往往都被我们忽略掉了，而且也变得越来越不容易被我们感知到。

从一个世纪到另一个世纪，爱情在价值体系中的地位不断变化，描述爱情的文字也随之演变：通常都是文学、小说和诗歌告诉我们如何去爱、向我们解释为什么人们会受制于爱情。因此，从西班牙语翻译过来的《高卢的阿玛迪斯》[①] 才会成为16世纪法国爱情艺术的必备读物：英雄主义的

① 《高卢的阿玛迪斯》（或《高卢的阿马迪斯》），中世纪欧洲最著名、最流行的骑士小说之一。——译者注

爱情最终战胜各种分歧和离别。一个世纪之后，1669 年问世的《葡萄牙修女的情书》[①] 获得了同样的成功，这本书的结局让人挥泪：被背叛的爱情扮演了教化者的角色，开启了信仰之路，并且成为未来幸福的希望。如今，对美好性行为和露水情缘的辩护貌似将爱情以及爱情的破碎从悲剧色彩中解脱出来，但这却不能避免各种苦涩的回转。

爱情的破碎永远都是一场双方的博弈。不管是由于感情破裂还是岁月的磨损，分手都是一个强制性的结论，因为不管是由于丧失信任还是虚假谅解，这个结局都是失衡的，这其中充斥着各种情感和利益的羁绊。如今，任何司法和社会准则都不能阻止两个人分手：在法国，一半的婚姻以离婚告终。分手越来越普遍，那人们对爱情的破碎是不是也习以为常了？对于一对因爱结合并且共同生活的夫妇来说，两人的决裂通常伴随着严重的身份危机，或者至少产生了对其存在性的质疑。心理学认为这种质疑与婴儿和母体的首次分离有关：爱使人沉醉，因为爱能让人体会到一种，正如精神分析学家茱莉亚·克里斯蒂娃指出的，“由全情投入的自恋产生的如海洋般宽阔深沉的情感”；所以没有什么能比爱情的破碎更让人痛苦。不管分手有没有经过双方一致同意，双方关系的破裂和对另一半的排斥都会将社会及心理上更脆弱、更弱势的一方完完全全地置于“瓦解”的境地。

几个世纪里，分手的主动权一直属于男方。以前的法律和 1804 年的民法都强制已婚妇女有服从义务：男方可以在家庭之外自由寻爱，而女方的不忠却必受惩罚。诚然，19 世纪末兴起了女权运动、有关通奸的歧视性

---

① 又名《葡萄牙信札》，于 1669 年被出版商和书商克劳德·巴尔班翻译并引进到法国。本书翻译了一位葡萄牙修女给一名法国军官的五封情书。大部分专家都认为这部作品是其作者加布里埃尔·德·吉耶拉格的书信体小说。——译者注

条款被废除，20世纪也达到了男女平权，然而情感中的论战却鲜有平等可言。两性平等不容置疑，但是这份平等仍然是不完全的：男人们无须承受生物钟的蹂躏，加之女人们还要费尽心思卖弄姿色、保持魅力，才能换来她们实实在在的自由。对于男人们来说，他们可以自称尤利西斯[①]，并且可以像尤利西斯一样自由自在地环游世界，今后也不一定要回到伊塔卡岛；对于女人们来说，她们要留住这位环游世界、归期不明的尤利西斯。这两条路中的各种挑战并非是可以互换的。分手一般对于男人来说只不过是一次变航，然而女人在感情中投入、践行她们关于爱情的设想，这其中也包括哺育新生命的潜在能力；女性从心理上感知爱情结束带来的威胁，而且承认自己的脆弱：分手通常揭示了一个人人生的失败，结束一段关系后她们惧怕会永远丧失爱或被爱的能力。

从历史学领域研究爱情的破碎会遇到诸多障碍。人们如何感知已经逝去的感情？爱、各种欲望和激情都是转瞬即逝的，情感的爆发毫无理性可言。对这些感情的描述应该属于私密叙述领域，这些故事过于私人，以至于它们并不会出现在编年史里，在历史学家眼中的历史学专栏里也看不到这样的故事。然而，爱的激情真的能逃避社会准则吗？它真的游离于历史范畴以外？诚然，相对于令人疯魔的爱情，社会规范的确更偏爱建立在稳定互利条例基础上的友情协定。同样，为了能了解感性行为，我们需要求助于一些特殊的微观历史，我们要转换视角，把目光着重于私密领域和感性历史。本书选择以这几对男女作为研究对象，因为他们的恋爱经历有据可循，从他们的书信和私人日记中可以清楚地感受到历史进程中制度和文

① 又译俄底修斯，是罗马神话中的英雄，对应希腊神话中的奥德修斯。是希腊西部伊塔卡岛国王，曾参加特洛伊战争。——译者注

化的变更。虽然，由于这些男女大都属于享有社会特权的群体，他们的代表性具有一定局限性，但是他们的经历可以让我们重温他们的爱情神话，并且解释一个为我们当今社会带来前所未有的苦恼的问题：爱情的失败。

和个体内心羁绊相比，伴侣关系被置于社会、家庭和法律制度的洪流中这个事实更早地推动了法国情感历史的重大变革。早期的爱情准则框架诞生于基督教社会，不过那时的社会还未完全基督教化。那时的基督教社会认为淫欲是最主要的罪孽之一，并且把夫妻忠诚定为一项永恒原则：基督教婚姻遵循一夫一妻制，并且是不可分离的。这样的婚姻教义形成于12世纪到16世纪，参照耶稣和教会之爱，建立在双方自主允诺的基础上。然而，在实际操作中，往往是父辈基于利益关系强制指定配偶，财产利益远比双方互相吸引更重要：那时的丈夫和妻子基本上算不上是“夫妇”，他们是家庭或氏族组织中的一个环节。教会意识到了这个体系中的缺陷：在教会法庭受理的几起极端案例中（涉及严重虐待或侵吞财产），丈夫和妻子可以分开，但是还要保持精神联系。教会官方也可以宣布一段婚姻为“无效婚姻”，前提是要举出造成婚姻障碍的三个原因：拘禁、血亲关系和阳痿。

中世纪几乎没有关于婚姻措施的信息。我们能从法律档案中了解到那时的婚姻分割或决裂可能比较意外：中世纪末期，婚内犯罪占已知犯罪总数的1%～2%，而且大部分都是激情犯罪。当然，有关爱情的描述并非完全没有，这类记载大都传承于奥维德[①]；关于爱情的描述在传说、史诗和骑士小说中占有一席之地。12世纪和13世纪，特里斯坦和伊索尔德的

---

① 奥维德，古罗马诗人，代表作《变形记》《爱的艺术》和《爱情三论》。他一生创作丰富，早期诗歌多是反映生活和爱情的哀歌体情诗。——译者注

传说受到了前所未有的追捧，催情魔法药水是二人爱情的象征，他们的故事让激情宿命论亘古不朽。这段凌驾于一切法规之上的标志性爱情，完全符合永恒爱侣之间诠释的对于幸福所有神秘而执拗的憧憬，然而，爱情同样也是一副微妙的毒药，流淌在恋人的血液中，令人心碎。嫉妒情绪在爱情中从来都是触手可及。爱情是困难重重、专制和具有颠覆性的，它对抗公共准则，冲破社会阻碍；当人们怀疑爱情中混入了谎言和背叛，而且不能理性判断的时候，羞耻感就成了爱情中的主导情绪。因此，分手首先更像是一场公开羞辱，给个人情感带来的痛苦只能屈居次席，爱情的破裂触犯了一个家庭或氏族的荣誉。

随着社会不断开化和世俗社会逐渐取代封建从属制，研究爱情的理论家们尝试将激情和礼仪、欲望和尊重相结合，同时让人们从心底认同集诚实和风雅为一体的理想化爱情。17 世纪的爱情被各种冲动左右着，比如野心和荣誉感、意志和勇气，这些激情有别于情欲，给人们带来了尊重和名誉。爱情即使破碎了，它看上去也是为了荣誉或者自尊而牺牲的爱情。面对这种宫廷中常见的贵族式理想爱情，冉森教派[①]的伦理着重强调，由于人类的极端堕落，所有爱情，即便是最真挚的爱，都伴随着荣誉的虚妄，充斥着贪婪和嫉妒的欲望；明智如拉辛悲剧中的主角，他们仍然会臣服于致命的激情。事实是人都会有弱点，都会对变化和“欢愉”产生强烈的欲望，这是人性的一部分，要知道“人们之前会自然地相互厌恶”（帕斯卡尔，《思想录》），而且爱情只有在其初始阶段才是美好的。

直到 17 世纪最后 30 年，情感生活的准则基本一直保持着平稳态势。

---

① 冉森教发展于 17 到 18 世纪的法国，是一个起源于宗教、政治和哲学运动的教义，是对当时一些天主教教会发展和绝对皇权的回应。——译者注

1715 年路易十四的逝世放松了各种限制：新的世纪充满了对幸福的设想，这是两性关系新视野、新平衡的起点。关于英雄式爱情的陈词滥调渐行渐远，取而代之的是对人性至高无上权益的歌颂。个体从内心深处感到感性带来的无穷力量，这种主观视野哺育了一个新概念，至少从阐述方式角度来讲绝对是个新名词——“爱情意识”。劳伦斯·斯特恩是一位热衷于描绘各种法国社会有趣小场景的爱尔兰作家，1768 年，他的译者将“多愁善感”这个形容词引入法语中；从此多愁善感成了社会风尚，五年后，卡蒙泰勒为了给王室找消遣，以格言形式创作了嘲讽“多愁善感之人”的轻喜剧。情感作为人类的自然属性，逐渐成为个人选择的保证，确保基于两情相悦基础上的爱侣可以过上美好惬意的私生活。卢梭赞美因为爱情而结合的婚姻，这个时候心灵是不会说谎的，心灵可以净化人的本能倾向，“心灵不会受意识左右，心灵引导意识”。然而，在《爱弥儿》第五卷中，卢梭补充到，“我们想过度勒紧的心结断了。这就是我们在婚姻中用力过猛所带来的后果”。

提到感情问题就不得不提到焦虑：解读自己的情感，就是正视心中永无止境的疑虑，并且承认自身的脆弱。在社会习俗面前所有欲望都是无力的，这才导致了歌德笔下的少年维特走上了不归路。研究思想史的史学家罗贝尔·莫齐认为，18 世纪最后 30 多年里，悲剧的神话比幸福更加耀眼，这也宣告了浪漫主义运动的兴起(《十八世纪法国文学和思潮中的幸福观》，1979 年）。感性的灵魂将爱情带来的痛苦上升到一个崇高的地位：坦然接受命运是崇高的，默默隐忍无药可救的悲伤也是崇高的。爱情不是幻想，爱情已经成为一条必不可少的纽带，爱情是如此纯粹、如此令人神往，以至于这条纽带时刻都会受到各种各样的威胁。无数书本和画册为之扼腕，

“成千上万不幸的伴侣哀叹他们不甚般配而且具有毁灭性的两性关系”。如果追求幸福的权利是自然法则的一部分的话，那么失败的婚姻自然同样应该拥有终止这段不幸婚姻的权利，因为这段关系中已经没有爱了。

未来的新社会里联姻不会再受制于父权。为了能够建立这样的新社会，1792 年 9 月出台了革命性的法律，把圣事婚姻改为可以废除的民事合约。新立法机构创立了离婚权益，无论是贫穷还是富有、男人还是女人都可以享有这项权益。立法者规定了三种解除婚姻的模式：双方协议、性格不合，以及由于精神错乱、抛弃家庭或公开伤风败俗行为导致的“决意”离婚。1804 年的《民法典》没有再强调婚姻世俗化，但是把“性格不合”这条被认为过于武断的理由排除在了离婚理由之外，以此削减了这条法规的影响力。离婚权利在 1816 年 4 月被废除，直到差不多 70 年后，纳盖[①]才于 1884 年重新将离婚权利纳入法律。未来几十年内离婚仍然被视为非正常举措。

20 世纪末兴起的现代伴侣关系建立在两条至今备受争议的价值观上——爱情和自由。女性争取到了独立；性爱从繁衍后代的任务里解脱出来；“同居协议”[②]关系为婚姻提供了一种更加灵活的可能性，而且新人可以在市政厅结婚，几个月以后也可以协议离婚。受到个人主义价值观洗礼的联姻关系应该保证双方的圆满，爱情作为幸福的源泉，是二人关系中的第一要素。和谐的性生活是建立伴侣关系的支柱：感情联系取决于相处

① 阿尔弗莱德·纳盖，法国政治家，离婚法推动者。——译者注

② “同居协议”，法语 PACS（Pacte civil de solidarité）称为民事互助契约（又译紧密关系民事协议、民事连带契约等），是法国于 1999 年所设立的除婚姻之外的另一种民事结合方式，其保障程度界于婚姻和同居之间。——译者注

是否融洽。传统中男性骑士式的征服和女性作为祭品般的奉献已经成为过去式，取而代之的是一种平等的性爱合约形式。

这种“新式爱情秩序”宣告了稳定伴侣关系的死亡？没有什么是比欲望更脆弱的。近几年来，互联网和交际网站的迅猛发展大大普及了性消费和性维权。大家的期待前所未有地强烈，但是期待同样蕴含了失望和不安全感。个体在两性关系中不再被制度的约束和社会准则所左右，一段感情中的个人投入越来越具有不确定性，分手接踵而至往往只是因为喜新厌旧。社会学家爱娃·易洛斯在《为什么爱情使人痛苦》一书中指出，“我们的社会从心底接受两性关系的破裂，在协议的必要先决条件下，分裂被认为是不可避免的苦果”。不管是友好分手还是吵吵嚷嚷，所有决裂都伴随着痛苦，而且垂死的爱情带来的痛苦并不轻巧。心理学调查显示，分手可能会导致从抑郁到自杀等各种严重创伤；愤怒、挣扎、复仇欲望、逃避、自我贬低、麻痹，这些都是分手这场暴风雨中的一部分。在这个崇尚个人价值的社会，幸福感成了必要条件，好像被爱所伤就显得无药可救而且可耻，情伤成了个体要面对的最大惨剧，好像情伤造成的烙印不可能被抹去一样。

然而伤口通常还是可以愈合的；通过回忆重塑自我，重拾曾经丢失的那一部分自己，着眼于新知，这些已经是在尝试另一边的风景了；这时那些被冲淡的痛苦可以变成自己的救星。在21世纪，对伴侣关系的研究仍然可以揭示人们对真爱、对永恒之爱的向往，这样的爱足以对抗转瞬即逝的世界带来的虚妄。

第一部分

分手，事关名誉

人们觉得分手带来的痛苦的确是全球性的。一对爱侣、一对夫妻，不再相爱，各奔东西；无论是突然分裂还是渐行渐远、瞬间爆发还是已有先兆，分手都像一次赴死，在被遗忘和淡漠冲淡之前，这种痛苦甚至比生理死亡更可怕。两千年来，文学中处处弥漫着各种爱之痛发出的哭喊。无论何情何景，几个世纪以来这些哭喊和倾盆的泪水都用相似的语言诉说着同样的痛苦。

公元前1世纪末期，奥维德通过狄朵这一形象为所有被抛弃和背叛的女性扼腕，埃涅阿斯的离去让狄朵濒临死亡："我像浸满硫磺的漆炬一样燃烧。日夜轮回，埃涅阿斯在我脑海中无处不在。如此寡情的埃涅阿斯，这个对我的恩惠充耳不闻的男人，我要和他一刀两断，如果我还没疯的话。"（《拟情书》，狄朵致埃涅阿斯）。决裂之前嫉妒之火已经点燃，这是一种由对手的竞争关系导致的无时不在的乖戾的刺激；德伊阿妮拉看见她的对手，赫拉克勒斯的异域情人、美艳的伊俄勒在街边走过，于是愤怒地向赫拉克勒斯咆哮："我的双眼不得不注意到她；她没有像俘虏一样披散着头发出现在街上，低头忏悔她带来的灾祸；她仰着头，穿金戴银，明目张胆地往前走。"（《拟情书》，德伊阿妮拉致赫拉克勒斯）。奥维德杜撰这十五封神话人物之间的情书和诀别信的时候还不满20岁，他一生中只刮过两次胡子，情书、忧伤之书、哀悼之书由此诞生。

公元9世纪至15世纪的历史背景和道德准则

然而什么是爱情？爱情是疾病、是疯狂、是像狩猎和比武一样寻常的欢愉，还是一种至高无上的福善？中世纪的文论、诗歌和小说至少都同意一个答案：得不到满足或被背叛的爱情令人疯狂；这样的例子有上百个，离开钟爱的女人后英勇的兰斯洛特一蹶不振，而且陷入“癫狂”，他撕扯头发、抓破面庞、嚎啕大哭、毫无目的地在森林里游荡，因为“他失去了被爱的期望”（《兰斯洛特的疯狂》）。

每个时代都会用充满想象的视角和表象建立自己的情感价值和情感准则。封建社会是一个骑士社会，这些骑士无拘无束且抱负远大，他们南征北战。在战争中，与侵略、暴力、各种掠夺和绑架相对应的是征服、勇气和对君主的忠诚。爱情是一种理想化的性爱，爱情中对妇人的征服是战场上的骑士们梦寐以求的嘉奖，也是游吟诗人们在领主的小宫廷里吟唱的主题，名誉、勇气、尊重、忠诚、谨慎是公元7世纪的骑士准则，这条准则建立了一种游离在婚姻戒律之外的世俗爱情道德，介于神秘主义之爱和意外之爱之间。单身又争强好胜，年轻的战士们必须要证明自己的价值，嫉妒“甚至是爱之根本，没有了嫉妒，也就没有了真正的爱情”（安德烈·里·查普林，《论骑士之爱》，第五卷，1185年）。一种爱情决疑论逐渐形成：“如果一位女士被她的第一个情人背叛了，那她会不会对第二任更可靠的恋人不忠呢？”，“一名骑士看到他的倾慕对象被其善妒的丈夫严加看管，他毫无希望可言，那他能否另寻新欢？”骑士之爱是追求女性，但更是对女性特质的崇拜。两个世纪以后，克里斯蒂娜·德·皮桑痛斥男性视角的爱情理念，这样的爱情里没人在乎女性的好恶（《至爱神书简》，1399年）。

城市生活发展的过程中价值观在不断演变，职能也在不断扩充，一夫一妻制的婚姻成了保障社会秩序的要素；对于人类来说，一夫一妻制的婚姻并不代表个人局限性，相反它有一种调节作用，因为婚姻强化了家庭联系；婚姻的存在是为了繁衍后代和繁盛家业，是父母精打细算的对象，而且婚姻的稳定是社会稳定的保障。爱情成了一个不必要的奢侈品，对于欲望的力量，中世纪的神学家们并不避讳他们的担忧，他们甚至斥责人类的欲火；过于热情的丈夫，和过度沉溺于性爱欢愉的妻子会损坏社会关系，而且会削弱对上帝之爱。

从公元9世纪开始，随着格列高利改革[①]的进行，婚姻的准则法规逐渐成型。整整一千年里，在一个还未基督教化的西方世界，夫妻婚姻处于一种不稳定状态，随时可能破裂。罗马的法律和日耳曼的婚姻制度允许男方休妻，而且在富裕家庭里休妻是很常见的。对于加洛林王朝的大领主们来说，一夫多妻制是一个不用征战就可以建立政治联姻、扩展势力范围的方法。少女被父亲送给丈夫，丈夫则用一笔自己的遗产给未婚妻作为交换，一场仪式会印证二人的结合，使今后出生的孩子合法化，但是其他的结合方式也是存在的，这些方式不用丈夫的遗产，也不用得到法律认可，它们的存在是为了满足年轻人的性欲，或是为了缔结外交纽带。查理大帝结过五次婚，而且在与第一任妻子赫罗特鲁德的关系产生裂痕后，他毫不犹豫地把发妻贬到不太受尊重的姘居地位，以便能与伦巴第国王的女儿联姻。

① 格列高利改革是中世纪教皇主导的一场政治改革。——译者注

公元9世纪以来，在地中海地区，教会传统准则逐渐取代了罗马的教条，在一些特定情况下，教会允许夫妻分离，比如夫妻中一方患有性障碍疾病、其中一方遗弃或通奸。实际上，以前通行的老习俗仍然处处根深蒂固，而且休妻仍然司空见惯。大约公元820年，加洛林王朝土崩瓦解，主教团接棒皇族高官：这时候介入婚姻相关事宜的人是主教；神职人员们通过强制一夫一妻制来强化婚姻的道德标准，在遇到诸如重婚、通奸、乱伦和近亲繁殖这些阻碍婚姻的情况时，判决权由主教来承担。1092年，法国国王菲利普一世为了能迎娶当时已经嫁给安茹伯爵的贝特拉德，抛弃了自己的妻子贝尔特，这桩著名的再婚事件让高高在上的君主在教会的新限制下低头：赤着脚，穿着忏悔者的衣衫，菲利普一世不得不发誓他和贝特拉德不再有任何关系，而且他以后再也不会和她交谈，除非在公共场所。和贵族阶层相比，农民世界似乎更能坦然接受一夫一妻制婚姻，这种合约式关系往往建立在以土地为衡量标准的财产上。

教会很早就预测到婚姻在社会中的决定性地位，并担心夫妻关系会陷入混乱状态。在一个受感情驱使的封建社会，教会尝试孕育一种既能满足伦理需求，又能满足肉体欲望的理想式婚姻。婚姻中肉体的地位饱受质疑；当不知廉耻的阿伯拉尔自以为夫妻之间的性爱欢愉是法外之物，违反伦理法规的时候，神学人员从中看到了激情的毁灭性力量。1184年，教会正式承认了“婚姻的神圣性”，无论是从精神角度还是肉体角度来看，婚姻都是神圣的。在1215年第四次拉特朗公会议上，教会明确了对婚姻的规定，并在1274年重申：基督教婚姻建立在配偶自由协议的基础上，双方现场交换以下诺言：“我愿意娶你做妻子”和“我愿意让你做我的丈夫”。这是一项公众行为：一位教士在见证人面前祝福新人结合，以避免今后产生任何争议。一夫一妻制的婚姻同样也是不可摧毁的，因为婚姻的神圣性是不能被人为终结的。允许结婚的年龄很小：女孩 12 岁，男孩 14 岁。为了能掌控未来婚姻的合法性，以防肉体行为把“对未来的许诺”变成切实婚姻，谨小慎微的教会鼓励实行婚约制——公元12世纪末，标准教义承认“推断式”婚姻为有效婚姻，也就是说，交媾要伴随着“对未来的承诺”（*copula carnalis*①）。在一些地区，订婚仪式很隆重，双方交换礼物，而且要签合约。得到教士祝福后，婚约并不代表决定性约束；根据审判官裁定的赔偿数额，合约还是可以取消的。基督教婚姻本身是不能终止的：婚姻是终身制的。

择偶不慎

摩擦、怨恨、嫉妒，夫妻生活必会受到日常冲突的洗礼。丈夫是主人，妻子要服从丈夫。大多数情况下都是二人的共同利益占上风：在生活的种种危险和不安面前，夫妻二人相互扶持。有时候父母从婚姻对策的角度考虑也会接受孩子们的喜好，大家在日常亲密生活中逐渐建立起了友谊关系。然而所有婚姻，不论好坏，都要经受时间的考验。丈夫流连风月场所，喝酒、负债、和女服务生私通，或者与醉醺醺的朋友彻夜不归。妻子在家煲汤，她挥霍无度、卖弄风情、喋喋不休、放肆无理，而且她的美貌会吸引其他男人的注视；丈夫怕被戴“绿帽子”把妻子关在家里；妻子受制于男权，别无选择，因为，按照一个老谚语的说法，“山羊要在它被拴住的区

① 拉丁语，法律词汇，指丈夫和妻子之间的性行为。——译者注

域内吃草”。从诋毁到威胁，甚至是棍棒威胁，暴力迅速升级，气氛令人焦躁易怒；怀疑足以让事态一触即发；激情、狂怒毫无征兆地突然爆发。社会广泛承认丈夫的惩戒权利，而且邻居对其惩戒行为也视而不见。

夫妻关系不会仅仅由于婚姻不幸就被迫终止。很少有受害者敢在审判官面前抱怨，而且分离“床和桌子”的请求极为少见，并且代价不菲、周期漫长。在配偶一方的要求下，负责管理婚姻事宜的教会法庭首先会展开调查、听取控告、传唤证人。女方提出的控告理由一般都是由于男方的虐待和暴力，或者挥霍财产导致家庭财政岌岌可危；来自男方的控告首先都事关妻子的名誉问题。通奸是夫妻分离的第二大主要原因；公众的流言蜚语只要谈及一点女方的肉体交易或是不名誉行为，就会在家族中埋下怀疑的种子，和丈夫名誉一起受到威胁的还有整个家族的荣誉——不过大家不会承认任何来自于第三方的检举。只有在同居，或者情妇是已婚女性的情况下，男方通奸才会被受理；大多数情况下，男方的不检点“在家庭以外进行”。受理过程很漫长。在错误方（男方或女方）愿意回归家庭的前提下，法庭首先主张谅解；如果屡教不改，而且毫无和解可能，法官们会宣告双方财产分离和肉体分离，期限可以是几个月或者一生。从15世纪开始，在一些地区，世俗司法机构、领主法庭或皇室法庭，逐渐取代了宗教裁判权。分割一经宣判就会终止夫妻义务，但是配偶双方不管是否有罪，都不能再婚。

尽管法律不承认性别歧视，但对女方的判决比对男方的判决要严酷得多；被坐实通奸罪的女方会被判处“公证”罪名；女方被剥夺嫁妆和婚姻协定，会被剃光头、受鞭刑、穿着俗家衣衫被关在修道院里一年或两年；两年后，丈夫可以选择原谅，无须任何手续就可以把女罪人接回身边，或者，反其道而行之让她一辈子都做修女；至于情人则会被流放或者被判苦役。不过法官也可以仅仅强迫女方重归家庭。许多遭背叛的配偶都更愿意保持沉默：寻求司法处理相当于公开承认自己持家无能，而且最好不要将凌辱公之于众。众目睽睽之下公开容忍自己通奸的妻子，这样归顺的丈夫会成为笑柄；人们对被戴“绿帽子”的丈夫的态度嘲笑多于怜悯。研究中世纪文化的学者查尔·德·朗西埃认为15世纪的刑罚是向重刑方向发展的。但在性方面对男方的宽容在未来很长一段时间内仍然占据主流。

比夫妻双方分离更为鲜见的是婚姻无效，双方可以启动婚姻无效诉讼程序；在当时这项请求必须只能向教会法庭提出。宣布婚姻无效的理由包括近亲联姻、人身欺诈（性无能、不孕不育）、拒绝生育或者拒绝忠贞、重婚、未成年（配偶双方），如果婚约和婚姻是在青春期前被父母安排的，则可向所属教区的宗教裁判官提出请求，申请宣布婚姻无效；从法律准则角度来看，这样的协约不是自由协约，二人当时“年纪过小，不能履行协约”。双方都可以再婚。法庭一般都会根据申请者的社会地位来受理这种请求，但受理时间很漫长。

很少有关于教会离婚和司法离婚数量的统计，不过在法国农村，土地财产是婚姻联系的稳固基石，这样的统计数据非常少。了无生机要比肉体分离更容易造成裂痕。夫妻争端背后，很多问题是没有答案的：未婚夫妇双方的许诺，还有性爱的欢愉是否足以建立婚姻联系？在二人各居一方的情况下如何承受禁欲的痛苦？观念在慢慢演变，择偶不佳的男男女女的抱怨不绝于耳。一些人道主义者，比如伊拉斯谟，在16世纪大胆提出了另一种圣事婚姻理念，这种理念的婚姻建立在友谊和“一种缓和式共同体生活模式”下，它的互补点在于可以让不般配的夫妻二人更便捷地离婚。路德和卡尔文主导的新教改革则将这种思想推向极端：婚姻失去了它的神圣属性，所以也不再是不可分离的；建议父母不要违背子女的意愿强制他们结婚；本着现实原则，在极特殊情况下无罪的配偶可以再婚。

血腥决裂

“激情是脱缰猛兽”。寻常情况下会爆发激情犯罪，而且大部分情况里罪犯并不是边缘分子，而是屈从于“棘手难题”、愤怒或者复仇情绪。《玫瑰传奇》第二部的作者让·德·莫恩直接把爱情迟暮和婚姻的桎梏联系在一起。历史学家克劳德·高瓦德在其关于中世纪社会暴力问题的博士论文中总结，法国中世纪末，婚内犯罪的审理比率在 2%（《论特殊赦免》，1991 年）；这个比率很低，不过逃避法律制裁的方式很多，而且司法资源想让所有尚未演化成悲剧的床笫之争都秘而不发：对于暗戳戳的冒犯，要秘而不宣地报复。通过对经法律批准的赦免文件的研究，我们得到了大量关于家庭生活、纷争和激情炽烈程度的信息，这些都是会导致犯罪的元素。这些信息涵盖社会各个阶层，上到君主下到耕民。

和强奸这一罪恶之源一起位列性犯罪动机之首的还有通奸。犯罪大都是冲动犯罪；于是在癫狂中杀死妻子或妻子情人的丈夫会为自己进行过失杀人辩护；杀人犯在法官面前谦卑哀求，向法官双手合十、脱帽致意，声称自己“悔不当初”。虽然丈夫理应被判死刑或流放，然而他还是不失运气地会得到赦免：在一个极度仇女的社会，不忠的女子是全民公敌。14 世纪，图尔·兰德里骑士写了一篇关于女孩教育的论文，他觉得应该“把所有被证实与他人有染的已婚女性烧死，或用石头砸死”。即便两个世纪之后，法学家让·帕蓬在1575年的《禁闭集》中仍然认为，面对如此明目张胆的不法行为，杀死妻子或妻子情人的丈夫是情有可原的，因为“丈夫受到此等冒犯，承受了忍无可忍的痛苦”。摇摆于基督教的宽恕义务和捍卫个人荣誉的本能之间，“神智混乱”的罪犯发泄怒火，法庭认为这种亢奋状态应该从宽处理。

至于女方，老天让女子稍安勿躁，并且认清现实，除非丈夫的行径威胁其人身安全，否则妻子无权起诉。夫妻之间一旦有了不和，两人冲突就一触即发：头脑发热的丈夫殴打妻子，因为女方不让他温存，因为女方着装不检点，或是因为她向路人抛媚眼；心生怨恨的妻子奋起反抗，拿起木棍、剪子、柴火、铁锹，她别无他想只想自卫。长期虐待让女方生不如死，有时甚至会导致凶杀：这就是玛格丽特的经历，她刚刚诞下一对双胞胎，因为要给年幼的女儿们喂奶，一个月以来玛格丽特拒绝和丈夫同床，被丈夫多次殴打后，她到邻居家寻求庇护，怒火中烧的丈夫骂骂咧咧，满口胡言，抓起一把斧头，但是玛格丽特比丈夫更灵巧，她反击并且重伤了丈夫。惊慌失措的玛格丽特飞快逃离了家宅，丈夫第二天早上起来死了。玛格丽特在法官面前激动得语无伦次，吞吞吐吐地为自己做合理防卫的辩护；邻居的证词救了她。通过皇室赦免，她被宣告无罪（娜塔莉·泽蒙·戴维斯，《为了求生，宽恕的故事》，1987年）。

名誉一直都是婚姻暴力的核心问题。在一个家族传承高于个人利益的社会，名誉受损被认为是最大的不幸。世人认为丈夫有义务管理妻子的言行。一个小小的疑虑足以击毁丈夫的信任：如果一个醉酒的邻居骂妻子是荡妇、母狗或淫妇，全家都会受到影响；公共场合传播的关于性的侮辱，诸如“婊娘养的”，就会让人怀疑血统问题。至于通奸则可能引起涉及几代人的一系列暴力行径。被戴“绿帽子”的丈夫为了复仇向自己的兄弟、仆人、表亲和朋友寻求帮助；丈夫组织一场刑罚征讨，抓住了在逃罪犯，并且用“一把小刀”把他的生殖器割掉。这种血淋淋的复仇被认为基本上合法，直到法庭迫于教会压力制裁谋杀。哀求者绝口不提他们破碎的爱情；他们首先考虑的是可能会牵连整个氏族，以及为自身阵营带来的损害。

脆弱的地下爱情

然而爱情依然存在，有的时候地下婚姻和婚外情成了爱情的避风港。风流成性、一见钟情、炽热美酒，狂欢之日的放纵点燃了年轻人的热情，他们秘密结合以对抗父权和包办婚姻。根据教会的传统法规，这样的秘密婚姻是有效的；不是所有地方都强制要求神父和见证人出席婚礼，而且以双方肉体结合为标志的同意原则足以宣布婚姻有效。大领主、修道院院长和回忆录作家布朗托姆通过窥伺宫廷小秘密发现，在16世纪的法国，这种地下联姻应该很多。教会必须面对一个棘手困境：明知道强制结婚常常会导致配偶去婚外寻找婚内得不到的欢愉，教会如何协调圣事婚姻的自由属性和父母指婚的合法权益？

秘密联姻很脆弱，几年或者几个月后争执层出不穷，野心勃勃的男方寻觅更能被社会认可的联姻，哀怨的女方经常抱怨被男方抛弃。教会法庭犹豫不决，双方结合是在亢奋的状态下做出的决定，是引诱者为了发生性关系做出的迷惑性许诺；是为了给难搞的家庭进行施压的手段，是门不当户不对的联姻。谎言给虔诚的誓言蒙上了阴影，而且由于婚姻得不到官方认可，这样的结合很快就会破裂。

地下婚姻是贵族家庭的伤疤，这样的婚姻削弱了他们的财产规则。1556 年至 1557 年，两桩轰动性丑闻扰乱了法国宫廷，国王亨利二世已经等不急拖拖拉拉的神学委员会下结论，就颁布了赦令。1557 年 2 月，鉴于家庭保护属于君主义务，国王宣布一切未经父母允许、未经宣告和未经教区神甫降福的婚姻都将被禁止。由于不能宣告这样的婚姻为无效，因为这样违反法律法规，国王准备实行威慑性惩罚，子女如果不遵守这项命令就会被剥夺继承权。规定男子成年年龄为 30 岁，女子为 25 岁，适婚人即便已经过了这个年龄也仍需要征求父母的意见，以示尊重和敬仰。一切违法行为都会让婚姻变成法律意义上的无效婚姻，评判标准和决定权在家族领袖手里。

国王本人刚刚切身体会到了地下恋情的苦果，1556 年，他决定将私生女迪亚娜·德·法兰斯嫁给陆军统帅之子弗朗索瓦·亨利·德·蒙莫朗西。然而家里发现这位年轻男子已经暗自缔结姻缘，对象是皇后的一位女傧相让娜·德·皮埃娜，而且男方看上去似乎一点也不想放弃这段感情。10 月 5 日，这对夫妇被叫到卢浮宫接受审问，等待他们的是一众主教和神职人员。让娜的回复很谦卑，并没有被吓倒，弗朗索瓦跟她谈婚论嫁已经有五年了，而且二人已经互换誓言，虽然没有见证人，但是他们很相爱，而且她也给男方留了信物做担保，让娜坚信他们的誓言神圣不可侵犯。迫于父亲的压力，弗朗索瓦在被问询的时候吞吞吐吐、含糊其词。法官们求助于教皇保罗四世，教皇认为皮埃娜小姐的辩护确凿，并且认定他们的结合有效。1556 年至 1557 年，审问再次拉开帷幕，并且持续了整个冬天，为了使让娜低头，年轻的让娜被驱逐出宫廷，关在“上帝之女”修道院里，被严加看管，这个修道院是不幸女子的归宿。正是在修道院里，让娜得知弗朗索瓦迫于父亲的野心，亲自去罗马向教皇忏悔，并求得他的原谅。弗朗索瓦的辩词里充斥着虚假声明，辩护词里丝毫没有提及两人的结合完成了。罗马方面并没有妥协。为了能尽快摆脱这桩公案，弗朗索瓦给让娜写了一封措辞冷酷到伤人的信函来警告她，声称他不认为自己是已婚人士：“在我发现自己不假思索地犯了错误之后，我决定摒弃所有我们二人之间的婚姻誓言和许诺……”面对如此卑劣的行径，皮埃娜小姐别无选择，只能选择放手。公证人准备了一份弃权证书。让娜虽然屈从了，但她的回答依然值得尊敬：“和女人相比他没有心……他切切实实地愚弄了我，我深知，与其做一个好人，他更愿意做一个富人”。

诚挚之爱

1563 年第 24 次特伦特会议的主题是婚姻的神圣性，会议重申，姻缘只有在配偶双方自由、自愿的前提下才可以缔结，双方的结合必须要被神父降福，有见证人作见证；18 岁以上的青年男子和 16 岁以上的女孩的结合不需要经过父母同意。不过，为了解决越来越多的地下婚姻带来的问题，名为“Tametsi”（“仍然”）的法令断言，这样的地下婚姻即使在上帝眼中视为有效，那也是“被厌恶和被禁止的”。主教们模棱两可的态度让大多数国家都大为恼火，争论如火如荼。英格兰国王亨利八世于 1533 年和罗马决裂，而且前前后后娶了六任妻子，第一任妻子被休，第二任妻子被处决，法国国王亨利二世不等最后一次主教会议的结论，用自己的方式处理了淫乱宫廷的丑闻。改信新教的国家不承认罗马教皇的权威，而且允许离婚，终于，从1540年起，查理五世采取措施在荷兰禁止地下婚姻，萨伏伊公国和洛林地区也接连禁止一切未经父母同意的婚姻。

然而规定并不能成为习俗，1562年以来内战肆虐法国，战争带来的混乱衍生了诸多出格行为和放肆行径。在极尽礼貌甚至文雅的外表下，隐藏着粗暴的手段，瓦卢瓦王室最后传人的宫廷生活荒淫无度，充斥着地下婚姻，露水情缘，空洞的征服和决裂。布朗托姆对这些贵族的婚姻大书特书，丈夫由于不能离婚，鼓动妻子去过放荡的生活："您去别处找乐子吧，我同意您出外寻欢。"奸情比比皆是，这些秘而不宣的短暂爱情不会留下任何痕迹，逐渐被人淡忘，至少只要这些奸情不会有损于丈夫的名誉。维护名誉会通过比武方式，因为有个英勇的名声要比风流的名声更重要，丧命的危险能给真真假假的爱情蒙上一层崇高的光辉。

然而宫廷并不是俗世生活的全部。渐渐有人酝酿着反对放纵无节制的肉欲。一些洞察入微的人拒绝将爱情和享乐混为一谈，而且在彼特拉克文体的影响下，这些敏感细致的灵魂赞美长久的"诚挚之爱"，这样的爱情既不是婚姻，也不是一夜情，更不是锱铢必较。弗朗索瓦·德·毕勇是一位为妇女辩护的人士，在一封500页的辩词中他写到："在爱火中，女性永远都比男性更坚定……而且男人在友好关系中日复一日的朝三暮四让他们看清了自己。大多数男人的爱情都不持久，或是最终成为一桩丑闻。女人在友好关系中纯真无邪，一旦发现被男人欺骗，通常就会心生怨恨……"（《女性坚定不屈的荣誉感》）。

爱洛依丝和阿伯拉尔

“永别了，我的唯一”

“我给我的良人开了门，我的良人却已转身走了。他说话的时候，我神不守舍。”

《雅歌》，第四首诗

还有什么比这更司空见惯的？一位聪颖漂亮的女孩全身心地敬仰她的老师。这位负责教授语法和逻辑的老师是一位非常有才华的男子，他的思想新潮，在巴黎学界享有盛名。老师有稳固的盟友，同样也有顽固不化的敌人，凭着自身才华，圣母修道院学校的学生不远千里慕名而来听他授课，这些学生有来自不列塔尼的，有来自普瓦图的，甚至还有来自西班牙、英格兰和法兰德斯地区的。爱洛依丝和阿伯拉尔这对师徒有着 21 岁左右的年龄差距，师长的威名击溃了反对声，一段爱情就这样开始了。两人互通书信、交换含情脉脉的便签和诗作。

爱洛依丝和阿伯拉尔的恋爱应该是在 1115 年秋至 1117 年夏期间进行的，这段充满了欲望、誓言和感伤的炽热情欲注定成为历史上爱之殇的标志。两位爱侣都学识渊博，用拉丁语互诉衷肠，这些书信——对于二人书信的真实性如今仍存争议——位列中世纪最美丽的爱情宣言之列。虽然书信的语调带有明显的中世纪辞藻痕迹，但是却极具真情实感。二人相爱，并共同思考他们的姻缘：谁爱得更多？谁爱得更好？书信不时会提起 amor——这种欲望和心灵的沉醉，是奥维德的惯用词汇；信中不时也会提及《雅歌》中的 dilectio——这个《雅歌》中概述的概念指的是选择把他人变作“唯一”；信中还会不时提到 caritas——普世之爱，基督教为它赋予了一层崇高的光韵；一会儿又提到了西塞罗笔下无私的 amicatia——这种关系通过一个共同的意愿将友人和伴侣凝结在一起，直至合为一体。和精妙的希腊语和拉丁语相比，我们的现代语言实在是太贫瘠了。爱洛依丝和阿伯拉尔是对文字、文学隐喻和所处时代的文化非常敏感的文化人，那个时代已经在孕育着思想的“复兴”，骑士风俗的萌芽也已经显现。二人感受到的激情与他们书信中无处不在的博学相得益彰，他们的幸福和幽怨都浸透在奥维德的哀歌中、沉浸在古代哲学家和圣经的世界里。

悲剧随之而来。二人的人生道路出现分歧，爱洛依丝发出令人心碎的呼喊："我的心灵抛弃了我，它跟着你走了。没有你，我的心灵将无处安放"。

围墙

1079 年，皮埃尔·阿伯拉尔出生于离南特不远的家族城堡勒巴莱中。他是家中长子，父亲是一位不列塔尼骑士。要不是因为阿伯拉尔早早就显出了对"自由艺术"和教书的浓厚兴趣，他本来应该在军中任职。阿伯拉尔才华卓越，不守管教却又文思泉涌，从昂热到图尔，又从默伦到拉昂，每一所接收他的学校都见证了他的才情。他人还未到巴黎盛名却已至首都，阿伯拉尔的目标是去巴黎教书，然而教会高层却对他的自由思想心生顾虑。1113 年，皮埃尔·阿伯拉尔入职巴黎圣母院学校，并且得到了在国王路易六世阵营极富权势的加兰家族的支持。皮埃尔·阿伯拉尔是一名教士，他只接受次级命令不接受重大命令；和修道士不同的是，他丝毫不用履行礼拜义务，而且他的生活来源是学生们支付的酬金。当时教会机构正在进行大规模改革运动，促进了城市学界的改革，阿伯拉尔致力于倡导一种理性哲学方法，将辩证法运用到神学中，通过对语言结构的分析来研究宗教文献。他的才华不仅体现在逻辑学上，阿伯拉尔还写诗写歌，作为一位具有诱惑力的男人，传言把他描述成一个脂粉丛中的常客，甚至是嫖客（根据一些他同时代人的不怀好意的叙述得知）。"放荡且骄傲"，他随后这样评价自己，自我忏悔。

1116年爱洛依丝十来岁，她卓越的才华让她从所有学生中脱颖而出。爱洛依丝生于一个贵族家庭，并且在杰出的阿让特伊圣母修道院接受教育；她醉心于哲学，精通拉丁文、希腊语、希伯来语，而且还会作诗。她住在叔叔菲尔贝家里，她的叔叔是圣母院的议事司铎，他们住在教堂隐修区（隐修区是一个不受国王和主教管控的独立区域）的一栋议事司铎住宅中，爱洛依丝的文化水平和家庭出身使她能享有一定的相对自由。叔叔菲尔贝非常宠爱她、呵护她；同时，菲尔贝同意阿伯拉尔留宿在家里，阿伯拉尔是最优秀的老师，菲尔贝和他推敲学问。叔叔菲尔贝并不厌财，阿伯拉尔讨喜的履历让他十分安心，他全心全意地信任这位时年35岁、才华横溢的同僚。老师给学生的授课内容变得越来越私密，以至于之后跟书本练习已经没什么关系了。阿伯拉尔期盼能更频繁地见到爱洛依丝，“每天见三次或四次”，不过他不得不保持谨慎。为了掩饰两人炽热的关系，他们在蜡板[①]上写信，少女爱洛依丝把书信誊在羊皮纸上，然后再把蜡板擦掉。

两位爱侣的步调不一致。阿伯拉尔变得急不可耐：他闪烁其词地提及自己被炙热的激情所虏获。爱洛依丝则表现得很矜持，她对爱情的认识更接近于一种升华之爱、绝对之爱。然而，经过羞怯的萌芽阶段，爱洛依丝被迷住了，渐渐越陷越深：“她属于他，心灵和肉体都属于他”，这是一种充满激情的原始状态，爱洛依丝投身其中。虽然之后几月里二人源源不断的通信时有提及他们秘密私会的时间，但二人的私会时间表却无从复原。很久以后，悲剧的苦果已被稀释，爱洛依丝仍心怀满足地证实：“我们共

① 蜡板是指表面涂有一层蜡的木板，通常与封面板松散地连接在一起。蜡板在古典时代和整个中世纪都被用作可重用和便携式的书写表面。——译者注

同品尝过的爱之欢愉对于我来说是如此甜蜜，以至于我无论如何都不会心生怨恨，也不会把它们从我的脑海中抹去。”

然而秘密并不容易保守，而且流言蜚语传播迅速。叔叔菲尔贝最终还是发现了二人的恋情，他诅咒这位自己留宿在家的房客去见鬼，坚决要求这对恋人分手。阿伯拉尔在 1130 年前后写就的自传《劫余录》中提到了这些极度沉痛事件，他们的关系被菲尔见发现后，爱洛依丝发现自己怀孕了。阿伯拉尔连夜将她送到不列塔尼的姐姐家里，爱洛依丝扮成修女，以便掩饰身孕，正是在不列塔尼她诞下了一名男婴，取名阿斯特罗拉布。阿伯拉尔让年轻的爱洛依丝嫁给自己，然而她却拒绝了，她不想让阿伯拉尔走向不归路，走上一条和他选择的人生道路完全不相干的衰败之路。因为如何才能在婴儿的哭喊声中和研究学问的道路上找到平衡，如何在上帝的礼赞和家庭的柴米油盐中得到妥协？对于一位才华横溢的教授来说，走入婚姻围城意味着可能要将自己置身于低于神甫一等的位置，神甫都遵循独身制。爱洛依丝首先考虑到的是自己的爱人；阿伯拉尔考虑的是自己和自己的职业生涯。置身于二人激情的制高点，爱洛依丝并不想让婚姻义务成为她幸福的保障，而是希望幸福单纯地源于爱情。凭着高尚的情操，她回复阿伯拉尔，和“配偶”的头衔相比，自己更喜欢“友人”的称呼。

然而婚礼还是举行了，经过一夜未眠的祷告后，婚礼在巴黎秘密举行，孩子留在了不列塔尼。几位近亲出席了婚礼，其中就有叔叔菲尔贝。婚礼一结束，新人就决定彼此分离，以便阿伯拉尔能继续走他的辉煌大道。年轻的爱洛依丝回到叔叔家里生活，叔叔整日斥责她，有时还威胁她。这件事传播开来，圣母院隐修区的氛围变得令人难以忍受。阿伯拉尔更愿意把他年轻的妻子送到阿让特伊修道院，她在那里长大，在修道院里爱洛依丝穿着修女的服饰，除了不用戴头巾。她爱得顺从，她听从阿伯拉尔的意愿和他结婚、分离、住修道院。阿伯拉尔则留在巴黎，尝试平息暴怒的叔叔菲尔贝的怒火。

议事司铎菲尔贝并非完人。他可能会很暴力。爱洛依丝的逃避让他出离自我。一天夜里，在阿伯拉尔一个侍从的串通下，一伙人潜入阿伯拉尔的寝室，割断了“让他犯错的身体器官”——阉割是当时对强奸和通奸的惩罚。行凶者和菲尔贝之间的关系毋庸置疑，罪犯逃跑了，但是其中两个被捉住了，这次轮到他们被阉割；菲尔贝本人则被暂时流放，这桩涉及学校最著名教授的丑闻影响巨大。教士和学生，整座城市都有所耳闻，并且请求怜悯，这个恩惠当事人应该是无福消受了。他们怎敢再出现在公众视野中？被凌辱、被指手画脚，阿伯拉尔承认，和他的伤痛相比，更让他痛苦的是自己的骄傲，他所受的惩罚损害了自己的名誉根基。他逃到圣德尼修道院避难，很快就有很多学生追随到此听他的神学课，然而此时的爱洛依丝则发愿戴上了修女面纱。分别既成事实。

悲剧需要时间来被遗忘：阿伯拉尔作为教师的成功、大胆的研究、濒临傲慢的自傲，和他的私生活让他树敌众多。他和圣德尼的教士不睦，教士们指责他把哲学和神学混为一谈，阿伯拉尔被数次认定为心怀恶意，并被查禁。他和爱洛依丝的书信并没有完全中断，悲剧过去 15 年后，他们仍然保持通信，这些书信的真实性时而会受到质疑，如今被认定确凿无误。

一部书信史

1115 年至 1117 年，爱洛依丝和阿伯拉尔大概互通了 100 多封书信。3 个世纪之后的 1471 年，克莱尔沃修道院的一名热衷于收藏珍本的修士乔安尼·德·韦伯利亚发现了这些珍贵文稿，并且誊录下来。这本极厚的文集没有署名；文集由一位代称 V（vir, 男性）的男性口吻，和一位代称 M（mulier, 女性）的女性口吻交替叙述；文集中的大篇幅段落并不总是连贯的，而且不时伴有晦涩的简短片段；没人知道这些信件是如何编辑的。这对情侣神秘的身份引起了诸多疑问，鉴于这些通信的结构讲究，涉及众多文化典故参考，它们应该必然出自热衷于传统辞藻训练的文化人之手——那个时代有许多这种类型的文集保留至今。

如今大部分历史学家和文献学家认定，这些情人间的匿名信函与爱洛依丝和阿伯拉尔之间的爱情故事完全相符，跟《劫余录》里的叙述一模一样，他们的爱情故事从公元 12 世纪后半叶开始成为大众谈资，然后于 1290 年前后被著名的《玫瑰传奇》的作者让·德·默恩再度挖掘传播。这些信件的法文译者西尔万·皮龙（《恋人信札》, 2005 年）的论点和澳大利亚评论家康斯坦·J. 梅纽斯的研究都暗示，一位著名学者和一名博学的女学生之间的爱情故事，加上这其中种种罕有的波折和时不时的言行不一，实在是太过独一无二了，以至于这个故事不会发生在其他伴侣身上，也不会是一场故弄玄虚的骗局。诚然，这些信件的写作手法让人联想到骑士式的写作手册（《论写信的艺术》），但是在其他一众文献中，这些信函里男女叙述者独一无二的口吻、爱侣间一些特殊的词汇用法和哲学典故让人觉得这些信件非常可能就出自于这对著名情侣之手。这些信件是重要文献，在发现这些通信的克莱尔沃修道院，修道院里第一批西多修道士和帕拉卡雷特隐修院联系紧密，爱洛依丝于1164年在这座隐修院里离世；在克莱尔沃修道院院长贝尔纳的推动下，修道院最热衷的讨论议题正是围绕着神秘主义之爱本质进行的。因此，这些通信会从一个修道院转运到另一个修道院并没什么好惊奇的。法国大革命之后，这些信件和《劫余录》的手稿都被保存在特鲁瓦图书馆。

何为爱情？两位爱侣时刻叩问同一个问题。女方是一位年轻的女学生（我们可以认为她就是爱洛依丝），有强烈的求知欲和共情力，解读自己的内心；她既热忱又慷慨；她首先想到的是要引起老师的注意，让他惊叹于自己的博学，用自己的谦卑朴实感动他。她用的引文恰好可以掩饰自身情感的流露，起初她的信件还比较像是课堂练习，然后就变得越来越长、越来越私密，字里行间都透露着个人细节，淡化了所处事件背景。

爱洛依丝沉浸在自己的热忱中。她作为学生的谦卑是诚挚的，那个时代的女性毫无话语权，而且阿伯拉尔又是位名师，她满腹感激，渴求西塞罗式的“深沉友情”；阿伯拉尔一方则陷入了热恋，而且不久就指引爱洛依丝向奥维德的世界靠近，离圣经渐行渐远。在沿用约定俗成的问候和祝词的同时，两人以“你”相称。当阿伯拉尔认为他学生给他的书信不够频繁的时候，这位老师会不假思索地认定爱洛依丝“冷漠无情”，他担心她无视他，或者把他遗忘，阿伯拉尔坦承，二人的书信是他“身心安宁”的保障。爱洛依丝时常会提起《雅歌》中的主题，并且自认是《雅歌》中的“良人”，她鼓足勇气：爱洛依丝承认自己的无知，向阿伯拉尔坦承他的存在令她振奋。而且不久后，爱洛依丝就以平等的口吻和他交流了。

起初两人间轻微的差异并不太扎眼，但是却在双方对爱情的理解上掘下了一道裂痕，对于既现实又理想化的爱洛依丝来说，爱情首先是人生中的一段奇遇。爱情不属于一种倾向或是一种情绪，而是一种发自内心的坚定。爱情通过信任、忠诚，特别是忠贞，得以自证。这种被称为 dilectio 的对唯一对象的钟爱，并不是心血来潮的轻率爱情，它如此强大，爱洛依丝自己也无从控制。真正的爱情是毫无缘由的、是无私的，与一切道义伦理为敌，但是真爱却让对方一生背负责任，就像还债一样。年轻的爱洛依丝同时也是现实的，她的生活随着情势起伏：阿伯拉尔的幸福就是她的幸福，当阿伯拉尔腹背受敌，她也变得沮丧消沉。她本能地看清爱情是多么地脆弱："耳鬓厮磨成全了亲密，然后亲密衍生出信任，信任造成忽视，忽视变为厌倦。"

当阿伯拉尔的追求过于直接的时候，爱洛依丝收回前言，并且坚持"友人"的称谓，她默不作答。至于男方，阿伯拉尔幻想着一夜春宵，并且直截了当地提到渴望"更亲密地感受"炽热的激情，甚至呼唤她这尊"充满活力的躯体"。他毫不掩饰自己的急不可耐："揭示你的秘密，揭露你的隐秘，让你充盈的温柔之泉得以喷涌吧，在你最忠诚的仆人面前不要再有所隐藏……"（第二十六封书信，法文译者西尔万·皮龙）。从二人这时的通信来看，他们应该已经完成了肉体的结合，或是正要结合；自相矛盾的是，对于爱情，老师阿伯拉尔只是借用西塞罗的言论，给了爱情一个非常教条的定义："爱情是一种灵魂的力量，这股力量并非独自存在，也不能自给自足，而是需要凭借着一定的欲念和欲望，始终栖息在他人身上，只希望和他人融为一体"（第二十四封书信）。

二人的亲密关系很快就被外部世界探知。从阿伯拉尔的课里就能感到他的私生活处于旋涡中；一些人“嫉妒”二人的情侣关系，而且到处散播谣言。为了保住自己的教师名声，阿伯拉尔理智地决定隐退，因为他太骄傲了，爱洛依丝屈服了：伤心的她绝对不会反对爱人的智慧。事实上，当阿伯拉尔建议她小心谣言的时候，爱洛依丝忍不住从中看到一丝激情衰退的迹象：“我几乎说不出这样令人伤心的话。永别了。”炙热的交往后，冷淡如约而至，二人书信里并没有给出一个明确解释：冷淡是由于恋人的健康问题？是分手的考验，还是由于外界威胁？阿伯拉尔注意到爱洛依丝不再和他以“你”相称了。于是他也选择和她以“您”相称：“从今以后不能再将您称作‘你’了，也不能再唤您为‘我温柔的’‘我亲爱的’，而要称您为‘女士’，既然我已经不再是曾经那个亲密对象了，而且您对我而言也变得极为陌生”（第三十六封书信）。年轻的爱洛依丝陷入痛苦之中。对于全身心地投入爱情的她而言，阿伯拉尔的任何退缩都是分手的导火索，她的书信越来越少。

“我不配受到背叛”

然而情人阿伯拉尔不停地呼唤、哀求！“宽容一些吧”“怜悯你的爱人吧，他正日渐憔悴”。“给我写点什么吧，哪怕只有几个词。”“每一天我都在被越发猛烈的热火炙烤，然而你却冷若冰霜。”孤身一人，焦躁烦闷，远离爱洛依丝的阿伯拉尔感到自己被放逐了，只要一想到她对自己心怀敌意，或是她可能在没有自己的他方另觅幸福，阿伯拉尔就眼眶湿润：“那你告诉我，我温柔的爱洛依丝，我到底要被折磨到什么时候？”他一封又一封地给爱洛依丝写信，但她总是没有回音。毋庸置疑，远离爱人的爱洛依丝很痛苦，极度忠贞不二的她对情人的渴望就像“干涸的土壤等待甘霖”。在沉默了一段时间后（我们也不知道这段时间持续了多久），谦卑的学生终于和阿伯拉尔重启联系，在通信中爱洛依丝选了“哲学”这个更为妥帖的谈话主题。探讨爱情，就等于重温爱火。在一封长信中，她满怀热情地继续自己曾经的讨论，对于她而言，爱情是一种人类的“美德”。“用我爱你的爱情爱我吧！”他们的通信中基本上对宗教只字不提。书信一向简洁的阿伯拉尔这次花时间给爱洛依丝回复了一封长信，而且明确用了同一个词汇“dilectio”来形容二人的爱情约定：“我在千万众生中选择了你……”

分别的痛苦随时会被重燃。新一轮危机出现了。受到伤害、悲伤痛苦的爱洛依丝无时无刻不在惋惜爱人的缺席：“你几乎把我遗忘”。她依赖他，担心收到只言片语的回信，“深情的致意浓缩在如此单薄的概述中”，亦或是类似于“我如此爱你，以至于我不能原原本本地表达这份爱……”这种闪烁其词的方式。她的生活随他而转，他的生活受制于他的事业。爱洛依丝不再快乐，她觉得阿伯拉尔毫无理由地剥夺了她“爱情的主动权”（第五十八封书信）。二人的通信时而遮遮掩掩，变得越来越尖刻：“一个不可抗拒的缘故成了障碍”，阿伯拉尔为自己辩护。物质缘故还是内心缘故？这位日后为自己做传的哲人深陷自责之中：“我有罪，是我让你不得不忏悔”（第五十九封书信）。

在强烈的情感驱使下，个人道德自省的强烈需求逐渐觉醒。12 世纪初期，面对集体生活中的职责和义务，这种自省与当时盛行的个人主义是分不开的。老师阿伯拉尔执着于自己作为人师带给学生的公众形象；他被迫遮掩，也不能舍弃爱洛依丝，阿伯拉尔承认自己“诲淫的乐趣”比上帝更重要，比学业更重要，比自我更重要；然而在捍卫自己坚定爱情的同时，他也意识到这份爱对自己的工作是一个致命损害。同时，痛苦挣扎在自己的悖论中，阿伯拉尔退而求其次地采取了一种模棱两可的策略：“我们会小心翼翼地相爱，因为我们可以巧妙地维护自己的声名，同时又能在极致欢愉中加入我们自己的一抹喜悦。”令人困惑的计划！这次轮到爱洛依丝来重新审视二人的关系，然而，这一次，她采用了过去式的口吻：无论如何不能再继续“这样病态的激情”了；从今以后，二人会以“一种严格且长久的教义信仰”的方式相爱。

无力管控真心的爱洛依丝却能完美地运用拉丁辞藻，对于丈夫、情人的转变，她以一封真切的诀别信作为答复。在信中，她重拾那些形容真爱的字眼，并用这些词汇进行控诉：她热烈地爱过他（adamare），用无尽的爱爱他（caritas），用唯一的爱爱他（dilectio），这份爱有据可循，她曾经以为阿伯拉尔的爱（amor）比“无敌的高塔”还要坚固。她坦率、真诚，对于她来说，她从未有过一丝狐疑。“从未有过，上帝可以为我作证，在与你的相处中，我只追求你的本身。我既不考虑享乐，也不考虑我的自身意愿。”正如《雅歌》中良人“为爱而伤”，爱洛依丝勇敢面对了考验，然而她衷心期望的幸福却未如约而至，“等来的只有我内心的哀叹”。她哭泣，她怨恨上苍：“永别了，我被你的才智和学问欺骗了。我们的通信也应该终止。”

最有效的辩护往往是最猛烈的抨击，阿伯拉尔的回复字斟句酌：

我不知道自己犯了如此大的罪过，以至于在如此短的时间内，你想舍弃对我所有的怜悯和亲密。只有两种可能性，要么就是我对

> 你犯下了滔天罪过，要么就是你曾经的爱实在是太有限了，才会如此轻易不屑地把它抛弃。这些话不是怀有一颗曾经始终亲切热忱的心的人能说出来的，而是一个找机会，甚至很久以来就一直伺机寻找分手理由的人说出的话。我问你，是何种行为，或者何种言辞，让你说出如此伤人的话来？……如果你爱过我，你就不该说这么多。
>
> 祝你安好。我收到了一封浸满你泪水的信件，我流着泪给你回复这封信（第六十一封书信，西尔万·皮龙译）。

误解根深蒂固。男方谈起他的罪孽和他的恐惧；女方谈爱情，一份可以无惧于铁窗、枷锁和上帝裁决的爱情。她埋怨阿伯拉尔没有勇气解释："我盼望你能不顾一切地奔向我，无论用何种方法，来和我亲自交谈。" "弊害" "丑闻"，爱洛依丝用了沉重的字眼。她此时对阿伯拉尔心生怀疑，流言蜚语让他们的爱情岌岌可危。她控诉阿伯拉尔的改变，而且不再抱有幻想："男人的忠贞就像转一转手腕"（就像掷骰子）。"我不配受到背叛"！至此以后，重如磐石的爱语似乎隐藏着另一种真相。阿伯拉尔今后的忏悔，忏悔自己曾经的愚蠢、焦急或是沉醉，都是无意的，他未来再提起自己的忠诚和自己坚不可催的爱情也没有用了，怀疑的毒液已经浸透他最美好的表白。

爱情和羞耻

梦寐以求的重逢最终来临，相逢似乎消除了不满，两人都讨论一种建立在其他基础之上的"新的爱情"。但这是一种什么样的爱情呢？除了自身情感驱使，他们的爱情也是时代风向的写照。经历了几个世纪的沉默，整个教会都开始思考爱情的定义，思考性爱关系、激情、道义调和、婚姻准则和幸福。肉体之爱阻碍了对上帝的热忱。公元10世纪和11世纪的大神甫鼓励夫妻像兄弟姐妹一样生活，保持童贞，投身研究的文化人更加积极地响应这个号召。被阉割的阿伯拉尔没有婚姻职能，他也不是一位狂热教徒，他的生活都在工作里。他自己明白这点，但是为他奉献了一切的爱洛依丝能理解么？

乔安尼·德·韦伯利亚的抄录本有一个疑问。我们不知道《恋人信札》里的书信是否是按照正确顺序收录的。二人相会的日期、时长和背景无从得知。为什么有如此多的未回复、这么多毫无解释的顿挫？然而二人还是重启了书信，甚至比以前更加充满热情：爱洛依丝的信比阿伯拉尔更频繁。男方可以说是非常地简明扼要，觉得自己到达了港湾，然而女方则热衷于解读《雅歌》中的妻子：“我只爱过你，爱着你我追寻你，追寻你我找到你，找到你我渴望你，渴望你我选择你，在我心中你的位置无出其右，芸芸众生中我只选中了你。……无论你是否愿意，你都属于我，并且永远都是。”

两人互相通信，互读信札，却不再互相理解。文字不再是桥梁。阿伯拉尔情绪不稳定——他的道路混沌无序，欲望、倦怠、喜悦，各种相悖的情绪揉为一团。与之相反的是，面对一颗在旋涡中“让言语随风摇摆”的漂泊之心，爱洛依丝却希望能“坚定不变”。阿伯拉尔没有为自己辩白；想起曾经的美好他自认有罪：“爱情和羞耻在两个相反方向拉锯”！即使12世纪初期并没有明确定义关于保持贞洁和独身的约束，阿伯拉尔仍处在一个两难境地：他教师的名望要求他必须遵守严格的道义，同时他的私情又众人皆知。如果他想保住自己的威信，那么遏制纷扰渐起的流言蜚语就刻不容缓。

不幸的是，读者不能全面了解这个决定性时刻，1474年誊写手稿的修道士指出，1117年的信件中很多片段都缺失了。也许爱洛依丝选择不誊写全部蜡板。无论如何，二人最后的通信内容令人意外，年轻的爱洛依丝像对待一位“师长”一样向他的丈夫和老师致意，明确自己很欣慰能看到他置身于荣光中、蜚声学界、诚心祷告，并且最终得以远离世间纷扰。她对他心怀感激，感激他为“微鄙”的她带来的恩惠。她的喜悦难以言喻，沉浸在“希望的狂喜”中。然而何喜之有？这位有着多重禀赋的女性从不给出片面的回答：这是得到救赎之爱的喜悦，因为这份爱是精神上的、是看到爱人安然无恙的喜悦、是仰慕钦佩他的喜悦、是得以相识相知并且爱他的喜悦，然而同时也是，亦或更加是孩子阿斯特罗拉布的降生所带来的喜悦。在自传中，阿伯拉尔证实，在得知爱洛依丝怀孕后，爱洛依丝当即陷入“狂喜”。她是不是想到了圣母玛丽，这位全身心沉浸在圣母赞歌中并荣升“极乐”的母亲？或是她希望能够因此留住阿伯拉尔？

令人不解的是，随后信件中的口吻突变，就好像这份喜悦不足以战胜阿伯拉尔的种种悖论：“我已经厌倦了，也不想回复你了，因为你把我的含情脉脉当成负担，这让我很伤心。”在合集中的最后一封信里，阿伯拉尔承认自己始终对爱洛依丝魂牵梦绕，无法得到安宁，他纠结，气馁“想要熄灭爱火，只能让它燃烧的更猛烈”。

一部独一无二的传记

《劫余录》创作于1130年前后，大约在二人恋情的12年之后。传记中的时间背景正是二人互通书信之时，传记按照时间顺序从根本上再现了这桩悲剧。在圣德尼短暂停留后，由于会士的敌意，阿伯拉尔被迫离开了这里，他于1122年，在香槟省创建了一座祭奠圣灵和圣神的小型修道院。几年之后，大约在1125年，阿伯拉尔受任成为位于家乡莫尔比昂港湾附近的圣吉尔达德吕伊修道院院长。他当时建议爱洛依丝在帕拉卡雷定居，并在那里和修女们在三位一体的保佑下过宗教生活，做女修道院院长的爱洛依丝可以受到修道院创始人的精神庇护，二人可以共同热爱上帝。阿伯拉尔于1135年重回巴黎。

恋人成了一位虔诚的修道士，勤勉奉献，虽然他不怎么适应集体生活并严格服从。修道院的生活让他得以禁欲和隐退，他需要这些来重塑名誉，并且将自己的一生奉献给工作和祷告。阿伯拉尔的皈依毋庸置疑，《劫余录》中展现的世界正值宗教生活的内向化时期，与之相伴的是一种新式的、个人化的忏悔方式，把与自身良知的对话作为道德准则，完全不像过去几个世纪以来通行的将罪恶明码标价的方式。在体会到讲述自身事需要的同时，阿伯拉尔也被一种自卫心理左右，这与他幸存的名声不无关联：他将自己塑造成一位骄傲的文化人，忧心于捍卫自己的思想、投身于社会改造；然而他同时也是一位有信仰的人，知晓自己的罪恶，并祈求救赎。因此他的故事才会被作为样本，而且在书中他显然是诚心诚意地揭示了自身的弱点。

诚心的忏悔要求忏悔者揭露自身的陋行。坦白不应有任何保留。阿伯拉尔把自己描述成一位傲慢的引诱者，罪恶且无耻，他处心积虑地引诱一位纯真少女进入自己编织的猎网中，少女被完善自我的热忱所激励，他事先就知道她无法抵挡自己的手段。他是一匹进入羊圈的“饿狼”。叙述中并不避忌各种粗鄙和细节。阿伯拉尔承认自己在夜晚投身欢愉，白日投身教学，而且他深知满足自己欲望的所有代价，包括威胁和惩罚：“爱情所能创造的一切，我们都实践。”数月的时光点燃了情色的激情，在精深的课程间，老师为他的爱人创作情歌。即使是在阿让特伊，爱洛依丝婚后隐退的地方，阿伯拉尔仍然迫切地想方设法追求她，没有藏身之处的二人在饭厅里满足情欲。诚然，叔叔的报复是可怕的，但是这样的惩罚被法律认定罪有应得。在大费笔墨谈及爱情野蛮力量的同时，阿伯拉尔也想通过忏悔感化自己，并且突出自己爱人的高尚；导致爱洛依丝罪孽的唯一罪魁祸首就是阿伯拉尔自己。她带上面纱，成为了耶稣的妻子，没有什么比二人灵魂的救赎更为重要。

阿伯拉尔的皈依斩钉截铁。从此以后他一心忏悔。他致力于教育穷人、研究哲学和热爱上苍，远离肉体的诱惑。他被剥夺了生殖力，现在谁还会惧怕他呢？他的声望只会越来越大，他教授的关于自由艺术和神学的课程吸引着越来越多的学生。然而处于各种声望的十字路口，阿伯拉尔无法回避修道院和教会权贵间的冲突，他大胆的论断、他的声名斐然和他多疑的性格激起了诸多同行的恶意嫉妒。他的《三位一体论》被竞争者认为有悖于教义，在1121年的斯瓦松会议上未经过任何审查和讨论就被付诸一炬。

毒汁和苦酒

随后爱洛依丝自己也读了《劫余录》，他们浸着“毒汁和苦酒”的故事被堂而皇之地揭露给公众。她愤慨，爱人口中的故事让她泪流满面，因为自己的回忆受到了冒犯。她是否曾被爱过，或是仅仅只是因为肉体而被渴望过？那么对于他来说这一切只是淫乱，然而她却全身心投入其中，并通过二人的结合感受到了“鲜活的永恒极乐”？难道她是在魔鬼驱使下拿出苹果的爱娃，一个甚至能诱导智者变节的可憎魔鬼？阿伯拉尔冰冷地重述了他们的故事，到处都是对圣经的参考。与之相反的是，爱洛依丝尽管十分虔诚，但却尽可能真切地描述自己的真情实感，原原本本地描述她的真实经历，以及她如今对这些情感的看法，这些情感阿伯拉尔好像并没有理解。她是一个有血肉之躯的女性，是仰慕、爱情和忘我将她上升至“vera dilectio”这个层面，她不会为此感到羞耻。

她如何能后悔？她在明明白白、不受任何牵绊的状态下爱过自己的“师长”，这个人同时也是自己的丈夫和上级。她将自己奉献给他，完全没有考虑任何财富上的回报，也不求任何婚姻和协约，以至于宁愿被当成粉头、姘妇，甚至是荡妇，也不追求妻子的头衔！爱情不需要婚姻的维系来自证纯洁。她的心随他至天涯海角。鉴于没有爱洛依丝的应允，阿伯拉尔是不能与之分手的，为了避免摒弃，他请她戴上面纱，爱洛依丝按照他的“命令”照做了：“我开始修道，这完全是你个人的决定”；因此这并非爱洛依丝之意，而是她“丈夫”有意为之，就此让她走上了修道生活这条崎岖的道路。

阿伯拉尔如此不信任她，以至于要如此限制她？“你怕我像罗得[①]一样回首，要强制我穿上祷告的衣服，并且第一个发愿？当着你自己的面你把我交给了上帝。我接受这样的怀疑，我为此脸红，并且痛苦不堪。”

爱洛依丝不能，也不愿对过往有一丝一毫的否认，而且她对这个肢体残废的男人所受的痛苦感同身受，他为了爱她受到如此惨痛的惩罚。即便是如今，她仍然只为他考虑，想着敌人对他的威胁和窥伺他的危机。人们赞美她的德行？钦佩她贞洁的品行？然而这一切都是假象，她没有痊愈。她虚伪、掩饰、无力忏悔、泪流满面，她的心灵好像被上苍的圣恩拒之门外，因为她只想取悦阿伯拉尔，对上帝的冒犯变本加厉：“我认为用自己贫瘠的心灵忏悔不足以取悦上帝。” 即使在圣弥撒仪式上，她的祷告也混杂着不纯洁的思想：“我的想象被诲淫的幻象占据”。无论她走到哪里，即便是在睡梦中，这些缱绻的欢愉都会萦绕在脑海，重燃她的欲望，“我甚至在床上也不得安宁”。日日夜夜，阿伯拉尔都历历在目，“在这个世上，除了深知你的存在，我没有任何依靠”。

从 1132 年起，从爱洛依丝的信中可以听到一颗受伤的心在进行令人痛苦的申诉，她不再呼唤这位丈夫和情人，他似乎已经将她遗忘，而是呼唤她的“师长”，同时也是她学识上的“父亲”和宗教中的“手足”，他代表着权威。作为帕拉卡雷敏感的女修士，爱洛依丝提醒阿伯拉尔对她和她的修女们的亏欠；阿伯拉尔让爱洛依丝教育修女，建立她们自己的生活方式，创作浅显易咏的赞歌音乐，并把这些当作她自己的义务；然而，阿伯拉尔好像忽视了他对自己的“种植园”所承担的义务。见不到阿伯拉尔，

① 罗得，圣经人物，是摩押人和亚扪人的祖先，是以色列人始祖亚伯拉罕兄弟哈兰的儿子，亚伯拉罕的侄子。——译者注

爱洛依丝恳求至少能得到他的教导和几句安慰的话。作为情人、丈夫和修道院院长的阿伯拉尔是否应该为他的冷漠而受到指责？“你的欲望一经熄灭，所有爱的证明都不再……”

答复将出自一位与世隔绝的修士之口：从此阿伯拉尔会通过爱上帝来爱他的“姊妹”。往事该被遗忘，因为耶稣是唯一真正的爱人。爱洛依丝不是罪魁祸首，她的禀赋、她的痛苦和她的斗志将会织成圣洁的皇冠：“伴随我至圣恩的礼拜中，就像你曾经伴我入歧途一样……和圣女一起哭泣吧……我确信，我可以通过你得到我个人祷告不可及的恩典。”作为丈夫和妻子的二人将会永远分离，却通过神灵结合，这就是全部。

历史进程已经分配好了角色。百年中最著名、最新派的恋人，她的柔情、耐心、德行和克己，让这位女修道院院长无愧于这个称呼。爱洛依丝得到了民众和主教们的认可，她对古文卓越的见识、她的虔诚，得到了人们的赞赏。她的声名远至，克莱尔沃修道院院长贝尔纳亲自来探访她。与之相反的是，阿伯拉尔仍然被自己的悖论折磨。他和主教们的关系一直冲突不断。圣蒂耶尔里修道院院长纪尧姆认为阿伯拉尔的《神学导言》与信仰原则相悖，并先后向沙特尔主教和克莱尔沃修道院院长贝尔纳投诉他的文章。作为一位传统教义的捍卫者、狂热的信徒和苦行者，贝尔纳只把阿伯拉尔看成是一位动摇的修士和可疑的雄辩者，对诡辩沾沾自喜。阿伯拉尔教导“理智可以且必须支撑信仰”的论文于1140年的桑斯会议上被禁，会议笔录被送至教皇英诺森二世处。被告人仍想为自己辩护，并决定亲自去罗马。然而，以贝尔纳为首的敌方迅速抓住了他，并把他的论文付之一炬，阿伯拉尔被判为异端分子，可能会入狱，并被永久禁言。

这时，克吕尼修道院院长真福彼得同意接纳阿伯拉尔。位于勃艮第公国边境的克吕尼不属于法兰西王国，被告在这里可以摆脱危险。关怀备至的真福彼得为逃难者提供了一个庇护所，让他在这里自由沉湎于研究和祷告。被纷乱生活重创和削弱的阿伯拉尔最终在这里找到了安宁，然而他却生了重病，并于1142年在位于索恩河畔沙隆附近的圣马塞尔隐修会辞世。不久后他的遗体被运至帕拉卡雷。

在他离世后，爱洛依丝又活了22年，悲伤像圣物一样封存在她的心底。按照她的意愿，她的遗体和阿伯拉尔一起葬在同一墓碑下。如今他们的骨灰被安葬在巴黎的拉雪兹神父公墓。

英格兰亨利八世和阿拉贡的凯瑟琳

“离婚”首创

“唉，陛下，我哪里冒犯到您了？我哪些行为让您不悦，以至于您这样决意要罢黜我，收回您对我的恩惠？”

威廉·莎士比亚

《亨利八世》，第二幕，第四场

忠诚、勇敢、自尊，并且只求与自己身份地位相匹配的安乐：这就是阿拉贡的凯瑟琳——亨利八世的配偶，王朝的跌宕和国家利益让她成为了18岁的亨利八世的妻子，此时正值1509年，亨利八世登基成为英格兰国王。她尽可能地辅佐丈夫，并在其征战欧洲大陆的时候稳定王国政权。然而上苍却剥夺了一项她最重要的使命：为英格兰诞下一位王子。20年的婚姻和六次怀孕都不足以让她免于羞辱以及被宣判、休黜、逐出宫廷的耻辱。

至于亨利八世，他则是一位典型的那个时代的君王——热血沸腾且资历尚浅，热血有余但谋略不足。他所受的教育是文艺复兴时期以文学和艺术为本的教育，他身边有几位伟大的人文主义者，亨利八世一丝不苟地尊敬他们。但是身为国王，他自负且嗜权，当听到有人说他的小腿比法国国王的更健壮的时候，他前所未有地欢喜。一种睥睨一切的贪婪充斥着他对生活的欲望。他所统治的王国那时还仅仅是一个400万人口的小国；他的抱负是要把这个小国建成一个大王国，并成为欧洲纷争的握权人。

权力斗争粗暴猛烈，在这个过程中亨利八世的性格逐渐变得冷酷坚定。这个新世纪对于欧洲来说是一个关键时刻，此时三位青年君主在角力，三人深知彼此之间敌对且特殊的地位，英格兰的亨利八世、法国的弗朗索瓦一世和即将成为皇帝的西班牙国王查理五世。王室婚姻注定是以巩固联盟来避免战争、为王位诞下继承人为目的，而不是为了满足心血来潮的爱欲。在统治欲望的驱使下，亨利八世要让对抗他的事物屈服：他给自己的配偶们加冕，然后把她们砍头。他下意识的顾虑，至少在初期还是真诚的，因为他珍惜自己基督教人文主义者的名声，他是路德教风暴中天主正教的捍卫者。然而不久后，背信弃义、厚颜无耻、暴戾残酷湮没了他的畏惧。阿拉贡的凯瑟琳是这桩悲剧的第一个受害者，除了自身命运，这其中还牵绊着教皇权威、国王权力、对外政治、宗教教义以及英国社会的伦理风气。

悲剧分三幕展开。第一幕，国王阿拉贡的费尔南多和王后卡斯提尔的伊莎贝拉让他们的女儿凯瑟琳和英格兰国王亨利七世的儿子亚瑟订婚，这是为了巩固西班牙和英格兰两个王国的联盟，以抑制法国的影响，而且另外一个好处是，小凯瑟琳是未来查理五世的母亲胡安娜的亲姐妹。婚姻谈判大约于 1496 年开始——彼时小女孩十岁，谈判持续了多年，英格兰当时还只是一个二等列强。同意婚事之前，西班牙的掌权者必须斡旋多方意见，计算嫁妆、旅费、仆人的周转和公主居所的造价，然而亨利七世是出了名的吝啬。经过一连串的多项协定，交易终于达成：1501 年 10 月，时年不足 16 岁的公主到达普利茅斯。未婚夫亚瑟，同时也是威尔士王储和继承人，比凯瑟琳小一岁，而且他体弱多病。婚礼于一个月后的 11 月 14 日举行。西班牙没有全部付清嫁妆中的货币——这惹恼了亨利七世，并且引起了争执。王储夫妇被送往位于威尔士的拉德洛城堡开始婚后生活——这次轮到费尔南多恼火了，他本来更愿意年轻的新娘留在伦敦。

接下来的故事颠覆了所有计划：四个月后，亚瑟于 1502 年 4 月 2 日死于结核病。女方当事人坚称二人并没有婚姻之实，陪媪证实了这一点；西班牙国王和王后坚信这套说辞是真的。尽管宫廷中还谣传着另一个版本：有人说，亚瑟在妻子的怀抱中一夜春宵后欢欣雀跃地要了一大杯啤酒。于是 16 岁的凯瑟琳就这样成了寡妇，她可能一直是处女之身，身无分文的她被遗忘，或者至少是被遗弃在这个雾气蒙蒙的国度，她几乎讲不了英语，更加雪上加霜的是，西班牙大使从国王亨利七世那里得不到任何回应。她的骄傲被命运挫伤。

然而使馆在紧锣密鼓地筹划。其他的结婚计划摆在凯瑟琳面前：亚瑟的弟弟亨利，按照顺序成了威尔士公爵和王位继承人，亨利可能会迎娶凯瑟琳，这样问题就能解决了。当然，他兄长去世的时候亨利只有 11 岁，再说时间并不紧迫，谈判才刚刚开始。1503 年签署了一项协议：婚礼会在亨利年满 14 岁的时候隆重举行。鉴于必须有教皇的豁免，允许遗孀和她无子亡夫的弟弟结合，国王费尔南多于 1503 年向罗马教廷提出申请，两位教皇接连去世，回复迟迟未到，教皇谕旨直到 1504 年才下发，为了简化程序，谕旨的日期被篡改了。文件认为第一段婚姻“很可能”未行婚姻之实，并没有进一步纠结于这一点，但是这样却让疑团继续发酵；与之相较的是，文件更着重指出了这段联姻的外交机遇，巩固英格兰和西班牙这两个高度基督化国家的友好关系。

教会很满意，也不追问教皇是否有权授意这样的豁免。在此期间凯瑟琳生活在孤独的深渊中，她的“未婚夫”丝毫没有表露出想与她相识的热情，她身无分文，无法给为她服务的人员发放报酬，吝啬的亨利七世不想承担这些人的费用——他一直没有收到剩余的嫁妆。凯瑟琳经常生病，她尝试用虔诚的祈祷和苦行来混淆自己的不幸，甚至想把自己关进修道院。没有人关心她的精神状态，也没有人关心她的处境是否与尊贵的卡斯提尔的伊莎贝拉之女的身份相称，凯瑟琳极少肆意倾诉。然而还有更糟糕的。就在阻碍婚姻的障碍貌似被清除之时，1505 年 6 月在婚礼既定日期不久前，年轻的威尔士王储这回又犹豫了，他私下里向主教福克斯抗议，不同意这桩没得到他本人认同就缔结的协定，那时他还未成年，而且亨利还阐述了要娶自己兄长之妻的顾虑；为了安抚王储，大家给他介绍了一些相似案例，还摆出从教皇儒略二世那里得来的豁免。亨利七世可能是想通过这样的方式给费尔南多施压，王储是受其父影响？婚礼再一次被推迟，英国人计划跟阿布斯堡一方谋求其他结盟；亨利七世甚至建议自己迎娶他的儿媳，这样他至少还能保留西班牙的嫁妆！高傲的公主坚守沉默，她的处境变得越发棘手和艰难。

1509年4月22日，亨利七世骤然离世，情势又一次被改写。威尔士王储成为了国王亨利八世，民众鼓手相赞，结婚计划再次被提上日程。正如亨利给奥地利的玛格丽特的信中所言，他想遵照父亲最后的愿望，并且，在一次秘密哀悼仪式上，他于6月11日与凯瑟琳结合；24日，在民众的欢腾声中，他在威斯敏斯特教堂加冕。

二人的婚姻看上去很幸福。丈夫身材高大，一头金发，意气风发，文质彬彬；精通音乐，恭恭敬敬，甚至有些过于一丝不苟；他喜欢排场，穿着绣金线的衣服，宴会、比武和化妆舞会一场接着一场；作为天选之人，他清楚自己的力量，在统治上他笃信亨利七世的老臣。1512年至1513年，亨利八世在他的第一次征战中战胜了法国人和法国人的盟友苏格兰人。诚然，凯瑟琳可能懊恼他的阴晴不定和骄傲易怒的性格，但是她努力尽可能地履行好自己的职责。不幸的是，1510年凯瑟琳的流产扰乱了他们的婚姻生活。她只有25岁。一年后凯瑟琳诞下了一位小王子，孩子的降生让亨利八世欣喜若狂；但欢喜是短暂的，因为孩子在六周的时候夭折了。厄运从此找上了这对夫妻。接踵而至的是流产、出生就夭折的婴儿；只有1516年2月18日出生的小玛丽活了下来。

坚定的天主教国王

悲剧的第二幕，天空变得更加乌云密布。皇后出席所有的宴会和仪式，但她开始老去；她的下巴有些沉重，一头金发褪了色，而且身形也变得厚重；威尼斯大使形容凯瑟琳“个子不高，身材丰盈，面目舒展且真诚”。如果从她的画像审视她的话，那她的外表不再吸引人了。从1518年开始——她33岁——凯瑟琳好像再也没有怀过孕，尽管西班牙的医生不遗余力地医治她。婚姻的失败让凯瑟琳非常伤心，她与生俱来的严肃性格也没有缓和，以至于一些人指责她傲慢，批评她政治上过于蓄意靠拢西班牙。然而人们赞赏她的才智：她会讲多门语言，而且英语水平突飞猛进；丈夫不在的时候，她可以把王国管理得祥和安宁、井然有序。然而她却丝毫没有话语权，国王毫不怜惜做母亲的感受，剥夺了她对玛丽的教育权，十岁的玛丽被送到了拉德洛——小女孩将在那里度过三年。

国王自己则不再无忧无虑，而且他的怒火令人畏惧：阿拉贡的费尔南多变节，背着他与法国结盟，随后对手弗朗索瓦一世在马里尼亚诺旗开得胜。这些点燃了亨利八世的愤恨和嫉妒，被野心吞没的他酝酿着血腥且不切实际的计划。同时代的人形容他的确非常强大，但是大部分时间他却更为胆怯和多疑。十年的婚姻没能带给他一个儿子，亨利八世明白，男性继承人的缺失会削弱都铎王朝，因为从12世纪的马蒂尔德以后，还没有任何一位女性可以名正言顺地统治英格兰。他惊慌失措，去弥撒祷告：这也许是上天的惩罚，因为圣经和教会法规禁止一位鳏夫迎娶他的弟媳或嫂子，《利未记》[1]

[1]《圣经·旧约》中的一卷。——译者注

的诗句中写道："不可露你弟兄妻子的下体"；而且下文的阻止之意更加决绝："如果有人娶兄嫂或弟媳，这是污秽行为，羞辱了自己的兄弟。二人必无儿无女。"腿上一块刺痛的溃疡让亨利八世更加易怒。第一波分手传闻自1514年起在公署传播开来。首席大臣托马斯·沃尔西是约克郡大主教和红衣主教，即将成为教皇特使，他用外交才能狡猾地玩了一把结盟游戏，让英格兰置于欧洲政治中心，亨利八世得以在此扮演得意洋洋的调和者，和他梦寐以求的信仰捍卫者的角色。

因为此时的国王亨利八世成了天主教教义的最坚定捍卫者之一。他被首席大臣鼓动，在机会允许之时，沃尔西已经认为自己可以行使教皇的崇高职责。路德的思想已经渗透到了一些英国教育领域；作为回应，亨利八世起草了——抑或是他人代笔——一项关于圣事的神学条约，文中亨利八世猛烈抨击新教渎圣（1521年）。教皇利奥十世称颂国王亨利八世，并发谕旨授予他"*Defensor fidei*①"的称号，从此亨利八世就集"坚定的基督教国王"和"坚定的天主教国王"于一身。亨利八世热情接待了主教特使坎佩吉欧，特使带着教皇的讯息来到伦敦，呼吁其对土耳其进行圣战。他听任来自阿布斯堡的查理五世登上圣日耳曼帝国皇帝的宝座，是要向教皇证明自己与异教徒斗争的虔心。1521年的加莱谈判，在弗朗索瓦一世和查理大帝之间，亨利八世这个时候成了欧洲事务的重要裁判人，这正是他梦寐以求的。然而，1525年法国国王在帕维亚战败后在马德里被俘，之后神圣罗马帝国发动了"罗马之劫"，教皇不得已逃到圣天使城堡避难，这些都动摇了欧洲的平衡。经能力超群的首席大臣沃尔西的极力推动，亨利八世

① 拉丁语，意为"信仰捍卫者"。——译者注

将英国的外交政策向世敌法国人倾斜，并且站队教皇，与查理五世对抗。

亨利八世自称是坚定的天主教徒，这位著名的天主教信徒在神圣的婚姻中自主放肆——国王是不会遵守给凡人制定的法律的。传言他在1514年和白金汉公爵的姊妹有过一段短暂的情缘，这让凯瑟琳和他大吵了一架。随后，虽然他很谨慎，但是宫廷还是很快得知伊丽莎白·布伦特——这位王后的陪侍，为不再宠幸妻子的国王带来了欢愉；1519年，伊丽莎白诞下了一个小男孩，取名为亨利·菲茨罗伊。官方立即把母亲配婚，孩子被从她身边带走，并接受和其阶层相符的教育，被封高位，成为士满公爵——如果这个孩子是合法的，那为什么不封他为威尔士王储呢？随后在1521年，漂亮轻浮的玛丽·博林成了国王亨利八世的情妇，她是皇室顾问托马斯·博林之女——几年之后，玛丽被她的妹妹安妮取代。模范的皇室婚姻只剩下了一个空壳。

凯瑟琳最终屈从于落差，刚毅的她明白哪里才有自己的用武之地。她快40岁了，而且国王不再临幸她。她的实力同时也是她的弱点：她命中注定是西班牙皇室同盟的标志，她与国王的关系随着外交动向跌宕起伏。当亨利八世为和弗朗索瓦一世结盟而疏远查理五世的时候，凯瑟琳就成了一个没用的典当品，她厌恶弗朗索瓦一世的品行，而且担心政治后果。1526年新任西班牙大使门多萨指出，“凯瑟琳不幸的主要根源在于她完全将国王的利益视为自己的利益”。凯瑟琳在监控下过着休隐和虔诚的日子，国王在她身边安插了间谍；他不信任西班牙大使，在沃尔西的管控下，凯瑟琳只能偶尔见一见大使。坚忍且不易妥协的王后不缺同盟者；但是丈夫的疏远让她无所适从，她同时也担心自己女儿未来的命运。与丈夫短暂的和好让她重燃希望。

皇帝床第

轻浮的玛丽的妹妹安妮·博林很可能于1525年走入了亨利八世的生活，她20岁出头。一位祖辈在服饰用品领域为家族积攒了大笔财富，这位长辈当上了伦敦金融城市长，为嫁资丰厚的子孙后代安排了良缘，他的后代托马斯·博林娶了诺福克公爵的姊妹为妻，地位显著高升；托马斯先把大女儿玛丽送到瓦卢瓦王朝的宫廷，追随亨利八世的姐妹，后者被通过外交手段送给年迈的法国国王路易十二当妻子。路易十二的宫廷风气放荡，玛丽·博林轻浮的名声在弗朗索瓦一世时期得到了证实，回到英格兰后，玛丽当时引起了亨利八世的注意，和她有过一段情缘。

妹妹安妮·博林则正好相反。她先在比利时从奥地利的玛格丽特处学习了宫廷风雅和精妙的法语；随后的1519年至1521年，父亲时任法国大使，在瓦卢瓦王室的宫廷安妮置身于王后克洛德左右。被召回英格兰后，安妮步入亨利八世的宫廷。她当然不是王国最美丽的女子，但是她聪颖、风趣、有才学、懂艺术，而且特别倔强；她有一双大大的黑色杏眼，相貌精致，一头乌发垂在长颈左右，身形纤细。有的人觉得她极富魅力，但也有些人认为她面色灰褐，形容消瘦；她嘴里有一颗牙齿不齐，而且衣领下方的下巴上还有一块囊肿，更不要说她还有残疾，一只手有六根手指。她会弹奏鲁特琴，谈吐活泼欢快。事实上，她巨大的潜能是深知如何吸引别人。她的求爱者众多：王国中最有魅力的贵族之一——珀西勋爵追求她，并准备向她求婚，这个计划遭到了家族的阻拦——也许是沃尔西的阻拦。安妮还要抵挡来自一位表亲——诗人托马斯·怀亚特的追求。大约在1526年，姐姐玛丽·博林被皇恩冷落，正是在这时亨利八世点燃了对安妮的热情。

这段激情酝酿着英国国教改革的雏形，改革的第一位受害者就是凯瑟琳。亨利 35 岁，尽管画家霍尔拜因笔下的亨利八世有些目光奸诈，贪婪的小嘴唇紧锁着，但他依然是一位强壮的美男子。亨利八世给安妮写炽热的书信；只要安妮不在，他就会抱怨："我的小小心肝，我确信您离开以后时间似乎都变慢了……我热切盼望能在我爱人的怀抱中度过一晚，我很快就会亲吻她美丽的胸膛。"狡猾的安妮意识到，拒绝他只会激发他的激情，而且这个小心思很奏效。大概从 1527 年开始，国王亨利八世就跟她谈婚论嫁了。然而结婚就会涉及休黜凯瑟琳。安妮的后盾众多，博林家族首当其冲，其后是法国同盟的支持者以反对西班牙和圣日耳曼帝国，而且不久后一些重要的神职人员，比如坎特伯雷大主教和克蓝麦也支持安妮。

是谁首先质疑国王和阿拉贡的凯瑟琳的婚姻的合法性的？亨利八世研究了圣经和教规问题，而且他打这个主意已经有一段时间了。1522 年前后，甚至在和安妮发展之前，他就和心腹谈及这个问题了，不管怎样，沃尔西在 1527 年受命从《利未记》（XVIII，16 和 XX，21）的文章中研究婚姻有效性的条件，鉴于天主教教义里并没有明确规定，而且主教们也意见不一，问题就变得极为复杂。几乎在同时，有先见之明的亨利担心自己和玛丽·博林的婚外情可能会"阻碍"与其妹安妮的婚姻，并且已经担忧能否得到一个豁免权。沃尔西巧妙地捉住了教皇克雷芒七世在罗马被俘这个机会，让他把教皇司法权委派给聚集在阿维尼翁的教皇选举会，在选举会上沃尔西自己就可以以教皇名义宣布皇室婚姻无效。

王后还对暗中的一切一无所知。一经提醒，她立刻估量到了危险，并向侄子——强权的查理五世求助，让他支持自己，凯瑟琳还向主教特使坎佩吉欧吐露隐情。结婚快20年的凯瑟琳深知国王的阴晴不定和暴力性情。但这次事关她的名誉。在西班牙，名誉是一种高于生命的绝对价值，同样高于在这种情况中不值一提的爱情。如果她的婚姻被宣布无效，她作为卡斯提尔的伊莎贝拉之女——就成了一个姘妇，她的女儿玛丽会成为私生女，她的婚姻成了乱伦关系！她将至死承受这份耻辱。

左右为难的教皇克雷芒七世想要速战速决。他明确拒绝让首席大臣沃尔西当教皇“副理事”，沃尔西之前的提议也被拒绝了；但他召集两位教皇特使——沃尔西和年迈的主教——坎佩吉欧开一个理事会，会议上将会探讨1503年教皇儒勒二世颁发的豁免请求。教皇内心并不赞同废除婚事，事实上，与《利未记》相反的是，《申命记》允许迎娶兄弟未有子嗣的遗孀，这恰恰正是亨利八世的情况，而且这套阐释得到了大部分神学家的认同。此外，务实的克雷芒七世不想惹怒查理五世大帝，法国军队正占领着那不勒斯，而且“罗马之劫”以来，查理五世的支持对他来说必不可少。然而乱世之中，宗教改革席卷欧洲，支持宣布废除婚事的人建议恼怒的国王可以改信路德教，至此教皇和英格兰之间的关系一直很好，但是被棘手的继承问题困扰的都铎王朝必须保持坚挺。

法庭之上孤立无援

在一片嘈杂中，1529年6月18日，教皇特使法庭在伦敦黑衣修士区多明我会[①]修道院庄严开庭审理这桩离婚案。配偶双方被传唤出庭，亨利八世焦躁烦闷，凯瑟琳沉着镇定：信仰和骄傲支持着王后。凯瑟琳自知受到人民爱戴，而且国王对六指妖女的隐秘激情渐渐成了丑闻。但是凯瑟琳心里七上八下，她深知自己的对手准备不择手段。国王和王后两人都正襟危坐，亨利八世第一个开口。随后凯瑟琳在欢呼声中起身，扑倒在国王脚下，开始了她令人心碎的辩护："陛下，以我们昔日之爱和上帝之爱的名义，我请求您。让公道为我做主吧！请您怜悯一位可怜的女性，一位出生在大洋彼岸的外国人。……我怀过您的孩子，如果是上帝要把他们召唤到身旁，我又能怎么样呢？……我献身于您的时候还是少女，上帝可以为我作证。如果我在说谎，您可以尽情反驳我。……我把自己的命运交由上帝裁决。"莎士比亚事无巨细地详述了这个场景，作家复制了1533年前后根据确凿信息出版的专栏。

场景悲怆哀婉。可想而知骄傲的阿拉贡的凯瑟琳——英格兰王后，要忍受多大的痛苦将自己的私生活公之于众。她的名誉受到质疑。凯瑟琳申请她的案件在罗马由公正的法官裁决，只要她的诉求没有得到满足，她将一直保持沉默。她起身，深深行礼，在目瞪口呆的庭众注视下离开了大厅。不管人们怎样劝解她，她都不会另求他策。情绪平复后，国王召集的证人一个个来作证。亨利八世姿态傲慢，他深知自己想要什么，而且明白为了

---

① 多明我会，天主教会主要派别之一，1217年由西班牙人多明我创立。—译者注

王朝的利益，他想要一个儿子。他虚伪地祈求上帝的裁决，《利未记》中的禁令属于神权，而且在这种情况下，教皇不能行使教会权威，因此儒勒二世的谕旨是无效的；从另一方面讲，针对他婚事的豁免权存在争议，因为1503年的时候他还非常年幼（12岁）。国王眉头都没皱一下就将20年的婚姻生活一笔勾销，如果说国王1510年提出诉求和顾虑时还有一丝真诚的话，那这一次他完全就是厚颜无耻。他写信温柔地安慰恼怒的情妇，和上苍的怒火相比，情妇的反应更让国王担忧。而且既然查理五世撕毁了盟约，与凯瑟琳的婚姻就不再有外交保证。

一个月过去了。主教和神学家们激烈论战，然而却没什么进展。几乎所有的神学家都支持凯瑟琳。7月底，教皇特使的任期要结束了，工作也停滞了。教皇没有妥协；他不能，也不愿冒犯查理五世大帝，而且他拒绝下休妻令。因此国王的处境衰微了；1529年8月，“康布雷条约”签署后，查理五世和弗朗索瓦一世和解，英格兰被孤立，亨利八世很快明白，如果他的案件被送到罗马教廷会危及他的整个战略，他无论如何也不想这样。他把自己的失败归罪于主教沃尔西，沃尔西的政策是没用的，亨利八世不会原谅他。10月，主教被控严重叛国罪并且失势，因为虽然他是英国人，却同意做教皇特使：沃尔西必须放弃自己的财产，不过生病的他可以免于酷刑。博林阵营赢了一局。托马斯·莫尔受任成为首相。

王后不能再离开自己的寓所；她不出席宴会，但是会陪同国王出席隆重的盛典。她内心深处不再相信配偶的真诚，但仍然相信司法正义。她可以倚仗怒火中烧的侄子查理五世的帮助；她还依靠教皇，教皇是上帝的唯一代理人，只有他有权审理宗教事宜，婚姻就属于宗教事宜。至于安妮·博林，她的处境一点也不好。诚然，国王对她的激情不减，然而婚事一再被推迟，她开始抱怨。

一场巨大的外交斡旋在酝酿之中。和教皇决裂？目前为止亨利八世并不想这样，他在动员自己的一切支持者来尝试绕过这个障碍。他计划的第一步是要恐吓反对离婚的神职人员和教士，威胁要限制他们的特权；随后第二步，要说服英国人，让他们相信这桩案件不属于教皇裁决，而是属于英国司法范畴。凡夫俗子们面对随处可见的教会人员的司法特权积怨已久，因此情势可以说是有利于亨利八世的。1530年年初，与博林家族串通的托马斯·克蓝麦，表示无条件支持国王；他建议国王利用教皇特使法庭延期这段时间来咨询有各种倾向的大学：牛津、剑桥、巴黎、图卢兹、博洛尼亚大学，还有皇室大学和新教大学。克蓝麦希望能用这些大学的观点取代教皇的结论，或者至少改变教皇的论断。除了一些罗马的支持者受到了各种压力，几乎所有教规学者都忠于职守。这桩“大事件”成了国际论战话题，诡辩界重新思考时代重要的神学问题和教会问题：是否应该将《圣经》理解成“灵感源泉或是文字标准”？教皇的回击出人意料：1531年1月，罗马明确禁止所有大学发声。

重婚?

沃尔西的离世让罗马失去了一个同盟者，亨利八世想要彻底断绝和罗马的关系。他一边假意装作顾忌法制，一边酝酿着大范围的教会改革，随后他转而施行新的模糊视听的政策，一步一步使教会走向分立。凭着一些从旧文献中摘出的模棱两可的证据，亨利八世的支持者们断言国王的婚事完全是国家事宜，与罗马无关。这是明目张胆的挑衅，亨利八世想要剥夺教皇在他这桩事件中的裁判权：他是自己王国的唯一主人，只有他对自己的子民负责。在议会上，亨利八世激烈攻击教会滥用职权，恐吓威胁应该能让倔强的高级教士闭嘴。1531 年 2 月，教士议会（某外省教会的议会，或教士传召）被勒令承认亨利八世为所属教会的“唯一监护人”和“至高无上的领袖”。第二年亨利八世又更进一步，他禁止征收教士献给教皇的年俸（这是付给罗马的税款）。教士议会向各种“暗戳戳”的威胁低头，投票同意妥协，并于 1532 年 3 月将正典权和议会权交由皇室管理。以后教士议会只能在国王的命令下才能召开，国王就像是圣经里的族长；国王得到了上帝降福，主教们必须在精神上拥戴国王，并且宣誓效忠于他。国王的权力明目张胆地并肩教皇，托马斯·莫尔一个月后也辞职了；教会分立正在酝酿之中。英国议会禁止来自罗马的征召。威严的王后对一切软硬兼施的打压都坚定不屈，并且坚持向教皇上诉。国民不赞成离婚，国王的马车驶过城市的时候，民众自发向国王喊话，希望留住凯瑟琳。

1533 年 3 月，教士议会不顾零星的反对声还是宣布了裁决：神圣的法律不允许凯瑟琳和她的小叔子结婚，而且教皇无权颁布豁免权。坎特伯雷大主教托马斯·克蓝麦悄悄地开庭诉讼，诉讼地点定在一个距离伦敦 60 多公里的一座偏僻的隐修院内，王后拒绝到场。1533 年 5 月，大主教在王后缺席的情况下宣布皇室婚姻无效。王后凯瑟琳不复存在。虽然宫廷位于温莎，但凯瑟琳被要求退至金博尔顿城堡，这是一处属于沃尔西的老宅，凯瑟琳还被禁止与女儿玛丽相见。悲剧就此完结。相传托马斯·莫尔和托马斯·克蓝麦同意协商，并愿意接受一个更灵活的方式解决危机，然而他们的继任者托马斯·克伦威尔肆无忌惮并且毫无信仰可言。

教皇克雷芒七世的反击出人意料：只要罗马教廷没有表态，那么如果国王不重新接纳自己的合法妻子，那他就会被判抗传，并被开除教籍。1534 年 3 月 25 日，罗马教廷明确宣布凯瑟琳的婚姻完全有效。亨利八世和安妮·博林被开除教籍，二人犯了通奸罪和姘居罪。罗马和伦敦两方彻底决裂。《至尊法案》规定，国王是“英国教会国土上至高无上的领袖”，不用再效忠于教皇；国王有权镇压异教徒，并且有权开除教籍；所有成年人都必须向国王效忠，而不是向外国权势效忠；禁止一切来自罗马的征召。议会投票表决了《继承法》，法案撤销了第一桩婚事，并且剥夺了孩子们的王位继承权。

亨利八世不等教皇克雷芒七世回复他提出的婚姻无效的请求就按照自己的意愿行事：1533 年 2 月 25 日，国王在高度私密的情况下迎娶了安妮·博林。她当时已有身孕。盛大的庆典正在筹划中：比武赛事、舞会、盛宴会用来庆祝男童的降生。结果令人大失所望——新生儿只是一位取名为伊丽莎白的小女孩。历史重演了：1534 年和 1536 年，安妮接连两次流产。是上帝在惩罚国王，因为教会判他的婚姻是皇室姘居？亨利八世已经另有新欢，不再宠幸安妮。

凯瑟琳将不会看到对手悲惨的结局：她与病魔抗争，并于 1536 年 1 月 7 日死于癌症。至死，凯瑟琳都驳斥坎特伯雷大主教的职权，并且始终以王后自居——她的支持者众多。同年 5 月 17 日，克蓝麦宣布亨利八世和安妮·博林离婚，理由是国王曾经和她的姐姐有过一段前缘；次日，被叛通奸罪的安妮被执行了死刑。同年 5 月 30 日，国王又与简·西摩再婚。

从此英国国教允许离婚。在席卷欧洲的教会改革大潮中，亨利八世以自己的方式继续做“天主教教义的捍卫者”，他保留了洗礼、圣体和忏悔这三项圣事，将婚姻排除在圣事之外。至于在英国推行英国国教的任务，则由亨利八世世纪末的继任者们，也就是伊丽莎白女王来执行。

弗朗索瓦兹·德·罗翰与雅克·德·内穆尔

公开凌辱

“一盎司的公开凌辱要比一吨重的秘密羞辱更伤人。”

米格尔·德·塞万提斯，《血的力量》

“啊绵长的欲望！啊无用的期望，悲伤的慨叹和惯常的泪水在我身上汇聚成无数河流，我的双眼是它们泉涌的源头……”

路易丝·拉贝，《哀歌》

文艺复兴时期的装束只允许露手和露脸；因此，武装在厚重的宝石裙衫之下的弗朗索瓦兹·德·罗翰极力以姣好的容颜示人。她自豪能成为凯瑟琳·德·美第奇的陪侍，她必须尽力保持微笑、谈笑风生、翩翩起舞。1557年1月6日，宫廷聚结于圣日耳曼城堡举办主显节的盛宴和舞会，国王陛下邀请弗朗索瓦兹跳蜡台摇摆舞[①]，随后又让她和一位年轻贵族跳青年摇摆舞。弗朗索瓦兹整晚都在跳舞。她出身高贵，是纳瓦尔王后胡安娜·达尔布雷的直系表姊妹，虽然罗翰家族不列塔尼的分支不富裕，但是弗朗索瓦兹凭借着自己的高贵优雅仍然备受青睐。

有经验的人一眼就能猜出举着点燃的蜡烛的少女并不像往常一样自在。亨利二世悄悄跟陆军统帅德·蒙莫朗西耳语，他观察到宴会期间，弗朗索瓦兹左侧的餐巾奇怪地“撑起来了”。宴会结束后，在王后寝室过夜的国王告知妻子他的疑虑；宫廷里流言迅速传播。很多人都注意到内穆尔大人有意亲近弗朗索瓦兹，而且直到深夜还殷勤地伴随在少女身旁。宫廷不是修道院，女士们甚至可以大胆追求男士，而且已婚女性轻易就可以对丈夫不忠。然而童女放荡带来的后果却要严重一千倍：“因为，失去宝贵的贞洁后，她就会被带坏、受诽谤、被所有人指指点点，而且优质的婚姻资源也会流失”（布朗托姆）。王后凯瑟琳对道德风气管束甚严；为了培养追随者并且给国王丈夫找消遣，王后机智地在她身边集结了法国贵族中最美丽、最诚实的女孩，她要求这些少女“端庄朴实地交谈”，不顾体面的冒失贵族会被立刻“驱逐”出她的候见厅，并且受到“警告”。

1月7日清晨，凯瑟琳·德·美第奇和国王年迈的挚爱黛安·德·波

① 一种始于中世纪的民间舞步。——译者注

迪耶来到弗朗索瓦兹床榻边，黛安将手伸进她的床被下。千真万确，年轻的弗朗索瓦兹怀孕了。被质问的弗朗索瓦兹满心欢喜地答道，内穆尔大人已经与她在床第之间秘密谈婚论嫁了，而且二人不久后就会举办隆重的婚礼；当然，弗朗索瓦兹忘了要博得家长的同意，王国的法规制度会强制她得到父母的同意才能结婚，不过在教会眼中，配偶双方对“未来的承诺”和允诺，以及二人结合的既成事实，足以让婚姻有效。

二人结婚还是未婚？只要主教会议还未再次宣布政令，那么教会的法规仍然含糊不清。然而法兰西王国的法律是明确的：如果订婚双方没有遵守婚礼必须的公开原则，如果婚姻没有得到所在教区神父的降福，且未被登记在案，那么这桩婚事就只是一桩地下非法联姻。在 1556 年和 1557 年的敕令中，法兰西国王规定 30 岁以下的男性和 25 岁以下的女性必须得到父母的准许才能结婚，而且国王还要求必须公布怀孕。所以弗朗索瓦兹的命运被交由法官们的手中。然而是什么样的法官呢？历史进程让这桩婚事成为文艺复兴时期最轰动、最漫长的审判之一。毫无疑问这事关感情，但更事关法律、名誉和犯上。

待攻克的堡垒

1555 年至 1557 年，雅克·德·内穆尔和弗朗索瓦兹·德·罗翰疯狂地爱着对方。二人时年分别为 24 岁和 21 岁。雅克一方属于萨瓦世家的后起分支，父亲菲利普·德·日内瓦伯爵迎娶夏洛特·德·奥尔良后当上了内穆尔公爵、法国国王和萨瓦公爵的随从。内穆尔从小长在安西城堡和法国宫廷。他具有与生俱来的诱惑力，无数人拜倒在他膝下——他也丝毫不掩饰这一点，画家高乃依·德·里昂为他所作的俊美画像让世人目睹到了他的容颜：羽毛礼帽下内穆尔面庞精致，一双微微的杏眼，相貌匀称且精美，淡淡的络腮胡衬托出完美的鹅蛋脸。内穆尔是优秀的骑士和球场专家，有兴致的时候还是音乐家和出色的舞者，15 岁起他就有了参战经历，而且以英勇闻名。1556 年，吉斯公爵在征战意大利期间任命他为步兵总上校，内穆尔的声望之高让年轻贵族都梦想在其麾下征战。

内穆尔不仅仅只是一名时尚的年轻人，他是风尚的缔造者。青年们效仿他的举止风格。1549 年（内穆尔时年 18 岁）草拟的清单显示，他的衣橱奢侈豪华：马、裤金丝马甲和刺绣衬衫领、细毛呢是绯红色缎子质地、金丝银丝质的或者绣花天鹅绒质地，夹着缎子的装饰品，与制服配套的剑鞘。衣橱里还有许多精美的化妆服和天鹅绒面具。之后的一次清点中记录了一整套佩剑、匕首、短剑和长剑。这位美男子喜欢武器、奢华和美丽之物，特别是女性美。布朗托姆认为他在情场上像在战场上一样大胆和成功："我听他讲过他的艳史：不过他说过自己享受爱情最独特的秘诀就是大胆，而且从一开始就放肆的人，肯定能攻克女士的防御，内穆尔以这样的方式，半真情半玩票地攻克了数位女性。"他补充道，这些女士为了看他打球都不上晚祷课了！

内穆尔是否有衷情？布朗托姆遵循时代辞藻：女士是一座待攻克的堡垒。风流情事能让宫廷中的男人成长，宫廷之人懂得利用时机，从快乐的少女到尊贵的贵族女性都是他们的目标；忠贞誓言大都出现在小说里，现实中鲜见，而且变化也是快乐的一部分。至于婚姻则是两个家族之间的算计，其中夹杂着地位、威望、财富和政治利益；如果配偶双方很般配的话，那婚姻可以很和谐，但是不会有人想着要觊觎爱情。

弗朗索瓦兹则是王后“操盘大队”的一分子——这个行列里汇集了出身最显贵的美丽少女，她们伴随王后左右，她们运用魅力将政界要人汇聚在国王夫妇身边。弗朗索瓦兹是胡安娜·达尔布雷的表姊妹，她和胡安娜一起在阴郁的普莱西城堡长大，和所有家庭成员一样，弗朗索瓦兹信卡尔文教。她17岁的时候被许配给了表兄路易·德·罗翰，然而由于未来不明朗，婚约被终止了。于是母亲伊莎贝尔·达尔布雷把弗朗索瓦兹送进了凯瑟琳王后的宫廷，由一位保守的夫人管教，这位贵妇来自科斯，负责带弗朗索瓦兹社交。弗朗索瓦兹结交了内穆尔的姊妹琼·德·萨瓦，而且在皇家出游期间经常和琼同住一间屋子。所以年轻人们的相遇机会很多。1555年1月，琼嫁给了沃德蒙伯爵，但年轻人之间的友谊并未受此影响。

弗朗索瓦兹是一个比较矜持谨慎的少女；在轻浮的宫廷中，这是很重要的品格，而且这样的品格也的确真实存在。科斯夫人对年轻小姐的端庄深信不疑，觉得完全不需要对这段文雅的友谊加以说教。所有人可能都注意到，当弗朗索瓦兹出现在画廊窗边，正在打球的内穆尔有一丝慌乱；他喜欢和少女一起闲谈；猎鹿的时候，他在她身边骑行；在前往战火纷飞的皮埃蒙特的前夜，内穆尔甚至得到许可，临行前可以去看望弗朗索瓦兹；他迟迟不愿离去，而且离开美人房间的时候他还留意避免撞见守卫。他对她说了什么？说了温柔、恳切的话语，足以让弗朗索瓦兹觉得二人在交往；一面岩石水晶制成的镜子作为信物，正式奠定了二人的关系。

考究的礼节背后一直蕴藏着粗暴的风俗；有一把利剑、一个响亮的名声和面孔几乎可以为所欲为。内穆尔轻易就让弗朗索瓦兹深信他的企图是纯洁的，而且科斯夫人也不敢介入。他明日就要上战场，也许他想到少女会忘记他。事实上，谨慎的弗朗索瓦兹没有回复他的书信，谣言传到她的耳朵里，说她的爱人垂涎于意大利少女的魅影，而且竟然有关于他结婚的传闻。内穆尔在打埃斯特卢克雷齐娅的主意？或者他已经悄悄爱上了卢克雷齐娅的姐姐——嫁给吉斯公爵洛林弗朗索瓦的埃斯特安妮？姐妹两人都来自富有且强大的费拉拉公爵世家。内穆尔完全可以大胆觊觎最有利的联姻，而且一桩富足的婚事也可以为他大领主的生活带来与之匹配的经济来源。然而，皮埃蒙特征战归来的内穆尔急匆匆地赶到宫廷所在地——布卢瓦，并和弗朗索瓦兹重修旧好。他公开为这位罗翰家的小姐服务，自己戴着她蓝紫色的徽章，并且让仆人也戴上，他如此殷勤，殷勤到以至于凯瑟琳·德·美第奇觉得有必要询问这位年轻人的意图。内穆尔没有食言：是的，他考虑结婚，但只是需要一点时间，他需要一些时间安顿自己的事务，王后不满意这个模糊的回复，并禁止这位求爱者进入她陪侍的房间。弗朗索瓦兹的母亲伊莎贝尔·达尔布雷有所察觉，并且马上把女儿唤到不列塔尼，让她在那里结婚。

法国国家图书馆中的一份手稿叙述了二人分别前的最后一晚，19世纪一位研究瓦卢瓦王朝的历史学家艾克多尔·德·拉菲利尔发现了这份手稿，他在1885年出版了多部关于这桩公案的作品。眼见自己的爱人——或者说是他的猎物——要跑了，内穆尔发布了庄严，且期待已久的宣告：“以我的名誉担保，我娶您为妻；告诉我您愿意让我做您的丈夫。”“我愿意嫁给您。”弗朗索瓦兹耳语道。待在罗翰小姐房间的侍女们听到了双方的誓言。

床隙秘事

弗朗索瓦兹缺席了一年之久；1556 年 4 月，她重回王后身边服侍。在布卢瓦，内穆尔又重新伴随她左右，并且前所未有的殷勤；夜访持续到深夜。科斯夫人的抗议在情人的坚决面前不起丝毫作用；雄辩的内穆尔理由充分：紧锣密鼓地恋爱能加快促成婚事。年轻的弗朗索瓦兹的房门向他敞开。贴身女仆们巧妙地回避，深知内情的科斯夫人装作看不见，只要官方婚礼日期还没定下来，她就必须严守秘密。布朗托姆兴致勃勃地大笔墨描述了在闪烁的火苗余晖下昏暗的大厅，里面一定隐藏着“阴暗的床隙，其他人坐在火边取暖，目光极尴尬地扫过缝隙……”

弗朗索瓦兹应不应该为自己担心？内穆尔让她保持沉默：“我请求您不要将我们的事情宣扬给任何人，因为这很可能对你我有害……我的意思是：不能告诉世上的任何人，既不能告诉纳瓦尔国王，也不能告诉您的母亲，鉴于我们俩都很年轻，可以等待时日。”几个月过去了；恋人秘密相见。11 月的时候，国王命令内穆尔与吉斯公爵的军队会合，公爵正在前往意大利的路上。回到残酷的现实，情人必须与他的情妇分别，女方越发担忧，男方保证自己忠贞不二，向她许诺会马上回来：“我难道不是您的夫君么？”年轻的弗朗索瓦兹在内心深处听到了另一种声音，她无法掩饰自己的悲伤。等待、期望、失望、让她时而喜悦时而垂泪的书信、对王后的惧怕，怒目圆瞪的王后不久后让女儿玛戈都感到战栗，令人生畏的表亲纳瓦尔王后的警告：一切都让弗朗索瓦兹感到与自己的幸福背道而驰。几个月过去了，内穆尔依然没有归来，他的信札言辞模糊，充满了华美的辞藻。身孕越发难以掩饰。直到 1557 年主显节这一天，事实暴露了。罗翰小姐怀孕七八个月了。

国王的意思是尽可能地保守秘密，然而凯瑟琳·德·美第奇怒气冲天。王后的判决斩钉截铁：弗朗索瓦兹必须退守，回到住在波城胡安娜·达尔布雷处的母亲身旁，为了避免丑闻，弗朗索瓦兹会在表姐妹处待产。年轻的弗朗索瓦兹先在旺多姆停留，纳瓦尔皇后的丈夫安东尼·德·波旁在那里和她会合。作为第一血亲王公，安东尼·德·波旁是个随和的人，性格有些软弱而且多变。他不同意遣散弗朗索瓦兹的侍女，想以庇护者和保护人的姿态示人。与此同时，内穆尔仍在意大利作战，而且有传言称，他打算迎娶埃斯特卢克雷齐娅。当国王在信中命令他解释此事的时候，他则委派德·卡纳瓦莱先生为国王献上一首自己亲自创作的歌曲。

1557 年 3 月 24 日，在胡安娜·达尔布雷的陪同下，弗朗索瓦兹在波城城堡产下了一个小男孩，取名亨利。虽然纳瓦尔王后以严厉闻名，但她表现出同情怜悯的态度。也许王后是想起了她们一起被扔在普莱西城堡度过的童年时光？抑或是被唤起了母性，想到了自己的儿子——未来的亨利四世，1553 年出生时的情景？更确切的是，王后是受到了家族荣誉感的驱使。她热切地为了弗朗索瓦兹的利益奔走。得知婴儿降生的内穆尔原地不动：他迎娶罗翰小姐的意愿并不比承认孩子的意愿更强烈。

这是巨大的丑闻，是公然侮辱。罗翰家族和达尔布雷家族都受到牵连，因为整个宫廷都知道二人的关系。胡安娜·达尔布雷选择反抗；她已经下决心动用胡格诺派，以使内穆尔妥协，并且逼他承认孩子的合法性。与此同时，弗朗索瓦兹毫不犹豫地让别人唤她“内穆尔夫人”，并且给孩子继承人“日内瓦王储”的头衔。她还没有打算把情人送到教会法庭上，不过现实让她一点点地丧失了幻想。

文献中丝毫没有提及当事人的感情。内穆尔应该从未提出要再见他的情人，逃避有利于避免解释。因此，我们需要通过关于爱情和两性关系的综论来衡量随后的绝望和愤恨。两年前，1555年一位女性的仰慕者弗朗索瓦·德·毕勇出版了一部伴有小插画的作品《女性坚定不屈的荣誉感》，书中他以优秀的心理医生的姿态，用熟知时代风气的男人的口吻展现了各种爱情背叛：被抛弃的女友“有时会对曾经爱过的男人积怨”。弗朗索瓦兹愤慨，但并未丧失自我；擦干眼泪后，为了修复名誉她会抗争到底。

然而事态并不有利于她：各个阵营的对抗让时局动荡，新教对抗天主教的宗教冲突激化了对抗态势。吉斯家族变得越发强势：国家英雄、坚定的天主教徒弗朗索瓦·德·吉斯刚刚把加来地区从英国人手中抢回来，并且占领了卢森堡。作为萨瓦公爵的同盟者，吉斯在他的庇护下得到了内穆尔的支持，并很快就让内穆尔成了自己的左膀右臂。面对吉斯家族，胡安娜·达尔布雷在丈夫安东尼·德·波旁的支持下维护新教利益。这事关她的威信，在她的号召下，整个胡格诺派都觉得有义务视雅克·德·内穆尔为弗朗索瓦兹·德·罗翰名副其实的丈夫。然而事态却与他们相左。卡托-康布雷齐和约[①]签订不久后，亨利二世的女儿和西班牙的菲利普的婚礼隆重举行，以便巩固两国的和解。在一次马上比武中，国王被一块飞过来的木头伤到了眼睛，跌倒了，十天后，国王于1559年7月辞世。他的儿子——继任者弗朗索瓦二世时年15岁，让吉斯家族成了法国的主人。亨利二世的离世让弗朗索瓦兹失去了一位公正的裁判，他本来可以成为她的一个支柱。自此以后，政坛事态将会为雅克·德·内穆尔带来极大助力。

---

① 此处指1559年4月2日、4月3日签订的一系列合约，这些合约终止了法国对西班牙和圣日耳曼帝国的第十一次意大利战争。——译者注

屈辱

儿子出生两年后，弗朗索瓦兹·德·罗翰再也不能抱有幻想了：她的情人最终退缩了。她勇敢地决定重回宫廷，1558年2月，她以原告身份在巴黎教会法庭上诉，为了让对方承认“现时许诺和婚姻之实”。年轻的她还未过于担忧，她有众多人证知晓她的恋爱；诚然，她的状况并不光彩，因为她必须要承认自己的过失和名誉受损，然而只有结果最重要：也许她可以阻止内穆尔和埃斯特卢克雷齐娅的婚事，大家都悄悄谈论这桩婚事。1560年3月，由于她的诉讼没有进展，她将内穆尔传唤至宗教裁判处。弗朗索瓦兹有坚定的支持者，其中就有安东尼·德·波旁——首席血亲王公可以以国家一把手自居，但不幸的是，他优柔寡断而且投机。至少在给王后胡安娜·达尔布雷的信中，安东尼表现得信心十足：“我不认为关于她名誉的事情有传言中那么严重；我希望事情有好转，并且德·内穆尔先生仅仅会为了背叛结婚誓言就感到痛苦。在得到内穆尔的消息之前，我们会一直视她为内穆尔的妻子，而且我们既不会蔑视她也不会疏远她。”（1560年）在随后的一封信中，他补充道自己会“不惜一切代价”地利用一切手段，让正义得到伸张，让罗翰小姐能挽回名誉。

从1559年春天起，弗朗索瓦兹推出了自己的证人。于是，被迫在巴黎主教代表面前自证的内穆尔开始着手反击。他提出了三个论据：德·罗翰小姐的证人是为她服务的侍女，很容易被收买；和这些人的证词相反的是，他自始至终都保持了尊敬的态度；当他前往意大利的时候，是弗朗索瓦兹自己向他要求不要将他们的友谊传播出去，为了不惊动潜在的求爱者，也不要提及婚姻。最后，弗朗索瓦兹向他掩盖了她怀有身孕的事实。为了更好地发声，内穆尔援引了最受尊敬和最有威信的名人的证词，太后凯瑟琳·德·美第奇首当其冲，还有年迈的黛安·德·波迪耶、吉斯公爵的兄弟洛林红衣主教、亨利二世的姊妹同时也是萨瓦公爵夫人和凯瑟琳·德·美第奇的密友法国的玛格丽特、陆军统帅德·蒙莫朗西，他三年前也处于同样的境地，经过漫长而煎熬的审判后，其子的地下婚姻被宣判无效！所有这些证人都不利于弗朗索瓦兹，或者至少这些人都有所保留。

不过，弗朗索瓦兹有确凿证据，特别是，她有一封爱人从意大利写的信，信里他忧心于怀有身孕的年轻的弗朗索瓦兹的健康："我满心期待能再次看到欢欣雀跃的您，鉴于您的仆人已经有两个月的时间不在您身边了。我请求您，不要穿得太紧，因为这样会弄疼您。……您曾经给我的警告，请您不要再重复了，因为您可能会让我丧命的。"弗朗索瓦兹展示了十多封信，还有她从内穆尔那里收到的各种礼物。年轻的弗朗索瓦兹的裁缝弗勒利·巴尔芝被传讯作证，讲述一天晚上，他工作到很晚，坐在一个箱子上半睡半醒，"箱子在上述夫人的床边，他在这个箱子上睡到晚上十一二点，他被吵醒了，因为他听到了声响，而且听到椅子在动，他离床不远，并发现上述大人和上述这位提出上诉的女士正在一起交欢"。裁缝当时听到女士对情人说："有人说您和吉斯公爵要去意大利；如果您娶我，那我就将是全世界最不幸的妻子。"当时，对方以上帝之名回答："——我的妻子，您不信任我么，我难道不是您的夫君么？……我想娶您，教堂婚礼会比您预期之前举行"。

恼怒的凯瑟琳·德·美第奇不怜惜上诉的弗朗索瓦兹，她始终严密监控自己的陪侍女们，如有需要，她会对她们体罚。而且凯瑟琳也不是一位会对不幸感情遭遇动容的女人，她本人就从未体会过爱情，而且她唯一的热情就是权力。罗翰小姐必须承认，除了上述侍女和裁缝以外，她没有其他证人可以作证曾经内穆尔对她许有婚约；但是她的纯真不能为她说话么?因为“她曾经以为他是一个好人”。她的回答引起了凯瑟琳的嘲笑，她从中看到了一丝狡猾精明的策略。

法庭上层只想着结束诉讼以便能平息各方势力，而且所有的这些推迟都会让事态恶化。一天，弗朗索瓦兹愤怒的兄弟带着一队身携武器的贵族子弟，决定要么让内穆尔同意结婚，要么就把他杀了！斗殴被及时制止了。1560年年末，气氛变得越发剑拔弩张；王国里对宗教的狂热愈演愈烈，悲剧事件一桩接着一桩。年轻的国王弗朗索瓦二世死了；他十岁的弟弟查理九世继任，国王的年幼激起了各种诡计和个人野心。王国有内战危险，摄政的太后极力尝试和解政策，接连利用吉斯家族和波旁家族争斗。为了消除纳瓦尔国王的敌意，她把自己“操盘大队”中的一位美少女——路易丝·德·卢埃送到内穆尔的怀抱中；另一方面，吉斯家族必须放下权力，他们的统治被削弱了，被胡格诺憎恨的内穆尔丧失了几位庇护者。这一次，他真真切切地有被逼结婚的危险。

1562年4月，法庭切实严正了自己的立场：法庭给内穆尔一个月的时间给弗朗索瓦兹的证人回复。令人不解的是，几周之后，在布尔日内穆尔起草了一份特殊声明，并于9月11日签署了这份声明，根据声明，他同意迎娶弗朗索瓦兹，同意举办婚礼，并且承认弗朗索瓦兹的儿子为合法继承人，条件是弗朗索瓦兹不能和世上的任何人说这件事；年轻的弗朗索瓦兹必须在9月15日到朗吉，如果她到不了的话那这份承诺就将被认作无效。内穆尔也许是想赢得喘息时间。在这个混乱的时代，女当事人是不可能准时到达上述地点的，和解请求即使是真诚的，也不可能兑现。尽管教会正处在危机中，并且受到民事权力的压力，宗教裁判官还是于 1563 年 2 月 4 日给出了第一份意见："取消"（剥夺权益）内穆尔对弗朗索瓦兹证人们的受贿指控。这是年轻的弗朗索瓦兹的第一个小小胜利。三周之后，强权的吉斯公爵在布卢瓦被一枪击中，并于 2 月 24 日去世。终于，命运似乎开始眷顾女原告了。

神经战

然而时隔不久：事态又一次发生了转向。安东尼·德·波旁被火枪击中后离世——他在政治上的摇摆不定大大削弱了自己的威信。吉斯公爵的死让埃斯特·安妮重获自由身；她时年 33 岁，虽然生育了众多孩子，但仍然非常美丽。丧期过后，安妮于 1564 年春天重回宫廷，刚刚升职与日内瓦公爵并肩的内穆尔——这已经让他与萨瓦公爵平起平坐了——不再掩饰自己迎娶安妮的愿望，他数年前就开始觊觎她了。只有一个最主要的障碍，美丽的遗孀郑重提醒内穆尔：弗朗索瓦兹·德·罗翰威胁与他有婚约。内穆尔再一次确信自己可以证实证人们都是被贿赂的，而且他被同意暂停诉讼。

爱火已经熄灭很久了，然而司法斗争才刚刚开始，而且斗争既激烈又冲动。巴黎议会、国王理事会和天主教最高法院接连接到请求。在太后的支持下，内穆尔向年轻的国王查理九世求助，并且从国王处得到允许，将诉讼提交到里昂大主教处，这是国王自己的司法机关，在那里内穆尔可以期待得到更加有利于他的裁决。为了婚约能被宣告无效，查理九世亲自给教皇写信——此时宗教战争正如火如荼，罗翰家族是新教徒。弗朗索瓦兹·德·罗翰于1564年5月20日被传唤，她拒绝在大主教面前出庭，借口说这是滥用职权。她认为巴黎议会是唯一一个公正的法庭，而且议会站在她这一方：法院书记官收到了将案件转至里昂的禁令。然而议会忘记了皇室的干预：在一次私人内阁会议上，被洛林亲王们蒙蔽了双眼的查理九世在1565年6月发特诏中止了诉讼程序，这是明目张胆地大行不公。

愤怒且好斗的胡安娜·达尔布雷此时压上了自己的全部筹码：这牵扯到她的声望、威信，和她身后的整个胡格诺阵营。她的表姐妹不再是一位受情殇的哀求者，而是一位政治受害者，敌方阵营过于强大。首先，达尔布雷开始一个个地否定私人内阁成员，指认他们是吉斯家族的人，而且不明事实也不懂法律。随后她证实，已经九岁的孩子亨利长得“完全就是内穆尔公爵的翻版”。胡安娜怒不可解：她严格的教条、她的严厉、她的活力、她由于自身婚姻失败而变得尖酸刻薄的性格，以及其丈夫的懦弱，都让她众所周知的沉稳功亏一篑；她像残暴的“泼妇”一样怒气冲天。查理九世对此不屑一顾；他禁止巴黎议会继续诉讼程序；诉讼将由里昂主教及其陪审团受理。至此，结果毫无悬念。弗朗索瓦兹的诉讼与于1566年4月被驳回。

就在第二天，内穆尔公爵就和埃斯特·安妮签订了结婚协议。5月15日，婚礼在圣莫尔城堡举行，由洛林红衣主教主持；整个宫廷都浩浩荡荡地出席了婚礼。戏剧性的场面出现了：婚礼仪式开始时，一名议会的司法官员文森特·博迪以弗朗索瓦兹·德·罗翰的名义出席了婚礼，他手里挥舞着一张纸，控诉这是违法。众人惊愕。红衣主教中止了祈祷仪式，不过闯入者很快就被逮捕了，并被关在有保证的地方。婚礼仪式得以继续，双方互致神圣誓言。

然而一切并没有结束：弗朗索瓦兹·德·罗翰和胡安娜·达尔布雷都不准备就此放手，至此她们有两个目标：拆散内穆尔的婚姻，并且让孩子合法。神经战就此展开。凯瑟琳·德·美第奇和胡安娜·达尔布雷这对老对手的关系有一点激化，此时两人的孩子玛格丽特·德·瓦卢瓦和亨利·德·纳瓦尔的婚约正处于谈判中。胡安娜不停地被羞辱，她满心怨恨，愤怒不已，承认自己“精疲力竭”。1572 年的圣巴托洛缪之夜[①]让天主教和新教结下了无法修补的仇怨。弗朗索瓦兹再一次向教皇求助，但毫无用处，随后她又向议会求助，然而也没有什么结果。她勇敢地继续公开沿用“内穆尔公爵夫人”的头衔，然而孩子的父亲坚决不承认孩子，这是“罗翰小姐的儿子”。她保有的诉讼证件不翼而飞，有传言称是内穆尔命令销毁这些证件的。胡安娜·达尔布雷一方则散播传言称，内穆尔急着结婚是因为埃斯特·安妮可能已经怀孕了！

小私生子的命运

1574 年，查理九世因病辞世，诉讼交由继任者亨利三世之手。他永久驳回了弗朗索瓦兹·德·罗翰的起诉，并禁止她使用“内穆尔夫人”的头衔。弗朗索瓦兹的心酸显而易见：一个被背叛的女人，花了 15 年的时间诉讼，败给了更强权的法律。然而还有更严重的。这场战斗造就了另一个受害者——非婚生的孩子。在胡安娜·达尔布雷的庇佑下，亨利在 7 岁

① 圣巴托洛缪惨案，天主教徒对新教徒大肆掠杀。——译者注

的时候被送到日内瓦接受教育，“在良好、诚实的纪律下过日子”，这样就可以避免来自宫廷的流言蜚语。青年亨利全情支持新教利益。20 岁的时候，他以“日内瓦公爵”自居，尽管内穆尔不认他，他还是将内穆尔的徽章视为自己的标志。亨利是受何等感情驱使我们不得而知，他颠沛流离、被控说谎、被父亲抛弃。人们当时口中的私生子、杂种，是否觉得自己的母亲是他命运的罪魁祸首？

亨利的性格是个谜，然而他一直是两个家族斗争的关键筹码。1577 年，在一次征战中，年轻的亨利为新教战斗，他被俘并被关在昂古莱姆，马延公爵是成为了内穆尔公爵夫人的埃斯特·安妮的忠实信徒，他拒绝释放亨利，并且不同意展开赎金谈判。弗朗索瓦兹为自己的命运担忧：她的儿子是内穆尔公爵的第一个孩子，因此是他的继承者，如果这个年轻人死了，那么持续 20 年之久的斗争可能也会随之结束。亨利三世和亨利·德·纳瓦尔——未来的亨利四世，都清楚事情必须要有一个解决方法，二人决定选一个相对和平的时刻进行谈判：在释放弗朗索瓦兹儿子的同时，国王还会给她提供卢杜诺瓦公国领地、给她和亨利一人一份抚恤金；但是她必须用手中的文书作为交换，还要放弃婚约。

在咨询了自己的参议员后，弗朗索瓦兹——今后被称作拉加尔纳什（位于下普瓦图的城市）女士——同意交易，条件是必须承认罗翰家族的名声和她自身名誉完整无损。置身于亨利三世的庇护下，弗朗索瓦兹赞成按照宗教改革规定，并非放弃自己“德·内穆尔先生配偶”的身份，而是同意“离婚”。她坚持明确表示“上帝可见，众生可见，（她的儿子）在诅咒中降生的亨利·德·萨瓦是内穆尔公爵的孩子”。亨利三世则为她的名誉正身：“上苍有令，不许对她的经历加以任何指责。”这是间接承认了弗朗索瓦兹·德·罗翰的真诚。

卢杜诺瓦伯爵亨利·德·罗翰被俘数月后获释，新教徒们仍然称他为日内瓦王储。然而他混沌的人生仍然被过往紧紧地束缚着。他争强好斗，据称他于1581年由于与一位金银匠争执而被关进了夏特雷监狱。为亨利·德·纳瓦尔征战的他占领了拉加尔纳什城堡，弗朗索瓦兹在此隐居，并在亨利三世的庇护下努力保持政治中立。她退守南特。1585年内穆尔公爵去世后，弗朗索瓦兹才最终感到自由，并且被允许谈婚论嫁。于是50多岁的她和弗朗索瓦·勒菲尔订婚，他是一位不列塔尼上尉、格布瑞安领主，但是弗朗索瓦兹好像从未冠用她的新姓氏。1589年，她回到拉加尔纳什，于1591年在这里与世长辞；她的儿子几年以后也无声无息地死去了。弗朗索瓦兹的一生都被糟蹋了，幻想破灭，孩子无辜又不幸。弗朗索瓦兹受害于一位难以抗拒的引诱者，她也是天主教和新教之间残酷争斗的受害者。她为了保持尊严而奋起反抗，并且让罗翰家族的威名得以完好无损；但是她却未能挽救自己儿子的衰败命运。

风流的内穆尔的命运看起来的确要更好。吉斯家族极力支持他和埃斯特·安妮再婚，并且到安西陪伴安妮。新任公爵夫人对夫君表现得全心奉献，并且为他诞下两个孩子。内穆尔是杰出的统帅、战略家，他成了国王理事会的一员。然而考验不期而至，他被严重的痛风折磨，不能再拿剑了，而且必须经常卧床。亨利·德·纳瓦尔的配偶玛戈王后口中的内穆尔不太讨喜："德·内穆尔先生胖到畸形。"至此从政务中抽身的内穆尔退居都灵，住在蒙卡列里城堡，他的妻子只是时不时地在此住一阵子。他看似并不缺乏与病魔抗争的勇气。然而对于被他毁了一生的少女，忠诚的品质却没让他有一丝歉意和悔悟。

内穆尔是文艺复兴时期宫廷男性的缩影：他受名誉支配，战士的名誉、朝臣的名誉、王侯家族首领的名誉——他肆意享受这些名声。然而名声不是道义。仍处于兴起阶段的瓦卢瓦王朝同样也纷乱地聚集了各色人等，这些或多或少都有些厚颜无耻的人建立起自己的规则：男人可以放浪自由，这被认为是“人性弱点的正常后果”，女孩子们自己要自卫，远离男子的挑逗。1个世纪以后，拉法耶特夫人在《克莱芙王妃》中大笔墨描述了内穆尔公爵，把他塑造成了贵族的理想形象。

圣西蒙更加直截了当地概括了弗朗索瓦兹的不幸：“内穆尔公爵雅克·德·内穆尔喜欢她，而且她也喜欢他。他当时是风流倜傥的化身，是宫廷和骑士中的魁首。他向她求婚，并与此同时未婚生子，有了一个儿子。被宣称是野种的儿子生前和死后都默默无闻，并于1596年孤独地死去……”通奸的爱情只能导致死亡和孤独。圣西蒙始终心系让人们不忘贵族的价值观，从他的观念体系来看，这是罪有应得。

第二部分

风雅气息

精炼的语言、克制的姿态、压抑的情感、格式化的恭维：17 世纪的社会用自己的武器防止两性关系的冲突。1642 年的《朱莉的花环》是这种文雅爱情的代表作，作者是（为爱）“垂死”的查尔斯·德·蒙托西。此诗创作于朗布依埃公馆[①]幽蓝的房间里，这首诗为上流社会定了调，文字游戏背后隐藏的是无数私通和猜疑。然而真的有文雅的分手么？有没有不破坏体面的忧伤？三位上流社会的女士全心全意投入忘我的爱恋，不幸成为人们的谈资：高傲的安妮·热纳维耶芙·德·隆格维尔在加入虔诚的冉森教派前，将自己禁闭在作为公爵夫人的义务中；露易丝·德·拉瓦莉埃谦卑地服从自己的情人、自己的国王，并且隐退修道院；西多妮娅·德·库尔瑟莱拒绝做包办婚姻的受害者，出逃并且选择只听从自己的天性。宫廷人士认同她们的夫君，冷眼旁观她们的境遇，这是三个面对情伤仍保持尊严的女性形象，她们或骄傲，或屈从，或反抗。至于男人们，他们则根据自己的条件，逃避情感困局，并报以轻蔑、冷漠的态度，或是闹上法庭以求报复。

在路易十三和摄政期时代，纷纷扰扰的内战让法国弥漫着放纵和阴谋的气息。许多男人恋爱只是为了显摆，忠诚于婚姻成了笑柄，而且女性只是他们完成社会晋升的一个手段。贵族们根据自己的利益结婚：阿尔库尔伯爵跟红衣主教黎塞留建议，他可以迎娶阿尔库尔家的亲戚德·蓬特沙托小姐或是勒普莱西布沙尔小姐，只要他愿意，任何一个人都可以，因为“他是把她们嫁到阁下大人这里”。被毁约的婚事、地下婚姻、劫持、婚后不育，或者由于性无能和欺骗这些属于婚姻无效证据的原因而破碎的婚姻：分居审判增多，分居击碎了婚姻中的紧密关系，这种关系是在爱情驱使下

---

① 朗布依埃公馆，是当时最著名的文学沙龙所在地。——译者注

形成的，也有可能与之相反，仅仅是因为物质财产需求考虑才结合的。路易十三的一位大臣这样向在罗马出差的红衣主教贝鲁勒咨询，看看“是否能出台一些秩序，来遏制离弃泛滥”。

如果爱情不受像荣誉和自制力这样的高尚因素支配，那爱就像“一片危险的海域”（德·斯库德里小姐，《柔情地图》），最好不要尝试。拉法耶特夫人用矜持的语言欣然将爱情形容为“令人烦扰的”。激情是专横的，是暴力的，情人们的“光荣之躯”成了社会机制的危害。与之相对应的是，被某些贵族阶层嘲笑的婚姻制度成为一种新文化的化身，这种新文化的基础是学习了解爱情，亲密关系带来的温存在这种新文化中占有愈发重要的地位，成为基石。在许多资产阶级家庭，双方互相依赖的关系衍生出责任感和共同规划，在这样的家庭里，比起无常和决裂，友谊和温柔远远占据了主导地位。

风雅——共同生活的艺术

17 世纪的宫廷生活缔造了风雅，风雅的目的是将爱情置于社交准则和框架中。男士们在和女士们的交往过程中不断学习；诚实的交谈和严格的礼仪制度掩盖了情绪；并且强加美学和道德上的完美样本，这确保女性可以受到认同和尊重，同时并不需要真正的感情投入。文字、游戏、惟妙惟肖的玩笑、考究的书信，平和地化解了两性冲突。风雅既是通向激情和性欲的道路，也是一种礼貌的抽身方式，让一段关系的破裂几乎不会有损风情或是虚荣。

作为风雅的同盟，情书帮助情人在危险的海域中徜徉。不能用言语准确表达的可以写下来：“从不书写，就是做爱情的旁观者”，弗朗索瓦兹的远亲德·罗翰夫人揶揄道。书信从中世纪起就被收集成册，在法国的文艺复兴时期首次兴起。写信的风尚传自意大利；法国文集以吉罗拉莫·帕拉博斯科的《情书》为范本，提供了大量主题，给恋爱中人找到了表达“心中秘密”的词汇，以便可以让女士卸下防备，抑或也可以让自己悄悄地隐身。当恋爱关系受到考验的时候，情郎可以运用哀怨的陈词滥调让爱人回心转意。书信里也可以伴有诗词，书信也可以嵌在小说中，女士们的名誉必须要善良诚实，这些书信时常会撕破这样的名声。

在 17 世纪直到法国大革命以前，情书文集成了真正的书信手册。历史学家莫里斯·杜马统计出了一套素材，由从 16 世纪末至 18 世纪初的大概 15 部教学作品组成，比如《恋人文书》《女士文书》《文书宝库》等，这些作品的目标对象是急于模仿宫廷的资产阶级。信中的角色都是既定好的：男士负责主动追求，女士负责抵御追求。邀请信和回复穿插着接踵而至。一些手册将题材按照字母顺序编纂，比如缺席、永别、过失、掩饰……这些操作毫无平等可言，女性的笔调很少有进展，而且特别被动；女性的任务是提防猛烈的激情和抵制虚情假意；女人被教育要避免公开表露感情，要懂得回避殷勤。手册的最后一项是“分手”，但是文章中只涉及了男性，只有男性一方能学习如何中断交往：“他们可以学习与情妇的分手信、指责她已婚的信、放弃情侣身份重拾友谊的信”。

直到 19 世纪手册一直没有什么发展，但是情书的意味却越发浓烈。17 世纪最后三十年里，情书变得越来越个人化：这一次，是女方写信谈及分手，她们的信发乎于情、动人心弦，分手被当作爱情的终极悲剧。道德教义和书信规则依然存在，然而信中的言辞却追求真挚。安妮·费朗抄录了她给布里德耶侯爵写的信，这些信不久之后于1691年被出版；她生而“有一颗爱情所能塑造的最敏感、最温柔的心”，她没有心存幻想，并且深知分别就在眼前：“我为您奉献了自己的平静和荣誉，我疯狂地爱着一个男人，我认为这个男人仅仅是不屑一顾地爱着我。”正是在这个时期，布希·拉布丹[①]，还有之后的雅克·阿路伊斯，以非常大胆地方式翻译了爱洛依丝和阿伯拉尔的书信。

虽然表面上风雅要求双方对等，而且引诱过程中弱势性别可以短暂地感到有安稳的优越感，但是除去这段时间以外，并不是两个势均力敌的人在共浴爱火。风雅是虚伪的讨喜面具，它避免了过于严肃认真地投入爱情，是两性之间的调和剂。恋爱艺术取代了爱情。这种社交手段很可能到头来只是一张具有欺骗性的空头支票，女性是最先被蒙蔽的；为了追求真善，她们之中有人撰写自己的回忆录，写回忆录在当时仍被认为是男人做的事情。侯尔坦丝·曼奇尼、玛丽·曼奇尼、西多妮娅·德·库尔塞莱斯，还有其他一些女性，想要重新掌握自己的生活，婚姻不幸的她们直指丈夫有不可推卸的责任。在写作的过程中，她们同时也发现了保持自我幸福的方法。

可更新的婚姻

野心勃勃的追求者不介意谈一段对于他们的欲望来说过于高昂的爱

① 拉布丹（1618—1693），路易十四军队的中尉，哲学家，书信体作家。——译者注

情，他们尤其沉湎于消遣。在宫廷里，一切都是矫饰，甚至包括忧伤和眼泪：拉罗什福科宣称，宫廷人士流泪“是为了博得一个温情的名声”。然而像拉罗什福科一样的年轻人们，仍然认真对待自己的第一次悸动，他们用自己的方式推动情感规则的发展。1658 年，年仅 20 岁的路易十四疯狂地爱上了马扎汉的侄女玛丽·曼奇尼。在这位少女的身旁，路易十四学会了风雅；和她一起，他探寻骑士小说之美；他们的爱情沉浸在英雄美人的奇遇中，如果没有马扎汉和王后提醒国王的义务，这段爱情本可以用童话般的婚礼画上句号：苦闷的路易十四启程去西班牙迎娶西班牙公主。尽管温柔缱绻的书信不断，恋人们的分别仍然浸泡在泪水中。被抛弃的玛丽最后发出了一声哀怨，有人说这声哀怨启发了拉辛，写下了贝雷尼丝[①]隐忍又令人心碎的永别：“陛下，您是国王，您哭泣，我离去。”

为了抗击道德的虚伪和上流社会的丑闻，女性群体从以她们为主导的床隙[②]开始反抗。“投石党”叛乱后，爱情的微妙心理成了唇枪舌战的战场。风雅女子想要“柔化爱情”，想要通过抗争获得自由，这种自由经常受强烈感情的威胁，其中也包括她们自己的欲望；为了达到这个目的，她们创造障碍，或是考验。她们的攻击对象是婚恋桎梏和男性的厚颜无耻。在其重要的长篇小说《敏感精细的女子，亦或床隙秘密》中，作者普尔修士提供了几条建议，这些建议是敏感精细的女子们想出来反抗女性束缚的。其中最大胆的建议是提出合约制婚姻，每年更新合约：“当观念偏差、厌烦

① 贝雷尼丝是法国剧作家拉辛同名戏剧的女主角，她与罗马皇帝提图斯相爱，随后被他抛弃。——译者注

② 床隙，指床和墙之间的空隙。著名沙龙女性朗布依埃夫人常卧床接待其沙龙的客人：客人们站在她的床边，也就是这条空隙里，与女主人谈天说地。故“床隙”由此成为了沙龙生活中的重要社交场所。— 译者注

无章，抑或是奇怪品位辜负了期待的时候，一年期限已到，每个人应该可以不受任何限制地向自己的配偶开诚布公，同时重获自由身，到更惬意的地方投身爱情。”阿尔西建议把婚姻期限限制在第一个孩子出生之时；索夫罗尼塞贝则建议试婚，让双方有足够的时间接受对方，一旦婚姻有转冷的迹象，双方能够以友好的方式分离。这些契约式的分手方式让婚姻重获无公害性，成了无疾而终的恋爱产物。

敏感精细的女子们有自己的爱情伦理学。她们的床隙间既不欢迎掩饰激情的老派规矩女子，也不接受激进人士和卖俏女人；她们呼吁为女人争取一种能让她们远离情伤的智慧。她们所期许的爱情是一种不受时间腐蚀的净化之爱。德·斯库德里小姐想要在保持自身独立的同时留住爱人。在1653年的《克洛丽亚》中，她嵌入了一幅柔情世界的画卷，提出了一种用来联络爱人的新的恋爱方式，设想对男人和女人进行情感教育。她的苛求无止境：“我想要恋人，不想要丈夫，一位欣然接纳我心的恋人，一位爱我至死的恋人”（《居鲁士大帝》）。性爱并未被否定，但是性爱带来的“精密微妙的恩惠”要在秘密和沉默中消受。敏感精细的女子想要“灵与肉”的爱情；除此之外，“就要面对危险，爱情很快就会变成冷漠，冷漠很快就会变成怨恨和蔑视”，并且以分裂告终；敏感精细的女子要求严肃之爱，文雅又尊重女性。

从她们的独立意愿中，她们的男性对手们很快就看到了一扇向纵欲展开的大门，这对于家庭来说是个弊害、是对他们男子气概的威胁，抑或是一种拒绝性爱的策略。这是学校的教育？风雅女子大都出身于资产阶级，由于不能通过出身脱颖而出，她们只能通过自己的言语和教育彰显自己的骄傲，其他人则通过家族图腾彰显这些品质。她们期盼着能借助一位能战胜伦理道义的精英人物，来创造一份两性之间的真诚契约。然而在力求改变世界的同时，她们却没能避免过分矫饰的精致和做作扭捏的言辞表述，这些让她们失去了可信度，而且让其中一些人看上去滑稽可笑。

幻灭

英雄和骑士的模范样板褪去后，随之而来的是一幅爱情失败的幻灭画卷。爱神不是在稀有的沙龙风气中涌现的风雅契约，他“突然降生，不假思索，通过性格和偏好不期而至”（拉布吕耶尔）而且“我们在永恒爱恋中对自我的掌控，并不比以前不恋爱的时候对自己的掌控更牢固”。这次仍然是女性的经历和女性的文笔记录下了 17 世纪老式骑士典范的没落：女性小说探索人类激情的发展历程，直至激情的完结。在家庭生活的世界里，女人们除了爱情以外没有任何其他奇遇，她们在一种模式中历练，在遵循礼仪规则的前提下，从内心深处探寻未知领域。拉布吕耶尔在她们身上发现了一种特殊的敏感：“男人面对不再爱他的女人暴跳如雷；女人被离弃的时候要安静得多，并且一直郁郁寡欢。”

爱情被认清了本来面目：它是令人生畏的。在 17 世纪的最后三十几年里，两种评论让爱情丧失了神奇的力量，一种通过爱情幻灭，另一种通过否定爱情。维勒迪约夫人选择通过戏说英雄美人式的爱情来揭示爱情的幻灭；拉法耶特夫人保留了微妙矫饰的传统，并利用礼仪规范来体现爱情的失败。两个人都清楚爱情不得善终，维勒迪约夫人选择通过戏谑的方式嘲笑爱情；拉法耶特夫人惧怕爱情之毒，选择放弃爱情。

加尔丹小姐，她更广为人知的名字是维勒迪约夫人，不顾礼仪规则，乐于出其不意，她用一首题为《享乐》的十四行诗让众沙龙议论纷纷："如今，亲爱的蒂尔西斯，你爱的赤诚 / 轻而易举地战胜了我的贞操……"(1658年)。她时年26岁，创作了一些戏剧；她没有过于坚定的道德水准，她笔下"亲爱的蒂尔西斯"就是维勒迪约先生，他向她保证会迎娶她，并发布了告示……然而他最终只满足于一时之欢。被抛弃的年轻女子仍然为自己的作品署名"凯瑟琳·德·维勒迪约"，并且看上去接受了分手："当人们想换情人或者情妇时 / 一个月就会说出口 / 然后就换人 / 不会被指责失策或懦弱。"痛哭流涕不是她的风格。

复仇随后驾临，在她的一本准自传的挖苦小说中，真实事件和风趣的嘲讽随处可见：小说名为《莫里哀的亨利耶特－希尔薇回忆录》，小说的六个部分于1671年至1674年出版。从前言开始，作者就避免将此书写成小说；此书由回忆录片段组成，不忠的情人新婚之夜阳痿，暗指不幸的维勒迪约先生。女主角揭示了英雄高贵英武的陈词滥调背后的另一面：书中将情郎们描述成优柔寡断的懦夫，虚荣且朝三暮四，他们不愿承担风险，而且感情转瞬即逝；然而女人们却能冷静处之：是女人们提出的分手。亨利耶特－希尔薇是私生女：全篇笼罩在模棱两可的氛围中，开篇就质疑她那些所谓的保护人，质疑她所在的修道院院长嬷嬷的可疑身份，当她穿男装、按照男性的风格行事的时候，为她的性情画上了问号，而且更笼统地说，是为她那些热恋中的求爱者的态度画上了问号。也许爱情仅仅是一桩喜剧：于是，在一个戏说骑士文学经典《高卢的阿玛迪斯》的爆笑场景中，当时亨利耶特－希尔薇正在打猎，用手枪打伤了曾经想让她失贞的养父德·莫里哀先生；莫里哀夫人跑来将奄奄一息的丈夫紧紧搂在胸前，没人知道伤者是死于子弹，还是死于莫里哀夫人的紧拥：是过盛的爱情还是谋杀。这个场景让人想起了《高卢的阿玛迪斯》中，主角发现一位骑士躺在地上，受了伤而且疼得直叫，一位女士埋在他胸前，女士“紧紧地压着他，都快让他心脏停止跳动了”。

另一部作品《爱情乱局》也没有更文雅，维勒迪约夫人通过里面的三篇短篇小说再一次给这出人间喜剧添了辛辣的作料。作为一切激情之源的爱情除了导致贪婪、争执、误解和失望以外，不会有任何结果。寡妇德·莫吉隆夫人爱上了吉弗利，然而吉弗利不再爱她了，因为他觊觎德·吉斯小姐。莫吉隆夫人感人的哀求也丝毫不起作用，维勒迪约夫人讽刺道：“莫吉隆夫人完全执行了曾经她对吉弗利的威胁，那就是她将爱他一生一世”。价值观被腐蚀、爱情笨重不堪，忠贞只是个笑柄。比突如其来的分手更令人忧愁的是一位慢慢等死的可怜女人的了无生气。

惧怕爱情

在冉森教派教义的浸染下，一种人性悲观论席卷了17世纪的宫廷，在充满浮华和野心的世界里，驱散了爱情幸福和荣耀的说辞。激情被赋予了拉辛式的语调：拉辛凭借着节制的文字和诗意的语言，让轻浮的社交宫廷接受了爱情的残忍，这是一种与英雄主义和高尚情操割裂的爱情；在仇恨和嫉妒的冲击下，脆弱的田园牧歌灰飞烟灭。人性的欲望驶向占有和控制；激情是一种病，这种病态揭示了激情的脆弱无力。欲望抵制不住支配欲，满足意识也可以变成厌恶。“占有欲扼杀了爱情”，罗伯特·夏尔笔下《杰出的法国女人》中的一个人物直截了当地说道。禁欲和节制也丝毫不比享乐要好，它们揭示了自尊心的难以捉摸和自我憎恨的骄傲。帕斯卡尔大喊道，“人类的生活就仅仅只是一场永恒的幻灭”，对改变的迫切追求是人类生存前提的一部分。

爱情悲剧越来越成为个人内心的苦果，这种趋势无关紧要却又意味深长，在先后几年的时间里，维勒迪约夫人和拉法耶特夫人这两位女性小说家在她们的作品中涉猎了同一个主题，1675 年的《爱情乱局》打响头炮，随后是 1678 年的《克莱芙王妃》。维勒迪约夫人惟妙惟肖地表现出了情感的微妙性：迪尔穆伯爵迎娶了一位贞洁少女，“他和她订婚的时候还从未见过她”，但是，尽管伯爵想让年轻的妻子过上幸福生活，她还是不久后就染上了一种慢性热病；忧心忡忡的伯爵问她为什么伤心；她直言自己爱着德·迪尔穆先生的侄子，而且对他难以忘怀。于是，两位配偶之间一场关于忠诚和崇高灵魂的斗争就此拉开帷幕，最后丈夫战死沙场，体面地退出了争斗；然而，各种诡计、谩骂和外部压力却让年轻的遗孀不能嫁给自己所爱的男人。1678 年拉法耶特夫人用了同样的情节：内穆尔公爵追求克莱芙王妃，她向丈夫承认自己爱着内穆尔公爵；德·克莱芙先生去世后，她重获自由身，却并未拥抱激情，反而进了修道院隐居。虽然故事的脉络相似，但是分手的动机却并不一致：在维勒迪约夫人笔下，障碍来自于社会；在拉法耶特夫人笔下，障碍来自于内心深处的挣扎，这种挣扎与其说是为了节操，更像是由于对爱情的惧怕。

在风雅浪漫的外衣下，拉法耶特夫人探寻“驱使内心原动力的真谛”。不能自已的女主人公猜到，终有一天内穆尔公爵会把她当成自己的“战利品”之一，而且情郎只有在被拒绝的时候才能保持热忱：“我相信是艰难险阻让您保持始终如一”，她强迫他承认这个事实。她的理智让她惧怕嫉妒带来的悲剧，同样也让她害怕日久天长厌倦的苦果：“您已经有过数段激情，您以后可能还会经历；我会把曾经和我相处过的您看成是另一个人。”为了自己的骄傲，她逃避内穆尔，并且为了“虚幻的责任”燃烧自我；她隐居的宗教居所会让她远离攻击和痛苦。

因为拉法耶特夫人没有被蒙蔽，在互诉衷肠的背后，爱情的本质目的是控制对方。内穆尔偷偷观察克莱芙王妃，欣慰地看到她脸上的慌乱是因他的爱情而起，拉法耶特夫人通过《扎伊德》的主角阿尔冯斯的内心，刻画了一种更为狡猾的喜悦，阿尔冯斯发现贝拉希尔的心中被一种莫名的激情搞得“狼狈困惑”，她惊奇于自己“不再是自己的主人”。端庄得体的言语背后隐藏的是残忍暴戾。拉法耶特夫人内心深处是一个冉森教教徒，她不相信人类的本质，也许就像弗朗索瓦·朱利安推测的一样（《论内心》，2013 年），“因为她本身就不指望上苍可以接纳激情”。与激情相比，她更喜欢安宁和自重，这些是自尊心微妙的表现形式。于是她的人生也是如此：丈夫和妻子之间没有任何破裂、任何争执、任何爱情悲剧；她的家里理智至上。

分手即毁灭

人心是战场。灵魂的力量和激情的永恒之于女人，就像荣誉感之于男人，女性的激情在克己和绝望中愈演愈烈。一个以手抄书信形式记述的故事见证了感性的发展。《葡萄牙修女的情书》于 1669 年问世，这部匿名作品一经问世立刻取得了成功；作品在1669年至1675年间被再版了20多次，传到了荷兰，并且于1677年被译成英文。修女玛利亚娜被迷惑又被抛弃，读者为她的绝望感到震撼。如今，大部分评论认为这本书是一位名为吉耶拉格的贵族为了美化自己的作家生涯而捏造的文学骗局。这部作品很可能诞生于宫廷阶层，这没有让它丧失丝毫戏剧张力，而且公众认为作品极具新意。

为了能够精准审视五封葡萄牙信札的威力，雷蒙德·勒贝格指出，吉耶拉格那个时代的人仅仅拙劣地品鉴了作品的布局，不过他们用更加充沛的情感倾听到了玛利亚娜痛苦的呼喊：情郎是一位在葡萄牙服役的法国官员，他在和自己的情妇交往几个月后冷漠地抛弃了她，并且回到了法国，将自己所有的诺言抛之脑后。被背叛的玛利亚娜孤独飘零，她失去了一切，情人、宗教、健康，她甚至放弃自尊恳求他，他却不再有任何回复。玛利亚娜只有完全牺牲自己的生命才能自证："既然我不能为您而生，我必须要为您而死。"……"比起忘掉您，我更愿意承受痛苦。"玛利亚娜深知他配不上她，明白二人的关系本质平庸，她的清醒通透更加剧了爱情的悲剧色彩："我已经察觉到，比起您，我更珍视我的激情。"爱情绝对、骄傲、自恋，在爱情里，无形的情郎不重要，那封终结爱情的永别信不存在。被摧毁的玛利亚娜在绝望中孤身一人，绝望至死。爱情只是一场幻象，只有分手的绞痛是真实的。

从此，纠结点不再是爱情和荣誉，也不再是爱情和功德，而是爱情和幸福。如果激情由于自身非理智的特性轻率放任，并且导致分手不可避免，那么无论如何，爱情仍然可以是幸福的，只要采用友情的方式去爱。爱情在一种新的婚姻观中找到了一席之地，这是一种倾向于受"爱德"

指引的婚姻，在这样的婚姻中，冲突不会以分离和通奸而告终，而是被双方互认的责任溶解：我们还没有为了爱情而结婚，但是我们是为了相爱而结婚的。自弗朗索瓦·德·萨勒[①]以来，神父和牧师的布道词中逐渐形成了一套关于夫妻依恋的完美画卷的说辞。强制结婚被废除；美好的一夜可以修复冲突，以至于口角“最终变成了乐趣，而且让温存加倍升温”（雅克·舒瑟，《婚姻和婚内幸福的完美论断》，1685 年）。诚实、虔诚、平庸、平和的新型夫妇在期待上苍回报的同时，相信世间是有幸福可言的，温情、得体和尊重成了夫妻相处的关键，并且能够预知分手的危险。

① 弗朗索瓦·德·萨勒（1567—1622），是一位萨瓦地区的天主教神父。——译者注

拉罗什福科公爵与隆格维尔公爵夫人

《爱的怨恨》[1]

“有些人，如果他们从未听说过爱情，那他们可能根本不会恋爱。”

拉罗什福科，《道德箴言录》

“至于拉罗什福科先生，他再见到之前被自己心满意足地赶跑的维尔德耶时会像个孩子一样；我不会说他是坠入爱河了，因为我不认为他曾体会过我们口中的‘爱情’。”

塞维涅夫人书信，1676 年 10 月 7 日

① 《爱的怨恨》是由莫里哀所作的一出五幕喜剧作品，于 1659 年在巴黎首演。—译者注

是谁离开了对方？维系他们关系的真谛是什么？在微妙的情感端口，众多心血来潮和晦涩莫深交织在一起，以至于有时候很难辨别爱情和怨恨的比重。

拉罗什福科公爵弗朗索瓦·德·马西亚克和隆格维尔公爵夫人安妮·热纳维耶芙，在风雅和野心的催化下，两人互相珍视对方。两个人都认为，经历一段波澜壮阔的激情是他们的名誉和出身责任使然。奥地利安娜开始摄政的时候，二人的青年时期已经结束了，在混乱的摄政期里，一切艳遇皆有可能，障碍不复存在。很多人见证了二人的交往和他们之后的不和，见证人根据自己所选的阵营，美化或诋毁这段感情。挖掘自尊心陷阱的拉罗什福科本人，对自己的言行一直很宽容，在他的《回忆录》中，他欣然让心中秘密保持混沌。红衣主教雷斯谈到拉罗什福科时写道，“他本来可以更好地认清自己”！安妮·热纳维耶芙则在经历所有动荡和欺瞒后，笃信宗教，谦卑地接受自己的弱点，最终虔诚地承认自己想要博取眼球的欲望。晚年的她在一封给好友萨布雷夫人的信中写道：“我以前用自己廉洁的外表寻求男人的尊重”。

这些坦白并没有呈现多少真实感情。当时流行的肖像画唤起人们所有的精练思维，但是这仍然是一种风雅行为。至于事后许久才写就的《回忆录》则润色了事实，有时还由于时间久远而进行了淡化。在朗布依埃公馆和沙龙孕育的美好优雅的背后，隐藏的是蔑视和怨恨。投石党的主角们读过《拉斯特雷》，这是奥雷诺·杜尔菲的大部头英雄主义著作，他们渴望荣耀。在高尚原则的外衣下，投石党人们利用摄政期的弱点，以此维护自己的领主利益，反对王室以全民名义管理国家的决心。1647年至1652间，之前被黎塞留镇压的暴力和反抗再次涌现，在这种混杂着阴谋和狂热，铁甲和提琴的氛围中，女人们颇具风雅之风，同时也是高傲的女战士，她们想得到赞赏。捍卫荣誉感、决斗和争夺优先权，这些都让投石党各方人士在风雅外衣下的竞争白热化。

席位之争

拉罗什福科公爵之子弗朗索瓦·德·马西亚克生于1613年。他的家庭是法国最高贵的家族之一，在普瓦图和昂古穆瓦[①]拥有大片产业。马西亚克只有15岁的时候，其父就让他和安德蕾·德·维沃内成亲，夫妇俩婚后哺育了七个孩子。马西亚克，15岁就参军了：参战是对出身高贵之人的洗礼。他骄傲，有野心，十分英勇无畏。他腼腆的样子很招女人喜欢；他和一位负责王后服饰的夫人搭上了关系，这位夫人是奥特福尔小姐，路易十三用柏拉图的方式爱着她。奥地利安娜被怀疑和西班牙暗中勾结，悲伤不幸的王后触动了马西亚克的骑士之心，然而，后果是，他对王后的忠诚让他在皇室棋盘上饱受路易十三的敌意和黎塞留的猜忌。

1635年，马西亚克自愿启程到弗兰德地区征战，对抗西班牙人；归来后，他被孤立并听令回到自己的领地。这基本上是被罢黜了。马西亚克亲王梦想辉煌的功绩；然而这时候恰巧王后让他绑架自己和奥特福尔小姐，

---

① 法国大革命后改名为昂古莱姆。——译者注

以便使二人能够逃脱黎塞留的报复；这个计划荒诞离奇且特别危险，而且年轻的亲王英勇大于谨慎。实际上绑架并没有实施；这位 24 岁的骑士男伴乐于帮助王后的朋友谢夫勒斯公爵夫人逃往西班牙。但是事情很快就败露了；罪犯被传讯，在巴士底监狱里被关押一周后被送回家乡普瓦图。马西亚克不得不当一个乡绅贵族，他按捺了两年之久，于 1639 年重新参军。1642 年黎塞留的死和 1643 年国王的驾崩让他终于获得了自由。他觉得，效忠王后的公仆马上就要受到嘉奖了。野心、荣誉、虚荣，他像同时期的青年贵族一样心怀梦想。

马西亚克对摄政寄予厚望。有人用体面的职位诱惑他；奥地利安娜不吝承诺，而且她待人处事的方式极具魅力。实际上，马西亚克只得到了一个微不足道的好处，允许他买下普瓦图政府。和白白苦等的马西亚克一样，其他流放回来或者从监狱里出来的领主同样期待着能够因为他们对王后的奉献而受到嘉奖；失望的他们只等到了阿谀奉承之词，最终决定成立一个反对理事会主管马扎汉的阴谋集团，批评新政府的一切措施；这些人自视甚高，被称为“要人”。马西亚克赞同这些人，但并没有真正投身其中。1644 年至 1646 年，他在宫廷的这两年生活没有为他带来任何职务、任何军衔、任何快乐，他承认在这个劣质的社会毫无安定可言，自己“过得厌烦不已”。

因为叛乱正在酝酿之中，君主机构不足以遏制叛乱思想。敌对情绪和虚荣心让宫廷四分五裂：旺多姆派和孔代派分庭抗礼。起初为王后效忠的马西亚克转而反抗。他想像其他杰出家族，比如血亲王公们、王国的朝臣们和君王家族的族长们一样，得到同等的利益和特权：他为妻子马西亚克王妃争取席位，为她谋求坐四轮豪华马车驶入卢浮宫的许可！这是个严肃的抱负，标签是为了凸显重要人物的等级，席位的使用管理极为严格。诚然，1622年拉罗什福科家族已经被授予了公爵贵族领地，然而一旦有可能，马西亚克想做公证公爵，这样就不用必须等待父亲去世。来自卢浮宫的礼遇已经降临到了罗汉家族、拉特雷莫勒家族和布永家族，为什么不能给他呢？圣西蒙暗暗观察这些辛辣敏感的贵族，他指出拉罗什福科公爵“一直未能接受布永家族的男士们被授予亲王等级。他自认拉罗什福科家族和布永家族一样高贵，他并没有错”。

摄政委员会主管马扎汉有向他报信的间谍；他并非无视年轻的马西亚克对“要人”叛乱集团的热情，但是马扎汉认为这个年轻人还没有可怕到要让自己向他妥协的地步。马西亚克则好不掩饰自己的失望；幻灭的他从怨恨转向敌意，在几个月的时间里，他转投投石党阵营，并且投入了隆格维尔公爵夫人的怀抱。在自己的《回忆录》中，他清醒地作出解释：“太多的无益之事、太多的恶心厌恶，最终让我产生了其他想法，让我去寻找危险的道路，以此表达我对王后和主教马扎汉的不满。隆格维尔公爵夫人的美貌、她的思想灵魂以及她所有的人格魅力，都让所有会为此痛苦的事物臣服于她。”投身其中的同时，马西亚克仔细评估了情势：他要加入强势的孔代阵营，以便得到自己想要的席位。

安妮·热纳维耶芙美丽的双眼

隆格维尔公爵夫人安妮·热纳维耶芙是首席血亲王公亨利·德·波旁－孔代和夏洛特·德·蒙莫朗西之女。当时所有人都承认她是个大美人：一头白金长发、一双松绿眼睛、面色红润、笑容优雅；结婚那年她得了轻微的天花，不过这并未有损她的光辉。天使还是魔鬼，人们众说纷纭。王后的陪侍女莫特维尔夫人坦诚“见到她后，不爱上她是不可能的”。1642年，23岁的安妮嫁给了隆格维尔公爵奥尔良亨利，男方比她年长24岁；公爵从1637年以来一直是鳏夫，有一个未成年的女儿叫玛丽；公爵的家族显赫，属于正规亲王一脉，仅仅位列血亲王公之后，要为血亲王公们让步。年轻的公爵夫人同样也热切希望能得到国王的特别公证书，以保婚后还能保有她血亲王妃的头衔。安妮·热纳维耶芙的亲兄弟们是王国的骄傲：昂吉安公爵路易是1643年罗克鲁瓦战役①的英雄，1646年他们的父亲去世后，路易继承了孔代亲王的名号；还有病弱的阿尔芒，他是孔蒂亲王，献身于教会。两个兄弟对安妮温柔备至，阿尔芒甚至还爱慕她——她的敌人们散播不怀好意的谣言，说她和阿尔芒关系可疑。

安妮·热纳维耶芙接受了精致的教育。她的母亲孔代王妃关注女儿的教育，教她处世之道。王妃夫人同时也是圣雅克区的加尔默罗会修女修道院的资助人，她在修道院里有一处私人套房，经常去那里避静。安妮·热纳维耶芙经常陪着母亲去修道院，在这个充满阴谋诡计的动荡年代，修道院像一处庇护所一样保护着这颗13岁少女的温柔的心。宫廷里有隐修意愿的夫人和少女并不在少数：蒙庞西埃小姐比安妮小几岁，是年轻的路易十四的表姊妹，她连续八天梦见自己离世，觉得自己冥冥中受到了加尔默罗会②的紧急召唤，以至于为此失眠。安妮·热纳维耶芙一直参与宗教弥撒，

① “三十年战争”期间法国和西班牙之间的一场战争，最终法国获胜。——译者注

② 加尔默罗会是天主教托钵修会之一。会规严格，包括守斋、苦行、缄默不语、与世隔绝。——译者注

有时候会避静数日，并向修女吐露心声；她身上有一种自我升华的需求，她崇高虔诚，同时又被深深的高傲左右。

15岁的时候她的性格还未经受过大风大浪的考验。1635年2月18日，少女安妮受邀去卢浮宫跳舞，她要跳一曲宫廷芭蕾，被公爵夫人们簇拥着的王后也会跳这支舞。忧心忡忡的安妮很想逃避，想继续待在修道院，然而这次王妃夫人行使了她的权威。加尔默罗会修女们训诫安妮，让她小心谨慎；她华丽的舞会服饰下穿的是一种又薄又粗糙的甲衣，像一件苦行衣一样。但是其实穿着宫廷裙装的安妮依然美艳动人，而且，当最殷勤之人拜倒在你面前的时候，如何能够不引人注目，怎么可以粗糙丑陋呢？

安妮违心入世，但却驻足于此。此后，她出入宫廷、枫丹白露、尚蒂伊，出席沙龙，造访朗布依埃公馆，她在这些场所展现自己的文学情操和品位：她在此结识了萨布雷夫人，并结为终生挚友。在朗布依埃侯爵夫人家里，所有的一切都让人感到高雅风流；大家读小说，对男女关系侃侃而谈。安妮·热纳维耶芙不可能无视自己的魅力，她的爱慕者被她俘获，她学着卖弄风情和故作高雅，并且任由他人爱慕。而且，她也知道自己的丈夫隆格维尔公爵并没有完全停止追求美艳的蒙巴宗夫人，他不顾岳母的批评，婚前就曾向蒙巴宗夫人求爱。然而爱情并不属于婚姻，高雅和家长里短完全相反。安妮明白自己身居血亲王妃之列；她意识到自己的美丽，她的兄弟，未来的孔代亲王带来的荣光惠及其身，让她置于上流社交界的中心。

然而，这个精致矫饰的社会一点也不温情；各种嫉妒和中伤随时会扰乱神经。隆格维尔夫人过于魅力四射，以至于不得不成为众矢之的。在当时的背景下，贵族阶层生活习惯放荡，有人给她推荐情人；事实上，许多向她示爱的追求者主要是为了接近“大孔代”和她显赫的家族。任何一件琐碎小事、任何一声轻微的叹息被捕捉后都会变成一桩名誉事件。如此，蒙庞西埃小姐详细讲述了一段让宫廷议论纷纷数日的纠纷：一天晚上，生病的蒙巴宗夫人在家看家，发现屋里的地上有两张小纸条，“她立刻就说这是隆格维尔夫人给莫里斯·德·科里尼的留言”。蒙巴宗夫人把信读给朋友听，对信里可能会产生不良影响的内容调侃了一番。得知自己的女儿和整个家族受到冒犯，孔代王妃提出道歉请求；王后立刻要求犯错的人道歉，然而蒙巴宗夫人拒不服从，她是博福尔公爵一边的人，属于“要人”阵营。这是一桩床隙惨剧？为了说服蒙巴宗夫人，马西亚克亲王介入其中，奉劝她在事件传播开来之前讲和有利于维护自身利益。笔迹研究证实这是一桩舞弊行为；当事人是德·福克罗尔夫人和一位“正直人士”（莫莱夫里耶侯爵）。纸条交到了马西亚克手中，他当着王后的面把它们付之一炬。事情应该可以就此而止，鉴于隆格维尔先生打算谨慎对待蒙巴宗夫人，而且安妮·热纳维耶芙刚刚生产，不想继续追究。然而，感情上被刺伤的孔代王妃却在其中看不到利好一面；她从王后处得到允许，让蒙巴宗夫人从此以后从她眼前消失。这桩事件导致“要人”一党于1643年9月解体；党首博福尔公爵被押送至万塞讷。马西亚克选对了阵营。

爱情－毒药

1645年，安妮·热纳维耶芙怀有身孕，隆格维尔公爵在曼斯泰任大使，叫安妮去曼斯泰和他会合，安妮拒绝前往；虽然她非常留恋朗布依埃公馆里文雅的朋友们，但是第二年夏天，她急不可耐的丈夫要求她必须来到他身边。安妮只过了几个月背井离乡的生活；她又怀孕了，丈夫不得不让她于 1647 年 3 月重归巴黎，安妮又重拾巴黎的欢愉，她的仰慕者们依然在此翘首期待她。庆典和各种娱乐一场接一场。孔代家族饱受赞誉：1648 年 8 月，孔代亲王在朗斯[①]获胜。安妮·热纳维耶芙像星宿般耀眼。

马西亚克和安妮·热纳维耶芙很有可能是在 1646 年春季开始发展恋爱关系的。一直被王后排挤的马西亚克并没有无视年轻的安妮的美貌，他也没有忽视她在家族构成中的重要地位。这些足以激起一段热烈爱情吗？马西亚克的《回忆录》写于多年之后，那时是 1653 年年末，他已在韦尔特伊退隐。他起笔写作的时候已经对痛苦的结局明了于心；文中他极有限地吐露了真心，并且语气冷漠客套：骄傲、谨慎、羞耻心给他的情感蒙上了一层面纱。然而，他处心积虑地掩饰自己的爱情萌芽只是徒劳，他看起来确实被备受追捧的年轻公爵夫人迷倒了，她那时还没有成为几年后那个大胆的激进主义分子。

马西亚克在讨好“大孔代”姊妹的追求者阵营中博得了一席之地。肆无忌惮的庞斯领主米奥桑伯爵也在求爱者之列。固执的米奥桑看上去并没有得到回应，但是他却夸耀自己快要达到目的了：“他捏造了自己并未拥有的期望。”马西亚克尝试自己运气的机会来了：“我终于有理由相信，与米奥桑相比，我也许可以更可观地利用隆格维尔夫人的友谊和信任。”“利用”——这可不是表白狂热感情的用词！马西亚克刻意使用冷漠和深思熟虑的言辞。米奥桑承认自己的对手胜算更大，于是他留给对手肆意行事的自由。马西亚克如此利用这份自由：“我绝对承认自己为了能得到隆格维

① 朗斯战役是“三十年战争”的最后一战，法国最终战胜西班牙一方。——译者注

尔夫人，在她面前刻薄了米奥桑，但是我跟她说的一切都是真的。他完全把她让给了我；但是当他看到这段恋情的后续时，他却后悔把她让给我。”这个场景数年之后才被付诸文字——它像是一场贵族杂货商之间的讨价还价。1646 年间几个月的时间里，求爱者马西亚克就可以夸耀博得了安妮的信任。

投石党叛乱的背景、艳遇的悸动、安妮摇摆的性格、年迈夫君阴郁的情绪、马西亚克绝妙的魅力，一切的一切都促使年轻的安妮产生情愫。她体会到的爱情不是一场儿戏，因为这份爱情将会迫使她疏远自己亲爱的兄弟、牺牲家族利益；但是这份爱却激发了她的遐想和自傲。德·莫特维尔夫人是一位敏锐的洞察者，她认为安妮·热纳维耶芙要么就是“太懒惰”，要么就是对赞誉太过习以为常了，以至于不会做出任何讨好的努力，但是“激情的毒药已经侵蚀了她的心灵，这份内心的安宁首先变成了惬意的消遣，随后又变成了纷乱糟糕的焦虑”。毒药的作用显现了。

至于马西亚克，他则出于阶层和财富考虑，逐渐靠拢投石党；在得知自己配偶并不在最新的席位分配之列后，由此带来的苦闷和靠拢辉煌的孔代家族的需求压倒了他的谨慎。他迫切盼望体验一段激情；尽管他的父亲和他的家庭几乎一文不剩，他仍然跑到巴黎去和安妮会合，她正和投石党人们密谋一项叛乱计划。野心和虚荣与爱情交织在一起：安妮·热纳维耶芙比自己想象得更加野心勃勃，然而马西亚克的情谊却比他之后口中所述的更为真诚。德·莫特维尔夫人精准地分析了激发二人情谊的源泉，并且对他们各打五十大板：是马西亚克，他赋予安妮·热纳维耶芙“控制自己兄弟亲王的欲望”，因为她“有干一番大事业的能力”。作为回应，风流殷勤的行家马西亚克高调宣扬自己对安妮的尊敬和爱慕，将这首二行诗置于她的画像下："为了值得她的爱情，为了取悦她美丽的双眼 / 我向国王宣战，我本该向神明宣战。"然而他同样深知宫廷中的镜面游戏："对于对她青睐有加的人，她完全没有固化他们的感受，在这些人的感情中，她的形象千变万化，以至于她都认不出自己的真实情感。"爱情，至少在爱情之初，是一场社会游戏。

爱情结晶

潜在的经济危机和金融危机于 1648 年爆发，将王国置于内战边缘。这给安妮提供了机会，让她在随后持续五年的冲突中扮演了重要角色。数十年的战争导致税收压力重大，资产阶级的精英们奋起反抗；人民正在遭受饥荒；至于大领主们，他们则维护自己的个人利益，努力克服他们之间的分歧，希望能复兴过去的政治秩序。在红衣主教黎塞留之后，红衣主教马扎汉成了被唾弃的大臣，所有投石党人都联合起来反对他。

第一次暴动始于巴黎议会，1648 年 8 月，在王后的命令下，年迈正直的议员布鲁塞尔由于反对新赋税被捕；巴黎人民反抗，并且建立了路障：马扎汉必须妥协，他释放了在押的布鲁塞尔。凯旋归来后，布鲁塞尔督促议会请求王后罢免马扎汉——这个扰乱公共秩序的人。红衣主教坚信自己的后盾，用强硬的方式回击：他随后用切断生活补给的方式击溃了巴黎的叛乱者，并派皇家军队和德国雇佣军包围了首都巴黎，领导军队的是效忠王室的孔代亲王。反对阵营中，孔蒂、隆格维尔、博福尔、德尔伯夫、布永为拿起武器的反抗者们提供军事武装。马西亚克和安妮这对爱侣就是在这种混乱的局势下相爱、结合的：与其说是在舒适的沙龙中谈情说爱，他们更多地是在军刀的碰撞声中燃起爱火。

颓废慵懒是安妮·热纳维耶芙的魅力之一。朗布依埃公馆的晕染、身边人的赞赏，这些让她自然而然地适应了女主角的角色，同时，她参与了助理主教龚蒂——未来的红衣主教雷斯反对马扎汉的阴谋计划。在努瓦西龚蒂叔叔的乡间住所内举行了一场会议，为袭击计划做准备。当时安妮·热纳维耶芙已有七个月的身孕，她声称来努瓦西是为了温泉疗养。孔蒂为自己新近成为军队首领自豪不已，陪伴安妮来到努瓦西。隆格维尔公爵应该与他们会合。他是否知晓自己夫人的私情？对于她腹中的孩子——“众所周知”的马西亚克的孩子——他是否怀有狐疑？他在人前没有任何显现。

宫廷和议会间的和解努力告吹，局势日渐紧张。1649 年 1 月 5 日至 6 日夜间，摄政太后、小路易十四和整个宫廷悄无声息地离开了皇宫，到圣日耳曼避难。为了不引起怀疑，孔蒂和隆格维尔不得不追随他们。当时在普瓦图镇压一场叛乱的马西亚克也抵至圣日耳曼，他带着将孔蒂和隆格维尔送回巴黎的秘密任务，同时还要秘密把为投石党人准备的马匹送至巴黎。

安妮·热纳维耶芙则以身孕为借口，没有离开首都巴黎。在布永公爵夫人的陪伴下，她抵达市政厅，她把这里变成了总部，以示自己对投石党人的忠诚。途中她受到了夹道欢呼。她的美貌、她的身孕、她的勇气激励了民众。助理主教龚蒂同样也留在巴黎，加入了投石党人。一场奇怪的同盟集结起来，“屋子里有蓝头巾[①]、妇人和小提琴，雷斯主教讲道，他们混杂在一起，变成了一场只有在小说中才能见到的景象”。安妮成了小说《阿

① 投石党叛乱者们都头戴蓝头巾。——译者注

斯特雷》的女主角，在她身边聚集的是投石党人们。1649 年 1 月 28 日至 29 日夜间，她产下一名男婴，男孩得到了“圣博尔伯爵”的头衔，取自隆格维尔家族的伯爵领地。

在外，孔代的军队在巴黎民众间散播恐慌；巴黎城内频频发生短暂交火，在一次交火中，拉罗什福科被火枪击中受伤。民众的骚动最终让议员们也感到揪心，他们同样迫切希望能在春季接受吕埃耶和约[①]，让他们得以被赦免。1649 年 8 月 18 日，孔代把消失了八个月的小国王带回巴黎：这是罗克鲁瓦[②]胜利者的光辉之日，他的威望又更添一层。民众的阵阵愤恨和议会的造反渐渐平息。然而，更加严重的亲王叛乱开始了。

持续三年的内战拉开序幕，其间充斥着变节和背叛。孔代提出金钱要求，而且要求给他和自己的朋友们提供有力的权位；孔代的傲慢和蛮横为他招致厌恶：马扎汉留任让他心生不满，他放弃了宫廷阵营，转投弟弟孔蒂和妹妹安妮一方。马扎汉立刻反击：他说服了龚蒂，许诺让他成为红衣主教一员。1650 年 1 月 18 日，孔代、孔蒂和隆格维尔被传唤至皇宫，并出人意料地遭到逮捕。这个惊人举动好比一场政变，并且成了激化事态的导火索；在亲王们身后，一小撮激愤的贵族组织起来，这些法官和办事处握拳者们想利用当权者的弱势。

得知自己的兄弟和丈夫被捕后，安妮·热纳维耶芙和马西亚克出逃；两个情人骑至鲁昂，并在那里告别。拉罗什福科的父亲刚刚去世，他打算发动普瓦图人，并与正在利穆赞征战的布永公爵结盟；安妮·热纳维耶芙

---

① 《吕埃耶和约》，签署于 1649 年 3 月 11 日，这标志了第一次投石党运动的结束。——译者注

② 罗克鲁瓦战役，发生于 1643 年 5 月 19 日，是“三十年战争”中的一场战役，由孔代率领的法国军队战胜了西班牙军队。——译者注

前往诺曼底，希望能在那里起义。

一位小说女主角

安妮爱上了冒险。她很少叩问自己的选择是否有根有据：她痴迷于马西亚克，将他的期望视为自己的期许，自然而然地站在了亲王们一方。皇家军队追捕她；出于谨慎起见，鲁昂和勒阿弗尔都不接待她。在尝试在普尔维尔登船失败后，据说她深夜骑马离开了迪耶普，路经荷兰地区，路程艰险，奥兰治亲王在荷兰接待了她；从荷兰地区，她启程抵达斯特奈，这座边境城市是阿登省要地，受蒂雷纳管辖。民众赞赏她的勇气。安妮·热纳维耶芙既美丽又勇敢，她焕发一新的能量让她变得所向披靡：她在起义中还鼓动了蒂雷纳，后者在搜索集结自己四分五裂的兵团。鉴于经费不足，安妮通过利奥波德·纪尧姆大公向西班牙求助。她有没有权衡自己的举动对王国完整构成的威胁？对于大领主们来说，尊严和荣誉不会因为爱国准则而失色，然而从对血脉和"家族"的忠诚角度来讲：在铲除一位红衣主教和出卖自己的两位兄弟和夫君的抉择中，她毫不犹疑。

后来签署了《斯特奈条约》。安妮·热纳维耶芙丝毫没有依靠自己在监狱里坐以待毙的两位兄弟，在几个月的时间内，她独自赢得了轰动效应和权力威信。法国和欧洲都将目光聚集于她，她是亲王们的旗手。为了资助起义，她卖掉了自己的珠宝，并且接受这个命运交配给她的令人沉醉的角色：安妮·热纳维耶芙和蒂雷纳元帅、布永公爵、拉罗什福科公爵一起被宣告"犯有谋害君主的大不敬罪"，被指责叛变敌对强权一方。外省发动起义。1650 年春季，在吉耶讷省成立了一个强大的“孔代”党。马西亚克和布永集结了临时成立的军队，等待西班牙的军事援助。宫廷成员为了躲避来势汹汹的酷暑迁徙，皇家军队穿越西南地区以围攻波尔多。波尔多抵挡进攻，但是情势不能一直这样下去：人民倦怠疲惫，而且葡萄丰收季就要到了。9 月，马扎汉为了折中和解进行谈判，宣告大赦，同时拒绝释放被押的亲王们；王后和他的儿子可以在 9 月底在和平的氛围下正式造访波尔多。安全起见，亲王们从万塞讷监狱被转至勒阿弗尔的一座偏远堡垒。马西亚克放下武器，回到自己的领土。

安妮·热纳维耶芙在斯特奈流亡，马西亚克被迫迁居至自己的韦尔特伊城堡，城堡几乎被皇家军队摧毁。两个情人仍然得以通过加密字条通信，字条里二人互诉衷肠，互表忠心。参议员勒奈是孔代的忠实心腹，他讲道，当马西亚克得知自己的产业被毁后，他仅仅体会到了快乐——能够再次为安妮做出牺牲的快乐！从她口中则给出了令人着迷的答复：“我向您发誓，至少这些恩惠起到了作用，它作用在我心里是如此地温柔，以至于我要更加全心全意地为您奉献，比我之前任何的奉献都要多。”（1650 年 11 月）在一张字条中，她在落款处许以一个美好的愿景：“今后，我为您而生，为您而死。”这些话并不只是一出风雅游戏。他们的激情已经经历了三个漫长的春秋。安妮·热纳维耶芙在 1648 年拥护情人的利益、接纳了情人的爱慕，甚至还一度与兄弟孔代不睦；1649 年她仍然拥护他的利益和情感，支持他的优先请求；1650 年，她冒着生命危险出走荷兰省，并且接受流亡。

马扎汉 11 月回到巴黎后看上去大获全胜。然而他必须要正视现实：攻击他的诽谤檄文如汹涌的激流在巴黎流窜，同时民众要求释放被押的亲王们。龚蒂和奥尔良公爵巧妙地营造了一种危机氛围：有人传言王后可能会放权，受助理主教的驱使，奥尔良加斯东可能会接任摄政。局势如此紧张，以至于奥地利安娜和她的儿子不再离开皇宫，为了避免他们出逃，皇宫的大门被资产阶级民兵堵住了。巴黎被设路障的记忆犹新，对血流成河的恐惧让反对者们寻求和解：王后假装牺牲马扎汉；红衣主教于 1651 年 2 月 6 日至 7 日夜间离开巴黎，出发去德国科隆大主教处避难。孔代亲王、孔蒂亲王和隆格维尔公爵被无条件释放，官复原位。

2 月 16 日，孔代以胜利者的姿态重回巴黎，迎接他的是奥尔良公爵和龚蒂，他们成了王国最有权势的人物。然而，一切都待解决。马扎汉的影响犹在，雷斯和孔代互相憎恶，拉罗什福科厌恶雷斯，甚至试图谋杀他，但是和权力相比，马西亚克更看重名誉；苦闷犹疑的孔代与宫廷不睦，并且与龚蒂交恶，反复抱怨对王后的不满，王后一方则惧怕孔代的权势，与马扎汉通气。

女性解放？

一段发挥到极致的激情应该无出其右；激情要求绝对专注。然而荣光加身的安妮发觉自己受到了命运召唤——这是一个和亲王同样光辉的命运。她在给情人的信中写道："我会满心欢喜地奉献自己的鲜血，如果我的鲜血有用处。"她爱上了独立，一种越发强大的欲望席卷她全身。1651 年 3 月 13 日，她在掌声中抵达巴黎。她丝毫不想在诺曼底守着自己阴郁的丈夫终老，她已经不再爱他了，他也不再无视自己失败的婚姻。安妮对孔代的影响与日俱增。德·莫特维尔夫人推测，安妮打算从今往后令人生畏；出于骄傲，她激励自己的兄弟们参战，这是一场具有不确定性的战争，西班牙可能从中获利。

与之相反，马西亚克赞成缓歇；他对这些毁灭性的战争不抱任何期望，它们铤而走险又毫无理智可言。马西亚克是一个踌躇的人，他敏感地察觉到压力，没有明确的政治目标，但却是孔代的无条件支持者。炽热的安妮·热纳维耶芙和她的兄弟轻而易举地战胜了他："马西亚克（他在自己的《回忆录中》以第三人称自述）不能公开表现自己对战争的厌恶：他不得不追随安妮的情感，他当时能做的就是让她盼望和平。"如果他拿起武器，那是为了表达对无耻王后的厌恶，表示对安妮的忠诚和对孔代的感激，而不是出于信仰。孔代自己也犹豫不决。出于安全起见，他于9月将自己的妻儿和姊妹送至了更安全的蒙龙城堡；由孔蒂和内穆尔陪同。内穆尔收到了军事传令，受任招募志愿军。

在大领主们为下一步策略争执不休之时，人民从新秩序中重拾希望：1651年9月路易十四成年，在阳光普照下的议会和巴黎圣母院举办了辉煌庄严的庆典。孔代亲王没有出席庆典；他离开巴黎抵达诺曼底姊妹之夫隆格维尔处，决定在西班牙的帮助下重新抗争；在马西亚克的陪同下，他启程去吉耶讷接手新政府。9月22日，他们抵达在乱党笼罩下的波尔多。在修复权威的路上皇室还有很长的路要走。

投石党历练了意志。在两三年的时间里，投石党将高贵的妇人们从养尊处优的教条中解救出来；阴谋、掩饰、颠沛流离：王妃和公爵夫人们乐于自认凌驾于法律之上；她们到处插手，参与防御工程，她们大胆放肆的行事风格让她们牵扯进毫无光荣和无私可言的诡计和算计。对于她们来说，爱情是确立权力的手段。当安妮·热纳维耶芙还在给马西亚克写温柔缱绻的书信的时候，她就侧耳倾听内穆尔公爵查理·阿梅代的讨好奉承，阿梅代是一位年轻的领主，“英俊且品格高尚”，她10月于蒙龙短暂停留时与其有过接触。安妮·热纳维耶芙从未爱过自己年迈的丈夫，而且她开始惧怕他；他们之间的关系慢慢转坏；公爵第一段婚姻的女儿隆格维尔小姐讨厌她的继母，并且不介意煽风点火。

安妮是不是厌倦了马西亚克，厌倦了他的不温不火和犹豫不决？她是否觉得他的爱情不似先前一般浓烈，她是否接受了内穆尔的致意，她这样做是出于任性、出于爱情，抑或是出于对自由的渴望？马西亚克开诚布公是否能避免他们的感情破裂？数月以来二人分隔两地。安妮·热纳维耶芙时年32岁并且依然美丽；内穆尔27岁，他富于魅力，有些自负轻浮，而且他曾经是沙蒂永公爵夫人的情夫，沙蒂永公爵夫人是宫廷中最美丽的女人之一，她当时是孔代的情妇。令人不解的是，一位知情者证实，安妮·热纳维耶芙看起来不像真正被杰出的内穆尔所吸引：“内穆尔先生以前并没有特别招她喜欢，尽管他看上去对她眷恋爱慕，和她在一起他就会为此离开德·沙蒂永夫人，除了这个快乐以外她觉得在他身上找不到任何能吸引她的地方……”她和内穆尔的关系取决于女人间的竞争？沙蒂永公爵夫人是一位令人生畏的野心家，她想在投石党中占有一席之地。表面上，她是安妮·热纳维耶芙的密友，但仅仅是表面而已；更确定的是，她想要将孔代占为己有，打算把他拉入主张和平的一方。支配一位亲王、排挤一个对手并且抢走他的情妇、从一个女人手里夺走她的情夫、玷污一个人的名声，这些就是这个矫饰世界带来的挑战，这个世界依靠军事功勋的同时也依靠风雅建树。

不可释怀的怨恨

柔情即使存在也是转瞬即逝。安妮的传记（1863年）作者维克多·古赞从这段关系中只看到了“政治和卖俏”，在这其中“爱情和情欲一文不值”；在古赞看来，“把内穆尔从沙蒂永夫人那里夺过来，让他脱离主张和平一派，使他投身主战派和孔代一方”可能是安妮·热纳维耶芙选择内穆尔的真实动机，她的选择首先是出于政治考虑。古赞援引“确凿证据”补充道，年轻的安妮至此一直拒不回应来自蒂雷纳或布蒂维尔这些仰慕者们的求爱。不管怎样，有关她和内穆尔之间的爱慕传闻传到了波尔多，传言有理有据足够使马西亚克心神不宁；他的内心充满了嫉妒和怨恨：“猜疑给他带来了极大的苦恼……他觉得她不再与他休戚相关”，德·莫特维尔夫人简短记述道。受伤的他立刻提出绝交，而且果断了当，他随后凭经验写道，“第一个提出分手的人会首先走出情伤”。他冷静地消化自己的复仇心理：通过《回忆录》，他利用公众扩大他们分手故事的影响，他们的分手故事在后世仍然不绝于耳：“怨恨使他成了敌对情夫，成了忘恩负义的敌人，他冷酷无情地攻击王妃，这些攻击远不是一个对上帝做出承诺的基督教徒该做的，也不是一个值得尊敬的男人对女士该做的。”

因为在他的《回忆录》里，马西亚克自诩策划了一场精细的连环阴谋：说服信任他的孔代和沙蒂永夫人结盟、向沙蒂永夫人承诺一些担保（至少包括土地和马尔洛城堡）、说服她从安妮·热纳维耶芙那里夺回见异思迁的内穆尔，并且最终让嫉妒孔代的内穆尔变节！马西亚克1652年4月回到巴黎后开始实施他的计划。沙蒂永夫人没过多久就重新夺回了自己的“财产”。她时年25岁，明艳动人，有着一颗利欲心和一颗冷静的头脑。出于骄傲，她强迫内穆尔公开断绝和安妮·热纳维耶芙的关系，并且公开弃绝“他独享亲王先生的行迹和利益”的野心。马西亚克的复仇目标更加长远，因为他的阴谋还包括挑拨他们兄弟姐妹的关系：雄辩的沙蒂永夫人让安妮·热纳维耶芙失去了自己兄弟的信任，她可能向孔代传言，安妮·热纳维耶芙曾经向内穆尔许诺会牺牲自己兄弟的利益去为他效劳！详细明确的指令在沙蒂永夫人面前下达，随后被传至圣日耳曼。孔代放弃战争，作为回报，马西亚克可以得到这张著名的公证，让他享有和罗翰家族及布永家族同等的地位，并且享受一笔津贴收买圣东日政府。沙蒂永夫人因为出了一臂之力，最终会收到一笔十万埃居的巨额款项，这些都在国王的表姊妹“大小姐”的《回忆录》中得到证实，爱情成了一盘棋。

在这场攻心计中没有什么是无偿的！每个人都觉得可以操控对方。《道德箴言录》的作者自述志得意满，无怨无悔，因为据莫特维尔夫人所言，亲王“在他姊妹身上再也找不到全心全意的信任了”；然而孔代也许同样也是沙蒂永夫人的操控对象，她利用孔代的愤恨来满足自己的野心，来“从中获利”；她只得到了自己想要的一部分：她和马扎汉一起成了主张和平的重要谈判人，然而她只得到了一些模糊的许诺作为经济回报。

不久后，内穆尔在决斗中丧命，投石党也不复存在。在圣安东尼区的一场激烈交火中（1652年7月2日），马西亚克在皮克毕路障处被一枪击中，子弹打在了他的脸上，导致他失明数月。他从中得到灵感，篡改了他曾经满心幸福写给安妮的诗句：“为了这颗我终于看透的无常之心，我向国王宣战，为此我失去了双目。”他投石党人的身份就此而止；他再也没有参与密谋。他之后既没有参与市政厅屠杀事件，也没有顶着耻辱和孔代一方统领西班牙军队对抗法国。

失望的爱情，还是受伤的荣誉？

人们写回忆录不像是为了讲述事实，反而更像是为了篡改事实。马西亚克曾经有些厚颜地讲述了自己和安妮的爱情伊始，把自己塑造成一位时下流行的引诱者，他用同样的方式想要隐藏分手为自己带来的痛苦。他假装自己如释重负，然而他的洒脱只能笨拙地掩盖自己的愤恨。如果安妮的儿媳所说属实的话，他很久以来一直想冲破锁链，此版本故事可以确切地阐释他的一条箴言：“当我们厌倦去爱之时，我们会全心享受遭人背叛，因为他们的背叛将我们从自身的忠贞中解救出来。”厌倦了一场疯狂残忍的战争，几近衰败、苦涩的马西亚克对人性的摇摆深信不疑：他误会了安妮·热纳维耶芙的书信，而且不等对方确认就自认被背叛，并且从中抽身。“你我激情的时限不受你我支配，更与人生长短无关。”激情的本质发生了改变，它变成了嫉妒，幻灭让马西亚克感到伤感：“世上只有一种爱情，但是却有一千种赝品。”事实上，据塞格奈在他的《回忆录》中所言，他只在自己的小说中找到过爱情！

现代人在文章中提供了一些附加信息片段。玛丽·德·隆格维尔是未来的内穆尔公爵夫人（内穆尔公爵是查理·阿梅代的兄弟），据她所说，是马西亚克“在这位王妃身上灌输了诸多贫瘠又虚假的感情”。孔代的顾问、拉罗什福科的朋友勒奈则给出了相反的说法，他口中的马西亚克在投石党运动中“全身充满炽热的激情，企盼为安妮奉献自己的利益和生命”。莫特维尔夫人的说法也许更接近双方分手的真正原因，因为马西亚克曾经向她心无旁骛地吐露心声：“拉罗什福科先生对我说过，嫉妒和复仇心理让他步步为营，而且他做了沙蒂永夫人期望的一切。”爱情和荣誉感不可分割。“隆格维尔夫人的魅力曾经是他所有快乐的源泉，此时让他陷入绝望……因为，能在一颗诸多善良之人都觊觎的心中占有一席之地是一件光荣的事情，他越是这样认为，他就越发会觉得眼睁睁地看着被另一个人逐出这颗心是多么地痛苦。他着实过度体会到了这种感受。”敏锐的雷斯从马西亚克忧虑的性情中看到了他优柔寡断的后果；他口中的马西亚克腼腆、纠结于自己的种种悖论，被一种“我说不清楚”的心绪驱使，并受此牵制。“尽管他特别像军人，但他却从未好战尚武。他从来都不是一个发自内心的左右逢迎之人，虽然他一直很想成为这种人。”王后的忘恩负义让他的幻想破灭，在等待覆灭的过程中，他加速了它的降临。

批判精神是一条腐蚀的蛀虫，世上不存在美好的分手。尽管有温柔忠诚的拉法耶特夫人陪伴左右，他帮她写作《克莱芙王妃》并提出建议，马西亚克还是对女性颇有微词，与安妮恋情告吹不足为奇：“女人们常常觉得自己在爱，尽管她们并没有爱：私通带来的消遣、文雅风流带来的精神悸动、成为爱慕对象带来的自然而然的欢愉，还有拒绝的不便，让她们深信自己身上蕴藏着激情，然而她们此时却只是在卖弄风情。”“大多数女人的思想更多地用于加剧她们的疯狂，而不是让她们更加理智。”萨布雷夫人、拉法耶特夫人、马尔努埃女修道院院长罗翰夫人，这些马西亚克的精神女友在赞赏他的同时，也批评他的愤世嫉俗，还有他对爱情的幻灭态度。对于马西亚克而言，爱情是文明社会的产物；激情和人生的无常比理智更强大，但是在描述一场“美妙激情”蓝本的同时，他承认在自己的意识里“激情只存在精神上，从未抵达内心”。

“然而我们在憎恶之时仍然相爱”

内战于1652年秋季以和解告终，安妮的心绪并未平复。被击垮的她脱离了这段贫瘠的岁月，并且厌倦了“世纪恐怖”。她知晓了内穆尔的死讯，并且明白了他在自己心目中几乎并无位置。她的敌人们群起攻之，传播宣扬她和孔蒂的异常关系，孔代甚至指责她对波尔多战争末期悲惨的急转直下负有不可推卸的责任。她只想回到圣雅克区加尔默罗会修女处归隐，然而苦涩的过往萦绕她左右。各种假冒的马西亚克《回忆录》抄本在1662年传播开来，其中一些与她有关的片段让她感到受到了冒犯。作者马西亚克否认这些文字出自他手；他请安妮·热纳维耶芙的好友萨布雷夫人做评判，并且写下这些刺人的文字以自卫：“和您实话实说，我不能理解，一个自始至终都表现得极富怜悯同情之心的人，会更喜欢尖酸刻薄地指责我，控告我写下了一本我根本没写过的作品，并且深信您自己的所见所闻……我很想知道，对于一位像您一样善于自省的人，她对我的真实感情是什么样的，我的意思是，她是否出于敬爱或是厌倦而不再恨我，或者，她是否明白了我并没有犯下她臆想之中的错误。”他们分手十年后，两颗心仍然在滴血，而且他说，“我们在憎恶之时仍然相爱”。

然而安妮·热纳维耶芙还是找到了一个继续生活的理由。用弗朗索瓦·布吕什的话说，作为投石党的女主角，她即将成为皇港修道院[①]的女主角，她保护皇港修道院免受攻击。在投石党运动结束五年后，她开启了童年时期就尝试过的艰辛宗教之路。这是一条谦卑之路，一条严格克己的漫长之路，她首先需要与过往一刀两断。她回到诺曼底成了模范妻子，在那里她得到了夫君的原谅，并伴他左右过上了恪尽职守的生活。她在鲁昂认识了皇港修道院的赤诚崇拜者查理·德·贝尔尼埃尔，一些杰出的思想家隐退皇港修道院并在那里成了冉森教教徒。贝尔尼埃尔和萨布雷夫人让她结识了辛格林先生，此人成了她的认知导师，帮助她挖掘自己内心深处一切迷茫的根源：骄傲和对名望的渴望。

在1663年守寡后，安妮·热纳维耶芙于晚年退隐四面楚歌的皇港修道院。从此她靠祷告和忏悔过活，并于1679年在潦倒的孔代怀中安然离世。拉罗什福科自己也状况不佳，受痛风折磨的他从未如此笃定人性的无力。他的配偶于1670年在韦尔特伊逝世，他有好几个儿子，但他却几乎从未提及自己的家庭，然而心灵却仍在絮语，1672年6月17日，赛维涅夫人见证了他的真心，并为此动容。马西亚克和她在拉法耶特夫人家里，此时他得知自己和安妮·热纳维耶芙的私生子圣博尔伯爵在过境莱茵河时死于敌人的炮火："在这场残忍的意外中我看到了他赤裸裸的心……所有人都对逝者感到惋惜，他对此郁郁寡欢无从排解。圣博尔伯爵曾是爱情的结晶。"

①皇港修道院始建于1204年，后来成为冉森教派聚集的大本营，此地后来成为对世俗名利抗拒、对王权教权抗争的象征。路易十四时期与教宗联合打击冉森教派并且摧毁该地。——译者注

路易十四与露易丝·德·拉瓦利埃尔

无怨无悔，但并非无关痛痒

“让我远离取悦尘世和热爱尘世的甜蜜毒药。”

悲悯的露易丝

“我如此坚信爱情令人不适，以至于我为自己和友人们能远离爱情而感到欣喜。”

拉法耶特夫人

拉瓦利埃尔女爵跪在一块唱诗班石板上，双臂交叉，身上披着棺木呢巾，剪短了一头美丽的金发，在加尔默罗会修女们吟唱的圣歌“来吧，造物圣灵”中出家。她刚刚30岁出头。围墙栏杆的另一处传来低沉的啜泣声；帕拉蒂尼王妃、隆格维尔公爵夫人、布永公爵夫人、德·凯卢斯夫人和德·斯居代里小姐看着围栏垂幕落下忍不住流泪。德·沃约尔女爵露易丝·德·拉瓦利埃尔于1675年6月3日在圣雅克街的大加尔默罗会修道院戴上了面纱：她成了“悲悯的露易丝”。

当这位被抛弃的情妇最后一次盛装出现在皇宫的时候，所有人都为她的告别动容。赛维涅夫人视之为一场戏剧场面，因为分手的痛楚中掺杂着绝美的忏悔。她跟德·格里格南坦言，她对德·龚东先生干瘪的布道感到惋惜，他的布道没有任何装点；然而博叙埃打算敲打世上最伟大的国王之心，通过国王的心，他直指胜利者德·蒙特斯潘夫人放肆大胆的行径。平和的露易丝像一个天使一样为自己的孤独感到欣喜；我们有时候会窒息在金碧辉煌的牢笼中，却在贫瘠潦倒的小室里呼吸。从前者到后者要经历一段漫长的道路：将数年以来深入肌肤的爱恋连根拔起要比折断苍葱翠木更令人痛彻心扉。

爱情伊始的沉醉

14 年前，马扎汉于 1661 年 3 月 9 日逝世。投石党人缴枪，路易十四迎娶了奥地利的玛丽 – 特雷斯，和西班牙发展了和平关系。23 岁的路易十四创建了自己的政府；刻苦工作的他让自己宫廷里年轻快乐的领主们臣服于他的威望和权威，这些领主们已经下定决心要远离严格苛刻的过往。病中的太后奥地利的安娜在圣宠谷修道院消磨自己最后的精力，她在那里有自己的住所，并同时严密关注着自己的两个儿子。国王的弟弟奥尔良的菲利普刚刚迎娶他的表姊妹英格兰的亨利耶特：亨利耶特是国王查理一世的女儿，但是她在法国宫廷长大，她的母亲被英国大革命驱逐，在法国宫廷避难。亨利耶特从一个平庸瘦弱的小女孩长成了一位活泼快乐的公主，聪慧又迷人：她是宫廷的荣耀。奥尔良的菲利普先生不是一个特别迷人的夫君；矮小、娘娘腔的他嫉妒自己的兄长，而且他很难留住自己光芒四射的妻子。

在马扎汉的经营下国库充盈，足以供朝臣们举办大型庆典，为君主制添光增色。芭蕾、狩猎、枫丹白露月光下的夏日晚会、沐浴、茂密苍树下的漫步、敞篷四轮马车出游、渡河和塞纳河畔的小夜宵，旁边停着装点着锦绣帷帐的小船。年轻的亨利耶特夫人翩翩起舞。国王喜欢为她和她的侍女们弹吉他吟唱，侍女们合唱副歌。这种快活自由唯一的限制是：不许提及任何政治话题，这是只有国王才能在内阁中商讨的事情。这个悠闲的宫廷喜欢玩味各种小秘密和阴谋诡计，路易十四对此保持着怀疑和警惕。

亨利耶特是路易十四的表亲和弟妹，她对路易十四的吸引力有目共睹。

国王并非不爱自己的王后：每天晚上他都履行诺言去找她。王后不久后就会为王国诞下一位王储，怀有身孕的她在自己的寝室闭门不出。玛丽－特雷斯尽力讲着一口蹩脚的法语；对这个文雅风流的社会她应接不暇，她怀有一颗真诚悲悯之心，一种西班牙式的虔诚，而且她只为公务才会出行，很在意自己作为王后的尊严。

哪个女人不想要取悦国王？路易十四是个高大强壮的年轻人，但是他既腼腆又矜持。他舞跳得很好，谈吐欢快真诚，博叙埃描述道，“他的某种温情让人敞开心扉”。他有着与生俱来的王者风范，并且风度翩翩。为了堵住悠悠之口，亨利耶特夫人身边被安置了三个貌美的女侍，她们名义上是用来给殿下承欢的，点燃他一时兴起的爱欲：人们称之为“挡箭牌”。然而她们之中的一位，就是来自都兰的露易丝·德·拉瓦利埃尔，她长在奥尔良加斯东的宫廷，光耀四射：时年未满18岁的她有着一种质朴的魅力，纯真的蓝色双眸，神情温柔而自然，她有一个小小的残疾，导致走路有一点瘸，然而这丝毫不影响她舞蹈般的翩翩步伐，她骑马像精灵一样轻盈。小露易丝谦卑又惶恐，不会烦扰任何人；她不懂宫廷的阴谋诡计；赛维涅夫人说，她是“藏在草丛中的紫罗兰”。国王对她着迷，少女的温情让他从马扎汉侄女们的纵情洋溢中得到缓歇；他在朦胧的暮色微光下与露易丝相会，这时的枫丹白露公园空气清新。拉法耶特夫人是亨利耶特夫人的陪侍官和心腹，她注意到，国王每晚都会弃车悄悄去和露易丝会合。迷人的亨利耶特最终只能凄然接受他们这段夭折的短暂美好时光，拉法耶特夫人简洁概述道：“亨利耶特从此别无他想，只以弟妹的身份与国王融洽相处。”

温柔、娇弱的露易丝有着悦耳的声线，一双圆润的嘴唇让人想要一亲芳泽，她让国王着迷。1661年夏，二人互通柔情款款的字条，并在皇宫顶层的一间小室中私会。起初，只有几位密友知道二人的关系；路易十四想避免母亲发怒，并且安抚自己产后不久的妻子。露易丝除了爱和被爱以外没有其他任何期许，她无法摆脱自己的腼腆矜持；不过这样的前提是不理会众目睽睽的宫廷。英俊的吉什伯爵监视她的动向，诡计多端的瓦尔德侯爵打算向王后摊牌，以便得以辞退露易丝；蒙泰莱家族的一个野心勃勃的女孩四处打听秘事，并四处泄露背叛所有人。宫廷中充斥着各种故弄玄虚和阴谋伎俩；被国王亲自质问的露易丝保持沉默，没有揭发任何人，这让她的恋人怒不可遏，路易十四不能忍受秘密和私交。

无所适从的露易丝泪流满面：她觉得自己被当成了被告。她在深夜下定决心：这个充斥着矫饰和谎言的世界没有她的一席之地。1662 年 2 月一个寒冷的黎明，她身披斗篷，头戴便帽，离开了杜伊勒利宫，步行至夏约修道院，德·拉法耶特小姐任这里的院长，她曾经是太后身边的一位陪侍女。泪流满面的露易丝解释说自己在寻找庇护；修道院院长知情后在会客室接待了露易丝，并试图让她平静下来。与此同时，国王正在接见西班牙大使，长廊里人头攒动。皇宫的一位官员对国王耳语了几句；只消片刻，国王就立即终止了会晤，他披上外套，策马一路奔驰至夏约。国王可以随意进出夏约修道院，母亲在他孩提时期经常带他来这里。他威胁道，如果露易丝不回到他身边，那他就让人一把火烧了修道院！半小时后，一辆四轮马车停在了修道院门口，接走了出逃的露易丝。

宫廷是一个马蜂窝，然而阴谋诡计常常会导致适得其反的效果。狂风暴雨被平息了。陷入狂恋的国王对他的情妇表现得越发殷勤，而且露易丝全身心奉献，她别无他想，只愿国王欢喜。出于对王后的考虑和对太后的尊敬，路易十四更愿意保持低调。然而教会的训诫不是可以被如此轻而易举地就抛之脑后的。1662 年 2 月 22 日，青年神甫博叙埃在卢浮宫礼拜堂里做斋戒布道，并试图唤起作为听众的国王的宗教热忱：“请您不要让自己的罪恶成为阻碍您光辉名声的障碍。”

分手礼

时光荏苒。露易丝看上去并未苦于这种秘密的爱情生活。只要她确定自己还被爱着，她就能忍受各种限制。当她不得不掩饰自己的身孕之时，这些限制变得无比痛苦；她诞下了自己的第一胎，孩子很快就被抱走，送到了科尔贝尔处，后者受命会安排好一切；露易丝没有做母亲的权利，她迷迷糊糊地看了几眼自己的孩子，身体还未完全恢复，就优雅地出席舞会了。她的头两胎都在幼年夭折了；第三胎是一个小女孩，生于 1666 年，就是日后的德·布卢瓦小姐；第四胎是生于 1667 年的小伯爵韦芒杜瓦，在 15 岁时夭折。在这五年间，露易丝以最隐秘的方式与国王私会，用剩下的时间品味孤独；深知自身生活有悖于教会准则的她过于诚恳，以至于从未考虑过形婚。

奥地利的安娜于 1666 年死于癌症。现在国王不再顾忌和情妇露易丝出双入对。他将露易丝稳妥地安置在皇港修道院庭院对面的布里翁小公馆，随后又转至杜伊勒利宫旁边的一座华美公馆；他强制朝臣甚至是王后本人，礼遇他的宠儿，并把她接纳到他们的圈子里。两人的关系从此众人皆知。大使们在评论国王的爱情时，重点提到年轻的露易丝“体面又谨慎”，面容“温柔又审慎”，有着“与生俱来的谦逊腼腆”（斯潘海姆[①]），她谦逊朴实，她爱国王，从未傲慢卖俏。几经痛苦洗礼的王后不得不接受国王的婚外恋。王后诞下数胎，都未能存活，然而她是王储的母亲，而且她的庄严端庄让她备受尊崇。

1666年冬至1667年春，舞会和演出在圣日耳曼区重启。王后玛丽-特雷斯经营自己的社交圈子。在王后的众位女侍中，其中一人脱颖而出。她就是弗朗索瓦兹·德·罗切丘亚特·德·莫特马尔，雅士们戏称她为阿泰纳伊斯：她仰头昂首，目光炯炯，坚挺的鼻子让她看起来像是一位骄傲的女杰，她专横的美貌没有丝毫矫饰。她嫁给了一个平庸的男人，一个嗜赌的输家，总是债台高筑，显而易见，她志不在此。宫廷里美丽的女人数不胜数，然而“蒙特斯潘夫人”一上来就有扫清障碍的自信；她对自己的才智和美貌有着同样的信心，是宫廷瞩目的对象，她想求欢，并想博得国王的欢心。谈话中她的回复令人愉悦，路易十四很喜欢参与妻子的社交圈子。德·蒙特斯潘夫人深知如何根据时宜表现得卖俏、讨好、果敢或是温柔。她同时也是个外交家：她抓住一切机会迷惑露易丝；而宽厚的露易丝则在她的攻势下接受了她的友谊。

如今，国王对情妇露易丝显得没有那么恳切了，疏远了许多；有人看见国王独自和德·蒙特斯潘夫人坐在四轮马车里散步。露易丝由于接二连三地怀孕而出行不便，她明白自己的美貌稍有失色；她变得消瘦，用胭脂和口红掩盖自己的苍白，她甚至只有在晚间火把映衬下才愿意出门。直觉、异常敏感的她嗅到了危险。传言越来越咄咄逼人：国王出宫造访军队，出

① 时任普鲁士大使。——译者注

行期间会举办大型庆典，露易丝并不是每一次都会被受邀出席；她没能去贡比涅，众多高贵的夫人们都被邀请到那里去。他们的爱情已经持续了五年，这对一个始终面对不断诱惑的国王来说已经是一段长约！对于一位等待中的年轻女人来说，不能以同样的方式衡量时间的长短。

这是不是一个好消息？1667年5月出征前，路易十四给议会下达了一道敕令，国王用最精美的笔触写下了这封诏书，文中，他承认了自己一年前与德·拉瓦利埃尔夫人生下的幼女玛丽－安妮；他承认孩子的母亲享有女爵头衔和荣誉。5月13日，议会备案计划在沃约尔地区兴建公爵领地和草场。如果国王战死沙场，露易丝将会享有地位和经济保障，可以体面地生活。她的女儿不再是私生子；她将被称为德·布卢瓦夫人，并且是女爵。国王看上去是想让自己的私生活走入正轨，他有没有可能是在出战之前就考虑这么做了？博叙埃的布道有没有起到作用？国王祷告忏悔，并在复活节时领了教会的圣体，一切都明了了。为了得到宽恕，国王应该承诺了会放弃通奸生活，许多人都觉得二人的关系走到了尽头。

晋升至女爵之列的露易丝从此享有自己的纹章四轮马车，有自己的席位，然而她看起来却前所未有地忧伤。她向王后玛丽－特雷斯身边的一位女侍德·蒙陶西尔夫人袒露了自己的不安；诚然，公爵领地是个不错的礼物，然而却可能是一个诀别礼。她像一个仆人拿回自己的卖身契一样接受了这份礼物："这是明智之人经常做的事情，在变革之时，他们就这样处理自己的仆人，告知他们即将被辞退，付给他们卖身契的银钱，或者对他们曾经的服务进行肯定。我怕自己也会有相同的命运，我怕国王在盛名之下劝我隐退，劝我接受诸多浮华和虚荣的想法，甚至让名利欲凌驾在我的爱情之上，我更能坦然接受轻视……"温柔的露易丝疲惫又苦涩，更让她感到绝望的是，她肚子里还怀着孩子，如果国王战死沙场，孩子就会成为私生子。在这样痛苦卓绝的时刻，她想到自己的沃约尔公爵领地上隐居，远离自己永远深爱的爱人。

凌辱

王后本人则远走贡比涅，随行的还有她的宫廷；她等着国王在弗朗德勒地区首战取胜后请她去会合。他们定好在阿韦讷营地见面。于是玛丽－特雷斯和她的一众女侍们于6月7日启程，去与部队会合。与此同时，怀有身孕的露易丝忧心忡忡，在凡尔赛苦苦等待。当她听说休战时便下定决心：无论是出于嫉妒还是恐惧，她都不会再被动地等着人允许她陪同皇家行列。路途并不平顺；她到达阿韦讷时已筋疲力尽，并且遇到了个棘手问题：自觉受到冒犯的皇后对她避而不见；玛丽－特雷斯不回应这个胆大妄为的情妇的行礼，与此同时，以德·蒙特斯潘夫人为首的女侍们却对露易丝如此大胆的行为报以虚伪的愤慨。第二日的情形更加糟糕；听闻国王正在离营地不远的一个山岗上，腼腆的露易丝不顾禁令和王室的优先权，当着集结在此的整个宫廷的面，不假思索地驾着马车飞奔到她觉得能找到国王的地点，她的行为震惊了所有人。

路易十四从未忘记自己国王的身份；他用冰冷的口吻接待了冒失的露易丝。他这样做不是因为自己无动于衷，而是因为他不喜欢惊喜，而且也许他在和玛丽·曼奇尼诀别的时候已经用完了所有的眼泪，当时是马扎汉和他的母亲逼迫他这么做的。也许，露易丝热烈诚恳的冲动行为触动了他，她的所作所为与宫廷的装腔作势格格不入。年轻的露易丝则很快就为自己的冲动行为感到后悔了，并且谨慎地回到自己的房间。国王晚间的时候来她的房间找她，并安慰了她；他让王后明白，她必须接受自己的宠儿露易丝的存在，并且礼遇她，甚至让露易丝和她同坐一辆马车。一切都由国王说了算。

这是个短暂的胜利。温柔羸弱的露易丝展示了激情的力量，任何事物都不能泯灭这股力量。她如此轻易地沉迷于一种也许只有她自己才能体会到的感情。鉴于她需要回到凡尔赛生产，她并没有参与庆祝皇室胜利的盛大庆典。然而身体一经恢复，她立刻再次投身于各种盛大的典礼，并且出现在皇室餐桌上。她太了解国王了，能猜出他被光焰四射又优秀的德·蒙特斯潘夫人迷住了，她毫无还手之力地旁观蒙特斯潘夫人的胜利。对于低微的露易丝，国王那一点残存的爱情已经熄灭了；对于蒙特斯潘，国王有着敬意和荣光。露易丝完全不善于阴谋诡计，她爱的是国王，而不是王权，而且国王看上去仍然希望把露易丝留在自己身边。他重新对她柔情款款，这让露易丝寄托了自己全部希望。然而她这样做要付出何等代价？当然她仍然留在宫廷，但却经历了一个恋爱中的女人所能经历的最坏的时刻，她不得不旁观自己的对手欢欣雀跃地走向胜利，这个对手更年轻、更美丽、更有城府。敏锐的洞察家德·凯卢斯夫人注意到了这个残酷的境地：夫人肆意炫耀自己的优势，她假装让露易丝服侍她，声称没有露易丝帮忙她就没有得体的妆容，露易丝听信了蒙特斯潘假情假意的恭维：“德·拉瓦利埃尔夫人则表现得像个热忱的女佣，把所有的幸福都寄托于自己女主人的恩允。”无情的宫廷嘲笑输家，可怜的露易丝蒙受了各种嘲笑和凌辱。

国王厌恶争吵，他让自己的两个情妇遵守同样的规范，两人在餐桌上挨着坐，并乘坐同一架马车。寡情的国王起初觉得让自己的态度留有一点不确定性有利于自身利益，哪怕仅仅是为了迷惑易怒的蒙特斯潘侯爵；在圣日耳曼区，国王两个情妇的住所相互毗邻：摄政官的母亲说，到蒙特斯潘夫人的住处必须穿过露易丝的房间！蒙特斯潘夫人怀孕之时，国王仍然时不时地宠幸露易丝，即使这样的插曲少而又少，蒙特斯潘夫人仍然对此怒不可遏。王后也不得不接受这种奇怪的情形。也许只有来自教会的指责可以真正触动国王。不过路易十四明知自己的过错，完全不准备去教会真心忏悔。

这样三四年日复一日的堕落时光是一种折磨，在露易丝·德·拉瓦利埃尔苦涩的心中留下了痛苦的痕迹。她总能找到适当的理由继续耐心等待，对违抗他的人国王并不会为此受到折磨。露易丝不能离开这个宫廷，曾几何时，这里曾是一个甜蜜的地方，而现在她生活在痛苦中，惩罚自己，像赏玩一样亲眼目睹自己的溃败。这次她也意识到了自己曾经让玛丽－特雷斯忍受的痛苦，1671年进入斋戒的时候，露易丝希望这次能平静心绪。修复、赎罪、选择灵魂的安宁而不是外界的纷扰：内心的挣扎让露易丝一刻不得安宁；她甚至很可能在一次和国王的谈话中向他吐露了心声，希望能为自己的决心带来一点力量。在周三的天主圣灰日[①]清晨，露易丝悄悄跑出皇宫，沿着塞纳河行至位于夏约镇的访亲女休会。她在明处给国王留了一封信，说自己将会永远避开尘世。

国王不愿意面对既成事实，而且他更想要的是家庭生活的安宁；自私的他惧怕哭哭啼啼和分手离别。他不会像1662年那样自己亲自去夏约；

① 斋戒的第一个周三为“天主圣灰日”，旨在让教徒认清自己“忏悔者”的身份。——译者注

他委派洛赞去修道院把出逃的露易丝接回来，之后，由于洛赞无功而返，他又派去了一位贝勒丰元帅的朋友，两个人都被回绝了。最后，去修道院带回出走的露易丝的任务落到了科尔贝尔的头上；科尔贝尔有坚实的理由说服露易丝：她对两个皇室幼子的爱，德·布卢瓦小姐还未满七岁，小伯爵韦芒杜瓦年仅五岁。国王让步了，他想最后一次和露易丝谈一谈：他力求让她留在宫廷里。露易丝仍然在犹豫；她很脆弱，脆弱到悲惨的地步；最终她妥协了，并在夜幕降临之时回到了凡尔赛。重逢伴随着泪水：赛维涅夫人用幽默的口吻总结道，“国王接见她时留下了欣喜的泪水，德·蒙特斯潘夫人也流泪了……您们猜出什么了么？国王和两个人都进行了柔情款款的交谈：这一切令人费解。我们应该缄口不言”。

巨变

一个灵魂不会在短时间内改变，也不可能独自发生改变。露易丝发现大家对她的归来态度复杂。一些人嘲笑她意志薄弱，也有人欣赏她的真诚。路易十四的宫廷每次出行都带着她，但是蒙特斯潘夫人前所未有地受宠，她言语毒辣，为人傲慢。露易丝深知自己的弱点：这个肤浅盲目的宫廷被风雨和戏言左右，她能否相信自己、坚信自己忏悔的虔诚之心？她的诚心、她对穷人的慰问，新近财富让她可以各种行善，然而这些只是表象，不足以证实她的决心；一直以来，她都欣然享受奢华的生活，满足于金屋之中的惬意。她期望何种奇迹？那有没有可能在宫廷里过基督徒的生活？上帝为她指定了一条特殊的升华之路，没有让她安逸懒散地隐退。露易丝需要做的，是要放弃对人际之爱的眷恋，然而在哪里能找到这样做的力量呢？

在《关于上帝悲悯之思考》中，露易丝坦诚："我是如此地懦弱、善变，以至于我自己最恳切的渴望就像是'先知王'口中的这朵田野之花一样，朝开暮败"。在她漫长的皈依道路上，她得到了支持，身边人都为她祷告：贝勒丰元帅有一个姊妹在圣雅克区的加尔默罗女修道院做修女，他尽其所能帮助露易丝；他同时还和博叙埃神甫通信，露易丝向博叙埃敞开心扉；博叙埃是个不错的心理医生，他拒绝给露易丝压力："绝对不要让她肩负她自己可能不能承受的事情。"上帝会在特定时间里帮她切断和尘世的联系。实际上，这些联系已经时不时地失去了张力：露易丝向德·曼特农夫人坦诚道，"当我在加尔默罗修女们那里感到困苦的时候，我就会想想这些人（国王和德·蒙特斯潘夫人）是如何折磨我的"。博叙埃关切露易丝在皈依之路上迈出的每一步，并且对她关照有加："我认为她即使没有任何举动，事态也会自行发展。"

然而障碍并没有被全部铲除，仍然有可能重回低谷。就像 1674 年 1 月 12 日这天，国王安排了特别华贵的庆典，露易丝看到她七岁的小女儿身穿嵌着钻石的黑色天鹅绒服饰，轻盈地翩翩起舞。这是一个美妙的景象：为母之心不能抵御这样的诱惑。面对诱惑，露易丝跑到加尔默罗修女们那里躲起来，重新积蓄力量。大限将至，温和、徐缓、坚定的露易丝准备好了，尽管她的心仍然痛苦挣扎："我终于能离开这个尘世了；这样做我无怨无悔，但并非轻而易举。"

还剩下最可怕的折磨：去和国王会面，向他再一次解释自己的感情，并且得到他的准允。国王殿下站在座椅前，并没有反驳，但是神态却不甚自然：他不想让自己的心绪受到牵绊。4 月末，露易丝回到修道院的当天正值整个宫廷启程去勃艮第。4 月 20 日，她听了国王出征前的弥撒，登上了马车；她去找王后，跪着公开求她原谅自己曾经给她带来的痛苦；随后露易丝拥抱了德·蒙特斯潘夫人。赛维涅夫人赞叹道，她这样做是承受了终极痛苦。露易丝再一次将自己的两个孩子搂入怀中，在场的所有人都无比动容，然而露易丝美丽的面庞却平静祥和，她不会再被任何事情折磨。进入加尔默罗修道院后，她跪在修道院院长面前："我的母亲，我曾经一直如此卑劣地利用了自己的意志，如今我来将它交还给您。"

露易丝于 6 月发下最终誓愿，穿上了加尔默罗会的粗呢制服；她在修道院中的忏悔生活拉开了序幕；此时她还未满 30 岁。在给贝勒丰元帅的信中，她写道，"我丝毫没有感到痛苦，我内心平静；当我感到痛苦时，我为之欣喜"。这是神秘的精神愉悦。

没人知道在这个诀别时刻国王的感受。人们看到他当时"双眼通红"。然而他站在远处，已经把露易丝忘了。同样，他已经对蒙特斯潘夫人的行径感到恼火。有时候顾虑和迟疑会扰乱他的心绪；他并非无视睿智的博叙埃的教诲，后者会在宫廷里做下一场斋戒布道，并且勇敢地用不加润色的口吻向国王控诉："陛下，如果您内心被征服牵制，那您在外旗开得胜、让人闻风丧胆又有何用？所以，请您祈求上帝帮您轮渡。"1675 年的复活节，蒙特斯潘夫人同意离开宫廷，以便国王能够不受丑闻影响庆祝复活节。转变只持续了几周：7 月初，德·蒙特斯潘夫人得意洋洋地重归国王左右，但这并没有持续多久。不久后就要轮到她来品味分手的苦涩了：她变胖了，美貌失色，她的矫情任性变得讨人嫌。1679 年"投毒事件[①]"爆发之时，有人传

① 指发生在 1679 年至 1682 年，一系列震惊巴黎和整个路易十四宫廷的投毒事件。——译者注

言宠儿蒙特斯潘夫人为了驱赶情敌用了“催情粉”，以便巩固国王的宠幸。路易十四把这件事压了下来。国王此时的枕边人已经是德·芳达姬小姐了……

西多妮娅·德·库尔塞莱斯
一位自由女性的通奸诉讼

“不要以为我来到这里是因为做了坏事。我在这里是因为我的丈夫看重我，但我不看重他。”

德·库尔塞莱斯伯爵夫人与格里高利奥·莱迪的书信

1679年，格里高利奥·莱迪在给西多妮娅·德·库尔塞莱斯的信中写道："相传法国女士们有双重灵魂，一个用于缔结良缘、觊觎索取，另一个用于一刀两断、逃避拒绝。如果这个传言为真，那么德·库尔塞莱斯夫人肯定有第三种灵魂，这第三个灵魂被用于进行强有力的辩护……"格里高利奥·莱迪是一位意大利文人，德·库尔塞莱斯伯爵夫人逃避法国司法审判在日内瓦避难的时候他正居住在日内瓦：库尔塞莱斯伯爵夫人才情卓越，向格里高里奥讲述自己的一生；后者对他心生爱慕，但是她只愿意和他保持友谊关系，作为交换，格里高里奥教她意大利语。格里高利奥对她的美貌着迷，库尔塞莱斯伯爵夫人谈吐不俗，有一点狂热，格里高利奥频繁造访她，甘愿做她的信报箱，以便她可以接收情人的来信。在1679年库尔塞莱斯夫人最后一次审判上，这两个人的书信成了证据，见证了那些想要自由选择人生的女性们的命运。

德·库尔塞莱斯伯爵夫人西多妮娅是一位自由女性，同时也很可能是最大胆的法国女人之一，她敢于公开、持续地反抗由男人们或者为男人们创建的秩序。她于1663年13岁的时候结婚，在35岁时离世，她过了25年的雅致生活，期间夹杂着牢狱时光。爱情是她的氧气。很少有道德桎梏能够牵制她，然而她以自己的方式保持诚恳真诚。她前前后后体验过激情、欢愉、憎恶、轻率、愤怒、谎言、分离、孤独、审判和铁窗。她深知自己身体里流淌着一种炽热的情欲，让她投入男人的怀抱，诱使她走上堕落之路。但这是谁人之错？当她审视自己的一生时，她首先看到的是旁人别有意图的花招，然后是自己的天真，就像她自己所言，看到的是她的"童年"，可见自己如此不成熟。西多妮娅是不幸的，她是孤儿，也是洛林的一个显赫世家——朗翁库尔家族的唯一财富继承人。同样令她不幸的是，她的母亲出自一个同等显赫的家族，母家与德国亲王结亲。西多妮娅的母亲声名浪荡，反对者们把这个名声也移嫁在其女西多妮娅身上，扣在她身上挥之不去。不过，西多妮娅的情郎们证实她非常美丽，“我的一切都令人心生爱慕”，在滔滔不绝地描述自己的优势后，她如此简单地概括自己。

西多妮娅的人生是一部长篇章回小说；她深知自己与众不同、魅力四射，这激励她写著了自己的《回忆录》，她笔下的故事不夹杂丝毫美化成分，是一篇口吻辛辣的辩护词，揭露了女性遭到的桎梏，也是对一种只有男性们才能受益的“正义”进行的控诉。她的审判传遍巴黎的大街小巷；赛维涅夫人对此津津乐道，布希·拉布丹对她感同身受。西多妮娅的《回忆录》写于1670年前后，在她在世时并未得以出版；这样做可能会让她冒过多风险。第一版《回忆录》直到1808年才问世，1855年第二版《回忆录》同样以默默无闻的方式面世。人们将其抛之脑后，直到近代，女性传记蓬勃发展的时期，人们才开始关注几位接受过良好教育的叛逆女性的故事，以此创作出自己的回忆录，并思考女性境遇。

女孩如何才能有思想？

在国王路易十四的命令下，西多妮娅13岁的时候结束了修道院生活，嫁给了科尔贝尔的弟弟莫莱夫里埃。从开始社交生活的第一天起，她就被一些“护花使者”揪住不放，这些人声称为她着想，利用她的美貌、财富和好意来为他们自身谋求利益。卡里尼昂公主让西多妮娅住在苏瓦松公馆，公主和自己的儿子也住在这里，苏瓦松公馆是当时巴黎雅士们的大本营，以马扎汉的侄女奥兰波·曼奇尼为首，奥兰波嫁给了卡里尼昂亲王；在圣西蒙口中，奥兰波是“庆典女王，优雅之后”，也是国王的情妇。苏瓦松公馆可不是个培养品德的好地方。进入宫廷社交界8天后，西多妮娅受到了各种各样的拜访和赞誉，然而对于自己和莫莱夫里埃的结合，她却体会到了“一种骇人的厌恶”，她认为这个男人平庸乏味，配不上她的出身；西多妮娅不敢公开回绝这个国王钦定的求爱者，她借助花招甩掉了莫莱夫里埃。西多妮娅运筹帷幄的艺术由此初见雏形。

莫莱夫里埃出局后，卡里尼昂公主寄希望于另一个人选——库尔塞莱斯侯爵查理·德·尚普莱。他是维莱罗伊元帅的侄子，维莱罗伊和路易十四一起长大，是个身经百战的风月场老手。尚普莱家族没什么财富，是个新近贵族，查理虽然有一点乏味，但却是位英俊的骑士。西多妮娅相信了查理的许诺，她的未来夫君向她保证不会带她上战场，也不会让她离开宫廷：她当时只有14岁！婚书由国王亲自签署。盛大的婚礼在苏瓦松公馆举行，王后和新人共用晚宴，而且在就寝时给了新娘“为王后递衬衣”的荣誉。起初被冲昏了头脑的西多妮娅很快就发现了这些华丽的外表都是枉然，和她共处的是个粗野的男人。对方的言语时不时将她打醒：谈情说爱的时候，库尔塞莱斯提起她母亲的丑事，提醒西多妮娅不要像其母一样行事。很多人都认为，那一夜西多妮娅从自己粗鄙的丈夫那里只继承了姓氏。

西多妮娅用不到8天的时间就擦亮了双眼。每天早上债主们都会找上门来；负债累累的库尔塞莱斯不做解释就让她在借条上签字；她从身边人的脸色中解读出他们对自己丈夫的不屑。西多妮娅的迟疑很快就变成了憎恶：“我如此肆意地厌恶他，以至于一个月的时间里，整个法国都知道我讨厌他了。我那时还不知道，恨自己的丈夫几乎可以被视为是爱上了另外一个人。”

还有更甚之事。虚伪的婆婆打定主意要从这位富有的儿媳身上占便宜，许多男人都追求她的儿媳：婆婆一边教育西多妮娅要牢记妻子的义务，一边撺掇她“好好地”向德·卢瓦先生献媚，后者是国王身边一颗冉冉升起的新星。西多妮娅又一次巧妙地见机行事。在她眼里，对于促使夫家毫无廉耻地把她推向卢瓦怀抱的首要原因和最主要原因，卢瓦毫无可能满足他们的这个愿望。不过西多妮娅刚刚结识了丈夫的一个表兄，就是未来的维莱罗伊公爵；也许这是她有生以来第一次感到心跳加速。她一边用卢瓦诱人的许诺愚弄丈夫和婆婆，一边挣到了可以说是全身心的自由，以便私下和维莱罗伊暗通款曲，她丈夫对这段感情一无所知，而且还无意识地推波助澜。

然而卢瓦是个经验丰富之人，他没有被这位小小冒失女的伎俩愚弄太久！一天晚上，卢瓦撞见了伏在西多妮娅膝前的维莱罗伊，并且将后者赶出了她的生活，卢瓦并未对此过多积怨。至于怨恨则来自夫家，察觉一切的库尔塞莱斯开始报复，他用各种恶劣的方式对待自己的妻子，禁止她去打猎、去社交，把她丢在外省，甚至在一个女仆的串通下，往她的洗脸水里洒一种毒水，让她毁容。西多妮娅刚一洗脸，脸上就布满了水疱。大发雷霆的她让女佣把剩下的水喝掉；女佣不肯，西多妮娅让两个佣人按住女佣：“我让另一个人掰开她的嘴，强迫她把水吞下去。我疯了一样地跑出去控诉德·库尔塞莱斯先生。”她全身抽搐地躺在地上，库尔塞莱斯整夜都在西多妮娅身边照顾她。至少，这就是西多妮娅口中复述的半悲剧、半戏谑的场景。她得了重病，卧床六周之久，脸上布满硬痂、脱发，而且虚弱地抽搐，“她基本上被宣判死亡了”。然而大家还是找回了理智，因为年轻的西多妮娅并没有立遗嘱，永别了羊群、牛群、猪群、鸡群。在用尽一切办法救治西多妮娅后，库尔塞莱斯和母亲求助于上帝，“二人至此几乎对上帝一无所知”，他们许愿如果西多妮娅痊愈了，他们就徒步走到沙特尔大教堂。卢瓦这边则定时打探西多妮娅的消息，当他探望病中的西多妮娅之时，他几乎认不出她来，因为她的变化太大了。西多妮娅渐渐康复，她决定到童年时期的修道院隐蔽一段时间直到恢复美貌。

几个月的时间里，时年 17 岁的年轻侯爵夫人明白了生活不是用来享乐的。情人维莱罗伊日渐疏远，不过她已经不再想念他了。她的夫君出于利益，想方设法地向她靠拢。卢瓦定期看望她，她跟他玩猫鼠游戏：“我太喜欢品尝给他戴绿帽子的快乐了，以至于对此欲罢不能。”西多妮娅开始了情夫环绕的放荡生活，这些玩伴式的情夫出身于法国的古老家族，或是一些吃白饭的俏公子。西多妮娅在客厅里笑得越大声，她的丈夫就越沉默，金钱的诱惑让他采取宽容的态度，直到他能拿到合法证据足以证明自己妻子的不端行为，将她送上法庭，并且得以享用她的财产。西多妮娅的回忆录到此而止。取而代之的是她的书信。20年间，她寻寻觅觅，为了爱情、自由和财富不辞辛劳。

犯人和隐士

复仇要在出其不意之时将对手一举击溃。卢瓦不能忍受被人戏弄，他从国王处得到允许，于 1667 年年末将肆意妄为的西多妮娅关到位于圣安东尼街的巴士底圣玛丽女子修道院。这给西多妮娅好好地上了一课，不过是适得其反的一课：禁闭和烦闷孕育了反抗情绪，也激发了放浪欲望。在修道院里，西多妮娅结识了马扎汉最貌美的侄女侯尔坦丝·曼奇尼，后者在修道院里等待自己之前提出的与丈夫离婚的诉讼结果；侯尔坦丝和西多妮娅两个人都更加开怀释然，修女们受命让她俩忏悔，她们搅乱修女们的生活：两人在圣水缸里倒墨水弄脏修女、在修女们就寝的时候在房舍里跑来跑去、大喊大叫、把箱子里装满水让它们一滴滴淌在地板上、讲“一百个滑稽故事”。

几个月后两位女囚重获自由。两人成了全世界最好的朋友；然而，1668 年夏天，侯尔坦丝去西多妮娅家做客，她看见卡沃伊侯爵的四轮马车停在西多妮娅家门口，由于没有受到接待，恼火的侯尔坦丝在路上遇到了西多妮娅的丈夫并把自己的所见告诉了他。在嫉妒心的驱使下，怒气冲天的库尔塞莱斯挑动卡沃伊去决斗，全然忘记了两人是好朋友。这件事闹得众人皆知；两人至少在表面上达成了和解，双双跪倒在国王面前，国王对决斗的严肃态度众所周知；两人在议会接受了审判，被送到巴黎裁判所的附属监狱，关在同一间屋子里。两人重结友谊，这让法官对他们从轻处理，并且让他们被提前释放。

库尔塞莱斯在服刑期间把妻子送到位于法国曼恩的库尔塞莱斯城堡，由母亲进行监护，机智的西多妮娅很快就摆脱了监护。1669 年 1 月，西多妮娅再也不能掩饰自己的数月身孕了。她的婆婆立刻通知了自己的儿子，并指认了奸夫是雅克·罗斯坦，他是库尔塞莱斯侯爵叔叔的一个青年侍从，可以随意进出城堡。

1669 年 4 月 3 日，库尔塞莱斯以通奸罪名起诉西多妮娅，并请求法院委派一名皇室法官调查相关事宜。同月 14 日，卢瓦尔城堡镇[1]的刑事中卫命两名医生、两名外科大夫和一位助产士去检查西多妮娅，并做记录报告。年轻的西多妮娅被拘留在库尔塞莱斯城堡，6 月 20 日，她接受了第一次问询。她对事实供认不讳，宣称自己的丈夫与自己的身孕毫无关联——因为显然，他当时在监狱里——但是她拒绝给出自己“奸夫”的姓名。

库尔塞莱斯在巴黎裁判所附属监狱里跟踪审判的动向。他拒绝让罪人妻子继续留在家族城堡里，并委派刑事中卫把西多妮娅从库尔塞莱斯城堡转至卢瓦尔城堡镇。西多妮娅眼泪汪汪，她解释说自己的孩子经受不住长途跋涉，并请求能让她做忏悔。刑事中卫被她的请求触动了，提议去一个更近的目的地，距库尔塞莱斯城堡二里远。外科大夫宣称西多妮娅不能旅行也无济于事，命令就是命令，路途中西多妮娅虚弱不已，被送回了库尔塞莱斯城堡。三天后，她被送往桑松尼埃城堡，检察官给她提供了一把旅行座椅，并没忘斥责她：“您在被您蒙羞的男人的家里产子，您觉得这合理吗？”

泪流满面的西多妮娅试着引诱检察官，但是无济于事。她于 7 月 5 日产子。孩子接受了洗礼；圣洗仪式摘录的批注中记录道：“母亲为德·朗翁库尔夫人，父亲不详”。8 月 11 日，西多妮娅被送至卢瓦尔城堡镇；婴儿几天后就夭折了。9 月 7 日，她收回了自己的招认：她表示，自己的丈夫就是孩子的父亲。库尔塞莱斯忍受不了自己在巴黎裁判所附属监狱的铁窗时光，在狱警的允许下，他离开监狱去找西多妮娅：她坚称，正是这次会面让她“怀上了自己之前生下来的孩子”。没人真正相信这套说辞，法

---

① 法国城镇旧称，现今位于卢瓦尔河谷大区。——译者注

院判定拒绝撤回诉讼，审判程序继续进行。1669 年 9 月 7 日，被指认为西多妮娅的情夫和共犯的罗斯坦由于抗传被判死刑，他的肖像被付之一炬，财产被收缴。西多妮娅被判定犯有通奸罪，她必须接受“法律认证，在邦利厄皇家修道院穿戴修女的服饰归隐，在圣贝尔纳修会里以俗家身份在修道院过两年禁闭生活”，两年后西多妮娅的丈夫可以接她回去。她的财产都被库尔塞莱斯占为己有，她被剥夺了自己嫁妆的所有权，也没有继承亡夫遗产权和遗产先取权；从她的财产中每年会被拨出一笔微薄的数额共 3500 镑，用于装点她在邦利厄修道院的房间。她被判和罗斯坦一起负担审判费用，她当时 19 岁，这就是一场蓄意运作的审判和财产转移。

西多妮娅从来都不缺乏想象力。她受自己的情感和冲动驱使，不会事先筹谋，但她可以在其仰慕者中找到坚定的支持者。朋友们帮她逃离“大门敞开”的卢瓦尔城堡镇，9 月 16 日至 17 日夜间她到达卢森堡。1670 年 5 月 19 日，由于其夫上诉，国王总检察官加重了对西多妮娅的判决：她的年俸禄将会被降至每年 2000 镑，而且德·尚普莱先生被准许“把西多妮娅女士送到里昂圣伊丽莎白女子修道院”。库尔塞莱斯伯爵没有体面地赢得诉讼：游吟歌者、各个沙龙、赛维涅夫人、蒙莫朗西夫人都嘲笑他，不是嘲笑他被戴了“绿帽子”——那么多的丈夫都要过这一关——而是更多地嘲笑他滑稽的决斗、笑他的唯利是图和愚蠢笨拙。

“看见她，就等于爱上她”

西多妮娅出逃 18 个月后，于 1672 年 2 月 20 日回到巴黎，成了巴黎裁判所附属监狱的女囚，赛维涅夫人对自己女儿讲道，“西多妮娅前所未有地美丽。她有吃有喝、开怀大笑，只是抱怨还没在监狱里找到情人”。西多妮娅当时 22 岁，表现得诚意虔诚；她坚称自己的说辞，仰仗着自己的魅力和检察官们的宽容，审判官们都是男性！罗斯坦已经被逮捕了，两人的证词已经被对质和核实。库尔塞莱斯接二连三地递交诉状；各种文件、信件、材料和诉状积攒成堆。

不过年轻的西多妮娅最惧怕的是监禁生活。诉讼过程中西多妮娅像一只笼中之鸟被监禁在巴黎裁判所附属监狱，马上就会被剥夺财产。她只有逃跑才能得到救赎。在忠心的侍女弗朗索瓦兹的帮助下，她们确定了一个逃跑方案：西多妮娅穿上弗朗索瓦兹的衣服，后者伪装成自己的女主人，假装牙痛得厉害，头蜷缩在两颏的方巾里，西多妮娅没有遭到任何盘问就离开了监狱。将近下午两点，七小时后人们才发现她失踪了。西多妮娅逃至位于弗朗什 – 孔泰的格雷镇，随后又到了位于第戎的一个亲戚家里。她的丈夫立刻派出骑兵去找她，西多妮娅再次出逃，她先是到了阿维尼翁，然后一路直到英格兰，在那里她与朋友马扎汉夫人会合。

在此期间，审判法庭对于该做何决策犹豫不决。1673 年 6 月 17 日，法院在被告人缺席的情况下宣读了由拉莫瓦尼翁签署的判决书。罗斯坦受到了一个稍稍更有利于他的判决，他被免于死刑，但被禁止进入安茹省和曼恩省。审判费用被削减，然而西多妮娅仍然被判监禁，两年后监禁结束后，“上面提到的德 · 莱农科特夫人会穿上和其他修女一样的衣服，剪短头发，披上面纱，在修道院里度过余生”。西多妮娅的亡夫遗产继承权和其他婚姻权益，总计共有“十万镑数额，将会成为德 · 尚普莱先生的财产，对于上述德 · 莱农科特夫人的其他剩余财产，在尚普莱有生之年也将归他所有”。判决书下达时被告不在场，库尔塞莱斯对此感到不满，受辱的他想要自己的妻子受到惩罚。

但是西多妮娅一直在逃，寻找一起寻欢作乐的男伴和无从寻觅的爱情：恋爱、然后分手、再一次恋爱，数年的时光就这样过去了。她的新任情夫弗朗索瓦·布吕拉尔·杜布莱是奥尔良军团的上尉，是个正直善良的人；他看上去全身心地把自己的温柔和赞赏给予“这个全世界最具魅力的女人”，“看见她，就等于爱上她”，赛维涅夫人如是说。然而，杜布莱并非完全被西多妮娅的魅力所迷惑，因为他对她“轻浮的本性”略知一二。二人的关系很可能开始于1674年，在至少整整一年的时间里都是地下恋情。1675年西多妮娅得以匿名来到巴黎和情人会合；为了谨慎起见，回程的路上她借宿在离奥克松不远的卢西尼家族城堡。杜布莱认为只要西多妮娅还在法国，她的人身安全就得不到保障，他把她送到日内瓦，安置在“三王公馆”，杜布莱没有公务在身的时候就会去那里找西多妮娅。然而即便是在日内瓦也不是完全安全的，因为她写道，“法官们不会阻止在日内瓦抓捕在逃罪犯”！

恋爱中的西多妮娅焦急不安，时刻保持警惕。虽然她在日内瓦结识了一位为她神魂颠倒的新仰慕者格里高利奥·莱迪，而且西多妮娅的高雅的气质、谈吐和美貌迷倒了大多数男人，甚至是最严厉的加尔文教徒，但她还是感到百无聊赖“这些人都特别优秀，不过我不会让自己在日内瓦无聊死的”。打猎、在雪地里射鸟、尽管有一个非常迷人的朋友谈心、翘首期盼情人的日子也不能填补生活的空虚，头痛和胃痛让她卧床不起，西多妮娅夜不能寐，在给杜布莱的信中她承认自己的情绪跌宕起伏，时而发怒时而陷入巨大的痛苦。马扎汉夫人是与她在修道院共苦的姐妹，她的命运引起西多妮娅深思：侯尔坦丝遭到丈夫追捕，居无定所，德·萨瓦夫人认定她不受欢迎，不想庇护一个与丈夫不睦的女子，侯尔坦丝身边仍然有20个追求者，他们跟她谈论琴瑟和狩猎，她用“放纵的疯狂”战胜了自己的不幸；然而“在世界的任何一个地方都被拒之门外实在是太不幸了……”西多妮娅苦于自己的流亡生活，为自己能力不足而感到苦恼。她化名为德·博利厄夫人，她忧伤地承认，如果没有人质疑她伪装之下的真实身份，那恰恰是因为“我看起来并没有您常常说得那样游刃有余，足以自然而然地掩饰自己的高贵”！西多妮娅这个沙龙里被宠坏的孩子失掉了自己的狂热，她难以掩饰的是自己吸取的谦卑教训和触动人心的控诉。

争执

在二人整个交往过程中，杜布莱都一直保持着慷慨殷勤的绅士风度。由于得不到情妇的回应，他也有生气的时候，两人的恋情为何告终我们不得而知。到底是谁人的错？两人分手后，杜布莱一心收集西多妮娅的书信，因为他非常赞赏后者的思想和内在魅力：他解释道，这样做能为西多妮娅洗清声名，“一些忠良之士曾经由于西多妮娅的言行对她不齿，如今可以通过这样的方式让她重获尊重”。也许杜布莱觉得对西多妮娅放浪形骸的生活负有责任，是想弥补她的感伤？至于西多妮娅的书信则有二十多封，这些信件文笔优雅自如，诙谐幽默，词藻从始至终都非常考究。值得一提的是，这些信件都非常真诚，发自肺腑；西多妮娅并没有掩饰自己的过错，也没有矫饰自己的性格缺陷。她时而觉得自己“一片混沌，没有荣耀，没有朋友，也没有归宿”，令自己感到害怕：“所有的粗鲁暴力都在我脑海中闪现过”。时而她又觉得自己比他人优越：“我觉得自己有着杰出的内心和灵魂。”

杜布莱只能在力所能及的情况下时不时地来看西多妮娅，她翘首期盼他的到来。她每周给他写两次信，有时候很久都得不到回音，这段时间很容易产生阴郁的想法。审判让她烦扰，因为她仍然遭到紧密追捕；一文不名的西多妮娅一想到库尔塞莱斯正在享用自己的财产就气得发抖，而且如果她生前没有生育自己的孩子，她的财富就会属于叔叔维拉尔公爵，然而后者明知她深处困境，却一分钱都没有给她。首先，面对杜布莱和身边的同党，西多妮娅本来想要维持自己的崇高形象，做一个被他爱慕的美丽高雅的情人，现在她不得不跟他谈论钱财和债务。无地自容又忧心忡忡的西多妮娅为自己辩护：“我请求您马上到我这里来，请您不要在我身旁扮演益友的角色了。和两年前相比，我觉得自己如今对您的爱有所褪色。如果我对您的欢爱会导致我失去一些东西，那就是剥夺了我生活的全部乐趣”。这些字里行间都流露出了西多妮娅受人摆布的过往。在承认自己“内心远远要比思想更幼稚”的同时，在她的意识中，她丝毫没有失掉自己的尊严和体面：爱情必须要纯粹，像一种信仰一样，不掺杂任何利益和谋略。“以上帝的名义，快来到我身边……”

1675年12月初，杜布莱在日内瓦待了一个星期。临别之时，西多妮娅“每时每刻都哭着寻找他”。她需要他的存在、他的赞誉，让二人共浴爱河：“不能再听到您赞美我有水准的言谈，这令我感到绝望；自从您离去后我没有一刻感到自己是被宠爱的孩子……我比自己意识到的还要无比不幸……别了，我可怜的杜布莱，我请求您，永远好好地爱我，如果我的书信让您感到厌恶，请丝毫不要掩饰您的不屑；我确信自己可以通过善良和虔诚来克服这些厌恶……”（12月24日）。“别了，杜布莱，为我雀跃吧，我温柔地爱着您，从早到晚，您都萦绕在我脑海中的每一个角落，我始终告诉自己您和其他男人不同”。（12月31日）

为什么这段如此诚挚的关系以悲剧告终？西多妮娅扪心自问，她承认自己的错误，承认自己“热烈”、有“粉黛”之好：“我可怜的朋友，原谅我内心的缺陷吧，当我的随心所欲伤害到您的时候，请您不要忘记，我如果对您没有一份可以抵消一切的诚心诚意，我则会巧妙地掩饰我的缺点。您还是今晚带着您的愁闷来我这里就寝吧。我会花时间来缓和我今天带给您的所有忧伤。”猜疑带来不和，这也许不是怀疑的阴影第一次笼罩在二人之间。杜布莱几天以来不再回信，他想象到了最坏的情况。信中的口吻越发尖酸。西多妮娅忘记告诉杜布莱，她去年在巴黎与几位放纵旧友重聚，其中有罗翰，但是两人因为这个大吵一架：“人们不会因为忘记一件小事就贸然和自己的爱人交恶。”鉴于反击永远是最好的自卫方式，这回轮到西多妮娅来小题大做了：“我们结束这段关系吧，自从您开始对我产生阴暗的想法后，我们的关系就再也不能让您幸福快乐了……”她轻浮淡薄，但是杜布莱难道就没有不忠且残忍吗？“我承认，我实在是不相信自己能长情，以至于当我看到是您首先背叛了我们缔结的忠贞誓言后，我感到有些欣喜。”二人在通信中互相指责，其间夹杂着温柔款曲和责备非难。

西多妮娅准备离开日内瓦，她已经下定决心。这个决定是在何种情况下做出的，谁应该对此负责，我们对此不得而知。两人的关系持续了两年，很难再发展下去。杜布莱撞见西多妮娅背叛他了？这是个误会，还是背叛？抑或是双方共同的厌倦？年轻的西多妮娅以体面为重，同时也巧妙地提及了如今自己的悲惨情形：

> 先生，此时这个世界上我只能期盼您帮我解决问题，在这个您对我的利益如此重要的关头，让我和您分手吧。这样给我们的交易画上句号丝毫不会有损您的声名，也不会损害我的名声。这样分手可以缓和失去您给我带来的痛苦，如果这样的告别方式可以让我对您曾经的崇敬之心完好无损的话，我相信您也可以原原本本地像以前一样尊重我。您指责我的漫不经心和冷淡薄凉，我不会费力去为自己辩解，更不会去向您力证我让您疑心重重的忠贞。自从您离开后，我没有见过任何一个男人；这个世上我只挂念您，直至上周五，我一直全心全意用一腔柔情爱着您，我的心和你我最缱绻之时始终如一。从这个不幸的日子起，我什么都干不下去，只能不停地重读您的信，尽我所能从中榨取苦汁。随后的三夜我沉浸在巨大的痛苦中，以至于言语都不足以描述我的愁苦……（1676 年 1 月 17 日）。

爱情中的一切都是那么复杂，西多妮娅的转变并不能简化爱情。固执己见的她有时候会扮演受害者的角色，由于杜布莱没能足够迅速地推进她的相关事宜，西多妮娅开始不耐烦，之后她找回了理智。她时而粗暴地对待杜布莱，威胁他要离开日内瓦并且淡出他的生活："如果我必须永远不幸，那我选择到修道院了结此生"。时而她又明白自己常常易怒又残忍："忘掉我们的争吵吧……鉴于我觉得你脑子里装不下别的事情，我绝对不会对你说我只爱你一人的"。杜布莱觉得西多妮娅爱他是因为他能给她带来帮助？西多妮娅立刻否认道："我能分清情人和朋友的区别。我从二者之一那里得到的帮助与我对另一个人的感激没有任何关系。"（1676 年 2 月 4 日）她看起来毫无心机地突然转变态度向杜布莱求和："您绝对有理由藐视我的忘恩负义和轻浮放荡！它们在您面前是多么地无用，以至于我不得不对和您分手而感到如释重负，并且不用为寻求分手方式而感到尴尬！”

垂死的爱情

忘恩负义、轻浮放荡：西多妮娅用上了这些沉重的字眼，伴随着这些揶揄讽刺，他们的关系渐渐恶化。为了能让西多妮娅合法地在法国生活，杜布莱建议她接受调停，这些建议让年轻的西多妮娅愤慨：回巴黎证明她的虔诚，取得安全通行许可、自行投案、同意为可憎的丈夫支付十万镑的补偿费，所有这些建议到头来都是承认了她有罪，并且让她加倍履行法官已经判定的罪名。西多妮娅生气了，觉得杜布莱不理解她：“您这是给我指了一条什么样的路让我摆脱现状！啊！先生！绝对不要给我这样可怕的建议……”“我不会遇到更糟的事情了”，“我不会执行一个令我蒙羞、丝毫无利于我的判决”。1676 年 3 月，西多妮娅重申这样的判决会让她无地自容，她还指责杜布莱“冷淡无情”而且“怒气冲天”。由于没有邮局，通信并不总是能按时到达，而且杜布莱有时不能在日内瓦短暂停留，这些驻守本可以让爱情重燃，他“用拙劣的借口吞吞吐吐地辩解”。当杜布莱柔情款款地给她写信，请她原谅的时候，西多妮娅质疑他的诚意。

两人的关系时而也会雨过天晴。愉快的语调和打情骂俏终归战胜了争执。西多妮娅明白自己过于猛烈易怒；在劈头盖脸地指责自己的情人后，她承认自己有着“轻浮的本性”和善变的情绪，并且称其为“只有自己才能独自消受的纯粹悲伤心绪”。她呼吁两人和平相处、重拾心心相印的欢乐：“我唯一的决心就是按照您的意愿行事，无论您把我置于何种境地我都爱您。”这是为了博得他的怜悯，还是真心的倾慕？也许两者都有；西多妮娅越来越频繁地提起想要找一个修道院隐退；至情至爱的女子都是这样在修道院里了却一生的。然而很难相信这位光彩照人的美丽妙龄女子就这样毫无希望地舍弃一切所爱。也许，西多妮娅只是选择了一条杜布莱不想再继续追随的道路？

杜布莱不再回复。他是不是撞见西多妮娅投入他人怀抱？抑或是他厌倦了她的阴晴不定？西多妮娅请求他回到她身旁，至少给她一个解释：“先生，我请求您回来，请您不要拒绝给这个人一天的时光，您曾经向她许诺过您的朝朝暮暮都归她所属”。她强调：“难道您甚至都不解释一下原因就要离开一位不幸的女子吗？”读者对此无从而知。杜布莱离开了，住进距日内瓦几里远的圣朱利安城堡。沉默是一把残忍却有效的利器，当一切都已经说尽，许多诀别都不再需要任何解释。

西多妮娅选择起身前往安西，走这一步很可能是为了随后重返尚贝里，马扎汉夫人就在那里定居，此时西多妮娅得知自己的丈夫刚刚过世。于是她可以不受阻碍地回到巴黎。然而西多妮娅并未得以全身而退。她丈夫的兄弟卡米尔·德·尚普莱以继承人的身份起诉西多妮娅，并且重启了自己兄弟提起的诉讼，借口声称德·库尔塞莱斯侯爵从未收到十万镑，这笔数额是1673年的判给他的，西多妮娅的叔叔维拉尔公爵通过司法途径驳回了判决。1679年12月，西多妮娅被囚；她再一次接受了问询，她重申自己的说辞并且力证清白。15天后，西多妮娅于1680年1月被判支付诉讼费用，并且向德·库尔塞莱斯骑士支付六万镑，不过她再也不用被监禁了。

西多妮娅还有五年的人生。成为寡妇的她没有过上修女的生活，鉴于她已经失掉了名声，为此耿耿于怀还有什么用？她爱上了一位龙骑兵[①]上尉，并与其结为连理。他们之间即便是存在幸福，那也是短暂的：西多妮娅于1685年12月与世长辞，享年35岁。

事实是多面的，所有有关西多妮娅的评论一直都有伤风化：如果早生50年，她是不是就是一个爱慕荣华和享乐的曼侬·莱斯科[②]？热烈、娇俏、风趣、机智，亦或是水性杨花，西多妮娅激情四溢；有些人会说她背信弃义、放浪形骸、虚与委蛇；然而她真诚恳切、才华横溢，是所处时代风俗的受害者。杜布莱给出了最确切的答案："一些男女觉得我万万不该在得知她声名狼藉后还如此爱她，这些人看过她的书信后一定感到有些无地自容……"

---

① 龙骑兵，又简称为龙兵，最早是一种"骑马步兵"的兵种，大多出现于17世纪晚期至18世纪早期的欧洲军队。——译者注

②《曼侬·莱斯科》，是神甫普雷沃斯特（1697—1763）写的一部小说，于1731年第一次在巴黎出版。在当时被视为低俗，一出版即被禁。小说讲述了舍瓦利耶·德斯·格里厄和他的情人，不道德的名妓曼侬·莱斯科的故事。——译者注

第三部分

决裂之殇

失败的恋情和分手的泪水是一场地震，可以改变一个人的情感，将他淹没，甚至可以切断一切交流的可能。不过尽管爱情中危险重重，它仍然在18世纪得以正名，重拾欲火四射的激情形象：这样的激情使得痛苦萦绕不散，但是锥心之痛总要好过麻木不仁。游移不定、心潮澎湃和突发奇想可以激发感官的敏锐度，而且往往都是源于泪水得以让心灵重生。在《信札》中，儒贝尔[①]指出："得到合理培养和正确指引的感性可以从一切事物中汲取柔情蜜意"。

17世纪的男女解析自己的情感；文学厘清感情脉络、将感情归类解析。字里行间流淌着动人心扉的泪水，人们为《安德罗玛克》或《贝雷尼丝》[②]挥洒热泪。但是并非所有的伤感都千篇一律，"忠良之士"必须首先培养自我控制力，明白感伤有失体面。忏悔者的涤罪是唯一能被他们接受的哀怨行为。之后的一个世纪，人们展示情绪，很容易就流泪，从今以后眼泪成了女人们的专利，帮她们避免僵局，有时还能平息冲突，同时可以唤起宽容，甚至还可以有助于和解。德·莱斯皮纳斯小姐指出，"泪水灌注了爱情"。哭泣相当于接受了自己的伤害，承认自己需要他人，而不是自怨自艾，这同样也说明自己并非无药可救。在1997年出版的《十七世纪法国的忧愁与慰藉》中，达尼埃尔·罗特注意到伤感剧作取得的成功："从18世纪初开始，请求宽恕的戏剧场景络绎不绝，令人瞠目结舌……在描述夫妻之间互相包容的情节上，戏剧发挥了巨大作用。"原谅和宽恕及时终止了关系破裂，同时泪水可以起到教育作用，在1772年出版的《见异思

① 约瑟夫·儒贝尔（1754—1824），法国伦理学家、评论家。——译者注

② 《安德罗玛克》和《贝雷尼丝》是17世纪法国著名剧作家拉辛的悲剧作品。——译者注

迁的不幸》中，约瑟夫·多哈写道，“人们丝毫不会拒绝吸取眼泪含沙射影背后带来的启迪”。泪水剥去了逢场作戏的人工成分，激起了悲悯之心。

泪水冲破了羞怯的堤坝，开启了一条彰显感性的道路。18世纪语言的变革体现了文化的标志性改变；安妮·库尔厄斯指出，法兰西语库[①]中的相关词汇出现大幅增长，17世纪后半叶，“感性”一词的出现频率有1820次之多。1999年出版的《十八世纪的泪水滋味》中写道，“1750年至1760年前后，‘感性’这个词汇开始被独立使用，被当成一种首要能力”，使用“感性”一词不需要补语成分，就像“感情”一词一样，最终成了形容发自内心的爱情的代名词，意指比激情更长久、更稳定的恋爱状态，而不再指“感觉”这一动作。至于“恋爱脑女人”，这个由卡蒙泰勒创造的戏谑新词，描述的则是有一种女人为了追时髦“在感情上装模作样，无时无刻不在炫耀爱情的甜蜜”。情感和感性是小说的主题，延伸到日常生活中，让幸福的同心结随之颤动，也会触动别离的伤感心弦。

和平分手

在多愁善感的情绪越发升温的同时，婚姻的束缚逐渐减轻，不过在卢梭之前，奢望长久的爱情婚姻仍然是妄想。在1976年出版的《家庭：古代法国的亲情、家庭和性关系》一书中，作者让-路易·弗朗德兰指出，1723年至1789年，在书局系统收录的32000条书目中，他只找到了六条

① 法兰西语库，为学术界提供涵盖18世纪至20世纪的500多部法国文学作品的检索。——译者注

与夫妻之爱相关的书目，相对于“爱情”，人们更多提到的是“联系”和“倾慕”，这些用词的背后体现出一种意识，一种介于礼节、柔情、尊重和感激之间的观念。婚姻的最根本作用始终都是延续香火，即使许多父母都力求自己的子女和登对的人结婚，要确保家族利益就要摒弃爱情之火——负责聆听忏悔的神甫就提到，吝啬又独断的父辈们“一边违心给自己的儿女们指婚，一边痛彻肺腑地为之忏悔”；年轻人的行为只要不对家族构成威胁，他们就可以享有相对自由。资产阶级家庭和农村家庭渴望健康祥和的家庭关系，维系他们的情感链条扎实坚固。即使身处一个以放浪闻名的宫廷，也有忠贞幸福的夫妇和睦相处，堪称榜样，比如邦贝尔侯爵和侯爵夫人，抑或是勋伯格男爵和男爵夫人；男爵不能忍受分离，一时一刻都不能，“我想念你，因为你是我的一切”，他在1773年给男爵夫人的信中这样写道。

虽然社会风俗在发展变更，但是婚姻并未得到好名声，因为“如果可以姘居的话，那谁还愿意结婚？”孟德斯鸠如是发问。在有限的权贵阶级里通奸时有发生，此阶层的人把婚姻看作是一种友好的共同利益体。在巴黎，一对时髦的伴侣应该分开各自生活，嫉妒是没品位的表现，法外私情丝毫不加掩饰。杜德芳夫人略带轻蔑地指出：“在条件不好的阶层还是存在美好婚姻的，但是在上层社会，我一对两情相悦的忠贞例子都没见过。”也许她是在为自己申辩：不堪烦扰的杜德芳先生决定通过司法途径分家，脱离家庭再也不回来了。在《历史评论词典》中，作者贝勒早就指出，通奸已经在都市阶层司空见惯：“如果司法需要了解这种本性的混乱，那这远远不够，律师和检察官在践踏我们利益的同时会成为全国最富有的人。”

这是民风涣散，还是和平分手？尽管这样的方式令教会不悦，双方协议下的分家请求一经公证还是很容易得到批准的，前提是分家是临时性质的。通过司法途径请求人身分离和居所分离越来越普遍；在一些地区研究中，比如阿兰·罗迪对17世纪至18世纪法国北部地区的研究，或是让-皮埃尔·古东对18世纪法国里昂和博若莱地区的研究，这些研究都纷纷表明，诉讼判决往往会准许终身分离（并不会允许再婚，因为不存在“离婚”）。而且在很长一段时间内，提出诉讼的更多的是处于“司法劣势”的女方，而且从此涵盖了社会各个阶层：在剑桥教区（由于历史原因，此区域隶属教规管辖区），三分之二的诉讼请求“都是由女方提出的，其中一些人处于中层或底层阶级”。对于与通奸和丈夫职务有关的诉状，判决有利于女方：1710年至1791年，在416条判决中有345条取得了“分离”批准。处于成文法[①]区域的里昂地区也出现了同样的现象：通常都是女方提出诉求，以此重获自己的嫁妆以及其他权益。“有三分之一的诉求是在婚后前五年内提出的”，诉求动机一成不变，例如性无能、通奸、破产、吝啬、荒淫……虽然一些法庭对性病和精神疾病进行特殊对待，但是疾病，即便是传染病，也没有成为诉讼分离的动机。一本名为《著名诉讼动机摘要》的书中生动地复述了几个与众不同的分手案例，例如，一位手艺人厌倦了夫妇间的争吵，在度过了四年吵吵嚷嚷的婚姻生活后，决定悄悄离开妻子，远走德国做了一位男爵的跟班，随后他学做造钟匠，就这样消失了四年之久。他的妻子伪造了一个他的死亡证明，以便可以再婚。在没有身份证件和通过长相印证身份的情况下，重婚案例并不在少数。

在18世纪末，路易·塞巴斯蒂安·麦西尔指出，在巴黎“法律暗暗地偏袒女性”，并且开玩笑地写道，配偶双方“只需要在两位见证人面前

① 成文法，古代法国法律术语，成文法区域承认已经成文的罗马法律为其法律学基础。——译者注

打一下响指，法院就会立刻同意他们分离”。但是无论分离的动机是什么、不管分离的期限为多久，女方都要被迫在婚内保持忠贞，否则她就会一直被诉通奸。在司法领域之外，值得注意的是从18世纪后半叶开始，非婚生子女的数量终于开始缓慢上升，教区登记簿上记录这些孩子受过了洗礼——在1760年，非婚生子女的数量上升了2%～3%，历史学家爱德华·肖特尔指出，伴随着19世纪初的工业革命，直至避孕普及前，这个数值在婚姻状况记录中迅速上窜。士兵、水手、仆人、手工业学徒、背井离乡寻求谋生的打工人，他们和自己刚认识几周或几个月的“未婚妻”海誓山盟，把她们的肚子搞大，然后他们常常就消失得无影无踪；司法途径很少对“修复式婚姻”进行限制。

分手有时候也会变成一出悲剧，当配偶双方并非自愿结合的时候，可能会发生蓄意或者无意的激情犯罪。任何一个社会群体都不能完全幸免。在最严重的情况里有的妻子给自己的丈夫下毒：在1732年至1733年的勃艮第地区，有三位女性被判死刑，被施火刑或绞刑。1769年这一年，巴黎议会的图内尔法庭要审判29桩夫妻间的下毒和谋杀案件。如遇通奸，男方会在逮捕信中要求将倒霉的女方关进修道院，相当于让她进教养所。德·斯坦维尔先生的报复行为极具戏剧性，他发现妻子通奸，这位比自己小25岁的妻子疯狂地爱上了演员克莱尔瓦尔。斯坦维尔从国王处取得了一封逮捕信，年轻的妻子一身珠光宝气，在准备出席舞会的时候被逮捕，被强行带到了位于南锡的圣玛丽女子修道院，在那里过完了一生。

扮演监狱角色的修道院数不胜数。不过，当女方受制于家庭、获得自由或是等待审判结果想重新独立自主的时候，更多的修道院起到的是“避风港”作用。一个独身的女子是几乎不可能过活的，许多修道院在其封闭场所外都有附加住房，修女们把这些房间和居室出租给寡妇或是与家庭决裂的女子：在1748年，杜德芳夫人就是这样几乎身无分文地在圣约瑟夫修道院定居，她在修道院举办晚宴，朋友们都来赴约。

放浪风俗

感性风潮让泪水肆意挥洒，与这股潮流对立的是一种新型社交和爱情模式——寻欢作乐。路易十四驾崩后，蒙德斯潘夫人的合法婚生子奥尔良菲利普成了摄政王；他在道德品格上放荡且不拘小节，伴随着他的执政，放荡纵欲成了主流。巴黎和皇宫取代了凡尔赛。上流社会沉迷于奢华、讲究、荒淫放浪和见异思迁，以至于“人们常常甚至在毫无好感的情况下恋爱，一时兴起永远都比好感爱慕更受欢迎，利益大于快乐，放浪形骸多于真情实感”（克雷比荣，《内心和精神的迷茫》）。人们任由时局驱使，转头就分手，不做解释也不留丝毫痕迹，除非有个情敌让竞争白热化，激起了想象力，让争风吃醋能延续得更久一点。主动提出分手，就等于重掌主动权。无拘无束的自由主义者在这点上是毫不含糊的。

一些小有名气的人物以爱情的非理性特点为借口，提出在爱情游戏中不应该负责，爱情中既没有罪人，也没有责任人，爱情中人可以随心而变，放浪寻欢，随意行事。放荡纵欲是一种时髦，是一种学习社交生活的方式，年轻人们小试牛刀而不用交付真心，这种方式很适合年轻一代。与之相反的是，《危险关系》[1]中的男主人公凡尔蒙与杜薇夫人分手，他的无耻蕴含着一种精神和哲学成分：“永别了，我的天使，我曾经愉悦地占有了你，我无怨无悔地离开你。这就是世界的运行法则。这不是我的错误”。这段著名的巧言辩解是对所有善恶观念参照的嘲讽，这段话废止了内心建设，击溃了爱情冲动所能给予的任何理想化模式。在18世纪末的这种放浪纵欲的风潮中，蕴藏着一种征服他人的欲望，渴望让另一方脸面尽失，甚至还要击垮他的自尊。除了占有欲以外，这些放浪形骸的自由主义者的目的更多地在于挑战“不可为之”——唐璜[2]在选择目标的时候已经本着这样的心理了。

爱情就像是一场战争，有胜利者和被征服者。征服者蔑视自己的受害人，操控他、利用他、肆意让他做出牺牲，胜利者觉得挑战好奇心是一种新奇的乐趣。肖戴洛·德·拉克洛用炮兵指挥官[3]的严谨战略态度写就了《危险关系》，没有任何事物能比这本出版于1782年的小说更惟妙惟肖地体现这样恶趣味的游戏。拉克洛为一个精疲力竭的世界画上了句号，在这个世界里，精神腐败代替了肉体放浪。小说的进展有条不紊地系统呈现了“捕猎者”的攻势和“猎物”的退步，直至分手这个最终高潮；这不仅仅是与美德和纯真划清界限，而是与一切爱的传承一刀两断。

凡尔蒙引诱了纯真、羞怯的杜薇夫人，并且占有了她，在与她恋爱三个月后，他用文雅的语调给她写了一封分手信，在这封信中年轻的杜

---

① 《危险关系》是一本著名的法文书信体小说，最初于1782年发表，作者为皮埃尔·肖代洛·德·拉克洛。——译者注

② 唐璜是西班牙家喻户晓的传说人物，以英俊潇洒及风流著称，一生中周旋在无数贵族妇女之间，在文学作品中多作为“情圣”的代名词使用。——译者注

③ 作者本人曾是职业军官。——译者注

薇夫人只能感受到自己名誉尽失、万劫不复：战胜她的情敌是个妓女！出于道德，杜薇夫人用尽最后的努力决定与凡尔蒙断绝关系。在这之后，对自己的影响力心知肚明的凡尔蒙再次招惹她，这种行为是个阴险的挖苦，因为他觉得“这样作别不够体面”；于是凡尔蒙再次抛弃了杜薇夫人。这时的他甚至已经被杜薇夫人的温柔虏获了，最终的分手信是由梅黛夫人口述让凡尔蒙写的，她是和他串通一气的恶毒帮凶。杜薇夫人失去了活下去的意志，在一座修道院里等死，在悔恨和厌恶的作用下她痛彻心扉。在这场性别之战中，梅黛侯爵夫人战胜了杜薇夫人，但这是一场人性之恶层面的胜利。在理查森笔下，魅惑者英国人罗伯特·洛夫莱斯扮演了相似的角色[①]。恋爱带来的幸福只是一场幻象，忠贞是幻影，纯真无邪之心并不存在。

冷漠、残酷——所有这些克莱芙王妃明白要避免，并且小心提防的感情——高尚贞洁的杜薇夫人都深受其害。在《危险关系》这个冷酷的故事里，少数特权阶级的迷途者可能会从中看到自己的影子，在这其中，真情实感、不计得失的慷慨人生，以及细水长流的温存爱意都一败涂地。这只是一部小说，但是信中的文笔丰富，文风随着通信者身份的转变巧妙地变换，文中内心的质问和困苦让故事极具真实性，丰富了作品的情感脉络和悲剧氛围。

爱情是一种异化

并非所有男人都是屠夫，然而很多男人都浪荡轻率。但是女人并未因

① 洛夫莱斯是小说《克莱莉莎》的男主人公。这部理查森创作的书信体小说讲述了莱莉莎与勒夫莱斯的感情纠葛，是英国感性小说的代表作之一。——译者注

此放低对爱情的期许，由于缺少认识外部世界的途径，她们在爱情中实现自我。被困在家中的女人们心甘情愿地投身于阅读当中，并通过折射效应，把自己想成小说中的女主人公；在医生们看来，不管是懵懂无知的少女还是经验丰富的女子，阅读都能激起她们的想象力。在马里沃[①]文雅细腻的笔触下，最理智聪慧的妻子也会被欲念和诱惑而烦扰：她起初先是拒绝挑逗，随后就退让了，给自己找了无数个理由："她的内疚是崇高的，这让她从自己的溃败中找到些许安慰……她对贞洁美德的一切眷恋都成了促成自己激情之爱的催化剂；最终，这完全不是个误入歧途的行为，她的这颗饱受淬炼的心不会迷失，这是一颗高尚贞洁的心"（《法国观众》，1722年）。暗恋中的女人会自己代入伟大的爱情故事，她爱的能力决定了她的品质高低。如果肉体是属于丈夫的，那"我们的心是属于我们自己的"，德·皮西厄夫人[②]借助笔下的女主人公德·祖尔拉克伯爵夫人之口给出了如此判定。

小说在塑造社会的同时，同样也映射社会。尤其是书信体小说，因为它可以造成一种让人误以为是自传体的真诚效应，并且唤起真情实感的憧憬和欲望。爱情被证实是一种几乎亘古不变的痛苦体验。在一场恋爱之初，女性通过自身魅力、自己的感性以及诱惑力占据了主导地位；她对情郎产生的影响力弥补了两性之间的不平等，给女方带来了慰藉。出于爱情，她有时会舍弃羞怯和矜持，放弃几个世纪以来成就女性的美德。一封没有得到答复的信、一段沙龙里的流言蜚语，会暗暗衍生焦虑情绪：受到外部

---

①马里沃（1688—1763），18世纪著名的法国古典喜剧作家，最擅长男女之爱的细腻描写。——译者注

②德·皮西厄（1720–1789），法国女作家，伦理学家。——译者注

世界诱惑的情郎逐渐冷淡下来；在肉欲的驱使下，他表现得见异思迁、意志薄弱，甚至朝三暮四。女方起初找到了些许温存来抵御痛苦；随后，她胡思乱想，只能苦苦等待，哭诉与爱人的分离，再次见到他之后就喜不自禁地原谅了他。然而女方已经怀疑对方不忠。爱情是被动的、是固执的，它远不能解放女性，逐渐成为一种异化；女子心神不宁，她甚至会像朱莉·德·莱斯皮纳斯[①]一样为之丧命。

这些 18 世纪的女作家们之所以愤而付诸于写作，是因为她们经历了女性在感情生活中的失落，这些女人用自己的活力浇筑爱情。里科博尼夫人、德·格拉菲尼夫人、德·沙利尔夫人从未停止剖析自己的情感；她们描述占据自己生活的困顿和杂乱：情郎优柔寡断、懦弱畏缩，比残忍更甚的是他们的软弱，他们回避单独见面，找各种理由，对自己的爽约不做任何解释。只有蔑视能解救恋爱中的女人，把她们从枷锁中解放出来："也许我是太瞧不起您了，以至于我不会为失去一个混蛋而感到后悔惋惜，这样的男人滥用爱人的信任，以此背叛她、让她陷入绝望"（《芳妮·布特莱尔》[②]）。作者里科博尼夫人本人亲身经历过被抛弃的痛苦，她根据这个经历在 1757 年至 1758 年创作了三部优美的小说；她在书中表达自己的苦楚：因为情人的不忠触动我们，"让这种美妙的幻觉灰飞烟灭"，而且更会通过我们的"爱之喜悦"而让我们感同身受（《德·克雷西侯爵的故事》）。这就是陷入爱情的女人的悲伤命运，身居高位的女子尤其如此，她们的才华找不到用武之地。

---

① 朱莉·德·莱斯皮纳斯（1732–1776），法国书信体沙龙女作家。——译者注

②《芳妮·布特莱尔》是里科博尼夫人于 1757 年创作的一部书信体作品。——译者注

新风气

在这片炽热的土壤上，思想的放纵支配肉体的欲望，带来了一股令人敞怀的新风气，这要得益于卢梭，其作品会在随后的100多年内留下浓墨重彩的一笔。作为哲学家和小说家，卢梭为两情相悦的婚姻而辩护，这是一种建立在性情和理性基础上的稳定婚姻关系，基于自然而然的吸引和发自内心的感情。出版于1762年的《爱弥儿》是其关于教育论述的最后一部作品，作品的主题是苏菲的教育和婚姻“配偶双方要做到合拍。缔结他们第一缕联系的应该是双方的彼此倾心：他们的双眼、他们的内心应该成为他们的第一向导”。一段幸福姻缘的基础来自于双方自由自愿的动力，如果生活规则与自然规律相吻合，那这些规则就可以维系下去，所以苏菲要学会基于自己的个人好恶而做选择，前提是她此前已经接受了熏陶，形成了自己的好恶观念。

至于“新爱洛依丝”，卢梭给她赋予了一项使命，把男人视角下中世纪为爱心碎的悲剧女性的故事变成了一个着眼于激情和宗教间的冲突，以及阿伯拉尔无力掌控自己汹涌欲望的故事。肉欲将纯真的朱莉与她的家庭教师圣普乐[①]融为一体，这种欲望孤注一掷，有悖于教条风化和社会常理，所以这对爱侣分开了，但是二人会永远相爱。他们从爱情中汲取到了恪守美德的力量，朱莉会以一种圣洁的方式履行自己作为妻子和母亲的职责，她已经成为责任和社会准则桎梏下的小说女主角。在这些准则中，婚姻是

---

① 朱莉和圣普乐是卢梭笔下《新爱洛依丝》中的男女主人公。——译者注

最重要的，但是基于情感之上的婚姻可以超越教条，被认作是人性的胜利。

摆脱道德上的因循守旧、脱离阶级偏见、摒弃卖弄风情的同时也不会过分拘谨，总之就是要随心随性地真实地活着，这些就是几位 18 世纪女子们的选择，她们为了爱情不顾风险。在这些女子中，萝丝·德洛内、杜德芳夫人，抑或是朱莉·德·莱斯皮纳斯通过情书的形式留下了她们的情感足迹，在世界范围内引起共鸣。她们在分手的痛苦中摸索，她们为自己曾经对爱情期许过高而真心自责，但是她们同时也承认自己曾经品味过至高无上的醉心时刻——尽管这样的时刻转瞬即逝，极具幻灭色彩，或是夹杂着悔恨。在她们的真诚面前，疑神疑鬼、厚颜无耻的男人们选择躲避。大多数男人们都懦弱地选择分手，关心自己是否能将情欲控制在理智范围内，并且丝毫不会舍弃他们的自由。这就是这个世界，“这不是我的错误”——凡尔蒙的锥心之语一定在无数男人耳畔回响，即便这些人并不是浪子。

萝丝·德洛内与梅尼尔骑士

浪漫主义的溃败（巴士底之歌）

“您仍然珍视我只是因为您想起曾经珍视过我。”

德·斯塔尔·德洛内夫人致信梅尼尔骑士，1719 年

“您在我身上犯下的过错让我得以不再依恋您，我为之窃喜了片刻。这些过错仅仅摧毁了您在我脑海中的形象，您在我心中完好无损。这种眷恋如此沉重，因为我再也找不到任何理由可以为之辩解。”

1720 年 8 月 14 日，第 193 封信

对于身处在18世纪的男女来说，叙述自己的情殇是一种无用的行为，甚至还会显得不够得体。一个自身既没有卓越功勋、又没有奇闻奇遇的人，哪个读者会对他的苦楚感兴趣呢？这样的人在“历史洪流”中并没有一席之地，也没有任何特别之处。回忆录的作用在于教育后世，而不是为了窥视一个普通人的私生活，“自我”令人厌恶。当德·斯塔尔·德洛内夫人的回忆录于1755年问世的时候，她刚刚逝世不久，丰特内勒在一封给朋友的信中写道“我对她非常气愤：我没想到她如此心胸狭隘……这些是用一种自然优雅的笔触写成的，但是并不值得一叙”！伏尔泰甚至用更加残酷的口吻揶揄道：“我读了德·斯塔尔夫人的回忆录。和塞拉马雷亲王（西班牙大使）的阴谋[①]相比，她看上去更担心侍女的事儿。没准我们马上就会读到隆德尔小姐（斯塔尔夫人侍女的侍女）的回忆录了！”

德·斯塔尔·德洛内夫人由此开创了一种体裁：自我书写。她写的不是回忆录作者笔下的故事，而且也不想成为小说女主人公；她只相信真诚的价值。年轻的德洛内既不丑，也没有惊人的美貌，她生于一个淳朴的平民家庭；她唯一的光辉头衔就是得以为一位身处高位的夫人服务，在这位德·曼恩夫人身边，她起初先是完成一些不起眼的工作；她逐渐取得了夫人的信任，然而她丝毫没有为之虚荣自夸：“我人生之事从未吸引任何人的注意力，我并不为此沾沾自喜；我费力把这些事付诸于文字，仅仅是为了把这些曾经让我感兴趣的回忆写出来自娱自乐。”鉴于德·斯塔尔·德洛内十分聪颖，她明白在讲述自己私生活的同时，她创造了一种新型写作体裁，这种体裁与当时盛行的文雅风格毫无关系。她重申，理智和语言都

① 伏尔泰这里映射的是1718年西班牙为了把奥尔良菲利普拉下摄政王的职位而策划的阴谋。——译者注

不能控制爱情，并且必须要提防自己的感情。

可以肯定的是，在萝丝·德·斯塔尔·德洛内朴实无华的回忆录背后，隐藏的是无处不在的精心设计，在讲述自己的“微不足道”的同时，她也在违抗社会的约定俗成：作为女人和作家的她都一样地朴实无华，她的第一要义是想做一个谨慎克制的人，明智理性。然而她无法免于理想成分，这种幻想让她得以摆脱愁闷的日常生活，正是在巴士底狱中，她燃起了对邻房狱友梅尼尔骑士的感情，并且愈演愈烈，也是在巴士底狱中，她学会不计得失地舍弃一切浪漫的理想主义。在出版10年后，尽管伏尔泰颇有微词，她的回忆录仍然颇受赞誉，因为回忆录中的口吻自然真挚，像一面镜子一样赤裸裸地折射出现实。

萝丝生于1684年。她的母亲被父亲抛弃，父亲在英格兰定居，在那里成了画家。身无分文的年轻母亲在诺曼底的一所修道院里找到了安身之所，得益于几个朋友的影响力，她不用付费就可以在此落脚。女修道院院长德·格利厄夫人也同意接纳她年幼的女儿，这个时候小女孩两岁，刚离开乳母；孩子随了母姓，名为萝丝·德洛内。当小女孩得知自己父亲去世的时候，她哭了，她用辛辣的口吻写道：“我从未见过自己的父亲，而且我不知道自己是不是相信我有父亲，然而我还是为他落泪，我想不起来泪水来自哪里……”这就是她回忆录的口吻，尖刻、简洁、细致入微，拒绝向感情幻觉做出妥协。萝丝极具才智，她阅读笛卡尔和马勒伯朗士的作品，并且在修道院里接受了良好的教育，教育水平大大高于她的出身。她说，自己的故事“完全与小说背道而驰”，在小说里，一个牧羊女能变成公主，“在我的孩提时期，我被当成是个与众不同的人，随后我发现自己泯然众人”。她的女监护人在她十六七岁的时候去世了，这让她重新回到孤苦无依的状态，但是萝丝同样也学会了为自己抗争。

萝丝决定来巴黎，在此找一个与自己接受的优质教育和文化水平相称的正规机构。她第一次感受到了内心的激荡，这些激荡情感来自于她读的小说，这些小说“让她期盼着能谈一场恋爱”，萝丝结识了一些好朋友，这些人关注她的命运。其中一位朋友是乐于助人的德·马齐厄先生，他是曼恩公爵的家庭教师。马齐厄先生给萝丝找了一个曼恩公爵夫人侍女的职位，萝丝 1711 年年初入职。这个新职务一点儿也不令人兴奋，不过萝丝的未来有了保障。她需要保持无比的耐心和谦卑，来抵御索镇城堡表亲们的嫉妒和阴谋诡计，以及此地女主人或专横或离奇的命令。

露易丝·贝内蒂克特·德·波旁是大孔代的孙女，她于 1692 年嫁给了曼恩公爵，后者是路易十四和蒙特斯潘夫人所生的私生子中的长子。路易十四不仅合法承认了自己的儿子，而且在他弥留之际，他已经准备承认自己的私生子们享有和合法亲王们一样的特权，以此威胁扰乱君主制度。曼恩公爵夫人身材娇小（几近矮小），她意志坚定、学识渊博、性格骄傲且思想敏锐，她渴望荣誉和政治地位，让软弱的丈夫遵循自己的意愿。鉴于公爵夫人一时一刻也不愿聊聊度日，她在索镇城堡举办欢快辉煌的聚会，聚会的主旨是要有节日气氛和消遣精神，与凡尔赛的气氛形成了鲜明对比。在凡尔赛，王储和国王的孩子们接二连三地辞世，75 岁的老国王为此悲痛不已。对于自己的任何欲望，曼恩公爵夫人都丝毫等不得，要立刻付诸于实践。她只关心自己的欲望，未来的摄政王奥尔良公爵一旦被架空，她就梦想自己的丈夫能登上法国王位。德洛内小姐巧妙地描述了自己女主人的性格：“她像笃信上帝一样相信自己，不接受任何考验和质疑……她不担心是否被理解，她只需要被倾听就足够了……她待人接物的方式是奴役别人……她天真地说自己很不幸不能摆脱一些她根本不在乎的人。”

这就是萝丝奇特的命运，她既必不可少，又是别人眼中视而不见之辈。她的手艺不灵巧，视力特别不好，萝丝没有凭借侍女的才能脱颖而出，不过她依然走出了一条自己的路。她升职成了秘书，为曼恩公爵夫人执笔，在她身边为她值夜，忍受她骄纵如孩童般的任性，在她毫不在意的情况下为之付出。作为回报，萝丝得以结识当时的几位优秀思想家，比如丰特内勒、达西埃、乔利厄。敏锐诙谐的萝丝剖析贵族社会的小伎俩，她揶揄道，“这些伎俩成了家常便饭，变得如此微不足道，以至于人们可以从中看到真相”！丰特内勒立刻就察觉到了萝丝的才华，他向曼恩公爵夫人夸赞萝丝，不久后萝丝受命为索镇的小剧院执笔创作剧目。身上带着侍女“永远抹不去的烙印”，萝丝最终赢得了自己专横女主人的些许尊重。

理想成分

奥尔良公爵在路易十四驾崩后成了摄政王，他急于让议会废除先王的遗嘱，凭借着在1717年7月宣读的“罢黜令”，摄政王迫切要罢黜曼恩公爵的一切继承权。公爵夫人丝毫不掩饰自己的怒火，她向所有愿意倾听的人重申，她不会任凭自己丈夫的王位就这样被人夺走，而且她已经准备好为之而战，要“让王国硝烟四起”。气恼、固执、谋反，她的怨恨丝毫未削。公爵夫人迫使她胆怯的丈夫造反，贸然决定去寻求西班牙国王的支持，以阻挠摄政王的政策，西班牙大使塞拉马雷扮演了中间人的角色。造反阴谋于1718年12月被揭穿。曼恩公爵和公爵夫人被逮捕，公爵夫人被押至第戎堡垒，她的丈夫被关在庇卡底堡垒，同谋者遭到追捕，塞拉马雷被驱逐出境。

负责为自己女主人执笔的德洛内小姐知晓主人的秘密活动，是受牵连之人中的小鱼小虾，她和其他人一起被恢恢大网一网打尽。她于 12 月 29 日凌晨被捕，在三个火枪手的监管下她的卧室也被搜查。在几个小时的等待后，她被命令收拾出一个小包裹，同时匆匆地吃了口饭，有人跟她说这可能是她此生最后一顿饭了。临近傍晚她被带到了巴士底狱。极差的视力让她看不清周边情形，不过她听到了嘎嘎作响的锁链声，就在这时，管理人把她带到了一间屋子里，四周墙壁很脏，房间空荡荡的，别人给她找来了一把草席编的椅子放在角落里，还有一根蜡烛和一把柴火，以便保持壁炉里的火不熄灭——此时正是严冬之夜。管理人走的时候关上了十一二个狱锁，发出稀里哗啦的声响。

置身铁窗的萝丝孤独一人，朋友们都跑了，她脑海中填满了之前读过的故事，故事中巴士底狱的犯人受到各种传说中的刑罚，萝丝脑海中反复闪现这些恐怖的画面，这时，房门开了，进来的是她忠诚的侍者隆德尔小姐——一张熟悉的面孔所带来的慰藉是无价之宝。几小时之后，萝丝和隆德尔被转移到旁边一间相同的屋子，房间里有两张小破床，一把座椅，两把凳子，一张桌子和一个水瓶。向狱监提问题没有丝毫用处，他们都沉着脸，“在这种地方我们从不做解释”！在经历这一系列的动荡后，吃过便饭后萝丝想要稍稍睡一会儿，但是每当她要朦胧入睡的时候，哨兵每隔一刻钟就会敲钟把她吵醒。她记录到，“这是最让我难以适应的”。四壁仅仅有一扇小窗户透光，这还是因为她视力不佳，为了避免完全漆黑一片而争取来的，在这样的地方能有什么样的梦想呢？

问询开始了。在楼下，负责此案的达尔让松先生和勒布朗先生一个个地审问犯人。有时候他们激烈交谈的只言片语能透过地板传过来，这酝酿了恐慌情绪。德·麦松卢之先生是国王的助手，负责主管内政，他并不急于审判自己的女犯人，因为怕听她哭诉。在被监禁三个星期后，监察员终于传唤了萝丝，问了她一堆关于曼恩公爵夫人的问题，萝丝作为无知的“女佣”，沉着冷静地回答了这些问题。最初的焦虑过去后，萝丝渐渐适应了这种一成不变的生活，陪伴她的是女侍和一只小母猫还有它的小奶猫们，多亏了这些猫咪赶跑老鼠。萝丝在外面还有一些忠实的朋友，给她送来几件旧衣服和生活必需品。

年轻的萝丝甚至坦诚在监狱里的这几周过得很平静，虽然她的命运还是未知数。事实证明国王的助手麦松卢之是个忠良之人，他看出自己的女囚是个聪慧冷静的女人，他很愿意和她交谈。麦松卢之尽力安抚萝丝，很高兴地告诉她，在被监禁三月之后，萝丝可以在监狱的花园里散散步。更好的是——多位囚徒得以释放，麦松卢之有更多时间来陪伴萝丝，他尽力让她过得好些，给她提供纸张和墨水，以便她可以记录下自己的想法。这种地方不适宜萌发情感悸动，不过萝丝看出这位皇室官员的殷勤和关切渐渐变成了一种真正的眷恋。正直磊落的她小心翼翼避免给他任何鼓励，不过两人和谐的交流一点也不会让琴瑟和鸣的爱侣羡慕渴望。

为了给萝丝散心，正是麦松卢之本人跟她谈起了一个关在邻房的囚犯梅尼尔骑士，这个人也被牵扯进了曼恩案件。两个囚犯互不相识。出于善意，也是为了让囚犯们散心，在监狱里组建一点社交生活，多一些烟火气，麦松卢之在萝丝和梅尼尔面前表扬对方的优点，由此激发了双方的好奇心。同样还是麦松卢之，他为囚犯提供便签，让他们得以相互通信，随后他会公开把便签从一个牢房送到另一个牢房。麦松卢之为囚犯们提供纸笔，一段美好的关系就在国王助手慷慨的庇护下展开了。心怀感激的萝丝记述道，“必须要在监狱里，或者是蹲过监狱，才能体会到这样的乐趣”。

铁窗之爱

于是，德洛内小姐和梅尼尔骑士每天都会互通小诗、用诗句写成的信札和信件。麦松卢之欣然为自己的“客户们”提供这项雅致的消遣，让两个囚徒都很欢喜。随着书信的增多，想象也随之荡漾，两人最终互相倾心。不过鉴于轻微的得陇望蜀是人之常情，梅尼尔骑士坦诚自己对收信人的真容非常好奇，他催促国王助手允许他们简短地见个面。至于萝丝本人，她则抵触这个建议：这是一条建立在自由交换基础上的条约，在此过程中一切皆有可能，两人都可以不顾现实生活的羁绊而尽情诉说自己的欲望，见面会不会让这样的条约告终？谨慎的萝丝！然而麦松卢之向梅尼尔骑士做出了让步：两个囚徒可以在自己的房门处停留片刻。“我们有些呆住了（也许这是由于我们两人都需要抑制自己的思想），我们一言不发，规定就是这样的，过了一会儿我们就回去了。”

萝丝是对的。在这次简短会面后，通信变得有些不自然，信中轻松的欢愉消失不见了。欲望被失望伺机占领，然而没有别的消遣，梅尼尔骑士看上去并未气馁，他说服麦松卢之让他们再次见面，准许他们说几句话。好心的国王助手同意了，一天晚上，他亲自把梅尼尔骑士带到了德洛内小姐的房间，她已经上床就寝了，梅尼尔骑士坐在她的窗边，与此同时，麦松卢之悄悄站在离他们几步远的地方和隆德尔小姐谈天。萝丝的批判目光毫不留情，她看出自己访客的窘迫，梅尼尔既不知道怎么找话题，也不知道如何和她交谈，谈话就这样僵持着，是麦松卢之帮他们解了围，重启话题。这并不是一次令人信服的会面，于是他们又重启了书面通信，但是两人失去了新奇的趣味。而且，萝丝假装为了筹备圣灵降临节，打退堂鼓，建议暂停书信。梅尼尔看上去也赞同停歇。萝丝心里对自己骑士的缺乏热情感到失望，她明智地注意到，“他不加反抗就接受了我的建议，这让我觉得极度受挫，这种因他而起的不对等感情让我更认真地感到些许顾虑”。

孤独、身处阴森之所、长日漫漫、羁绊障碍，而且还有对过往幸福时光的回忆，这些都是点燃憧憬并使之燎原的强力催化剂。同样，每个人都在其中加入自己的幻想。萝丝承认她开始喜欢梅尼尔骑士。梅尼尔越发大胆，他利用麦松卢之不在身边的时候，巧妙地撬开锁，一声不响地独自潜入年轻的萝丝的房间。为了能让麦松卢之方便出入她的房门，钥匙一直都在门上。在诧异、欢喜的作用下，萝丝陷入混乱，然而她承认，“最惬意的感觉占了上风”。打情骂俏的玩笑话变成了认真的爱慕：“我愿意相信梅尼尔骑士认为我配得上他的爱情，也愿意爱我，我让自己坚定地走上这条路。”爱情就这样开始了，恋爱情绪常常只是对方欲望的反向碰撞。萝丝没有剖析自己的内心，她考虑的更多的是“让自己坚信自己的美好憧憬，而不是在他面前掩饰或显示自己的感情”。她是如此明智！求爱者离开后，理智重新发挥作用，年轻的萝丝谨慎冷静地努力抵抗自己的爱慕之心，她完全明白，二人的关系正在进入一个新的阶段，她的未来可能会取决于自己现在的举止和态度。她35岁，有一定的生活经验，她感到担惊受怕。第二天晚上，梅尼尔再次做出了鲁莽举动，他的鲁莽将二人都置于险境。

尽管梅尼尔苦苦哀求，萝丝还是决定趁着还来得及，要终止这种“危险的交往”：“我最终恳请德·梅尼尔先生别再企图见我了，请他放弃一切与我的直接接触……他看起来极度痛苦地离开了我。”

爱情的“杰作”正在酝酿之中。梅尼尔重新执笔。他的痛苦是真挚的。他找到了让萝丝安心的正确口吻，让两情相悦的幸福在她的幻想中驰骋。这再也不是打情骂俏了，而是结合，共度一生。他催促她，用上了庄严的字眼，比如激情、尊重、敬意、顺从。为了能让自己的感情更站得住脚，他直截了当地提到了年轻的萝丝的物质条件，她微薄的积蓄，以及他对舆论评价的默然态度。顾虑逐渐平息，信任一点点战胜了萝丝被表白之后所陷入的“混乱”情绪：她觉得，理智允许她恋爱：她在给他的信中写道，“情感只有在开始与理智相结合的时候才会变得真切和珍重……我从未像现在这样全身心地属于您，我对您的渴望也不会再比此刻更加强烈”（1719 年 7 月 24 日）。爱情起初是一种出于自我洗脑的主观现象，唤起了交互性：“我觉得找到了这种至善至美，我们的期望不停地追随它，永远都不能抓住它……我任凭自己陷入一段激情，一段比我的期望值更加强烈的激情。”这颗心不会再受到任何警告的烦扰，但是，安全感反而生根发芽：“在我们恋爱之初，我尝试体验一种完美的幸福，丝毫没有预见任何障碍……”

怀疑

这段爱情历险的第一位受害者就是大善人麦松卢之：他诚恳、忠实，有着无上的美德。才智上，尽管他的思想既不闪光也不洒脱，但是却公正率直、明白事理。麦松卢之明白，梅尼尔变得越发大胆，而且萝丝喜欢二人的交流。不过萝丝的谨慎克制让他放心。麦松卢之的首要愿望是想要缓和萝丝的监禁生活。他作为狱官可以自由接触萝丝，他自己努力给她散心，以至于梅尼尔为此吃醋，当他从窗户听到自己的意中人哼唱“伊菲革涅亚”[①]的旋律，被关在楼上的黎塞留公爵随声附和！不过，国王的助手麦松卢之也有自己要履行的职责和任务。一天晚上，麦松卢之在未事先打招呼的情况下来看德洛内小姐，在她房间里撞见了梅尼尔，麦松卢之本以为梅尼尔应该被锁在自己的房间里。这就免不了一番解释。过于忠诚正直的萝丝没有互相指责，她坦白承认了自己的心境。为了能够得到原谅，她向麦松卢之担保，自己和梅尼尔缔结的恋爱关系是严肃认真的，两人会一生一世在一起。

愤怒、悔恨和惆怅稍稍平息后，麦松卢之有风度地退让了，他熄灭了自己的妒火。萝丝和梅尼尔又开始通信。上级这晚临时来监狱造访，梅尼尔没有待在自己的房间，这显然不是麦松卢之的错。这一次争端的后果更严重了：梅尼尔被转到了一种塔楼牢房里，远离德洛内小姐的房间，并且遭到了严格管制。萝丝忧心苦恼，“我的身心只被他一人占据”。尽管麦松卢之努力让他们两人建立联系，并缓和监禁环境，两人含情脉脉的通信习惯还是中断了。梅尼尔骑士受到严格看管，对此他难以忍受，变得乖戾愤怒。随后，在慷慨无私的麦松卢之始终如一的帮助下，梅尼尔的境遇有所改观，他甚至又可以再见到萝丝了。“曼恩公爵夫人事件”失去了时效性，几位囚徒已经有幸得到了宽大处理，监禁纪律有所松懈，囚犯之间又可以

① “伊菲革涅亚”原为古希腊悲剧诗人欧里庇得斯的经典悲剧，讲述特洛伊战争之前的一段故事，后多有改编重写。——译者注

互相见面了。

梅尼尔又成了一个恳切的情郎。然而，在本应重燃希望的时候，萝丝心里却燃起了顾虑：有人暗示梅尼尔曾经为了自身利益置了一笔还款，他却没跟萝丝提起过这件事。重获自由后两人的关系让萝丝感到焦虑，她体会到一种莫名却隐约的不安全感。再加上，她还怀疑，二人的真实感情和言语中的感情有些许不一致，萝丝为这些与理智相悖的思绪烦扰不已。1719 年 10 月，萝丝在一封信中向梅尼尔坦诚自己的苦恼。二人是否足够相爱，并且理智地相爱？

> 我们两个人都没了头绪，我为我们二人感到羞愧，然而我再也不知道要如何应对。如果我还有足够的理智能从我们的胡言乱语中厘清一些思绪的话，我要承认，令我气愤的是我自己的想法，您让我为之倾心的魅力渐行渐弱。因为这些始终如一的感情不再像以前一样如此触动您……请您一定要好好想一想，如果我们都保持真实面目，您是否能和我一起幸福生活；如果您做不到的话，与其说要我们紧密相连，我们只应该考虑离开对方。我很容易伤害别人，而且急于表明自己的不满。您也跟我承认过，您是一个敏感之人，本性多疑且很难信任对方，我也察觉到了……向您千万次地致意，我从未如此温柔地爱着您。（萝丝·德洛内，1719 年 10 月 16 日）

1719 年年底，检察院继续审讯。司法压力逐渐减缓，仆人和卖俏女们被释放。1720 年 1 月 5 日传来了新消息：梅尼尔骑士收到了国王的信件，得以离开巴士底狱，回到位于安茹的家乡流亡。萝丝的天空上遭到一记雷击，这突如其来的分别毫无征兆。情郎匆匆来和她道别，“对于要与我分别这件事，我觉得他看上去也没有那么感伤。在他眼里，得以逃离我们阴郁居所的快乐显然要比把我孤身一人丢在这里的懊悔来得更加强烈。如果是我第一个出狱，我应该不会像他一样”。

不过萝丝惯于掌控自己的情绪，丝毫没有显现出内心的波动。她一动不动，陷入一种麻木状态。几小时后，既伤心又不安的麦松卢之来找萝丝和她一起吃饭。他接到命令，午饭后就要把年轻的萝丝转押到另一个房间，然后告诉萝丝，她从此以后就会在监视下被关在自己的房间里。萝丝对自己女主人曼恩公爵夫人的案件缄口不言，她要为此付出代价。麦松卢之向萝丝宣布了这个坏消息，他没有掩饰自己的愁苦，从今往后，年轻的萝丝就要过铁窗生活，没有任何陪伴，被忧愁的思绪包围，任凭自己被痛苦侵蚀。第二天，始终殷勤陪伴的麦松卢之告诉萝丝他收到了一条梅尼尔的消息，后者在言语中表达了自己对意中人始终如一的感情。然而正当麦松卢之要把消息拿给萝丝看的时候，这张纸却找不到了。梅尼尔不久后直接给萝丝写了一张便条，对此，萝丝简短地表示，“我不太满意”。

然而这一切并非无法挽回，萝丝时而会重拾信心和安宁。麦松卢之是个独一无二的朋友，他东奔西走，仍然充当二人的中间人。鉴于萝丝的笔迹会被认出，她的所有信件都会受到监管，麦松卢之不顾自己的安危提出为萝丝代笔。他坚守自己的诺言，每隔八天就把信交给梅尼尔骑士，梅尼尔会定期回信，但是信中并没有吐露太多真情，也许是由于通信有被截获的危险。就这样三个月过去了。梅尼尔于春季得到允许可以离开安茹，回到巴黎。一回到首都，他就立刻来找国王助手麦松卢之，向他详细询问德洛内小姐的精神状态，梅尼尔解释道，自己的目的是尽快让萝丝出狱。也许萝丝更愿意让梅尼尔对她诉衷情？她遵循麦松卢之的指示，看上去麦松卢之没有向她袒露一切。

曼恩夫人一方则对德洛内小姐的勇气有所耳闻，她经受住了考验，拒绝透露女主人的任何秘密，萝丝向公爵夫人印证了自己对主人的尊崇，对于一颗受伤的心，这是一种珍贵的抚慰。萝丝身边的朋友努力帮她离开巴士底狱。1720年6月终于传来了新消息，麦松卢之激动万分地来找萝丝，手里拿着同意释放萝丝的国王信件，命令她即刻回到索镇。麦松卢之和萝丝两人都陷入了前所未有的两难境地：国王助手游离在欣喜和忧愁之间，因为他明白自己要失去毕生挚爱了；萝丝忧心忡忡，18个月来监狱已经成了一种避难所，她要离开这里去面对未知的未来。

等待

一经释放，德洛内小姐立刻给梅尼尔骑士写信，要和他见面。两人在“圣母献堂”修道院的会客厅相见，德·格利厄夫人一直以来都是萝丝的保护者和朋友，她就住在这个修道院，是已过世的女修道院院长的姐妹。萝丝立刻就注意到梅尼尔骑士看起来面有难色，他解释道，自己的经济状况不好，因为他赔本卖了一栋房子。不，梅尼尔没有改变主意，但是践行两人共同生活的计划要比他意料中等待更久一些。的确，他满心期盼能再见萝丝，但是他已经答应要去瑞士拜访一位女使者，也是他的多年挚友。萝丝没有上当，她愿意相信梅尼尔的真诚，然而焦虑和伤感侵蚀了她的心。只要梅尼尔愿意，她准备好从索镇来巴黎见他，萝丝期盼能够再次和他相见，新会面遥遥无期，她在苦等中胡思乱想。也许，她的情郎是“背信弃义”之徒，但是她不能割舍他。有人跟她说，梅尼尔骑士到过两人共同的朋友家来找萝丝，他前一天已经来过一次了，但是被告知德洛内小姐已经出门了。梅尼尔准备离开巴黎再次出行。

到底该相信什么？6月12日，萝丝起笔写道：

“不管您会如何辩解，不管我如何欺骗我自己，您终究还是发生了惊人的改变。从您回来之后我就开始察觉了……说到底您是和以前不一样了。您仍然珍视我，只是因为您想起曾经珍视过我，您走出的每一步都让您与我渐行渐远，您到底想要怎样？难道您觉得我想强行把您留在我身边？难道我没有一直向您强调，不管您和我缔结了怎样的约定，您永远都独立自主，我不会觊觎除了您的感情之外的任何事物。不过，如果您的感情是泯然众人的俗物，无常又善变，那么在失去您的时候，我的怅然若失会比料想中的要缓和。啊！如果我们之间的信任不用经受这几个月分离的考验，我此生还有什么好怕的？然而我仍想更直接地了解您的心绪…… 再见了，愿您的乐事像我的痛苦一样多；我衷心希望您幸福圆满。”

萝丝的言辞克制，但是背后传达的信息却诛心，真希望梅尼尔骑士至少能够有勇气表达自己的看法！德洛内小姐又了无生趣地重新为曼恩公爵夫人服务。客套的慰问一过，奴役又开始了，对于忍受女主人的任性而为，萝丝的耐心比以前少了。诚然，她在这个学者和亲王的圈子里找到了一些安慰，以补偿自己的尽忠职守。著名拉丁语学者达西埃在丧偶后为她倾倒，狂热地爱上了她，并向她求婚，特意强调自己家产丰厚、感情真挚。自私自利的曼恩公爵夫人立即介入其中，宣称自己拒绝与她必不可少的“女仆”分离，萝丝做了退让，这件事就了结了。萝丝内心深处很久以来就有一条深深的伤疤，这个伤口既激励她保持清醒，也导致她克己舍弃。事实上，萝丝的柔情款款并未改变，这些沉重的感情对她自己并无益处，“丈夫对妻子抱有一种她无法满足的眷恋，我觉得这是一个弊病”。萝丝很久以后还后悔没能积极回应达西埃的追求，殷勤的他本可以为她带来“宁静和自由”。

见异思迁的梅尼尔骑士出行归来。两人的重逢变得越来越不温不火，“他对我的一丁点儿付出都让他不堪其扰，以至于我恳请他从中抽身时他几乎没有反抗”。梅尼尔抱怨说萝丝的来信太简练了，让她多给他一些关爱，萝丝回复道，自己的言辞就像缺少源头的溪水一样枯竭干涸。有时候两人也会碰巧相遇。社会上有人爱说三道四，没多久萝丝就得知梅尼尔骑士让一位安茹的远亲住在家里，他的新恋情众所周知。然而恶趣味让他打算把新欢介绍给被他抛弃的旧爱。情敌沉浸在幸福中，萝丝在写下这几行辛辣文字的时候一定体会到了几分乐趣：“她给我写信，请我共进晚餐……我去赴宴了，见到了她。我客观地认为，她高挑、体面，一点儿也不美，更不要提可爱了，思想和举止都是外省人的做派，别人也是如此看待她的。我最坚实的慰藉就是看清了曾经无数次以我为对象的爱慕到底眷恋的是什么，我只想抹去这些凄凉的记忆。”不再等待是疗伤的开始。

萝丝不掩饰自己当时经历了一个可怕的抑郁阶段。她有一阵曾经想过要和麦松卢之交往，这位忠实的朋友死于一种慢性病，他是在萝丝离开巴士底狱后染上这种病的。她悲痛不已，以至于开始厌世，视他人为地狱。她的心里空荡荡的，理智丝毫不能帮助她。从今往后，萝丝要扼杀一切与爱情有关的感情，避免“一段新恋情带来的悲剧”。回忆录中优美、简练又真诚的笔触稍稍缓和了她的苦楚。患病的曼恩公爵夫人最终承认了萝丝的品质，并且信任她，和她建立了友谊。然而公爵夫人的友谊甚至比她的冷漠还要可怕！不过正是曼恩公爵夫人本人通过一位朋友给萝丝介绍了斯塔尔男爵，他是瑞士近卫军[①]一个连的队长。二人的见面看起来很成功，“他对我如此满意，远远高出了他该有的期望值”，萝丝不乏得意地写道。这段50岁的理智婚姻为萝丝的回忆录画上了句号。萝丝·德·斯塔尔·德洛内没有从中找到爱情，但是至少赢得了自由。

① 教皇的瑞士近卫队，于1506年由教皇儒略二世建立，为保护天主教会圣座罗马教廷和教皇本人的雇佣兵组织。——译者注

詹姆斯·博斯韦尔
一位浪子的爱恋

“爱情是真真切切的心潮澎湃。”

“如果我回来后，她依然对我一样冷漠，那她就是配不上我。我不会和她争执，她对自己的缺陷无能为力。对她的迷恋将我束缚住，然而我会冲破这些枷锁。”

詹姆斯·博斯韦尔，《日志》

詹姆斯·博斯韦尔也许可以成为18世纪英国淫秽小说的主人公。爱情是一杯由他畅饮的烈酒。恋情一段又一段，他臣服于诱惑，发誓说刚刚见到的年轻路人是他的毕生挚爱，他开始一段恋情、渐渐冷却、第二天或者三个月后就分手、重归旧好、再一次决裂、沉溺于纵酒狂欢、随后又笑着接受一段新调情。

博斯韦尔毕生都在忙着绝交，但是每一次分手，不管是通过书信还是当面分手，都是一种令他犹豫不决、伤感忧郁的悲伤源泉。他和卡萨诺瓦[①]毫不沾边，更不是个唐璜式的人物，他的目的是走进婚姻。博斯韦尔看起来更像是《忏悔录》中的卢梭，他像是一个本应该成长在贵族阶层的卢梭，每天都在日记中尽情诉说自己的不幸，以此更好地认识自我。自私却不自恋、放浪却不无耻，博斯韦尔既天真赤诚，又机灵狡猾，他的忏悔有一种魅力，其中交织着真诚、自嘲和真情实感。说到底，尽管他离经叛道，却无法避免教条，至少无法摆脱他所处时代的教条风化，而且博斯韦尔承认自己的阴暗面，他四处搜寻自己的种种悖论和意识妥协，因为他向往智慧和美德。他最好的朋友坦普尔是一位牧师。英国的清教徒女子不会喜欢博斯韦尔的真心话里所展现的坦率和执拗。同理，淹没在手稿中的博斯韦尔自传直到20世纪初，即他去世150年后才得以真正出版，并于20世纪50年代翻译成法语出版。

① 贾科莫·卡萨诺瓦（1725—1798），极富传奇色彩的意大利冒险家、作家、追寻女色的风流才子，18世纪享誉欧洲的大情圣。——译者注

维纳斯之痛

詹姆斯·博斯韦尔于1740年生于爱丁堡。其父属于苏格兰最古老家族的一员，享有勋爵名号，根据苏格兰的习俗，父亲成为法官后，“统领”奥欣莱克这一片有着数百居民的广阔领域，然而他家产的实际价值却无从准确评估。按照大地主的习惯，财产多多少少都会用于借贷和抵押：经营一片这样的土地需要巨额资产，保持家族欣荣的最可靠方式就是与一位嫁妆丰厚的小姐联姻。詹姆斯·博斯韦尔有必要寻觅一位富有的配偶。他学习法律，但却梦想着写作、云游；因此他想去伦敦生活，以便接触作家、艺术家和政治家的圈子。

博斯韦尔父子间的关系常常血雨腥风。老勋爵奥欣莱克于1766年成了鳏夫，他依然老当益壮，考虑自己再娶；专横的他是讲原则之人，不太能理解自己别出心裁、变化无常的儿子的那些憧憬渴望，也不能理解他内心的冲撞。他希望儿子选择一个稳定的职业，做律师，或者在议会谋个职位也未尝不可。为了能让博斯韦尔完成学业，并且完善他的司法培训，老勋爵于1760年和1762年出资让他去了好几次伦敦，随后于1763年资助他去欧洲旅行。和大多数他这个年纪的欧洲青年贵族们一样，年轻的博斯韦尔去欧洲大陆“转了一大圈”，得益于各种各样的推介，他被引入了上流社会。詹姆斯·博斯韦尔在伦敦结识了一些小说家和诗人，比如劳伦斯·斯特恩、谢里登、演员大卫·加里克，而且值得一提的是，他还认识了伦敦的“文学之狮”——塞缪尔·约翰逊博士，二人发展了友谊，詹姆斯·博斯韦尔日后为约翰逊写了传记。博斯韦尔在荷兰学习法律，他在那里爱上了“丽人居尔埃[①]”，她之后成了本雅明·康斯坦之友。詹姆斯·博斯韦尔与德国一些小王朝的王子公主们交往密切；他在瑞士拜访了伏尔泰，随后结识了卢梭；博斯韦尔最终在科西嘉岛驻足，他对科西嘉独立主义者帕斯夸莱·保利的经历非常感兴趣。世界的大门向他打开。1766年博斯韦尔成为业务能力过硬的律师，他当时在伦敦停留了很久，并且在这里展现了自己多项才能。他结交这些同时代伟人的目的是满足自己的雄心壮志、完善自我，同样也是为了从中赚取一点点虚荣心。

博斯韦尔是个伤春悲秋的精致年轻男子。他脸部线条精美，下颚稍稍有些宽厚圆润，非常注重自己的仪表——50年后，他也许会被称为“纨绔子弟”；从博斯韦尔的外表就可以看出来他是个善良仁义之士。他在伦敦停留的时候常常光顾时髦俱乐部、贵族沙龙和棋牌室；博斯韦尔对一切都感到好奇，他想研究自己同时代人的风俗品行。他游荡闲逛，尽管自己收入微薄，他仍然利用眼前的机会追求享乐：在“日记”里，博斯韦尔饶有兴致地描述自己流连于剧院、就着波尔多美酒品尝生蚝。不过他只是表面上看起来轻率随便，他同样也愿意穿着旧衣服和拖鞋宅在房东家里写论文，也很高兴每周日能去履行宗教义务，盼望自己能在家里体会宁静的虔诚。

对爱情的企盼像暴风雨一样向年轻的博斯韦尔席卷而来，他信誓旦旦地写道，“没有比和一位可爱女子谈一段真正的恋爱更强烈的幸福”，此时的他绝对真诚，并且准备好整个冬天都保持贞洁，以寻觅一位与自己的爱慕相得益彰美丽又无私的妻子。不过与此同时，这样的想法并没有阻止博斯韦尔向一位科文特花园剧院的女演员献殷勤，这位女演员“一丝不挂，

① 伊莎贝尔·德·夏里埃（1740—1805），在其青年时代被称为“丽人居尔埃”，荷兰和瑞士地区的法语女作家。——译者注

分外美丽”地在自己的包厢里接待了博斯韦尔。两人定于下周会面。22岁的博斯韦尔越发激动，体会到了自己所谓的“爱情的温柔狂热”；他向年轻的女演员表白了自己的崇敬赞赏，对她敞开心扉；见面三四次后博斯韦尔体会到了“真爱引起的一切苦恼”，激动狂热的他把女演员揽入怀中。脸上带着迷人笑容的美人推开了他，博斯韦尔更爱这个“羞怯和情欲的迷人结合体”了；最终，二人初遇两周后，女演员同意和他共度春宵；精致的晚餐由几杯美酒浇灌，禁欲了数周的博斯韦尔十分幸福地沉浸在无尽的“爱泉”中。之后，他在日记中记录道：“我为爱欲而生。”

四天后，博斯韦尔去拜访美丽的女演员，得到了极度殷勤的款待。然而博斯韦尔的激情已经减退了，他甚至对女演员生出了些许冷淡。他承认，艳遇只是一种打发时间的方式，是为了等待进入一个唯美的氛围、取悦一位高品质的女士；他焦虑困惑，感到一种难以言喻的恐惧和阵阵剧痛，“身体里被丘比特支配的部位莫名地悸动”。他自问：一位如此美丽、如此精致的女子有没有可能是一个堕落不忠的荡妇？他很快就做出了决定。博斯韦尔找到女演员，强迫她露出本来面部，“女士，您是两个月以来我唯一交往的女人。今早我看了医生，他发现我被严重感染，他说传染给我这个病的女人一定知情。女士，这种事情发生在您身上要比发生在站街女的身上严重得多……”女演员矢口否认，博斯韦尔仍然保持着体面，没有摒弃一贯以来的礼貌。随后，博斯韦尔还是得到了她的供认不讳，他自豪地写道，自己“用男子的坚定和冷漠的礼貌”断绝了二人的关系。两人没有哭闹就分手了，博斯韦尔沉着冷静地总结了这段插曲：“这些是战争中的危险”……维纳斯之痛将会不停地伴随他的爱情生活、扰乱他的健康。温泉、运动、上油：他四处寻医问药，尝试了很多毫无用处的治疗。

喀耳刻[①]夫人

大多数时候，分手不会如此迅速、痛快地得到了断。为了离开一位他爱过的女人，博斯韦尔需要朋友的支援，特别是坦普尔的首肯。1766年的时候他已经26岁了，博斯韦尔疯狂地爱上了园艺师之女尤菲米娅，并且考虑迎娶她。尤菲米娅魅力四射、纯洁又活泼；博斯韦尔和尤菲米娅一起为家具除尘，两人互通便签，把便签藏在桌布下；她许诺会为他剪下一段青丝由他珍藏。博斯韦尔联想翩翩，体会到了青春的悸动：和那些只求中规中矩的上流社会的体面妇人相比，尤菲米娅难道不是一位更加顺从、单纯、温柔的伴侣吗？亲爱的小女孩满腹感激，会全身心地为他奉献，会让他儿孙满堂。博斯韦尔就这样梦想着一段美好姻缘，这纯粹是情爱幻想的心血来潮。4月18日，博斯韦尔给坦普尔写信，求他帮自己摆脱这种幻想——他的父亲会被气死的！三周后，梦想不再，博斯韦尔老实承认了自己的性格弱点，他在莫弗特进行温泉疗养的时候，一位真正放浪的年轻女子让他体会到了天选之人的乐事，驱散了他的 悔恨。他天真地写道，“这将是我最后一段不正常恋爱关系”。至于睿智的尤菲米娅，她则丝毫没把这位年轻苏格兰领主的狂热宣言当回事。

有时生活是个悖论。在乌德勒支驻留期间，博斯韦尔结识了省执政官之女伊莎贝尔·范·居尔埃，他在日记中称其为“泽利德”，这是伊莎贝

① 喀耳刻是希腊神话中住在艾尤岛上的一位令人畏惧的女神。在古希腊文学作品中，她善于运用魔药，并经常以此使她的敌人以及反抗她的人变成怪物。她是古太阳神赫利俄斯的女儿，拥有火红色的长发，是女巫、女妖、巫婆等称呼的代名词。——译者注

尔给自己起的绰号。她的财产微薄，但是魅力四射的她出身于荷兰上流社会；伊莎贝尔才情卓越、饱读诗书，讲着一口流利英语，并且很有思想。也许对于一位待嫁的小姐来说她过于有思想了：相对于遵从于自己的内心，伊莎贝尔更趋于理智，永恒的约定让她心生畏惧。然而博斯韦尔爱上了她，尽管他有些害怕她的刺头、担心她是否有能力成为“奥欣莱克可敬的女主人”，他还是向她求婚了。在“日记”中，博斯韦尔不顾一切地坦白承认：“她和我相比太高高在上了。这不招人喜欢！”历史为他做出了决定：泽利德的父亲很可能准备好要同意博斯韦尔的求婚了，然而他非常客套地告知博斯韦尔，女儿已经和一位萨瓦侯爵谈婚论嫁了，这位侯爵刚刚恳请教皇允许他迎娶一位新教妻子。博斯韦尔心里着实松了一口气。“奥欣莱克不是一个思想者的好去处。……我父亲应该忍受不了她。”然而犹豫不决的年轻人却没有一刀两断：“话说回来，也许泽利德会改变自己的！”从1766年秋至1767年春，一直单身的泽利德在英国驻留，博斯韦尔又面临了痛苦的抉择，他毫无头绪。第二年，1768年3月，年轻的泽利德成熟老练（她28岁了），她从乌德勒支给博斯韦尔发消息让他来看自己，“然后我们一起评估我们两人到底能不能幸福地生活在一起”。博斯韦尔非常尊重父亲的权威，而且更希望能推卸所有的抉择。他给父亲写信，申请前往荷兰。博斯韦尔未能成行，但是两个月后他收到了一封泽利德的来信（信件丢失），让他非常不悦。这件事情就到此为止了，博斯韦尔向挚友坦普尔抱怨道，“她难道不是个泼妇吗？或者说，等她40岁的时候她不会变成个泼妇吗？”年轻的泽利德铁定出局了，她无怨无悔；她日后嫁给了一位沃州的贵族德·夏里埃先生，他是泽利德兄弟的家庭教师，日后她用绝妙的戏谑口吻创作了关于女性境遇和外省平庸上流社会的小说，这些小说为她打开了内克尔夫人[1]沙龙的大门。

博斯韦尔的人生中来来往往地充斥着订婚一星期或一个月的未婚妻，热情似火的意大利女郎吉罗拉马·比洛利妮、16岁的爱尔兰小女孩玛丽·安妮·博依德、“约克郡维纳斯”波斯维耶小姐，还有得以为博斯韦尔带来些许悸动的其他年轻女孩。爱情是忧郁发作时的最佳良药。哪些年轻女孩可能成为奥欣莱克的女主人，哪些用来满足他的欲望，博斯韦尔分得很清楚。他既不是个老谋深算之人，也不是操纵者和色诱行家。爱情的炽热让他丧失理智，博斯韦尔想要品尝爱情的所有滋味，同时不愿有丝毫牵绊，以此逃避分手的苦涩。和直接绝交相比，他更愿意远离火线。

虽然D（多特）夫人不能算是一位体面的未婚妻，但她还是和博斯韦尔谈了数月恋爱，为了“抹去身上几个难看的斑点”，博斯韦尔去莫弗特进行温泉疗养，他在这里轻而易举地就将园艺师之女抛之脑后了。在莫弗特，博斯韦尔开始和D夫人私通，她是一位被丈夫抛弃的年轻女子，他们的三个孩子由男方抚养。D夫人——出于腼腆，博斯韦尔没有给出她的姓名——以单身女子的身份自由自在地生活；她一头棕发，身材娇小，活泼快乐；博斯韦尔很快就把她安置在自己租用的房子里，房子的家具也是他配备的；他给D夫人提供了一位女佣，并且“慷慨殷勤地支付她的开销”。于是博斯韦尔就这样准备好了自己的小爱巢，心里痒痒的时候就来到这里。此情此景令人感到舒适惬意：博斯韦尔觉得自己跟已婚男子几乎无异，却不用被婚姻的羁绊束缚。他在奥欣莱克认真工作，打赢了一些官司，关于自己科西嘉之旅的书也在创作中，保持自由身的他也度过了几度良宵。朋

① 苏珊·内克尔（1737—1794）瑞士法语区女作家、沙龙人士。——译者注

友坦普尔认真地试着劝解他，向博斯韦尔提起他父亲希望看到儿子成家立业，但詹姆斯浪子的习惯战胜了理智。

然而博斯韦尔和“迷人女巫”的爱情并非无关伤感。在与他交往之前，D 夫人曾经过着雅士生活，她的生活甚至引起过异议，她爱过其他人，博斯韦尔对此焦虑不安，情妇的一举一动和爱抚温存是从其他男人那里学来的，如何能把这种想法从脑海中抹去？博斯韦尔的心绪变得阴郁伤感，欲望也不复存在了，“我想分手，然而分手实在是太令人难为情了！”一天晚上，在和一个妓女纵酒狂欢共度春宵后，博斯韦尔承认自己的精神状态“是一个可耻的将死之人的状态”，更糟糕的是，他醒来后发现自己被严重传染了。他对自己的荒淫行为感到厌恶和羞耻，身处马蜂窝的他起了自杀念头。随后他恢复了平静，然而他仍然像以前一样软弱无力，无法斩钉截铁，他给了自己一周期限，然后又给了一周。离开 D 夫人、撤销房屋租赁？或是任由这种介于幸福和焦虑之中的关系发展下去？是像奴隶一样活着、当一个浪荡女的玩具，还是自我解脱、重拾自我？他能不能再享受一年这样的美妙时光？在左右权衡之间，天平找到了平衡。D 夫人慷慨无私、温柔可人，但是不久后，博斯韦尔觉得这位三个孩子的母亲性格扭曲、冷漠、堕落。他觉得自己爱的这个女人只是对他产生了肉欲。

“我下定决心要改变”，博斯韦尔在记事本中这样记录道，他给“喀耳刻夫人”寄了一封决绝的分手信，把草稿寄给了坦普尔。只有婚姻能在未来的某一天将博斯韦尔从他混乱的恋爱关系中解脱出来。然而他耳边传来一阵轻微细语：“我还有大把时间。”

逃离火线，而非决绝分手

1767年5月的一个春日，天气湿润，博斯韦尔和父亲在奥欣莱克的草场上策马奔驰，博斯韦尔用马车护送他的邻居们回家，马车上坐着布莱尔夫人和她的女儿凯特。两位女士在奥欣莱克平静地过了数日，她们散步、聊天，闲暇之余偶尔去教堂祈祷一两次。博斯韦尔努力工作。凯特是一个苏格兰富家女，老勋爵很希望她能成为自己的儿媳。于是博斯韦尔燃起了爱火，凯特是公主、是天使、是女神、是亚当斯敦庞大产业的女继承人，他特别愿意拜倒在凯特的脚下。博斯韦尔是尊敬父亲的好儿子，一直都努力满足自己父亲的要求：婚姻、延续香火、继承家业是责任，家族兴旺不容置疑。但是，他同样信奉夫妻间的亲密之爱，找来他的挚友帮助他。坦普尔去拜访布莱尔家，以便审视其母的态度，并且观察年轻的凯特："请您做下记录。"这一次，博斯韦尔是认真的，凯特看起来完全合适。然而他惊讶于凯特并没有回复他的信件，此外，他在信中承认凯特很奇怪，"和理智的规划不沾边"。他同样也承认自己"并没有爱得发疯"，只是有一点好奇。一些其他更私密的事情让他操心。博斯韦尔得知D夫人怀孕了，在度过了那著名的放荡之夜后，他担心会传染D夫人。就这样，博斯韦尔在责任和义务中权衡斟酌。

然而阴云还是散去了，他找到了凯特沉默的原因，是邮局耽搁了，凯特为此道了歉。坦普尔一方则得知凯特也是其他人的追求对象，"一个总督在向她献殷勤"，凯特在谨慎的观望中，以便确定博斯韦尔的心意。两人重新开始联系，博斯韦尔追求她，不过他并没有急于向自己的公主卖弄，凯特也没有定期回复他的来信。的确，博斯韦尔在校订自己《科西嘉日志》的初稿——此书日后会受到热烈欢迎——他对凯特表现得不是那么得殷勤。11 月，他穿上了自己最漂亮的衣服，这些服饰有绿色的、金色的，还有猩红色的，下定决心花几天的时间去拜访年轻的凯特。对方的接待和他意料中的不一样：凯特客套又疏远，几近冷漠。与其说是伤心，博斯韦尔感到更多的是自尊心受挫，但是失败是一剂强心剂。本来博斯韦尔都准备好要放弃了，这会儿他反而决心要征服凯特，尽管她冷若冰霜。圣诞前夜，两个年轻人进行了诚恳真挚的交谈，博斯韦尔一句句地复述给坦普尔。在小心翼翼的追求后，他给了她的纤纤玉手一个热吻，向她坦诚了自己的爱情，并且问她是否对自己也有着同样的感觉。“公主殿下”不是个傻白甜，她直截了当地回答，“没有，我对您真的没有丝毫特殊眷恋。我对您的感觉和对很多其他人的感觉一样…… 没错，我承认，我希望我能像喜欢奥欣莱克这个地方一样喜欢您”。她好心地稍稍缓和了一下自己的回绝：她解释道，自己知道如何回应未来夫君的爱情；然而，她还从未体会过爱的悸动，不能提前预知自己的行为。博斯韦尔没有灰心，阻碍激发了欲望 —— 而且他一直过得放浪形骸，甚至还给泽利德写信！博斯韦尔的婚姻之路荆棘遍布。

1768 年年初的爱情前奏没有一点儿好兆头，不过坦诚也有好处。凯特从乡间回来后住在爱丁堡，在爱丁堡又出现了另一位追求者——总督弗拉尔东先生，博斯韦尔急切想要认识这个人。两个男人握了手；两人决定建立一种光明磊落的关系，决定心无旁贷地交心，以此避免无用的悲伤。只要佼佼者胜出就好。博斯韦尔丝毫不担心，饶有兴致地看待这件事；他开玩笑，把布莱尔家的手段比作是“钓鲑鱼”，这家人给他找来了一个竞争者，以此来引诱这位年薪1000多镑的求爱者。这是毋庸置疑的智慧，还是拖延时间的缓兵之计？一天早上，急不可耐的博斯韦尔催促凯特做出决定。年轻女孩当然毫无经验，但是他希望有一天能赢得她的心。博斯韦尔声称准备好为她做一切能让她高兴的事情，回复斩钉截铁：博斯韦尔没必要这样大费周章。"那么，我就一点儿机会都没有了？"没有，她诚恳回复道。两人平静分手了。这只是众多求爱规划中的一个。

博斯韦尔看待事情比较乐观，更重要的是，他没想过分手决裂这样的终极抉择。他满足于从战场上弃甲而逃。他的良好教育、他的卓尔不群和优雅举止成了减轻自己悔恨的盾牌。总督先生会比他更加忧愁，因为这位先生真心喜欢凯特，之后就要轮到他被拒绝了。与之相反的是，博斯韦尔很快就振作起来了，很高兴自己得到了解脱，他在凯特小姐身上看出了一堆直到现在才得以察觉的缺陷，最主要的就是她缺乏热忱。现在博斯韦尔畅快呼吸；他像摆脱狂热的泽利德时一样，迅速地从冷漠的苏格兰小姐这里抽身！坦普尔对于这个故事的结局也没有抱有更多惋惜之情，不过他担心博斯韦尔父亲会感到失望。打开难以接近的凯特紧锁之心的钥匙实际上掌握在一位骑士手里，这位就是她的第三个芳心盗贼。一年后，博斯韦尔不无得意地向坦普尔宣告，凯特和她的骑士的婚姻由于单纯的经济原因没有成行：1768年12月，女继承人依然还叫布莱尔小姐！

博斯韦尔继续寻找自己的完美女神，期间通过露水情缘来满足自己的空虚——安定下来的恐惧让他前所未有地陷入"罪恶的无尽泥沼"。他的托词、他的病情以及他堕落的行为令其父恼怒，父亲打算采用长子世袭制，让女辈继承家业！老勋爵自己则考虑再婚，这时父子关系没有得到改善，博斯韦尔没有为了嫁妆结婚，向父亲宣称自己找到了真爱：被选中的幸运儿是他的表姐妹玛格丽特·蒙哥梅利，人称“佩吉”，她是一位“珍贵的朋友”、一位“心胸宽广的女士”，博斯韦尔很久以来一直仰慕她的魅力和亲和力、赞赏她诚恳的谈吐和思想。两人于1769年11月25日缔结良缘。杰出的传记作家①博斯韦尔此后成了一个既不忠又可憎的丈夫。

博斯韦尔既放浪又多情，任凭自己在欲望的海洋中荡漾，挖掘一种融合了伦理和情欲的暧昧诱惑力，不过他并不是个引诱妇女的职业行家。他张开双臂迎接生活的种种可能，任凭自己丧失理智、醉生梦死，抑或是沉溺于疯狂的爱情。他沉浸其中。博斯韦尔身上没有任何好斗之心，无论是征服异性还是与之分手，他都丝毫不会狡辩，他的抵抗从来都坚持不了多久。和分手相比，他更喜欢伤感的克己，甚至是逃避。逃离火线的同时又能得到些许无辜名声，这是多大的胜利啊！博斯韦尔不会让自己的妻子幸福的。

① 博斯韦尔最著名的作品是为塞缪尔·约翰逊写的传记《约翰逊传》。——译者注

俄罗斯帝国叶卡捷琳娜二世与格里戈里·波将金
“您属于国家，您属于我”

“我最大的不幸就是不能无爱而活。”

叶卡捷琳娜二世，《回忆录》

“我请求上帝，让我在得不到你的爱之时死去。”

叶卡捷琳娜二世给波将金的信笺

就像路易十五有情妇一样，俄罗斯女皇叶卡捷琳娜二世（凯瑟琳）也有情夫，对于两位君主来说，他们只需要体察自己的欲望，随后践行其中。在任何一个时代，凯瑟琳的所作所为都可以被视为是具有女权主义性质的反击，因为她自己决定自己爱情的始终，作为君主，她不担心会违反男人主导爱情这个千年定律。当然，这是女皇的特权，但是这个特权也受到各种恋爱关系特殊性的牵制，每段关系里都交织着倾诉衷情和责难指摘、任性赌气和言归于好、狐疑猜忌和感伤忧愁。恋爱中的凯瑟琳像所有女人一样，会为分手流泪，或是在障碍面前神伤，爱情的终结，不管是自愿的还是被迫的，都是一种失败。然而这是一种可以增强自由感的失败。女皇很快就找回了自己的位置。

"凯瑟琳大帝"卓尔不群，大多数欧洲来访者都为她的魅力动容。造访圣彼得堡的维杰·勒布伦夫人[①]提到她"令人心旷神怡的天资"，她的智慧和才能"会让我们女性感到骄傲"；诋毁她的人们也承认凯瑟琳向所有人——她的朋友、大臣、外交官和对手——都展现出一个迷人的形象，温柔、善良又宽容。在她去世三十年后，普希金极度严肃地评判了凯瑟琳这段漫长的统治，1762 年至 1796 年，在这段统治期间，她搜刮国库用来资助自己的众多情夫，为之付出代价的是被剥削和奴役的人民。然而，普希金继续评论道，"她光芒万丈令人炫目，她温文尔雅令人着迷，她慷慨大方令人驻足"。凯瑟琳明白如何通过自己的哲学修养和品位给欧洲人留下深刻印象。她的智慧和活力让她得以保持一种既高傲又好斗的尊贵，激励自己不断进取，并且促进俄罗斯第一波工业发展。凯瑟琳充满活力、令

---

① 伊丽莎白·维杰·勒布伦（1755—1842），18 世纪后期法国杰出女画家。——译者注

人愉悦，私下日常生活中也很简单，她甚至可以每天工作15个小时之久。被赞誉环绕的凯瑟琳想要以一个“见多识广的独裁者”的姿态统治国家，以“伟人”姿态示人。

她是个私生活有缺陷的“伟人”，在《回忆录》中，凯瑟琳直截了当地承认自己的缺陷：“如果我能有一位令我为之倾倒的丈夫，我可以终其一生忠于他，因为我一点也不喜欢放浪。请上帝为我作证。我最大的不幸就是不能无爱而活。”摘下皇冠之时，凯瑟琳只是一个和其他人一样的平凡女子，时而是胜利者，时而是自身幻想的受害者。

反差

这是一位出身于德国一个不起眼的小公国的公主，她的命中没有任何征兆显示她有朝一日会成为俄罗斯女皇。克里斯蒂安·奥古斯特·安哈尔特·采尔布斯特的女儿被女皇伊丽莎白选中，嫁给自己的侄子，也就是女皇的继承人彼得大公，凯瑟琳要登上皇位需要同时拥有无数机缘和城府，既要野心勃勃又要积极主动。1744年，15岁的凯瑟琳经历了有生以来的第一次别离，她要离开自己的国家去俄罗斯生活。她接受洗礼时的教名是索菲娅，现在她被命名为叶卡捷琳娜，她信奉了东正教，满怀热情地学习这个新国度的语言和历史。1745年，她在到俄罗斯的几个月后嫁给了自己的未婚夫。夫君比她大一岁，是一位德国亲王的儿子，母亲是安娜·彼得罗芙娜[①]，祖父是俄罗斯帝国彼得一世大帝。他的姑姑伊丽莎白于1762年离世，他登基成了彼得三世。

这对夫妇之间没有什么共同点。彼得三世在荷尔斯泰因公国的宫廷中长大，热爱军事操练，是普鲁士国王腓特烈二世的忠实仰慕者。彼得三世登基后立即把在德国征战的俄罗斯军队召回来，急忙和腓特烈结盟对抗奥地利。彼得三世出身于路德教家庭，看不起东正教。他缺乏教养、胆小又浮夸，对俄罗斯历史并不感兴趣，也对军队感到不满。几个月后，他选择靠拢日耳曼一方，决定让教廷再次占据已经被伊丽莎白去宗教化的领土，这些措施让针对他的反对之声四起，他开始酗酒，夫妇间的关系从同情转为厌恶，两人间逐渐有了隔阂，凯瑟琳找了情人。与自己的丈夫相反，凯瑟琳适应了自己的新国度，比俄国人还要俄国，看上去已经将俄国的气质融入了血液。俄罗斯的民族性格是一种灵活、一种热情、一种冲动，可以将欢心雀跃瞬间转化为沮丧懊恼。凯瑟琳关注国家事务，受到俄国宫廷的喜爱。丈夫彼得三世怀疑她动机不纯，派人监视她。

两人的婚姻被证实是一场灾难性的失败。但是凯瑟琳仍然完成了自己的首要义务，即为丈夫诞下了一位继承人，并于1754年9月诞下保罗大公。身边的人立刻就开始怀疑这个孩子的合法性。有人提起了“萨尔特科夫”这个人，他是大公的内侍，出身于一个非常古老的家族，“像白昼一样俊美”，也有足够的手段和魅力来吸引一位婚姻名存实亡、受到亏待的妻子。因为，如果凯瑟琳的《回忆录》内容属实的话，她和彼得三世并未有婚姻之实，尽管几个谄媚者争先恐后地重申小保罗长得像父亲。女皇伊丽莎白

① 安娜·彼得罗芙娜（1708—1728）是俄罗斯帝国彼得大帝和女皇叶卡捷琳娜一世的大女儿。——译者注

一世将小保罗置于自己的监护下。

凯瑟琳有数位情人，有人还说她有更多。凯瑟琳体格健壮、充满活力，并不是人们常说的那种美女。然而她美丽、妖娆、笑容满面，她面目线条规整，面色红润娇嫩，一双褐色的眼睛泛着蓝晕，让她看起来目光炯炯，坚挺的希腊鼻子和优美的颅形让她给人一种皇家庄重威严之感。来者为之震撼，他们印象中的凯瑟琳要比实际中的她更加伟大。一位仰慕者指出，"凯瑟琳的整体感官让人觉得，如果说她是男相的话，那是对她的羞辱，但是如果说她绝对女人味的话，那对她也是不公平的"。无数青年贵族为她倾倒，凯瑟琳的和蔼和发自内心的笑容让他们拜倒在她的脚下。在萨尔特科夫之后，她于1755年邂逅了一位波兰外交官斯坦尼斯瓦夫·波尼亚托夫斯基，凯瑟琳很高兴能和他讲法语。她怀孕生下了一个小女孩，有人说孩子的父亲就是波尼亚托夫斯基，然而这位波兰外交官却不得不离开俄罗斯。继任者是卫队中尉格里戈里·奥尔洛夫，他是个相貌英俊、身材高大的俄罗斯人，他强健的体魄和讨喜的性格让人忽略了他没受过多少教育的事实。奥尔洛夫爱上了凯瑟琳，愿意为她付出一切，他喜欢艳遇，当然这样的艳遇确实满足了他的虚荣心。彼得三世这边也找了一个情妇，确切地说是个有些丑的情妇，"恶毒且没教养"。

凯瑟琳面对的是一个性情古怪的丈夫，幼稚而且常常心怀敌意。这种艰难处境让她学会了掩饰自己的情感，只要女皇伊丽莎白仍然在世，这对夫妇就要习惯于掩饰，满足于现状。然而女皇于1762年（按照格列历日期）逝世，这让她的继任者大权在握。彼得三世被荣耀冲昏了头脑，不再遮遮掩掩了。他考虑休妻，或者把凯瑟琳关进修道院；他公开羞辱凯瑟琳，一份旨在剥夺凯瑟琳王位继承权的声明不久就会被公布；他已经下令让手下一位军官逮捕凯瑟琳。很多人都认为彼得三世会迎娶自己的情妇。经常醉醺醺又软弱的彼得三世到处宣称一个新的王朝就要到来了。在几个月的时间里，他的一些轻率举措让政界要人都离他而去。

崇拜者波将金

凯瑟琳人格丰满，其特点之一就是她强势的性格。她刚刚生下了奥尔洛夫的儿子（这是她的第三个孩子），并感到自己受到了直接威胁。然而环顾左右，许多人都为平庸的新沙皇操心，担心他的策略过于倾斜于日耳曼一方，这些人寄希望于凯瑟琳。忠实的格里戈里·奥尔洛夫有五个和他同一类型的兄弟，他是个识时务的人，准备豁出自己的性命来执行凯瑟琳酝酿数月的计划：推翻自己的皇帝丈夫。奥尔洛夫起草了谋反计划，集结了自己的部队。儿子小保罗的家庭教师帕宁德高望重，是凯瑟琳的重要同盟，抱着保护自己学生的愿望，他加入了反叛者之列。他的学生以后会是彼得的合法继任者。

入夏后，沙皇在奥拉宁堡宫殿驻留，奥尔洛夫利用这个空档让卫队的四个军团预热，组织他们于7月9日起义。凯瑟琳利用这个出其不意的“闪电战”，郑重向已经为她效忠的军队宣誓，她宣称，自己执掌大权“是为了维护东正教信仰和俄罗斯的荣耀”。她神情威严。在些许迟疑之后，军队热情拥戴她，凯瑟琳拥有了为她效忠的军队。彼得三世对起义仍然毫不知情，下令让自己的妻子来彼得霍夫城堡与他会合。当他自己到达约定地点后，发现城堡空无一人，并且得知奥尔洛夫正带领部队向他袭来。一切还未定论，他仍然可以抵抗这次宫中起义。然而彼得三世软弱无能，深知自己招人厌恶，他泪流满面地邀请自己的妻子和他共享大权。女皇拒绝了。她身着一身从一位官员处借来的制服，庄严且迷人，她骑着马开始了胜利阅兵，接受丈夫的让位契。7 月 14 日，她坐着四轮马车庄严驶进圣彼得堡。彼得三世被软禁在一处临时住所里，一周后他死在了这间屋里，可能是被奥尔洛夫的一个兄弟杀死的。

女皇被大批仰慕者包围，其中一位身材高大的男子尤为引人瞩目。他比人群要高出一头，在军乐声中热烈欢迎新女皇。他骑着马，在士兵中开出一条路，向女皇走来，把她掉的剑柄穗子递给她，凯瑟琳把穗子系在腕上。她向他微笑。凯瑟琳时年 33 岁，他只有 23 岁，被女皇光耀四射的美貌征服。凯瑟琳一头浓密棕发，目光炯炯，她穿着这身借来的制服看上去就像要去赴宴一样自然合体。1 个月后，女王个人下令提拔他为骑兵卫队的副中卫。12 月，他成了内侍官，大部分时间都待在皇宫走廊里。他的名字叫格里戈里·波将金，这个名字很快就会被提上女皇的特别嘉奖名单。

奥尔洛夫一家也受到了嘉奖。格里戈里·奥尔洛夫也许在盘算着迎娶女皇，帕宁一方则考虑将年轻的保罗推上王位，以便以他的名义掌管国家。动荡，滋生阴谋。不过凯瑟琳既睿智又充满活力；从 1762 年 10 月起，她明确宣布“她想执掌大权，并且自己主事。凯瑟琳出席参议院的集会，并且极度专横地决定最重要的议点……”（布雷特维尔男爵的快信）。奥尔洛夫被任命为女皇的私人副官，他是个殷勤的情郎，也是个可以进言的顾问；他时刻关切迎合自己的“情人女皇”，执行她的命令、陪她消遣散心。一天晚上，奥尔洛夫提议请来一位自己的手下，此人以模仿才能而闻名，是他的手下中最幽默、最放肆的人，这个人就是格里戈里·波将金。年轻的波将金被正式介绍给女王殿下，准备开始模仿：带着轻微德国口音的他开始学女皇说话。这是在冒大不敬之罪？凯瑟琳发出了清脆的笑声，她的笑声欢乐又真诚。凯瑟琳喜欢自然和坦诚，这位如此有趣的年轻人得到了赦免。

波将金还需要 14 年的时间来转变身份，从一个宠儿变成权倾朝野之人。在此期间，住在女皇楼上房间里的是奥尔洛夫，他可以很方便地从楼上下来找女皇过夜。奥尔洛夫忠诚奉献，对名利保持理智，头脑清醒，是非分明，也许有些懒散。女皇爱他，或者说是以为自己爱他。奥尔洛夫是位好情郎，他也暗地里有几段外遇。女皇无出其右的宠信让他的地位看似很稳定，不过他也注意到了一个潜在对手的崛起，这就是女皇的崇拜者——波将金。因为波将金毫不掩饰自己对女皇的喜爱。他扑倒在凯瑟琳膝前，亲吻她的手，发誓为她效忠。波将金是女皇卫队的一员，他梦想着能通过一场军事建树来向凯瑟琳证明自己的忠心。他被派往前线与土耳其人作战，脱颖而出成了骑兵队总参谋，并于 1770 年 7 月突袭了敌军阵营。凯旋至圣彼得堡后，女皇数次热情接待了他。也许凯瑟琳过于明显地表现出自己对这位时任英雄的兴趣，身为炮兵队总管的奥尔洛夫立刻就把这位年轻的凯旋者派到了离皇宫很远的地方去执行新任务。

波将金所向睥睨的晋升之路

也许，凯瑟琳是在得知奥尔洛夫有外遇后才考虑找一个接替者的。凯瑟琳之前的历任女皇都迅速培养了自己的忠实男宠，但是做凯瑟琳的情人相当于担任一个国家职务。奥尔洛夫在她身边已经快十年了，对于一个既没谈吐也没文化的男人来说，十年的时光真的付出了很多。1772 年，奥尔洛夫犯了几个过失，在这之后他被调离了岗位，被予以重金；他的位子被卫队里一个潇洒放荡的旗手霸占了。波将金对此也许感到失望，又重回战场。他还需要再等两年才能和女皇同床共枕。

不过凯瑟琳自很久以前就开始对波将金青眼有加。这个男人并不英俊，他在不知是斗殴还是事故的混乱情况下失掉了一只眼睛，人们叫他“独眼巨人”。相对于他灵动智慧的面庞和整个人身上散发出的强势魅力，这个残疾不值一提。高大孔武的波将金不修边幅，就好像他不需要这些刻意方式来讨好似的。波将金在艰难的农村环境中长大，与首都的繁华完全不沾边，他身上保留着一些原始和冲动的特质，他与众不同且思想独立，蔑视一切成规。像许多没落贵族家的少年一样，波将金接受了军事教育，随后在莫斯科大学求学，他出色的论文和才智给这所学府里的教授们留下了甚为深刻的印象，让他得以被派往圣彼得堡。在这里，女皇伊丽莎白的一位男宠注意到了波将金，并成了他的保护人，让他学习如何成为一朝之臣。

男子汉外表下的波将金是一位敏感的青年，他腼腆害羞又正直勇敢，是个有着孩童般灵魂的斯拉夫人，时刻准备着奉献自己的热情、投身于浪漫的英雄主义举动之中，但是斯拉夫人身上同时还有一种多疑的脆弱、一种能将他们推向抑郁和绝望的焦虑。被迫远离女皇的波将金心血来潮地受到神秘主义影响，思量着要去修道院隐退。他被召回宫，表现得卓尔不群又自负自大。鉴于波将金同时也是个野心勃勃之人，他很快就学会了领会闪烁其词的召唤和字里行间背后的意思。当他在前线收到凯瑟琳的来信时，他也殷切焦急地读信，“鉴于我非常珍视热忱勇敢、聪慧卓越之士，我恳请您不要将自己置身于险境”。回到圣彼得堡后，波将金很清楚自己受到了女皇的宠信，但是名正言顺的男宠仍把控着位子。

女皇此时正面临着内部困境。旨在立法解决各个阶层民众冲突的立法委员会于1768年被解散了，因为委员会没有做出任何成就。尽管人道主义思想有所发展，但农奴制度越发严酷。凯瑟琳作为女皇远没有得到至高无上的地位，成年的儿子保罗大公可以凭借支持者的帮助将她罢黜。最终在1773年，一位来自顿河流域的哥萨克人普加乔夫自称是真正的彼得三世，他带着一支由哥萨克人、农奴和工人组成的军队起义，威胁俄罗斯帝国。波将金正是在这种极端情况下证实了自己的能力。女皇凯瑟琳对他的精力和判断力都很有信心。凯瑟琳向格林姆男爵赞扬这位与众不同的求爱者，“在这个铁血时代里最伟大的离经叛道者、思想者和独树一帜者之中，波将金占有一席之地”。

凯瑟琳和格里戈里·波将金从何时起成了情侣？床笫之事是秘密。其实，床笫之事指的是一同在“banya”（一种俄罗斯蒸汽浴室）里沐浴，这成了两人最爱的约会地点，有时候，他们也面对面在浴室里进便餐。昔日的情郎奥尔洛夫被无情地抛在脑后，不过他也得到了客观的补偿。作为奖赏报偿，通常失势的宠儿会被授予军级，被赏赐重金和土地，或者还会得到“众生灵”——也就是住着男性农奴的村庄。女皇邀请波将金来到距离圣彼得堡几公里远的私人住所叶卡捷琳娜宫。尽管凯瑟琳极力用别的事情掩盖，并且对两人夜会一事秘而不发，但是整个宫廷还是得知了二人的关系。1774年2月底，波将金公开以情人身份正式亮相，他是凯瑟琳的第五位或是第六位情郎，然而他的前任们没有一人享有他这般史无前例的权力。波将金 34 岁，凯瑟琳比他年长十岁。两人的性格都与众不同，两人都同样地野心勃勃、才智卓越、威严专横、醉生梦死、热情炽热。凯瑟琳身上则体现出更多的克制，波将金身上则有更多的幻想色彩。但是不管二人如何心心相印，凯瑟琳永远都不会放弃自己的权威。

“我的爱人，我会按照你的要求行事”

一位专横理智的君主、一位如此辽阔帝国的统治者，她在爱情中的反应像是个“咪咪 · 平松”[①]。乔治 · 沃夫瓦尔于 1934 年出版了《叶卡捷琳娜二世至波将金情书集》，凭借着这些在圣彼得堡发现的档案文件，以及西蒙 · 赛巴格 · 蒙特费奥尔的新近研究《凯瑟琳大帝和波将金》，我们得以了解女皇和波将金的部分通信。信中凯瑟琳的柔情和欲望溢于言表，她给情人起了狂热、生动的昵称，这些名字取自古代动物寓言或是来自恋爱中的亲密词汇：我的雄鸽、我亲爱的狗狗、我的黄金虎、我的狮子、我的狼、我的小奶猫、我的白鸽、我的心、我的珍宝、我的灵魂……有时候俄语里夹杂着法语，称谓从“您”变成“你”。凯瑟琳的一大乐趣就是在信中突然转变口吻，用一个十分客套的“先生”打断柔情絮语，她也会使用孩子的口吻，或者还会用第三人称的口吻：“将军爱不爱我？我么，我非常爱将军。”为了向自己的陛下表达爱意，波将金称凯瑟琳为“matiouchka”或是“Gassoudarinia”——“小妈妈”或是“我的殿下”。在这些动人心弦的信笺里，波将金几乎从未摒弃对俄罗斯女皇的敬重。

① 咪咪 · 平松是缪塞一首诗歌中的主人公，她出身贫寒，活泼轻佻。后世有诸多艺术作品均以此艺术形象为原型。——译者注

她的臣民要匍匐在她的脚下。

二人难舍难分，他们每天都要互通数次款曲，这些便条都会被烧毁。二人的默契中并非全无小伎俩和小手段，凯瑟琳可能是一个女演员，波将金扮作愤怒的男人。当与波将金的会面间隔太久的时候，她会赌气，“我快无聊死了。我什么时候才能再见到你？”“为了扰乱我的心弦，你到底要把我怎么样？”随后她又写道，“我每一刻都在全身心地爱你”“亲爱的，我会按照你的要求行事”。凯瑟琳本能地明白“人们看起来是多么的敏感”，清楚如何字斟句酌掌握分寸。同时，她的姿态和遣词用句是亘古至今女子们的专利。很显然，波西金让凯瑟琳得以满足性欲，他让她开怀大笑，“亲爱的，你今天给我讲的这是什么故事啊！我想这些事的时候忍不住要大笑。”和波将金在一起的时候，凯瑟琳从不会感到无聊，波将金疯疯癫癫的玩笑和诚恳的谈吐让她感到放松，她同样也会认真倾听他的建议。“我请求上帝，让我在得不到你的爱之时死去。”

心气颇高的波将金肆意挥洒自己受到的恩惠，他看起来并不担心会被取而代之。他披金戴银、礼物成堆，乘坐六匹马拉的豪华马车风光地驶过田野。他的礼物、他的荣誉都是他用自己的忠诚和能力换来的。不过谨慎的凯瑟琳有时候也会让他等待，波将金会怒斥她磨蹭，他终于得以晋升为国家委员会（掌管战事的内阁）的一员，随后被提升为首席将军。但是他丝毫不改自己的行事风格。保持了些许与生俱来的粗野，他糊里糊涂、缺乏条理、喜怒无常又粗声粗气，可能会令人不快。当受到言语侮辱和情势所迫的时候，他会激动发怒。是凯瑟琳令他重回正轨，两人的花前月下赶走了波将金的喜怒无常。女皇的客厅里置了一张沙发，波将金就躺在上面等女王回来。女王起得非常早，睡得也早，但是波将金夜里常常失眠，他白天会小憩几次。每天晚上，穿过走廊直至女皇寝室的波将金像是一个巨型稻草人，他穿着一身睡衣，身形依稀可见，头上还带着一块难看的粉色方巾！波将金咬着指甲，用手胡乱整理一下发型。但是他的魅力、他的思想、他的想象力始终发挥着作用，在凯瑟琳眼里他至高无上，“我亲爱的人儿、亲爱的夫君、亲爱的丈夫、我的大人，请快来与我温存吧，你的爱抚在我看来温柔又美好”。

凯瑟琳周围的人看出来她对男宠波将金的信任直线上升，有传言称两人可能已经结婚了。很多征兆都进一步加深了这种猜测，但是任何证据、任何时间点都不能完完全全地印证这个结论。西蒙·蒙特费奥尔认为两人很可能秘密结婚了，很多皇室家庭都是这样做的。他指出，女皇像待自己的孩子一样接待情人的侄子侄女们，而且她在信件开头常常使用“亲爱的丈夫”或是“挚爱夫君”这样的字眼，她在20多封信中的落款签名都是“‘忠诚的妻子’至‘敬爱的丈夫’，至‘亲爱的夫君大人’”；然而凯瑟琳以使用形象化的语言为乐，这就足以解释她为何会选用这些称谓。法国大使塞居尔伯爵坚信二人已经成婚。也许是出于讽刺，路易十五有时候会称叶卡捷琳娜二世为“波将金夫人”。这个问题并没有被盖棺定论。两个当事人任由人评说，一切推测猜疑都让他们觉得好笑。

不管两人是否已经成婚，1775年一整年两人都在一起工作，起草改革方案。波将金充满奇思妙想，凯瑟琳则更加现实。她设想了一些旨在规范行政结构的措施，波将金会批改她的文件。他在晚上是情人，白天则是顾问。波将金对重大政治问题很感兴趣；他当时负责领导乌克兰荒原的殖民进程；普加乔夫领导的叛乱被镇压下去了，叛乱领导人于1775年被刑决，然而俄土战争才刚刚拉开序幕。

理智与情感

一段如此炽烈的感情怎么可能不经波折一直持续下去？波将金的性格很难相处：“快乐中伴随着忧伤，力图幸福之时又深感不幸”，利涅亲王在信中如此形容波将金。他常常突然震怒，而且嫉妒心强，凯瑟琳则是占有欲强，又不知足。双方在一起都感到精疲力尽。凯瑟琳找了一个新内侍扎沃多夫斯基——这是个牵制手段，还是散心消遣？——波将金威胁凯瑟琳要去修道院隐退。不过口角之后，两人就又和好如初了，“亲爱的，允许我向你最后解释一下我们的争执会如何收场。不要惊讶于我对我们爱情的焦虑。除了你赐予我的无限恩惠，你还把我放在了你的心间。我想成为你心中唯一，高于任何一位前任，因为没有人像我一样爱你”。凯瑟琳按照自己的习惯把信笺返给波将金，信上面潦草地写着各种温存的字眼，“我看到了，我相信。这是我的首要快乐”。

除了暴露出一些不快和口角的小迹象以外，波将金可能也觉得有些倦怠，他也许需要撼动桎梏。波将金敏感易怒，自始至终都过分洋溢，他再也受不了自己的一言一行都受到压制，有时候他会冲破枷锁。他关上门，找理由回避与凯瑟琳亲密接触。有时候他在外面过夜，凯瑟琳会尴尬地质问他是否仍然爱她。他是否真正爱过她？“我们两人之中，到底谁才是真心实意依赖对方的那个？我们之中谁能忘却隔阂？”凯瑟琳如此质问波将金。二人的谈话和通信越发尖刻——“你昨天一整天都毫无缘由地气我”。她埋怨波将金不在身边的时候对她反应冷淡，“您扔下我独自一人、完完全全地把我抛在脑后，就好像我是一根柱子一样”。“你生气了。你逃避我，你说自己受到了冒犯……”温存时刻被这些责备搅得变了味道，激情演变成了口角，女皇对可能到来的分手感到慌乱不安，好像“在心间插了一把匕首”，“从你对我说话的方式来看，别人很可能觉得我是个怪物……除了让所爱之人幸福以外，我不知道其他爱的方式。所以这就是为什么她一刻都不能忍受分别……”两个人都感到不幸，女方的依赖让波将金感到不适，凯瑟琳则希望能像女人一样被爱，而不是以一位君主的身份。此时她竭尽全力安抚波将金，竭尽所能重新让二人达成谅解。凯瑟琳明白波将金很骄傲，她从奥地利一方得到允许，让波将金享有罗马日耳曼帝国亲王之尊。波将金成了亲王，就能雨过天晴了……

宫廷众人捕风捉影。一次普通的搬家就让好奇之人竖起了耳朵。波将金没有离开冬宫，但是他换了住所，搬进了一间独立房间，新住所通过一道长廊与女皇的房间相连。两人理智地保持距离，她需要冷静，他则需要自由。1776 年 5 月末，波将金离开冬宫十五天之久。流言蜚语四起。他被取而代之了？女皇只是想让他的情人吃醋？有人声称扎沃多夫斯基得到了抬举。但是两人再一次达成了和解，波将金承认，“没有您，我百无聊赖……如果您冷落我，我马上就走人，即使我会为之而死”。凯瑟琳的居室之门始终向他敞开，她刚刚送了波将金一栋华丽的宫殿，宫殿曾经归凯瑟琳所有，女王花了大价钱对它进行维修。6 月末，波将金启程前往大诺夫哥罗德，女皇派他到此巡视检查：这是一次正式外出，没有丝毫罢免波将金的意思。波将金回来后又入住冬宫，整个宫廷都对此瞠目结舌。

然而，过于聪慧的凯瑟琳不可能不自知，她一定察觉出了她的“职业糖果”的苦闷——她在和情人们嬉笑的时候就会称他们为自己的“职业糖果”。凯瑟琳信中字里行间都体现出她的清醒，感情方面的失败几乎总能让一时失去理智的爱情受害者重拾洞察力！两人强势的性格剑拔弩张，分手是在所难免的，但是想要完全一刀两断是不可能的。两人一致同意，愿意厘清双方关系，重新和谐相处。波将金无可替代，两人之间萌发的理性友谊会磕磕绊绊地持续下去，直至 1791 年波将金去世。激情之爱变成了相敬如宾的夫妻关系。

“我最好的朋友”

尊贵的亲王波将金垂垂老矣，他快 40 岁了。他穿着华丽，功勋卓越，权倾朝野，一言一行几乎像是位沙皇。凯瑟琳发胖了，但是她始终威严庄重。她喜欢年轻男子——她后面的几位情人，比如兰斯科伊或是祖博夫，和她恋爱之初都只有二十几岁。在远离龙床之后，丈夫 - 情人波将金成了不可多得的挚友，而不是被休的丈夫。他获得了最高军衔，享受一切荣誉和权力。在与土耳其交战期间，他作为首长，指挥军事行动、处理外交关系。波将金远没有嫉妒时任男宠，而是与他们发展了友谊，有时候他还会帮女王选对象，作为合格的一家之长，他很愿意像对待孩子们一样对待他们，对他们视如己出，因为这些男宠大都只占有钱财而没有权力。波将金自己也有情妇，她们基本上都很年轻。波将金同样得到了凯瑟琳的宽容。

两人继续通信。他们共同解决军事、行政和外交问题。作为权力中心之人，波将金被任命为作战部长。凯瑟琳说，她给他写信就像给自己“最好的朋友”写信一样，她笔下常常会使用“爸爸”这样亲近的称谓。两人之间的信任看上去并未受到分手的影响，虽然二人有时候会意见相左，甚至针锋相对。波将金可能会变得唐突、阴郁、郁闷，凯瑟琳丝毫没有失掉自己专横的威严，也没有摒弃自己的冷静沉着。不过波将金很忠诚，凯瑟琳在听他“逗趣”的时候会闭上双眼露出小女孩的表情。当波将金几个月不给她写信的时候，凯瑟琳会羞怯地抱怨，“没有你消息的每时每刻我都在生死间挣扎……我无所畏惧，除非你生病了……”在信的结尾她用上了这样的祝词，“您属于国家，您属于我。”当波将金冒着生命危险在沙场征战的时候，凯瑟琳恳请他行事小心谨慎，“如果您命丧黄泉，那我也活不下去了。请您一定要摒弃这样的乐趣”。1787年波将金组织远征克里米亚，和叶卡捷琳娜二世一同出行的还有约瑟夫二世、斯坦尼斯瓦夫·波尼亚托夫斯基和利涅亲王，得益于这次远征波将金得到了“陶丽德[①]亲王”的头衔。

分手的这些年里，尊贵的波将金大人有时会在圣彼得堡停留，偶尔短暂地和女皇共筑爱巢。比起露水情缘，过往的维系更加牢固，两人自然而然地在“banya”里推心置腹，这样的情况能被称之为分手吗？不过和恢复恋人关系相比，距离感更有利于两人的相处。波将金一如既往地情绪不稳定，他从始至终都野心勃勃，又很容易厌倦，他时而冲动、时而懈怠，要和困扰自己的阴郁念头做斗争。他同时又有很强的嫉妒心，凯瑟琳的情人祖博夫依仗着自己的青春和重要地位，是波将金一个可畏的敌手。尽管凯瑟琳想要淡化祖博夫的影响，称他为“小黑孩”或是“小孩子”，并且更加频繁地用温存的语言安抚被丢在一旁的波将金，但这些都无济于事，波将金猜出自己的位置已经被别人霸占了，而且他成了女皇纵情欢愉的牺

① 陶丽德，位于克里米亚地区。——译者注

牲品。于是他怒气冲冲地立即宣布要快马加鞭回到圣彼得堡。然而他的位置已经被霸占了，波将金不得不接受年轻的对手得胜的事实。

激情淡化了，但是随之而来的是友谊和默契，它们带来的安慰能够愈合一切伤口。波将金尽可能适应自己的新状况。他始终都能收到女皇的赠礼，并且一直执掌军队，在对奥斯曼帝国的征战中他收获了卓越功勋。信命的他更愿意宽容示人，“我亲爱的小妈妈，我如何能不真心喜欢为您带来幸福的男人呢？”事实上，他明白自己正在失去吸引力。他两年没有见到凯瑟琳了，1781 年 1 月当他向凯瑟琳提议要“短暂地”回圣彼得堡待些时日，她让他稍安勿躁。要么是出于骄傲，要么是出于自我宽慰，波将金没有怀疑女皇的回信，也没有质疑她“始终如一的恩惠”。老夫老妻的关系仍在持续。波将金在春天依然风风光光地重回圣彼得堡。

这是他的绝响。正如远征克里米亚期间，花团锦簇的背后隐藏的是悲剧。穿金戴银的波将金荒淫无度，劳心劳力的他最终成了一个骄奢淫逸的暴君，在绝望和疯狂中结束了自己的一生。祖博夫在凯瑟琳允许的范围内尽可能地诋毁波将金，但是女皇丝毫没有失忆，她不会让自己受祖博夫的影响。波将金大人去南方进行和平谈判，他在途中染病，发着高烧、不得医治的他在到达比萨拉比亚的时候病逝。直至波将金生命最后一刻，凯瑟琳都在给他写信，询问他的近况；波将金收到她的信后泪流满面地读信。波将金于 1791 年 6 月离世，享年 52 岁。五年后凯瑟琳与他重逢。

无论是爱情还是友谊，二人的关系战胜了各种压力和猛烈的分手争执，因为他们的关系既不是依赖于肉欲，也不是靠精神交流维系，尽管这些方式都非常有益。两位当事人都是卓尔不群之士，他们身处特殊情境，两人专横的苛求，再加上双方的互相赏识、两人共同的梦想和他们超越理性的欲望都是让他们走到一起的力量。在凯瑟琳统治期间，俄罗斯帝国屹立于欧洲大陆，她的统治区域向南直至黑海，并于 1774 年通过条约获得了前希腊属地陶丽德（克里米亚）的管辖权；她的影响力直至乌克兰、立陶宛和白俄罗斯部分地区，也影响到了被奥地利和普鲁士分割的波兰。陶丽德亲王波将金是她的顾问、亲信，也许还是她的平民丈夫，在纸醉金迷、消沉抑郁中，他从未忘记俄罗斯的利益，以及他的女皇“小母亲”的荣耀。

朱莉·德·莱斯皮纳斯
“这好像死亡，比死亡更可怕”

“您并非无法排解，为此感到庆幸吧。”

让–巴蒂斯特–安东尼·叙阿尔[1]至信朱莉·德·莱斯皮纳斯

“忘却灵魂，才是真真正正的疏离，是可怕的分别：这好像死亡，比死亡更可怕，因为影响至深。”

朱莉·德·莱斯皮纳斯书信

① 让–巴蒂斯特–安东尼·叙阿尔（1732—1817）法国文学家、记者。——译者注

1774年的一个冬夜，在歌剧院的包厢里，朱莉·德·莱斯皮纳斯坐在一个“舒适的沙发”里，在她租的大包厢旁边的小沙龙里，坐着吉贝尔伯爵。两人一边听音乐，一边亲密聊天。在歌唱这个“神圣的艺术”晕染下，两人的心灵和感官一起颤动。歌剧结束了，两位爱侣仍然一动不动，沉浸其中，他们喝了“醉心毒药”，兴奋陶醉。

两人互相爱慕，相识于两年前佃户总管瓦特莱特举办的一次招待会上。雅克－安东尼· 德·吉贝尔是国王军队里的上校，在当时颇受追捧，所有人都对他赞赏有加。他写的《战术随笔》在巴黎社会非常受欢迎。他刚刚去费内拜访过伏尔泰，后者对这本“天才之作”很感兴趣，虽然他并不认可“人们必须系统性地互相残杀这个可悲的事实”。吉贝尔还未满30岁，他的作战履历十分耀眼。他并不俊美，但身材坚实，身形优雅，有一种令人敬畏的风度；敏锐的心理学家可能会从中看出来他有一点自负。值得一提的是，吉贝尔有一项特殊才能——口才。他炽热温柔的言语令人着迷。女子们是他最热忱的仰慕者，并对他的品质深信不疑。“我喜欢他”，朱莉这样简单明了地写道。唯一的缺点是在因他而起的爱情中，弱势性别一方在一位殷勤男士身上所期待的敬重，在他身上似乎并没有体现出来。

至于朱莉·德·莱斯皮纳斯，她的情况则更加复杂。日后，圣伯夫这样描述当时的朱莉，她“没名气、没财富，也没有美貌”，这让圣伯夫更加赞赏朱莉的沙龙取得的杰出成功。事实上，朱莉高高瘦瘦，杜拉斯公爵夫人形容她“像拉豪华马车的马匹”，吉贝尔形容朱莉“不缺美貌”。1774年时她已经40岁了，一场轻微的天花病毁掉了她风韵犹存的灵动面庞。但是她一旦活跃起来、开口说话，就连最冷漠的人也会受到鼓舞。朱莉活泼又有思想，时而炽热时而温柔，既别出一格又热情四溢，她真挚的观点和中肯的思想让她成为谈话中心：朱莉谈吐自然，“对一切都真挚诚恳”。诚然，她没有能力为客人们提供丰盛的大餐，然而人们依然乐于到她简朴的家里做客，她装着“木质楼梯”的家位于圣多米尼克，距圣约瑟夫修道院100米远，朱莉的庇护者杜德芳侯爵夫人就住在这所修道院里，此后朱莉和她关系不睦。朱莉家的沙龙挂着深红色的塔夫绸，达朗贝尔、杜尔哥、马蒙泰尔、孔多塞这些百科全书派成员是她沙龙的常客。她的爱慕者达朗贝尔在同一栋楼里租了一间房，两人之间的关系是一种柔和甚至平和的友谊，用卢梭的话说，就是“一切顺遂，万般幸福”。

朱莉的秘密

朱莉的感情生活被她的童年定了调，痛苦侵蚀着她。朱莉是达尔博夫人的私生女，但是其父的姓名在很长一段时间里都是个谜。而如今世人得知朱莉的生父是杜德芳夫人的兄弟德·维西先生，这样说来她就是侯爵夫人杜德芳的侄女——这就解释了为什么杜德芳夫人会带朱莉来巴黎，让她做自己的陪侍。朱莉非婚生子的身份对她的青少年时期影响很大。她的母亲是寡妇，在她的成长过程中对她关爱有加，然而母亲却在为朱莉的未来忧心，一想到今后女儿可能会被送到修道院就感到战战兢兢。母亲去世的时候，朱莉还未满16岁。维西伯爵和伯爵夫人提出把她送到尚普伦德庄园，让她在那里帮他们带孩子。这是个尴尬的处境，低人一等又常常遭人冷眼，提醒她不能忘记自己与生俱来的污点。朱莉在这里过得举步维艰，在一封给孔多塞的信中，她写道，“我有一个动荡不安的童年，别人甚至处心积虑地磨练我、刺激我。在能够思考和判断之前，我经历过恐怖、害怕”。朱莉就这样生而不幸，然而她把自己的伤口和怒火都藏在心里，尽可能地控制自己热情的本性，违心接受命运强加给她的艰难生活。

1754年，杜德芳夫人让年轻的朱莉和她一起住到了圣约瑟夫修道院，她在修道院里有一套大房子——朱莉那个时候还叫朱莉·莱斯皮纳斯，这是其母达尔博夫人在公证人处登记的名字。如果朱莉在1820年看到的信件中所言属实的话，她很可能发现了自己的出身之谜。朱莉的天资征服了半盲的杜德芳伯爵夫人，在她的庇护下，朱莉结识了杰出人士，他们很快就被她的魅力迷住了。也许朱莉过于魅力四射了，因为杜德芳夫人的朋友们在黄昏拜访伯爵夫人之前，养成了先上楼去朱莉的小屋的习惯，他们在那里可以同时体会到朱莉的青春和优雅、热情和活力。杜德芳夫人知道了这件事，这些“晚会前奏”激怒了她，她立刻就和朱莉决裂了，态度粗暴又不由分说。朱莉于1764年离开了圣约瑟夫修道院，得益于几位慷慨的朋友，她在距修道院100多米的地方住了下来，还把年迈的侯爵夫人的一些客人也带走了，首先要提的就是她的殷勤骑士达朗贝尔。没过多久，朱莉的沙龙就成了哲学家和百科书派人士云集的杰出沙龙，丝毫没有社交圈的矫揉造作，也没有游手好闲的扫兴之辈和“厌恶一切的精致灵魂”。朱莉善于思考，相对于自然和美景，她更热爱思考，这为朱莉的忧郁附上了一层哲思，客人们赞赏她的文化素养和鉴赏力。

朱莉的另一个秘密是有关她激荡的爱情生活的。她有爱的需要，她很晚才恋爱，对象都比她年轻。朱莉属于受“新爱洛依丝”影响的那一代年轻女性。她非常真诚，深知自己为爱而活，同时又明白“这种情感几乎一直是一种剧痛”；她于1766年结识了一位比她小十岁的西班牙鳏夫莫拉侯爵，朱莉钟情于他。莫拉眼中的朱莉是一个摒弃社会教条和名声束缚的人，她不畏惧公开表示自己的情感——貌似只有达朗贝尔没注意到朱莉和莫拉之间深深的爱慕之情。莫拉崇拜朱莉，丧妻的他考虑向朱莉求婚；但是他身患肺病，身体日渐衰竭；像朱莉一样，他本能地明白爱情和痛苦如影随形。年轻的莫拉的病情让朱莉心神不宁，当他不得不回到西班牙医治的时候，她痛彻心扉。在命运面前，朱莉的绝望、她高昂的天性、她既炽热又焦虑的想象力，还有她撕心的痛苦，这些都让她的朋友们对她抱以警觉的关切。康复期的莫拉回了一次法国，随后一波比上一次更严重的病情让他不得不于 1772 年 8 月重回西班牙。两人每周互通两次书信。朱莉说服他，让莫拉相信只有在她身边才能好好医治。殊不知，怜爱也许正是爱情的代名词。尽管莫拉身体虚弱，但他对朱莉的钟情却始终如一，并于 1774 年 5 月启程回到巴黎。但是精疲力竭的他不得不在波尔多停留下来；几日之后，他孤独地在一间客房中离世。

朱莉受到了沉重一击。她经历了头痛、晕眩、高烧、神经性痉挛和失眠，大剂量的鸦片不仅不足以缓解她的痛苦，还让她的身体经受了严重的考验。朱莉变得易怒且多疑。鉴于朱莉既不想得到抚慰也不愿意消遣散心，所以身边的朋友不能排解她的痛苦，他们尽力让她平静下来，有几位朋友甚至觉得她可能会自杀。在所有人面前，朱莉都表现出沉湎于绝望之中，且被悔恨侵蚀。她将自己的秘密深藏于心；莫拉的死令她震动，她为自己的情郎哭泣，但是更让她觉得可悲的是自己的不忠：吉贝尔已经闯入她的生活有两年之久了，她的朋友们都不知道这件事，朱莉也看不起自己另有所属。吉贝尔是她的慰藉，也掌握着她的命脉。朱莉向他推心置腹、向他解释自己的苦恼、向他描述自己心中的内疚，到头来，吉贝尔才是朱莉托付灵肉的对象。

猜疑之痛

然而，吉贝尔虽然沐浴在爱河中，但他却远不能像女方一样爱得炽烈。吉贝尔是个新潮的男子，人们款待他、追捧他。外界的纷扰、玩闹般的艳遇和与生俱来的轻浮本性让吉贝尔在情感上变得迟钝，并且让他养成了一种幼稚的虚荣心。他恃宠而骄，无视恋爱中那些人尽皆知的小细节。诚然，朱莉的思想是她同时代女性中最自由的思想之一，她也属于当时最敏感、最吸引人的女性之列，那些才华横溢的作家和“身居高位的贵妇”都被她的魅力深深吸引。然而吉贝尔过于自恋，以至于未能体会到朱莉的价值，也没有对她如此热情洋溢的感情报以回应。吉贝尔看重的是自己的自由，形形色色的激情让他迷失自我。也许他有时候想要放松一下，不放过和漂亮女人结识的机会。

吉贝尔有时候还会不辞而别，他会凭空消失去旅行。他没有向朱莉掩饰自己有一个长时间交往的情妇——德·蒙素芝夫人，但是他向朱莉保证会和情妇断绝关系。吉贝尔丝毫没有将这个平淡的宣言付诸于行动。朱莉提醒了他二十多次并让他做出决定，他自认有罪，安抚朱莉，再一次对她进行口头承诺。怀疑和抱怨像野草一样疯长，吉贝尔这是肆无忌惮吗？朱莉努力让自己接受吉贝尔需要消遣这个事实，但是她让吉贝尔给自己定期、频繁地写信。有人跟朱莉说在巴黎遇见过吉贝尔，然而朱莉以为他此时在外省，这让朱莉被焦虑侵蚀。吉贝尔定期去拜访布弗雷伯爵夫人，朱莉对此表示警觉。吉贝尔的辩解只能让她更加疑心，嫉妒和猜疑让最心怡之事也变得索然无味。但是朱莉仍然尽力掩饰自己的悲伤，因为他们之间的交往不能让人知道。莫拉先是被抛弃，接着又病入膏肓，他的模样萦绕在朱莉心间。她责备自己，尽其所能想要重整旗鼓，让自己对吉贝尔的感情变成友谊。鉴于朱莉是坦荡之人，她质问吉贝尔，“我再也看不出自己欠了您什么，也不知道我应该给予您什么。我明白，您不在身边的时候我心情沉重，我不能说您的存在对我是件好事。愉悦、慰藉，还有一切的一切最终成了毒药，这是多么可怕的情形啊！告诉我，应该怎么办，哪里才能获得安宁？”

朱莉开始擦亮双眼，她在情郎吉贝尔的行为举止中看到了贫瘠、轻浮，甚至是空虚。他在社交界丝毫没有改变。他“像松鼠一样跳来跳去”的投机，他依然去见布弗雷夫人，并且规避任何追问，回避一切可能会引起争论的谈话主题。这对爱侣不受任何常规和教条的保护，他们只受本性的驱使，但是，天性的力量足以维系一段热烈且长久的爱情吗？他不在的时候有没有背叛朱莉？猜疑在两人心里生根发芽，用一种无可奈何的明智观点来看，对于吉贝尔来说，谈恋爱似乎只是“岁月中的偶然”，也就是说只是一种消遣。虽然吉贝尔终于和前任情妇断绝关系了，但他还是用所谓的“友谊”的名号去拜访她，对情妇表现得更加殷勤关切，以此来笨拙地彰显自己的优质品行。这一次，朱莉怒火中烧，甚至引发了一场激烈争吵。吉贝尔不但没有宽慰朱莉，还以轻蔑的态度回应她。他逃避朱莉，躲开了一场两人的约会，一言不发地从巴黎消失了，然而朱莉却被焦虑情绪搞得精疲力竭；吉贝尔没有疏远朱莉，但是他也没有挽留她的意思。在朱莉期待袒露心声的时候，她等来的是吉贝尔的冷漠和不理解，“您让我承受的痛苦是一个善良灵魂所能遭受的最沉痛、最尖刻的痛苦……而且我明白，我不能在您的灵魂中得到丝毫慰藉，您的灵魂中没有一丝一毫的温存和情感……”

朱莉的沙龙吸引着当时最伟大的思想家，作为一位有着卓越智慧的独立女性，她现在只是一个心神错乱的掌中之物；朱莉觉得羞耻、愤怒，恨自己爱上了一个肤浅的男人，然而她自己却无力中断这层专横的关系。她为此忏悔，吉贝尔一方也并非对此无动于衷。狂风暴雨后，两人渐行渐远，取而代之的是温和的束缚，比云间的快乐更容易让人羡慕。此外，吉贝尔这次出走有一个更体面的理由，他要去外省看望自己的父母。他的书信又变得温柔伤感，说他只倾心于朱莉，所思所想都是她。一天早上，他冲到朱莉家里，把她揽入怀中。朱莉的挣扎都烟消云散了，“我之前的设想是多么地可怕啊！再也不见您！您很清楚，这是不可能的”。这一小时的意志软弱击溃了她为找回理智所付出的所有努力，重蹈覆辙让她感到羞耻。这是一种交织着爱情和憎恨的感情，激情与激情互相碰撞。1774 年年末是非常艰难的，朱莉为莫拉哭泣，在这个过程中，她被负罪感一点点侵蚀，三心二意的吉贝尔占据着她的心，让她精疲力竭，甚至一病不起。在一封落款时间为“我生命中的每一刻”的信中，朱莉为一种与痛苦如影随形的爱情而陶醉，她正被肺结核折磨：“我的朋友，我很痛苦，我爱您，我等着您。”“我对您的爱就像爱情本身一样，洋溢、疯狂、激昂又绝望。”爱情、等待、痛苦甚至折磨，以及缄默，这些就是她“烈火的灵魂、痛苦的灵魂”要承受的代价。

我等着，我盼望您能结婚

自童年以来，朱莉就品尝了不幸的苦涩滋味。她没有寻觅幸福，甚至也没有接受和达朗贝尔过平静的日子。她只为激情而生，然而激情是她的症结所在。朱莉得知吉贝尔又去见了德·蒙素芝夫人，在她等待吉贝尔的时候，后者和蒙素芝夫人共度了整个下午和晚上，这时朱莉的嫉妒之心即刻被点燃了，她不能接受这种欺骗性的关系，只有分手才能拯救她于苦海之中，“我只有一个意愿、只有一个需求，那就是再也不见您本人了。让我安静一会儿吧。再也别对我抱有妄想了”。“我的朋友，请您让我从爱您的痛苦中解脱出来吧”。朱莉会探究自己任何一个细微的情绪，丝毫不掩藏自己的感情，对于这样一位女子来说，谎言和虚伪是最可憎的背叛。在情郎拙劣的辩解里，她只看到了他对自己的背叛和凌辱更上一层。这一次，朱莉的决心看上去不可动摇。“当一个人每天晚上都觉得不用再醒来是一件幸事”的时候，继续纠缠还有什么意义？

在此之后，朱莉的全部生活都可以被概括为一只困兽绝望的挣扎。她明白自己对吉贝尔的要求是奢望。这个男人既招人喜欢，又渴望得到赞扬，大家都争先恐后地拉拢他，她如何能留住这个依然年轻、有魅力的男子呢？在沉默了15日后，她稍稍平复了心境，并且开始自省，朱莉又开始写信，“我扪心自问，自我检讨，也检讨了您，但是我只责备了我自己”。字里行间流露出的是赎罪意愿，但也体现出了一种女主角般的倔强和骄傲；朱莉是

“费德尔”[1]——她是炽烈的情人，独断孤傲地爱着自己的爱人。她被命运——一种内在的命运之力——击溃了。同时，吉贝尔跟她说父母希望自己的儿子成家，得知这个消息时，朱莉准备好做出牺牲，甚至是抱着殉难的心态，前提是吉贝尔不对她说谎以及他们之间的爱情不能被玷污，“告诉我，您爱着另一个女人，我希望您跟我说实话，我想要您跟我说实话”。出于谨慎，也许也是出于怜悯，吉贝尔向朱莉坦白了自己的决定，说他的婚姻就相当于一种礼节性的结合，基本上是受迫于家庭压力才结婚的。对于他和朱莉的关系来说，一段包办婚姻只是一条苍白无力的裂缝。朱莉丝毫不怀疑她的情人吉贝尔之前已经和别人恋爱了，他每次辞别后都是去看望这位他正在追求的美丽新娘，而且他们的成婚日期基本上已经确定了。

被选中的幸运儿是17岁的德·库尔塞莱斯小姐；她聪慧、富有，有魅力，对自己的追求者赞赏有加。双方家庭达成了一致。时间紧急，吉贝尔不能再继续掩盖事实了，他最终承认了婚事。朱莉当即感受到了震痛，这种痛苦是如此强烈，以至于在她看来只有死亡才是解脱，“我再也活不下去了”。第二天她在给吉贝尔的信中如此写道。她的身体精疲力竭。朱莉明白自己一败涂地，除了眼睁睁地看着自己痛苦不堪以外，别无他法。很久以来朱莉就明白，维系她爱情的支柱不是情人吉贝尔的才情，更多的是她自己一意孤行强加在他身上的品质。吉贝尔之前的莫拉已经扮演了这样的角色。一位遭到背叛的妻子会通过对背叛者高尚的宽恕找回自己的尊严，然而朱莉只是一位不幸的女子，除此之外她没有任何其他身份。她没有任凭自己一败涂地，但是她接受了事实，以便力争自己是位自由女性：“我等着，

---

① “费德尔”是拉辛同名戏剧《费德尔》的女主人公。——译者注

我盼望您能结婚”，她在信中重申。“我就像是被判做手术的病人一样”。也许，朱莉依然希望能够走出情伤……

就像大多数女性一样，朱莉也对情敌很好奇，想认识她。1775 年 5 月的一天，朱莉得知吉贝尔在家正等着德·库尔塞莱斯小姐和她的母亲。她抑制不住想要和他们不期而遇的欲望，不事先通知就突然来到了吉贝尔家。朱莉表现得招人喜欢、非常优雅体面，看起来“温和柔美”，当她想要讨人喜欢的时候就会尽其所能如此表现，她的态度让情人吉贝尔卸下了戒备。德·库尔塞莱斯小姐对朱莉的款待“感到欣喜”。面对朱莉的慷慨，以及她对他们的爱情所做出的最后努力，吉贝尔感激涕零。

“向死之心”

朱莉当然没有撒谎，逢场作戏不是她的本性，但是痛苦战胜了她的意志。第二天虚弱的朱莉全身无力，她现在仅仅是一个被抛弃的女子，她把自己的一切高于生命的一切都给了这个厚颜无耻、三心二意的男人。为了吉贝尔，朱莉奉献了她对莫拉的纯洁之爱，放弃了自己内心的平静。她对自己内心的叩问既不能让她感到宽慰，也不能抑制她的痛苦。朱莉拒绝消遣，拒绝一切她所谓的“三心二意”。当时，朱莉的怨气蔓延开来，这些怨气充满了苦涩，有时还很过火。她尝试了能尝试的一切：蛮横、威胁、粗暴、傲气。她与情人吉贝尔的每一次对话都渗透着“苦胆和毒汁”。朱莉不想要吉贝尔的怜悯，她怒斥吉贝尔的行为贫瘠、野蛮且下流。朱莉的绝望“发作了六十个小时之久”，脆弱而又猛烈的激情如脱缰野马，时而狂热谵妄，在这样的激情面前，文明礼仪再也不适用了。

吉贝尔要在婚礼前一日，也就是6月1日，到距离日安不远的库尔塞莱斯城堡与亲家会合，他收到了朱莉的最后一封来信，这是一封写于5月21日的信，信中朱莉断断续续又杂乱无章地指责他无情无义且虚情假意，“啊，您让我如此痛苦！我是多么需要与您永不相见！”朱莉既希望吉贝尔来圣多米尼克街来找她，又无法忍受再看到他。

对于吉贝尔来说，分手是一个幸福的开始，对于朱莉来说则是一个悲怆的结局。吉贝尔多情又自私，新的生活向他敞开大门，妻子德·库尔塞莱斯小姐证明自己既懂分寸又温柔可人，他们的夫妻生活看上去琴瑟和鸣。朱莉则在痛苦中煎熬，绝望席卷了一切其他情感。朱莉只剩下向死的勇气，这是“我的灵魂最迫切的需要”。然而吉贝尔并没有放弃辩解和自卫。他去朱莉家找她，两人再起口角，朱莉嘲讽“这种一切在吉贝尔掌控之中的家庭生活”，他成家让朱莉一败涂地，与此同时也满足了吉贝尔自己的虚荣心。这些交谈对于二人来说都是一种伤害，以至于吉贝尔一回家就立刻写信，请求宽恕，“我要懊悔死了、要后悔死了；我再无睡意，遭您厌恶让我感到绝望……我明天就来拜倒在您面前，请求您宽恕我”。

在怒火平息之时，吉贝尔罕见地不再冷漠无情，这时的朱莉也不再怀疑他曾经爱过自己，她甚至向吉贝尔承认，“能让我留恋此生的，是我觉得自己曾经被爱过。您泯灭了我的过去和未来，您不再有罪，我也不再不幸”。朱莉不怀疑自己的命运，她确信自己会被轻浮的情人抛之脑后，然而，她深信在这份“剧痛”中——也就是爱情中——蕴藏着难以言喻的神秘主义色彩，“啊！我的朋友，没有什么是根深蒂固的，您什么都没有留下……看到您的时候，我不需要您爱我，上苍在我的灵魂中驻足，我不再评价您的为人，我忘记您罪孽深重，我爱您！”爱情是极致想象力的产物，朱莉把自己关在一种崇高道德寓意中，这也将她从绝望中解救出来。

痛苦一点点从精神蔓延至肉体。被伤感淹没的朱莉几乎不再进食，她用鸦片让自己平静下来；不过朱莉一直接待几位忠实的朋友，比如莫尔莱、苏阿尔、杜尔哥、达朗贝尔和孔多塞，她在朋友面前尽可能地掩饰自己的状况。毁灭之作正在酝酿中，此时朱莉开始了漫长的垂死之路。当朱莉泪流满面、咳嗽不止、痉挛抽搐的时候，是孜孜不倦、一心一意的达朗贝尔在病榻边照顾她，看到朱莉的样子，他既温情，又伤感。朱莉把自己所有的稿件都留给了达朗贝尔，悲痛欲绝的达朗贝尔此后会明白，他之前对朱莉的秘密了解甚微。吉贝尔定期来看朱莉，她并未对吉贝尔的探视感到厌烦，并且总能保持足够的理智来平复自己的情绪，她用一些或苦涩、或诙谐的话语调侃吉贝尔，被两个女人爱着的他是多么地尴尬，其中一个老女人还卧床不起……

进入冬季后，朱莉的健康状况又恶化了。鸦片的作用缓慢。吉贝尔几乎每天都在她的病榻前，当他不得不离开时，他就托人打听朱莉的消息。达朗贝尔终于说服她去看名医。朱莉年仅 42 岁，但是她的肺部受损严重，即便 1776 年年初春天天气温暖，朱莉也再不能下床了。大限将至，4 月病情发作时她的面部变形、形容扭曲，这也让她将吉贝尔拒之门外。5 月 21 日，也就是她去世的前一夜，朱莉写下了最后一封信笺，这封短信仍然是给吉贝尔的，“我的朋友，我爱您”。从分手直至死亡，朱莉赤裸裸地呈现出一副爱之痛的形象，这个形象简单明了，只属于她自己。爱情的痛苦和折磨为她的人生赋予了意义。

杜德芳夫人与霍勒斯·沃波尔

黄昏之恋

“让我们永远放弃这些爱情、友谊和调情吧；我们不要再爱了……”

杜德芳夫人至信霍勒斯·沃波尔

“振作起来，只有热烈的爱情才能让人文思泉涌。”

杜德芳夫人至信伏尔泰

我们直到多大年龄还会坠入爱河？那时候恋爱会有什么样的风险？杜德芳侯爵夫人时年70岁，几近失明，这时的她有生以来第一次体会到了激情四溢的爱情，她爱上了一位比自己小20岁的男人，失明的她可能无力描述他的相貌。这个男人是英国人霍勒斯·沃波尔，他是一位著名首相的儿子。他面色红润，性情保守，喜欢揶揄。沃波尔在伊顿和剑桥接受了最好的教育，他用一种玩笑般的傲慢态度来审视这个世界，他讨厌流露感情，甚至拒绝阅读《新爱洛依丝》，他惧怕一切可能会牵扯自己责任的事物。然而他保留了某种青年时期对梦想的热忱，他的小说《奥特朗托堡》印证了这一点。霍勒斯·沃波尔眼中的法国是一个精致、有思想的国度，这个国家有时候也杂乱无章。优雅、活泼的法国女人很有魅力，最中肯的例子就是上个世纪的赛维涅夫人。

沃波尔于1765年9月来到巴黎，经多方推荐，他去拜访了杜德芳夫人。此时杜德芳夫人住在位于圣多米尼克街的圣约瑟夫修道院里，她在自己挂着金凤花帷帐的美丽沙龙中接待了霍勒斯·沃波尔。像很多单身女性一样，杜德芳夫人于1747年，也就是其丈夫去世前三年，来到这个修道院归隐，她只与自己的夫君共度了很短的一段时光。杜德芳夫人的晚宴非常著名。她在家里接待形形色色的各界人士，有贵族、外交官和作家。她并不欢迎卖弄学问的学究们，因为侯爵夫人最看重的是自然得体和轻快的交谈。尽管皱纹爬上了她的面庞，但是杜德芳夫人依然娇弱迷人，每天下午5点，她会在忠诚的秘书维亚尔的帮助下起身活动，她必须时刻有人陪护，夜幕降临之时，身体羸弱的杜德芳夫人坐在她的大躺椅上接待自己的朋友们，她称这把椅子为她的“酒桶”，因为她自称像第欧根尼[①]一样不羁，一样诚恳，一样一视同仁。

沃波尔在巴黎待了数月，他很高兴自己在驻留期间能有佳人陪伴。他很招人喜欢。当沃波尔离开法国回到自己位于草莓山庄的哥特古堡时，杜德芳夫人给他写了数封热情的信件。杜德芳夫人的写作才能战胜了英国式的冷漠，沃波尔给她回信了。于是，一场将会持续 14 年之久的书信罗曼蒂克就这样拉开了序幕，年已七旬的杜德芳夫人写了 800 多封信，这些信字里行间都透出自己溢于言表的柔情，它们的收件人都是既神经质又不善于客套的霍勒斯·沃波尔。

无药可救的烦闷

杜德芳夫人是同时代最伟大的女性之一，她只是比她的女同僚们更独立一点、更悲观一点，也有一点更爱讽刺挖苦。杜德芳夫人生于 1697 年，21 岁的时候嫁人，夫君是奥尔良的一个显赫家族的公子，在“龙骑兵”军中任下士。虽然夫妻二人的品位不太合拍，但是婚姻为自由和解放敞开了大门。杜德芳夫人一点也不喜欢乡下的生活，她住在巴黎，在这里品味到了和知识界打交道的快乐，以及无拘无束的乐趣。美丽的她很招摄政王喜欢，两人的关系“只持续了十五天”，杜德芳夫人只把这件事情告诉了霍勒斯·沃波尔。不过杜德芳夫人经常和一些有伤风化的漂亮女人混在一起，

---

① 锡诺普的第欧根尼，古希腊哲学家，犬儒学派的代表人物。据说第欧根尼住在一个桶里，拥有的所有财产只包括这个木桶、一件斗篷、一根棍子和一个面包袋。——译者注

比如德·佩里夫人、德·帕拉贝尔夫人，以及很多其他这样的人。她们经常出入皇港修道院，还出席剧院和舞会的晚宴。杜德芳夫人应该是有了一位情人。她的丈夫起初还按兵不动，不久后就再也忍受不了妻子的猖狂了。1722 年，夫妻二人放弃了在一起生活。杜德芳夫人继续过着光鲜的生活，她打入索镇的社交界，用自己的才智给伏尔泰留下了深刻的印象，她结交朋友，尝试了数位最终令她厌倦的情人。有时候，杜德芳夫人也不得不谨慎处世，并考虑和杜德芳先生凑合过日子。她 32 岁了，想要过上安定的家庭生活，“这六周里，我感受到了世间最美好的友谊”，六周后，置身于丈夫偏远城堡的杜德芳夫人又一次沉浸在痛苦中，她又开始厌恶自己的丈夫，这次杜德芳先生开始通过法律途径申请分居。

杜德芳夫人是个魅力四射却变幻无常的年轻女子，她的朋友埃斯小姐极为精准地评价她：她不假思索地追随自己的喜好，为了给丈夫腾地方赶走自己的情人，丈夫再次令她感到讨厌，于是杜德芳夫人又找了个伴侣，“就像换一条裙子一样”，“这种可悲行径的结局就是，她不能和任何人一起生活……她再也弄不清楚如何自己解决问题”，埃斯小姐如此概括杜德芳夫人的状况。当时在曼恩公爵夫人的索镇社交界，杜德芳夫人结识了埃诺主席，这个 40 多岁的男人既文质彬彬又讨人喜欢，他向杜德芳夫人献殷勤。两人开始了一段漫长的关系，他俩的关系有点像是出于理性而结合的那种门当户对的婚姻。两人之间没有丝毫激情，只有些许感情，以及尊敬，就足以维系他们的相处；一个月明星稀的晴朗夜晚，埃诺放任自己给杜德芳夫人写了一封语调异于常态的温柔情书，杜德芳夫人毫不留情地回了信，直截了当地终止了他那些甜蜜的胡言乱语，“我既没有心情，也不罗曼蒂克”。此后埃诺再也没有重蹈覆辙，他机智地向杜德芳夫人保证，“嗯，好吧，我请您原谅，为了过去、现在和未来所有的溪泉原谅我吧，就像鸟儿原谅它们的仁兄、榆树原谅它们的表亲、崇敬之情原谅长辈一样，原谅我吧。看，我就这样悔过了……”不过，杜德芳夫人对埃诺的感情，足以让有才情的他成为她眼中“美妙的缺席”！沉着冷静的埃诺翘首期盼雨过天晴。

杜德芳夫人审视、估量、尝试，同时也会舍弃，她的才智由于过于敏锐，成了她的绊脚石。在世间经历了二十载沉浮后，杜德芳夫人看尽了虚伪和伎俩，她再也不相信爱情了，也几乎不相信友谊了。杜德芳夫人的陪侍德·莱斯皮纳斯小姐背叛了她，后者自己开了沙龙，达朗贝尔也追随德·莱斯皮纳斯小姐走了。只有忠实的伏尔泰才能通过书信和慰问将杜德芳夫人从闷闷不乐的状态中解救出来，还有和蔼的舒瓦瑟尔公爵夫人，杜德芳夫人开玩笑称她为“奶奶”，通过这种微妙的方式表达对公爵夫人的喜爱。杜德芳夫人的阅读品位和她的阅人标准一样挑剔。她的视力渐渐衰弱，失眠和晕眩症状加重了她的伤感情绪，这种情绪在她身上延绵不绝。同时，她举办的沙龙晚宴取得了成功，这也成了杜德芳夫人自我陶醉的资本。埃诺、蓬德维尔、福蒙特、舒瓦瑟尔夫妇、博沃亲王和卢森堡元帅夫人都是杜德芳夫人沙龙的常客。晚上 21 时，客人们在桌前就坐，妙语连珠。最后几位客人在将近凌晨三四点的时候离开沙龙，杜德芳夫人央求他们再稍稍多待一会儿。她没发现天已经破晓了。“我几乎夜夜不眠，所以我脑子里一团糟，不清楚应该停留在哪个思绪上……我想离开这个世界，想享受一下离世的乐趣”。杜德芳夫人于 1754 年前后完全失明，这时的她说自己掉进了一个“永恒囚室”。她被日渐繁多的疾病和丧事包围着。杜德芳先生于 1750 年在巴黎逝世。埃诺失聪，而且也渐渐丧失了意识。

一个年迈的小姑娘

沃波尔1765年到法国的时候48岁。他25年前就来过巴黎，并且很喜欢巴黎这种轻快的氛围，这里的空气是文雅自由的，与英国的氛围截然不同。但是几年的时间里法国变了，哲学家们和百科全书派的学者们用自己“自由的思想”把谈话搞得沉重迟钝，搞笑不再是风尚。然而沃波尔一点也不严肃，他低声抱怨道，“我要去看法国戏剧、去买法国瓷器，而不是去研究法国政府，也不想去琢磨国家利益”。杰夫林夫人的沙龙接待了很多的哲学家，德·莱斯皮纳斯的沙龙太年轻了，而且法国人变得盲目崇拜英国风尚，他们过于喜欢威士忌酒了！在圣约瑟夫修道院黄色的客厅中，沃波尔找到了自己钟爱的这种既轻快又辛辣的氛围。客人们在杜德芳夫人的沙龙里谈论琐事，说着俏皮话，用着机智的辞藻。杜德芳夫人的沙龙简单、自然，坚决拒绝浮夸和诡辩作风。沃波尔就这样融入其中了。

杜德芳夫人被他征服了，她让别人描述这个新成员的外貌，得知沃波尔是个纯正的英国人，有一双美丽的眼睛，他身材高大，又有些许纤弱，看上去卓尔不群、沉着冷漠。在沃波尔身上，杜德芳夫人感觉自己遇到了一位谈吐出人意料的精神挚交，甚至沃波尔幻灭的口吻也让她惊叹。沃波尔热爱鲜花和园艺，他特别喜欢自己的哥特式古堡，从城堡里他能看到泰晤士河，沃波尔还让意大利画家们画下了泰晤士河河道。沃波尔很会赞美年迈的妇人们，他厌恶浮夸的字眼和俗套的感情宣泄。此外，沃波尔还向一位朋友承认，生活把他变得“疑心重重又冷漠沉着”。认真对待这个世界，就意味着会看到它所有的丑鄙，笑要比哭更好。这位有魅力又失明的七旬妇人让沃波尔觉得有趣。当沃波尔于 1766 年离开法国的时候，杜德芳夫人有没有让他做自己的朋友？沃波尔喜欢书信，但是有一些条件，这些通信来往一定不要扰乱他宁静的生活！躲在自己城堡里的沃波尔始终都很愿意听到来自巴黎沙龙中的各式谈资，这些俏皮话被同时代最优美文雅、最惟妙惟肖的文笔复述出来，和赛维涅夫人的文笔不相上下。不过沃波尔同时也提防着这个“年迈又失明的放荡灵魂”——他心情不好的时候就这样有失风度地称呼杜德芳夫人。有人已经向沃波尔传播了一些杜德芳夫人说过的风流话，沃波尔觉得这些言辞过火，他应该有所防备。

杜德芳夫人过去一直都是一位趋于享乐的女子，流连于各种晚宴和消遣。直到那时，她的世界突然间天翻地覆。70 岁的杜德芳夫人像 20 岁小女孩一样谈恋爱，她的爱炙热、强烈又独断专行。杜德芳夫人急切地希望能向这个谨小慎微的男人诉说自己突如其来的幸福，这个幸福来自二人的交往。她是如此赞赏沃波尔，以至于称他为自己的“监护人”。然而杜德芳夫人必须要克制，她必须抑制自己的欲望，证明自己的谦卑。她首先要做的就是安抚沃波尔。杜德芳夫人的第一封信写于 1766 年 4 月 19 日：

> 首先，我要让您相信我的谨慎。我丝毫没有怀疑您对我的建议里有冒犯我的企图，任何人都不会知晓我们之间的通信，我会严格执行您对我的建议。我已经开始掩饰自己的伤感了，除了在主席先生和德·荣萨克夫人面前（我需要和他们谈论您），我没有提起过您的名字。对于除您以外的任何人做出这样的声明都会让我感到恶心。但是您是所有人中最优秀的，您充满善意，以至于您的任何举动、任何言语永远都不会让我产生怀疑。如果您之前能向我坦白您对我的看法的话，我本来可以更加安心的，因此也可以更加矜持。

占有的欲望、深入的欲望（如果能占有的话），让行动变得更加谨慎，这就是我与您的故事。再加上我的年龄，以及我对自己保持理智的信心，会让您自然而然地产生安全感，从而远离滑稽和荒谬。一切都在这篇文章里了，鉴于没有任何人听到我们的谈话，我希望能保持自然惬意的状态，并且告诉您，没有人会比我更温柔地爱您。……不要忘记您是我的监护人，我的领主。请您不要放弃教导我，我将永远言听计从。

我们不难猜出读信人给她的扫兴答复，但是杜德芳夫人并没有表露出自己的情绪，两天后她再次写信：

如果您是法国人的话，我不需要斟酌就可以确信您自命不凡。您是英国人，因此您只是个不折不扣的狂人。对不起，您是从哪里听说我曾经有不妥言辞，以及浪漫的过火举动的？那些不妥言辞，也许有吧，这样的话我可能是说过，但是对于那些过火的浪漫举动，这就让我愤怒了。我情愿挖掉您这双美丽的眼睛，但您绝对不要以为您让我惊为天人、头晕目眩。我搜索能对您讲的骂您的话，但是我脑海里却一句也找不到……不过请您明白，请您好好记住，我对您的爱恰到好处，我丝毫不认为您的美德配不上我的爱。请您回来吧，请您回到巴黎，您会看到我的表现。……自从您离开以后，我身边的一切都在我眼中变得更加愚蠢：我怕自己会陷入难以忍受的烦恼……

信件一封封地如约而至。杜德芳夫人在5月5日中午、5月6日15时半、5月10日16时，还有5月21日、25日、26日和27日都写了信。她把沃波尔的回信小心翼翼地保存好，安放在一个小匣子里。即使她嘴上说友谊，但她的那些真情流露完全就是爱情的特点，她把自己的幸福交到了这个独一无二之人的手中，她的一切都以他为念，杜德芳夫人焦急地等待着沃波尔的回信。在5月5日的信件里，她不再像往日那样掩饰自己的情感，因为她为自己辩护道：

没有您的坦白，我再也不想做任何事情，我永远都想成为您亲爱的小女孩，想放任自己像个孩子一样行事，我忘了自己的年纪，我只有十三岁。……如果我收到了您的一封冰冷的回信，我将会怒气冲冲，并且感到无地自容。我完全不知道沉默会对您起到什么样的作用，您的友谊也许是一时兴起。然而不是这样的，我不相信是这样的，不管您对我说过什么，我都从未认为您是冷漠无情之人。没有友谊，您绝对不会欢喜，也不会和蔼可亲。您不要跟我说我是在自己脑子里编小说，我和这种说法完全不沾边，我讨厌这样，我讨厌一切与爱情相似的东西，我几乎是满心欢喜地看到自己又老又丑，这样就可以不用误解别人对我的感情了。而且我也很高兴自己失明了，这样就可以确信，我除了最纯洁、最圣洁的友谊之外不会再有别的关系。然而我疯狂地爱着友谊，我的心从头到尾都只为它而生。

爱情，多么可憎的字眼！

这是一位冒失的年迈小女孩！沃波尔的回信直接、严肃又自私。他本以为是在与一位有思想的侯爵夫人谈天，因为孟德斯鸠和伏尔泰都赞赏这位侯爵夫人。沃波尔本以为他们谈的是无关痛痒的琐事，跟杜德芳夫人聊天的同时还能给他还原巴黎的生活。这时沃波尔突然发觉自己不得不回应对方突如其来的感情攻势，不得不应对杜德芳夫人强势的柔情呼唤，这些始终都是沃波尔避而不及的！爱情，多么可憎的字眼！沃波尔最怕的就是成为笑柄，一些关于他短处的玩笑话在他脑海中盘旋。如果“黑室”[①]来打开他的信件……于是沃波尔决定快刀斩乱麻：

> 从我回到草莓山庄以后，我觉得您的来信给我带来了多得不能再多的烦扰。夫人，您的悲叹难道永远都不能停止吗？您让我对自己的开诚布公感到真心懊悔，我当初不如和您止于萍水相逢，为什么我要向您坦诚我对您的友情？我这样做是为了让您欢心，而不是为了增加您的烦恼。您的这些怀疑，这些永无休止的焦虑！——实不相瞒，如果友情里要牵扯到爱情的一切烦扰，却不涉及爱情的美好，那我觉得这种友谊没有任何值得品味的必要。您不但没有把这份友谊最美好的一面呈现给我，反而让我看到了它所有的阴暗面。如果友谊只能导致苦闷，那我会放弃这样的友谊。您嘲笑爱洛依丝的书信，这次您自己的信件变得比前者的信还要伤感……我难道就是用来做一位书信体小说的男主角吗？……请您以一位理智女性的口吻和我说话，不然的话，我就要抄写《葡萄牙信札》作为回复了。

可怜的杜德芳夫人感到很受伤，但她不失体面地回复道：

> 我不知道英国人是否冷酷残忍，但我知道他们自负傲慢。向他们表达友情和热情，以及见到他们的强烈愿望，向他们诉说分离的烦闷、悲伤和悔恨，他们会把这些话全部当成过分热情。……我请您务必坚信，您一点也没让我惊为天人、头晕目眩，也请您相信，我完全愿意不把您当回事儿，就像您不以我为意一样，永别了。

---

①“黑室”，指的是一种情报活动，旨在搜查邮政信件。许多欧洲国家都存在这样的部门。——译者注

那些阴郁思想萦绕脑海的无眠之夜并不能为冒失者带来宽慰。怨恨之心愈甚的杜德芳夫人在第二天，也就是5月26日，又写了一封信为自己辩护：

您惹怒了我，您让我困惑，最糟糕的是，您让我感到冰冷入骨……威胁我给我写《葡萄牙信札》式的回信！……我感到悲伤、不适、头晕、烦闷，我没有一个可以说话的人。我以为有一位朋友，我通过向他诉说我的痛苦而寻求慰藉，和他谈论友谊让我感到快乐，我很高兴能告诉他我对他的需要……但他感到愤怒，蔑视我，把我当成笑柄，还用各种方式侮辱我……不过我会避免给您这样给我回信的机会。

杜德芳夫人受到了严酷的教训，不过她接受这个教训。她做出了让步，今后他们之间再也不会提“爱情”这个可耻的字眼了。杜德芳夫人过于珍视二人之间的这种独一无二的关系了，这段关系将她从绝望中拯救出来，以至于她不能拒绝沃波尔强加给她的条件。杜德芳夫人尽力不再对他朝思暮想，尽力克制自己过于频繁地给他写信，甚至克制自己提及他的名字。从此她的角色就这样毫无转圜余地地被定了性：她要让沃波尔高兴，用欢快的口吻写信，让他开怀大笑或是微微一笑，跟他讲无关痛痒的闲话，不让他察觉到感伤。为了能更亲近沃波尔，杜德芳夫人仍然时不时地请他宽容以待，她是如此担心会惹他不快：

我亲爱的监护人，我们结束吧，让我们忘记过往；让我们以后只谈无关痛痒的话题，让我们永远放弃这些爱情、友谊和调情吧；我们不要再爱了，但是让我们始终关注对方，同时又不需要舍弃您的原则；在完全不理解它们的情况下，我愿意遵守、尊重您的这些原则；我的监护人，您会满意的，请您相信这一点。如果您的健康状况不让我忧心，如果您不生我的气，以至于要称我为“夫人”的话，您也会让我心满意足的；“夫人”这个词让我全身冰冷，这是一种让我厌恶至极的惩罚，对于我来说，这就像是让孩子挨一顿鞭子一样；让我成为您的“小女孩”吧，从来没有一个头衔如此切合一个人，因为我实际上真的很小女孩……您只需要稍稍观察一下，尽力让自己更温柔一些、更宽容一些……

终于，沃波尔回巴黎待了几周，他很高兴能回到圣多米尼克街，能享受巴黎的欢愉。两人的重逢欢快又平和。沃波尔表现得绅士又殷勤，因为他对杜德芳夫人的喜爱可能比自己承认的要多得多。八年里沃波尔来到巴黎四次，每一次巴黎之行，他大部分时间都和杜德芳夫人一起度过。两人一起默契的在巴黎街上漫步、在乡间用晚餐。尽管杜德芳夫人年事已高，且身体孱弱，但她仍然保持着一种令人惊叹的活力。为了能让沃波尔高兴，她从埃诺主席那里请了一位天文学家，还定了他的天文望远镜，两人等着看彗星等到了凌晨3点！

您会想念我的……

然而，再次通信后不久，两人的关系又再一次紧张了起来。口角争执、重归于好、绝交、抱怨、悔恨，杜德芳夫人任凭自己被人摆布——“我不明白自己为什么固执地要以您为念”。被孤独和烦闷腐蚀的杜德芳夫人坚守着自己的梦想。所以她原谅了沃波尔，凭借着她的幽默、想象力和敏锐机智，杜德芳夫人得以修补事态，两人的通信交往持续了数年——两人互通了将近两千多封信——其中好几次通信几近中断。杜德芳夫人敏捷地抓住了事态中喜剧性的一面，拿沃波尔打趣，“您应该给我寄一份书信样本……”她还向沃波尔推荐了一套书写规定：

我从我的字典中抹去了字母A开头的“友谊”(Amitié)、“喜爱”(Affection)、“爱怜”(Attendrissement)、“爱情”(Amour)、“做作”(Affectation)、“矫饰”(Artifice)。……请您以此开始，审视剩下的字母表。我会每天都给您写信讲述前一天发生的故事。信里会有大量的专有名词，永远，永远不会提及思想和看法……嗯，请您不要惊慌，我想做您的祖母。好了现在说明白了，您生气了？

沃波尔这一方则装作漠不关心，但是他始终害怕会沦为笑柄，他还担心会被淹没，用他的话说，就是怕被“制服”。两个人都对生活存有戒心，都害怕会被自己的幻想欺骗，害怕面对“烦闷”这个无形的敌人，它就像“一股霜冻一样扼杀植物”。1772年6月，两人的关系差一点就要一刀两断了。当时沃波尔生气了，因为他的朋友杜德芳夫人于夏季在舒瓦瑟尔公爵夫人家过了几周。面对如此多的不理解，杜德芳夫人反击道，“您的愤怒，您的沉默，向我证实了您只是在找一个和我分手的借口……我的所有幸福都被毁掉了，这一刻给我带来的痛苦要比五个星期给我带来的快乐还要多”。两人的问题不只是一个误解那么简单。十五天后的7月18日，从未如此怒不可遏的杜德芳夫人给沃波尔写了一封信，从信中来看两人的关系可能要画上句号了：

……然而，最终一切都结束了。很久以前我就应该明白，我们的关系对您来说是负担。一切都在向我表明您的变化。我不会为此抱怨，先生，没有任何事物像我们的关系一样自由。但是，让我怨声载道，让我感到冒犯的，是您的方式，一个人绝对不会以如此轻蔑的方式对待一位我这把年纪、有些许社会影响力的女性……您的所有不满都是如此幼稚，以至于让人无从答复。用您的话说，我只想奴役别人，我只爱自己，就像您一样，您也只爱您自己，我们永远都不能合拍。唉，好吧，先生，那我们就不要再相互迁就，那我们就终止通信吧，这种通信很久以来对您而言就只是一种完完全全的折磨。

两人的通信看上去变少了，芥蒂就这样生根发芽。1773 年 3 月，沃波尔觉得杜德芳夫人的来信让自己“不堪重负”，他甚至后悔成了她的朋友！这是为什么呢？因为杜德芳夫人在信里提到了自己烦闷、失眠、厌世。两人的书信准则规定他们写信不是为了抱怨，而是为了互通诙谐玩笑，这是个交往的幌子。一年以后，多疑的沃波尔请杜德芳夫人把他之前的信件还给他，杜德芳夫人拒绝退回信件。他是怕杜德芳夫人命不久矣，两人的秘密会被抖露出来。杜德芳夫人继续给沃波尔定期写信，尽管沃波尔的回信“透着不满和威胁色彩”。只要书信能保持轻松愉快，他们就会重启通信。两人评论政治新闻和社交界新闻，互相讲有趣的小故事，杜德芳夫人跟沃波尔讲她的小狗“东东”，东东把她所有的访客都咬了，沃波尔回复说应该在每天 5 点后把“东东先生”关进巴士底狱。一切顺利的前提是杜德芳夫人要“舍弃自己的想法”。虽然她丝毫不理解沃波尔为什么会在“了无生气的物品”身上找到乐趣，但是她从此根据经验得出了结论，要用我们所爱之人所期望的方式去爱他们。这位明智的女性半信半疑，她承认自己“不能没有感情地活着”，于是她在信中继续讲述社交界和城市里的小趣闻，以此给她的朋友沃波尔找乐子。1775 年夏季和秋季，沃波尔又来巴黎了，他又回到了杜德芳夫人身边，后者满心欢喜地接待了他。杜德芳夫人见到沃波尔时的欢欣雀跃就像一个斋禁期间储藏存货的小女孩一样。

因为两个人都在变老。沃波尔患有痛风，他着了凉，嘟嘟囔囔地讲话，相较于人类，他对花朵和松鼠更感兴趣。杜德芳夫人蜷缩在她的“酒桶”中躲避穿堂风，她发烧了，把一切都抛之脑后。但是她依然活跃，夜幕降临之时杜德芳夫人仍然接待客人、去内克尔家用夜宵、让别人给她读诺阿的回忆录[①]、去剧院看戏剧、听拉阿尔贝[②]为她朗诵悲剧作品、去拜访自己的好朋友舒瓦瑟尔公爵夫人和卢森堡元帅夫人。杜德芳夫人需要吵嚷和活动，她勇气十足。她的社交圈子仍然非常愿意倾听她的评论，不过人们忌惮她严酷的批判性思维、她的俏皮打趣和她令人生畏的洞察力。然而这一切的背后只有一个名字——沃波尔。沃波尔总是伴随她左右，但是两人再也没有什么可分享的了。杜德芳夫人周二开始给他写信，直到周日才写完，其间大使先生“在忙着整理他的小箱子”。回首自己漫长的一生，杜德芳夫人被伤感、苦涩、“与生俱来的悔恨”包围着，她所有的思想都用来探究这片无止境的虚无，她称之为“情感荒芜，以及无法摆脱的痛苦”，但是她说自己不能做出改变。只有她对沃波尔的爱才能继续让她做一个13岁的年迈小女孩，只有这份爱能抵御烦闷和幻灭。爱火点燃的罗曼蒂克扼杀了她的理智，卸下了她的防御，杜德芳夫人从烦闷转为焦虑，正是焦虑唤醒了她的感性。她可能是即将到来的“世纪之痛”[③]的第一个案例。

---

① 此处指诺阿公爵的回忆录《路易十四和路易十五时期的政治军事回忆录》。——译者注

② 让－弗朗索瓦·德·拉阿尔贝（1739—1803），是一位祖籍在瑞士的法国作家、评论家。——译者注

③ 世纪之痛，专指19世纪初年轻人幻灭和感伤之情，是正在兴起的浪漫主义运动中的关键概念之一。——译者注

1780 年，杜德芳夫人 83 岁了，她明白自己再也不能见到此生唯一的爱了。她的健康状况急转直下，她尤其不想以如此可悲的状态示人。她最后一封给沃波尔的信落款时间是 1780 年 8 月 22 日，信中杜德芳夫人向沃波尔承认自己状态不佳。她虚弱、失声、心情煎熬又孤独无靠，因为在夏季整个巴黎成了一座空城，内心的敏锐让她写下了这些令人赞赏的精准字眼，“请您不要为我的状态而神伤，我们几乎为了对方迷失，我们不要再见面了。您会想念我的，因为我们很享受心里有对方的这种感觉”。杜德芳夫人于 1 个月之后离世。

通过一封忠实的秘书维亚尔的来信，沃波尔得知了杜德芳夫人的死讯。他不是一个会表露感情的人，也不是一个会品味罗曼蒂克的人，忠诚的他此后精心收藏着这位亲爱的年迈女友留给他的手稿，他还收养了“东东先生”，“因为东东太坏了，以至于其他任何人都不会好好对待它的”。被宠坏的东东最后终于适应了新生活。沃波尔过去不愿意了解自己这种优雅的冷漠曾经是多么地令杜德芳夫人感到痛苦，生活为这位在感情上如此吝啬的男人准备了一个惊喜。1787 年，时年 70 岁的沃波尔结识了两位年轻女子，她们是贝利家的小姐，其中一位叫玛丽，她让沃波尔体会到了爱情带来的天翻地覆，之前沃波尔一直对这种感情避之不及。

第四部分

分手之惊

在卢梭的设想里，爱情（Amour）作为专有名词首字母 A 被大写。此时恰逢 19 世纪个人主义兴起，随着婚姻制度的重整，卢梭的这个设想也促进了社会基准的建立。设想的本质是好的，想象力、情感和欲望可以从思想桎梏中解脱出来，让每个人心中都燃起了感性之光以及憧憬与渴望。人与人之间的道德条约会约束人性的自私，男女之间的互补性将会战胜两性间的冲突。如此一来，"幸福的一夫一妻制的绝对地位"（帕斯卡尔·布鲁克内，《爱情悖论》）已经走到了尽头。教育——爱弥儿和苏菲接受的那种教育，应该推动人类教育的革新。

谈到"情感"就不得不提到"主观"。与机构认同相比，爱情的合法性更多来自生活中必不可少的内心选择。但是，爱情要经受的是一颗心的多面性，要时刻面临障碍。障碍让爱情之火更加强烈，以至于激情和痛苦常常可以互相定义。痛苦赋予人"英雄主义"的憧憬，鼓励人超越局限，给灵魂附上了一层完美主义色彩，朋友爱德华对朱莉和圣－普鲁克斯[①]讲道，"如果您丝毫未被爱过，您的期待就会降低"，即便他们违反了社会准则。迷失一代的特点是受卢梭作品的影响，且法国大革命的失败让他们失望。日渐雄起的主观主义和教条压迫这两者之间的沟壑渐深，这代人痛苦地体验着这种差距，这种介于"感性身份和公民身份"之间的撕裂（阿兰·布鲁姆，《爱情和友谊》）。18 世纪末，少年维特的枪声在整个欧洲回响；《少年维特之烦恼》这部作品被模仿和改编，它是体现"存在之痛"的标志性作品，社会的苛求和对绝对幸福的憧憬是不可能兼得的，这部小说集中体现了这种不可能性。浪漫主义的流行让这股思潮成了行为准则。

① 作者此处援引的人物均出自卢梭的《新爱洛依丝》。——译者注

浪漫主义将爱情变成了一种由炽热想象力创造出来的理想之物，然而这股浪漫主义革命被“比人类意愿更强烈的社会准则”（本杰明·贡斯当，《阿道尔夫》）遏住了喉咙。一边是爱情的沉醉，另一边是家里强加的一夫一妻制婚姻，在这二者之间，资产阶级社会做出了谨慎的考虑。

百年之思：离婚法案

1792 年是法兰西第一共和国元年，年轻的共和国想要以品行端正、公平公正的面目示人。共和国想让配偶们相亲相爱、彼此忠诚，让他们生儿育女，做合格的好公民。经过数年的激烈讨论和大量关于婚姻幻灭的檄文洗礼后，《婚姻法案》终于在 1792 年 9 月 20 日被表决通过，这个法案的通过结束了婚姻不可撤销和终结的命运。从此以后，婚姻成了一纸民事合约，合约的基础就是配偶双方的自由和自愿，不过法案并没有废除“双方父母赞同”这一项。婚姻不再属于教会规章管理范畴了，可以得到合法解除。个人自由和司法平等让每个人都得以掌握自己的命运。

《新法案》承认三种主要的解除婚姻途径：双方协议离婚、性格不合离婚、决定性动机离婚（指精神错乱；配偶一方被判名誉刑[①]、犯罪或虐待；道德败坏；一方配偶被另一方方抛弃至少两年以上；一方配偶失踪至少五年以上；移民）。在 1792 年法案通过后提出的分手诉讼可以自动变为离婚。诉讼所需的行政流程简短便利，男女享有同等权益，如果发生争执，诉讼

① 名誉刑，指让罪犯承受公众的责难。——译者注

将会交由家庭委员会裁决。直至当时，很多情况下，已经分手的夫妇都要凑合维持表象，伪装成两人还可以重归于好的样子，不得不接受非法姘居的现状。当配偶二人还未分家时，他们要么互相责难，要么去找婚外情，不融洽的婚姻是家庭和社会的不幸。1792 年法案的立法原则是承认“婚姻彻底失败导致的离婚”，是确定配偶双方完全没有共同生活在一起的可能性，是允许双方既自主又简单的离婚，在分离十个月之后（婚内孕育新生命的时间），每个人都可以切断婚姻的枷锁，重新开始自己的生活。检察官肖梅特从中看到了幸福婚姻时代的来临，非常享受这种“永恒的宁静和纯粹的幸福”。

1792 年至 1795 年，巴黎的离婚数目剧增（根据历史学家弗朗西斯·朗辛的研究，1793 年有 1683 对夫妻离婚，1794 年有 2400 对夫妻离婚），不过这个数目在随后几年里出现了下降，巴黎和其他大城市的离婚数目都有所降低。乡村地区对离婚一无所知，贵族阶层也丝毫不会采用这种方式。离婚法案涉及最多的就是城市里的资产阶级。一半以上的离婚请求都是女方主动提出的，起初她们还很谨慎，因为当时人们仍需面对依然严酷的宗教禁忌，并且承受来自社会的谴责目光。与此同时，共和国鼓励年轻人走入婚姻，因为结婚能让人做一个遵纪守法的好公民，而且离婚的便捷也让婚姻这种民事合约显得不那么沉重了。

然而很多问题仍待解决。一些人担心这个离婚法案会变相导致“自由结合”、重婚或是多配偶制的出现；另一些人则为非婚生孩子们的命运担忧，更不要说各种各样复杂棘手、难以定夺的情况了。立法机构受保守派施压，后者呼吁要更加严格地控制离婚申请，而且想要划掉某些离婚动机，比如“性格不合”——这个动机会被各种变相滥用。1804 年的《民法典》

在经过三年的激烈讨论后才得以问世。《民法典》中有 85 条条款都是关于婚姻的，其中规定婚姻的最终目的是建立和维持家庭。平等问题不再被提及，法典中明确显示了丈夫的优越性，男方“保护”自己的配偶，妻子则被认为低人一等，要“服从自己的丈夫”。

离婚法案被重新调整：“性格不合”的离婚动机被剔除；双方协议离婚仍被保留，但是，加上了一些限制条件——比如必须要得到长辈的准允、三年之内禁止再婚等。基本上，配偶一方有严重过错（通奸、虐待、加辱刑）才能合法离婚。1804 年的《民法典》把“婚姻彻底失败导致的离婚”变成了离婚和“认可式离婚”。1796 年，拿破仑·波拿巴和约瑟芬·德·博阿尔内就是在这样的法定框架下签署结婚协定的。1809 年，经过一番周折，两人以共同协商的名义签署了离婚契约。

这项法律是妥协折中的产物，不久后同样在复辟时期受到了质疑。1816 年 5 月 8 日的法案完全禁止了离婚，离婚请求被转成了分家请求，协议离婚前需要的文案被取消，未经执行的判决被认作未判决。未来差不多 70 年的时间里都是这个情形，在这期间，各种各样的尝试都“胎死腹中”，比如，1831 年至 1848 年为了重启离婚和再婚权益所做出的努力。第三共和国时期，关于离婚的激烈争论被推上了顶峰，最终于 1884 年 7 月促成了《纳凯法》，即离婚被合法化，但是只有在一方配偶被证实犯下严重过错的情况下才可以宣布离婚，评估权力掌握在法官手中。这是一场阶段性的胜利，事实上，立法机构将双方协议离婚剔除在外，只考虑由于严重违反婚姻准则而导致的“过错离婚”。

关于这个话题的争论远远没有结束，争取真正意义上的离婚——也就是双方协议离婚的斗争再次打响。1900 年，玛格丽特兄弟冷嘲热讽，“人们在鲜花簇拥中走入婚姻；走出婚姻的时候却被安上了个下水道塞子”。1904 年的补充法案允许离婚一方和自己的“同谋”伴侣再婚。平等原则被写进了法案，位于关于通奸的条例之前，平等原则的执行困难重重。立法后，丈夫们就可以利用自己的配偶收到的不利于自己的信件进行辩护，但是反之则不可。离婚诉讼的数目有限，但是将会逐年增长：1885 年宣布离婚的夫妻有 4277 对，1900 年有 7157 对，1913 年有 15372 对，1925 年有 22000 对。法案经过了一些修改，丝毫不会影响整体精神。1965 年，法国离婚数目再次激增，这主要是得益于串通作证和虚假侮辱信件，让配偶双方得以直截了当的离婚。1975 年 7 月 11 日的法案给这段漫长的自主离婚进程画上了句号。

头晕目眩的分手

不管通过何种方式，法律都不能抵消分手所带来的折磨。一对爱侣幸福地结合，但同时也经受了各种考验。切断一段恋爱关系，离开对方（无论对方是配偶还是情人），都是一种失败，以至于人们要找各种理由来推延这场失败，对它争论不休、推三阻四，这就是内心法则。爱情本身富有这种神奇的法力，可以追根溯源让神话重生，这个神话就是柏拉图笔下雌雄同体的“安德罗涅”：宙斯终结了性别的一体性和互补性，用这种撕裂来惩罚人类，这种性别割裂成了永恒悲伤的源头。德国浪漫主义作品抓住了这个主题，比如诺瓦利斯[①]、约翰·威廉·里特[②]、弗朗茨·冯·巴德尔[③]，后者认为婚姻“是上苍赐予人类修复自我的纯洁恩惠，让人类得以还原本真面目”。巴尔扎克则由此得到灵感创作了《塞拉菲达》[④]，作者是受汉斯卡夫人之邀创作这本小说的，后者深受史威登堡[⑤]的影响。许多心理学家都从“雌雄同体”这一理念中看到了一种标志性怀念，这种标志就是人类内心由于自己的不完整性而产生的一种最根本的怀念心理。

如果说爱情“像触电一样给人以鼓舞”，那它也能让人置身于痛苦之中，分手就像是自断手脚。感情本身就是慢性死亡，它在人的内心生根发芽，如此根深蒂固以至于不能拔除。浪漫之士期待从爱情中体会到膨胀的存在感，感受永恒，然而他却从中看到了迟疑和脆弱。这种内心的撕裂，再加上孤独导致的空虚，甚至会让最冷酷的心灵都变得七上八下。也许，没有人比《阿道尔夫》（1815 年）的作者本雅明·贡斯当能更精准地描述爱情的腐蚀性及其后果了。作者并未掩饰他的创作灵感源于自身经历，虽然他笔下的女主人公具有数位女性的影子。1806 年，贡斯当 40 多岁了，面临着几个不可回头的抉择，他没有勇气去做这样的决定。贡斯当的一生都在忙着“分手”，一旦得手，他就会立刻抽身，甚至在收获胜利果实前就逃之夭夭。在他的《私密日记》中，贡斯当承认自己有“爱的需要”，但同

① 诺瓦利斯（1772—1801），德国浪漫主义诗人、作家、哲学家。——译者注

② 约翰·威廉·里特（1776—1810），普鲁士物理学家、哲学家。——译者注

③ 弗朗茨·冯·巴德尔（1765—1841），生于慕尼黑，德国哲学家、神学家。——译者注

④《塞拉菲达》是巴尔扎克于 1834 年创作的一本以雌雄同体为主题的奇幻小说。——译者注

⑤ 伊曼纽·史威登堡（1688—1772），著名瑞典科学家、哲学家、神学家和新教會的理论奠基人。——译者注

时也坦诚自己得不到满足，承认自己害怕孤独，“我一直都倾向于和斯塔尔夫人断绝关系，但是每一次当我有这个念头的时候，我都注定会在第二天萌生起相反的念头”（1806 年 5 月）。6 个月以后，贡斯当没有任何关于“这段关系应该结束……或者死亡”的念头。

时间流逝造成的精神症结、世纪之痛、对自我无休无止的剖析，让“一切情感背后都隐藏着难以言喻的内心活动”，这些让感情生活变质、干涸，许多年轻人都在“阿道尔夫”的身上找到了共鸣。主人公阿道尔夫和一位已婚女子恋爱。爱蕾诺尔比阿道尔夫年长十岁，为了能全身心地爱他，爱蕾诺尔抛夫弃子，但是却不能给予阿道尔夫所期望的自由、解放的幸福。当阿道尔夫发觉他的情妇“不再是目标，而变成了一种维系”的时候，他开始着手和爱蕾诺尔分手。下定决心要重获自由的阿道尔夫用大道理武装自己的分手宣言，宣称“社会法则比人的意愿更加强烈”。他甚至不敢直视面前的爱蕾诺尔，就直截了当地突然为二人的关系判了死刑：“我再也不能将您置身于这种于您于我都不道德的境况中了。”面对爱蕾诺尔的各种苛求，阿道尔夫懈怠、恼怒、发火，激烈的争吵逐渐让他们的共同时光变了味。然而，危机一经爆发，阿道尔夫就退缩了。他立刻想要减轻爱蕾诺尔的痛楚，面对自己给她造成的痛苦，他也想减轻自己的慌乱情绪。爱蕾诺尔既狐疑又苦闷，随后她信心满满，对阿道尔夫深信不疑，很快就相信了对方美好的许诺，“她陶醉在自己的爱情中，以为这是我们两人共同的感情……”两人随后会再次经历狂乱。习惯会掩盖真实的情感态度，阿道尔夫深陷其中，他的思想变得模糊不清，只剩下了各种借口，“我不确定自己要何时与她分手，这种不确定性让我搁置了分手的念头”。阿道尔夫向一位女性朋友吐露心声，这次交心让他们的关系得以得到客观的见证，成了最终的解脱，让阿道尔夫明白他必须结束这段关系。

无力行事的痛苦是《阿道尔夫》一书的主题，这种“无力”同时也是社会的无能为力，这是一个难以消化各种悖论的社会。本雅明·贡斯当为自己的主人公的胜利感到羞耻，因此，在后续几版中，他在序文中这样介绍自己的作品，“回首这场胜利，朋友和外人为它鼓掌喝彩，这场胜利的代价是让他的一部分灵魂濒临死亡、扼杀了同理心、滥用了弱点，并且玷污了道德，他们为之喝彩的同时还把这种胜利当成冷血的借口。同时我们继续残生……”对他人造成的伤害不会愈合，非常规的恋爱关系更加危险，因为人们自以为“终止不假思索而发展的恋爱关系不会感到丝毫痛苦”。婚外情成了浪漫主义小说的挚爱主题，因为这种醉心的乌托邦式小插曲让配偶双方相信他们可以逃离社会生活中的种种不得已，但是地下恋爱的情侣是被判死缓的情侣，他们被判在“心醉神迷和一败涂地”中铤而走险（艾斯黛尔·佩雷尔，《我爱你，我背叛你》，2018）。如果一段恋爱关系得以稳定长久，它最终仍会染上夫妻生活的各种弊端，这种幻灭与精心维持的幸福相辅相成。

责任感

浪漫不等于无耻，残忍源于热切希望之后带来的失望。一位浪漫之人刚刚坠入爱河，就发现爱情的牵制剥夺了他的自由。发展到极致的爱情日渐消退，因为它无力抵御柴米油盐的侵蚀。阿尔弗莱德·德·缪塞在《初诗》中写道，爱情“营养不足，死于饥荒”。卢梭制定的爱情设想是要完成一个超人的任务，在差异的基础上建立起一种长久的联系，并且“同时实现两种可能性，让它们合二为一，即同时享有幸福、高尚的人生和美满的夫妻生活”。然而，爱情的狂热有自己的局限性。那么分手的责任应该由谁承担？卢梭回答，首先应该由男性承担这个责任，因为新世纪的年轻女性自由结婚，她们接受自己的从属地位，并且希望自己的婚姻关系得以持之以恒。

责任感、负罪感是索伦·奥贝·克尔凯郭尔惯用的托词。1840 年，向雷金娜·奥尔森求婚的克尔凯郭尔并没有信守承诺。当时雷金娜 17 岁，他 27 岁。他当时刚刚结束了自己的神学学业，这位年轻浪漫的哲学家经历了一段严重的抑郁期，他希望年轻快活的雷金娜能最终治愈他。克尔凯郭尔爱雷金娜，就这样和她订婚了，但是不久后他就被犹豫和狐疑所困扰，他到底适不适合婚姻生活呢？婚姻生活是否可以和他的精神生活共存？他能不能让雷金娜幸福？也许他会让对方陷入感伤和焦虑之中？所以克尔凯郭尔犹豫、痛苦，理智和意愿都不能帮他做出抉择。他担心，未来的人妻雷金娜不再是自己所爱的这位理想少女，因为，克尔凯郭尔其实爱的是爱情伊始，那这个一切皆有可能的阶段。两人的婚约持续了一年。雷金娜依恋他，抱着同情怜悯的心态，她想要帮助克尔凯郭尔，然而与此同时对方却伪装成无赖和骗子，不遗余力地惹她讨厌。“如果是她提出的分手，那无论我的爱是多么的深沉，我都会很高兴地忘记她”，克尔凯郭尔向自己的朋友埃米尔如此坦陈道。正是通过参与到分手这个进程中来，雷金娜才能实现二人之心的真正融合，这样二人才能到达“与共同占有旗鼓相当的共同克己”这个境界（让·瓦尔，《恐惧和颤抖》导论，1946 年）。

1841 年秋天，二人终止了婚约，这成了一桩大丑闻。克尔凯郭尔想远离是非，于是逃到柏林待了一段时间。然而分手并不意味着结束，从某种意义上来讲，分手甚至会成为开始。在哥本哈根的街头巷尾和教堂，索伦·克尔凯郭尔和雷金娜暗送秋波，这表明二人心意相通。雷金娜不在身边时，克尔凯郭尔不停地想念她，他内心的波折也渐渐平息。他“在回忆中恋爱，而不是实时感受爱情”。他忠诚于雷金娜，悄悄在自己的日记中记录她的一点一滴。《诱惑者日记》中秀色可餐的考尔德丽娅被人抛弃，在她的身上冥冥中包含了爱情的两面性，以至于她在受人同情的时候反悔道，“请您不要怜悯我，您这个人既不理解我的痛苦，也不理解我的快乐。我仍然如此爱他，以至于我唯一的愿望就是再做一次少女，再让他背叛我一次”。克尔凯郭尔日后会让雷金娜执行他的遗愿。得益于雷金娜，克尔凯郭尔成了诗人，也许还成为了一位圣人。雷金娜此后于 1847 年嫁给了哲学家弗里德里希·施勒格尔，然而有过婚约的雷金娜和克尔凯郭尔永远都不会忘记彼此。

屹立在爱情面前最难以跨越的障碍就是内心的挣扎。两个人的爱情很难建立，这样的爱情也许只是两个孤独灵魂臆想出来的交集，多少会短暂即逝。生活围绕着感情起伏跌宕，导致了焦虑情绪，焦虑情绪中的人会想要搁置一切抉择、放弃因循守旧的程式化幸福以及各种幸福的假象。缪塞在作品中勾画了“哀怨者和乘着小船的幻想家”，这些人的浪漫灵感枯竭了，他们的继任者们感受到了自己的无能为力，他们甚至在这之前都没能有所作为，也没有尝试过投身于罗曼蒂克之中。弗兰茨·卡夫卡永远都是未婚夫，爱慕斐丽斯的他经历了一场内心战斗，作战双方是他内心的两面性，他们互相争执，在婚姻和苦行生活中摇摆不定，在善意的谎言和毁灭性的真诚之间徘徊踌躇。自省让卡夫卡背负了难以忍受的责任感，就像要弥补一个自己犯下的错误。卡夫卡不能下定决心中断婚约，他的个人判断丝毫不起作用，他把抉择的重负推卸到了斐丽斯父亲的身上。他有时候会主动提起话头，在信里语无伦次地解释一通，然后又放弃寄出自己的信件。他的留言中到处都是托词和前言不搭后语的失礼之言，卡夫卡本人称之为“在喜结连理之前就切断姻缘”。这位未婚夫把自己的命运永远的托付给了信件箱，每一次信件迟到都会让他重新经历一次分手，在这个过程中，卡夫卡解释、分析、修整、拖延，就这样他成了作家。他从一本克尔凯郭尔的选集中寻求帮助，因为卡夫卡觉得两人的命运看起来是如此的相似。这种“漂浮”在期望、迟疑和负罪感之间的状态从1912年到1917年持续了四年有余。爱情的信仰渐衰，沉重的责任感造就了逃兵。

在当时那个以“自我意识”为文化主导的时代，对自由的诉求往往只是预示着两人不可能生活在一起。和卡夫卡一样，马塞尔·普鲁斯特细致入微地审视了同代人。在普鲁斯特看来，与其说与所爱之人朝夕相处，不如说恋爱中的人其实更适合保持距离，这样，爱情中的人就可以根据自己的意愿来塑造自己的形象，还可以蜷缩在自己的内心世界里。叙述者等了阿尔贝蒂娜很久，在得知她可能会回来后，他陷入了焦虑不安之中，“我希望阿尔贝蒂娜不要回来，但是我希望这个决定是由她自己做出的，以此来终止我的焦虑”（《女逃亡者》）。也许距离会让爱情重燃，因为我们喜欢看不见、摸不着的事物，只有未完成才是永恒。圣伯夫的浪漫主义缪斯女神侯尔坦丝·阿拉特[①]风趣地总结了这种妥协的爱情，“您爱我就像一位在作战的帕尔特人，正准备逃跑”（1842年）。面对当事人的孤独，

① 侯尔坦丝·阿拉特（1801—1879），法国女作家、女性主义文学评论家——译者注。

臆想未来的不确定性，以及难以企及的罗曼蒂克理想模式的终结，保罗·布尔热的《当代心理分析》还有社会科学，会在不久后对这些现象提出异议：如果一段爱情中不存在得以升华的前景，那么在不分手的情况下保持一段持久的爱情看上去越来越像是一个谎言。

资产阶级婚外情

在整个19世纪，资产阶级婚姻一直对浪漫爱情抱有执念。虽然声势浩大且勇气可嘉，但资产阶级的婚姻仍然难以幸福美满，家庭和谐、事业有成和相敬如宾都不足以使婚姻圆满。责任的约束不足以扼杀欲念，亲密无间的夫妻生活里会产生失望和沮丧的情绪，以及数不清的日常小口角。人类寿命的增长使婚姻时间也随之延长，践行基督教教义的人越来越少，婚姻忠诚变得越发难以维持。想象力和好奇心需要得到刺激，为布尔乔亚的物质需求注入活力，心猿意马的丈夫和半交际花调情，有人通过这种现象展示这些婚外偷闲是如何反过来影响夫妻二人的性生活的。整整一个世纪，夫妻相处之道都在两种模式间左右摇摆，即传统程式化中持久稳定的夫妻关系，和对道德问题作出妥协退让的相处模式：丈夫供养情妇，受情伤的妻子为了能体会到浪漫情感投身于婚外情，为此奉献了自己十年的贞洁美德。为了避免决裂，也为了保护家庭，丈夫和妻子都睁一只眼闭一只眼。夫妻间的争吵和他们戏剧化的争执，也许都是为了避免婚姻走上无声解体之路的有效应急措施。

19世纪著名小说作品的核心内容之一就是对婚姻不忠。虽然不忠的行为损害了婚姻，但却唤醒了人们对浪漫爱情的憧憬。不忠的行为动摇了坚定不移的信念，揭示了一些凌驾于社会秩序之上的东西。分手或是离婚即使会经历痛苦，遭到道德准则的非议，但仍然可以把一位不忠的妻子塑造成一位忠贞的女主角，因为她把一切都奉献给了自己炽热的爱情。在《被遗弃女人》中，巴尔扎克笔下的巴黎社交界自然而然地就接纳了鲍赛昂子爵夫人的婚外情。一头金发、温柔可人的子爵夫人被自己的情人抛弃，这时丑闻才传播开来，情人抛弃了鲍赛昂去迎娶嫁妆丰厚的德·罗切菲德小姐，于是所有沙龙都将这位被丈夫罢黜、被情人抛弃的女子拒之门外，这个社会再也没有她的一席之地。远走外省的鲍赛昂过上了无可指摘的日子，“她以堂堂正正的面貌示人，这是一张堕落天使的面庞，这张面庞为自己的过错而骄傲，丝毫不愿接受宽恕”（《被遗弃女人》）。尽管不幸失势，子爵夫人却未曾有一刻怀疑过自己的个人价值，因为社会地位和社交死亡丝毫不能决定她的个人价值，“从她纯洁无暇的爱情中可以看到她的所有辩白”，无耻和卑鄙是利欲熏心的情人和与其同流合污的社会所做的勾当。

司汤达笔下的女主人公德·雷纳尔夫人纯洁浪漫，她在于连的怀抱中找到了爱情，她离世的时候平和又高洁，她在孩子们的怀抱中，带着对于连的思念离开了这个世界。其他浪漫的女主角们虽然也选择了自由之路，但是并不能一直掌握自己的自由。面对社会的虚伪和排挤，沃伦斯基的情人安娜·卡列尼娜成了“女忏悔者”，而后未能足够遵从内心的她最终选择了自杀。当时的俄罗斯接纳了来自西方的思想，在荣辱传统观念根深蒂固的社会，这些思想威胁到了社会稳定，普希金就是其受害者。普希金的三任妻子在成婚之前都没有经历过罗曼蒂克，她们无视外人眼光，崇尚虔诚、贞洁之爱，因为爱情的品质揭示了灵魂的品质。然而当福楼拜通过笔下的人物包法利夫人将浪漫美梦变成幻灭笑柄之时，几位女性用她们强烈的情感力量击溃了社会的“流言蜚语”，用自己的梦想开启了一条自由之路，其中最著名的就是乔治·桑和玛丽·达古尔特。

爱的权利深入社会的各个阶层，在19世纪，婚外情也成了婚姻问题的重中之重。维克多·雨果直到生命尽头都一直在积累各种艳遇，他把恋爱当成是存在的最终目的。但是即使身为伟大的诗人，雨果也同样切身经历了婚外情的烦恼。1845年7月，一位警长突袭了雨果的房间，比亚尔夫人在此和雨果会合，公然犯下了“不法行为”，雨果可能会为此入狱。他之所以还能保持自由身要归功于自己“法兰西伟人”的名声。报纸传媒抓住这个事件不放。雨果做出了有罪申诉，悔恨自己的过失成了公共事件。在内心深处，雨果坚信“自然法则高于社会法则”，他奋起反抗这种狭隘的法律，这种法律惩罚的是“所谓的不法行为”。雨果声援“最圣洁的自由”，也就是爱的自由，“当法律有悖于权益，就只能用一种英勇方式来反抗这种法律，那就是违反法律”。但是垂垂老矣的诗人雨果同时也承认感情的脆弱性和肉欲冲动的无常，“从暗影中抽身的爱情，等同于脱水的毒药。它死了。这就是为什么被拿到明面上的婚姻会扼杀爱情”。面对婚外恋情和夫妇解体造成的动荡，资产阶级社会更愿意通过嬉笑怒骂和轻佻随意的方式招架躲闪。滑稽歌舞剧用喜剧的方式在舞台上呈现各种阴谋伎俩，它们有些来自浮夸、不忠的丈夫，有些来自诱惑女人的惯犯，还有些来自无辜的妻子。滑稽歌舞剧用张冠李戴的情节和精妙的词汇驱散了阴郁情绪，剧里的用词过于浮夸，以至于不会真正威胁到夫妻关系。

“离婚”的任务是终结非正常恋爱，人们希望通过“离婚”来为一夫一妻制婚姻正名。1884年的法律仅仅解决了一部分问题。因为女性没有享有独立，也没有获得与丈夫同等的自由，在现实生活中，离婚的女性在很长时间里都遭到了社会的摒弃。1960 年，婚姻制度的改革填补了妻子的司法资格空缺。1961 年 7 月，配偶双方都可以支配婚姻生活。1970 年 6 月 6 日的法案废除了丈夫“一家之主”的职能，用“父母权威”代替了父权。一种新式夫妻模式建立起来了。1975 年的法案从此承认了三种离婚情况：联合申请或嘱意的双方协议离婚、共同生活破裂离婚，以及过错离婚。

从原则上得到认可的双方协议离婚应该简化配偶双方的分离过程。然而，司法准则没有考虑到，在造成关系破裂的冲突中，每一段关系的具体情况及其细微的心理差别，“双方协议”的概念里可能隐藏着一种不平等，在提出离婚的一方和被迫接受的一方之间可能会存在一种失衡。为了适应变化越发迅速的道德风尚，2004 年 5 月的法案推出了一种新式离婚——“经历两年分离后，夫妻关系彻底破裂”的离婚，这个法案的推出遇到了与之前相似的问题，也就是如何评定“合理与否”的问题。离婚时长的缩短成了分手的助力器，离婚抉择让一方成了赢家一方成了输家，速战速决的离婚并没有让这种决定变得深思熟虑，反而让离弃更加容易。受害者受到了物质或是情感上的伤害，法律把弥补受害者的任务交给了法官，女法官罗西纳·顾赛于是提出了疑问，“是否应该重新审视离婚？到目前为止，离婚被理解成是双方分手的权利，是否需要在离婚中加入‘不被离弃的权利’？”（《婚姻史》，2009 年）。

拿破仑与约瑟芬

公开分手编年史

“你深知如何让他人喜爱却不用自己动情，请你告诉我，你知不知道如何能治愈情伤？我会支付这副昂贵的良药。”

拿破仑·波拿巴至信约瑟芬，1798 年 6 月 26 日

“想想其实爱的艺术就只是讨好的艺术。”

让 – 巴蒂斯特·卢梭，《康塔塔》

从爱情故事的伊始常常可以看出这个故事结局的雏形。因为人的性格不会改变，或者说很少会发生改变。1809 年被拿破仑皇帝休掉的约瑟芬与玛丽·萝丝·约瑟芙·德·博阿尔内十分相像，拿破仑在 1795 年疯狂地迷恋上了她，那时他的名字还是波拿巴。这个女子高雅又狡猾、温柔又可人，生活阅历练就了她的务实倾向，这种思想发展成了一种习惯，也成了一种讨好的艺术。至于波拿巴，他是一位战士，待人处事都以浪漫情人自居，他会因为敏感感性、心弦颤动和强烈情感留下诚挚的泪水，其间还时而会突然恼火。在迎娶玛丽·萝丝之时，波拿巴内心深处清楚地明白他想要的是什么。他为玛丽另取名字，称她为约瑟芬，波拿巴这是希望按照自己的品位重塑妻子？二人婚姻破裂的主因是政治事件，但同时也在很大程度上取决于性格命运。

初遇

拿破仑一世和约瑟芬生平的新近研究（皮埃尔·布兰达，《约瑟芬——天鹅悖论》，2016 年）重点强调了二人人生轨迹的关联性：他们都是岛上出生的孩子[①]，两个人都经历了背井离乡。二人接受的都是以贵族原则为本的教育，且都没有受到完整教育，玛丽成了子爵夫人，波拿巴在国王学校的寄宿班里长大。二人都同样地野心勃勃、才华横溢。他们到达法国的时候身无分文，且经历了法国大革命的动荡时期，他们利用这种动荡时局

① 约瑟芬生于当时的法国殖民地马提尼克，拿破仑出生于科西嘉岛。——译者注

来稳固自己在巴黎的社会地位。二人达到目的的方式并不相同，约瑟芬得心应手的是自己的魅力，波拿巴的武器则是行动力，但是他们都同样渴望统治和支配，都一样的现实，他们深知人性的力量和局限，都对机遇保持着灵敏的嗅觉。不过二人的性格却几乎完全相反，约瑟芬起先根据本能行事，她灵活顺从的性格特别像是伪善，然而这些疑云被她的和蔼和优雅驱散。拿破仑则未抱有任何幻想，他用自己的专注力、概括力、细致入微的记忆力，以及旺盛的精力，给身边人留下了深刻的印象。他向罗德勒[①]坦诚相告："我像艺术家爱小提琴一样热爱权力。"

在得名约瑟芬·波拿巴之前，玛丽·萝丝·约瑟芙·塔契·德·拉·帕热利是何许人也？她是一位秀色可餐的少女，出身于军人家庭，在位于马提尼克的家中长大，那里，人们以种植甘蔗为生。她于1779年来到法国，时年16岁的她嫁给了亚历山大·博阿尔内子爵，并与其育有两个孩子，分别是生于1781年的欧仁和生于1783年的侯尔坦丝。这是一段不幸的婚姻。丈夫经常不在身边，而且一去就很久，子爵夫人轻佻、骄傲，强烈盼望能够光彩夺目，她的温柔让人捉摸不透。博阿尔内子爵指责妻子背叛了他，同时子爵夫人对自己的婚姻失望不已，这段婚姻把她禁锢在平庸的生活中。二人在经济上的局促丝毫没有缓和事态。两人分手了，子爵夫人不费吹灰之力就结识了制宪议会[②]成员。但是掌权的罗伯斯庇尔采取了肃清政策，博阿尔内子爵被捕且被砍头，约瑟芬本人也成了嫌疑人，被关在加尔默罗监狱。1794年8月，约瑟芬与其他100多位囚犯同时被释放。一段

---

① 皮埃尔－路易·罗德勒伯爵(1754—1835)，法国律师、政治家。——译者注

② 国民制宪议会成立于法国大革命第一阶段的1789年7月9日，其前身是法国国民议会。国民制宪议会于1791年9月30日解散，其继承者为国民立法议会。——译者注

新生活开始了。一年后，也就是1795年8月，博阿尔内子爵夫人在尚特林街租了一栋公馆，为自己的孩子找到了优秀的寄宿学校让他们接受教育。她的魅力起到了作用，约瑟芬被邀请参加督政府[1]举办的沙龙，她的优雅举止和身为寡妇的自由身让她在那里非常受欢迎。

在约瑟芬势如破竹的晋升之路上有一个巨大的阻碍——金钱。巴黎是一个可以迅速致富的地方，也是一个为了家族的希望可以倾家荡产的地方。一切都可以买卖——约瑟芬日后会记得这一切。她典当了一颗钻石，并且告诉自己的母亲，她很会用自己寡妇和孩子母亲的身份博得同情。她言之凿凿地告诉帮她转卖钻石的庄家，她是独生女——其实约瑟芬还有一个姐姐。她在塔利安夫妇那里得到了强有力的支持，塔利安密谋推翻了罗伯斯庇尔，他是新政权的要员，并且在"五百人院"[2]有自己的席位。至于他美丽的夫人特莱西亚，则是时尚界的女王。约瑟芬没用几个月的时间就融入了这个精英荟萃的社交圈，这个圈子里唱主旋律的是政治家们，尤其是保罗·德·巴拉斯伯爵，他是所有人中最强势、最厚颜无耻的。成了将军的巴拉斯对一切利益都漠不关心，除了他自己的财富。巴拉斯投票赞成处死国王。得益于包养的一众女子和为他提供消息的小集团，巴拉斯无所不知。人们想要获得荣誉、军级、职位和名声的时候就会请巴拉斯帮忙。魅力四射的寡妇约瑟芬在巴拉斯身上得到的不只是倾听和理解，不过就算两人有过感情，那也是极其短暂的，巴拉斯情妇的位置会被美丽的特莱西亚

① 督政府是法国大革命中于1795年11月2日至1799年10月25日掌握法国最高政权的政府，前承国民公会，后启执政府。——译者注

②"五百人院"是法国依据共和三年宪法建立的立法机构中的下议院，组建于督政府时期，解散于执政府前夕。——译者注

占有。

与塔利安交往甚密的约瑟芬就是在塔利安的家里第一次遇到了波拿巴，两人于 1795 年 8 月初遇。这位矮小的科西嘉小伙子已经经历了飞快的晋升。由于他成功镇压了反对十月（葡月）议会的保皇党暴动，波拿巴被任命为部队将军。巴拉斯虽然很尊重波拿巴，但是波拿巴仍然是个着装品位低下的小伙子，他穿着一身布满灰尘的破旧礼服，脚上的靴子脏兮兮的，坐骑也没有好好抹粉，以至于特莱西亚不得不给了他一张共和国商店的优惠券，让他去做一身像模像样的得体制服。波拿巴瘦小孱弱、肩膀窄小、面色苍白，让人为之侧目的是他炯炯发光的眼神：等着波拿巴的是闪耀的未来，他的镇定自若让人心生敬畏，他出行都有要人陪伴，他的出现并未让塔利安夫人的沙龙蒙羞。对于波拿巴的成功，萝丝并非视而不见。

“您对我的内心起到了多么奇怪的作用！”

1795 年，博阿尔内子爵的遗孀已经 32 岁了，也就是说，她比特莱西亚年长十岁。一些恶意之人形容她“枯萎”“走下坡路”，弗雷尼利男爵残忍地形容约瑟芬“极消瘦、极拘谨、极不自然，这是个 30 岁了却还像 15 岁的女人”。唯利是图的商人阿姆兰对约瑟芬的第一印象就是她那一口参差不齐的牙齿，她笑的时候极力用手帕掩饰。尽管有这样的评论，大多数人仍然认为约瑟芬面容精致细腻，魅力四射，她穿着一身美妙轻薄的纱罗，这身薄纱完美地勾勒出她的身形和一举一动，并且展现出她美丽的裸臂。约瑟芬身形优雅，嗓音温柔，她发自内心的温柔体贴让她成了沙龙皇后。

波拿巴为约瑟芬身上的这种克里奥尔[①]式温柔而动容，尽管他非常讨厌塔利安沙龙放浪、奢华的氛围——第一次见到这位年轻的寡妇，波拿巴就觉得她“引人入胜”。波拿巴在施展风雅手腕方面笨拙不堪，这位年轻的将军期盼稳定的家庭生活，他不求激情，但求一位可以全身心诚挚地与他共度一生的伴侣。然而，约瑟芬是一位母亲，温柔地哺育着自己的孩子，在传统法国思想里，她是一位“真正的女人”，“非常慈祥”，可能会有助于提升波拿巴的社会地位。波拿巴 26 岁，约瑟芬 32 岁，但这点远远没有对约瑟芬造成不利，年龄的差距，以及约瑟芬展现出的优雅从容让波拿巴踏实、安心。从 1795 年秋天开始，他开始殷勤地追求约瑟芬，他爱的是作为女人、母亲和子爵夫人的约瑟芬。12 月，在度过了令人心醉神迷的一晚后，波拿巴给约瑟芬写了一张令人浮想联翩的便签，“温柔体贴、独一无二的约瑟芬，您对我的内心起到了多么神奇的作用！”萝丝成了约瑟芬。

应不应该说这其中有算计、运筹或者阴谋的成分？年轻的寡妇想要重整自己的生活，她看出来这位年轻又杰出的拿破仑·波拿巴势不可当，他还享有巴拉斯的信任。约瑟芬有没有让巴拉斯把意大利军队的指挥权交到拿破仑手上？拿破仑将军的才能众所周知，他不需要推荐就可以证明自己。还值得一提的是，萝丝不是个感性之人，而是一位精明的女子，并不富有的她谨慎持重，与要人们交情匪浅。她再三犹豫是否要下嫁一位没有资源的追求者。当时她数次写信给巴拉斯，以求优待，另一方面，拿破仑日后在圣赫勒拿岛流放之时则讲述道，巴拉斯曾经积极鼓励他迎娶约瑟芬。

拿破仑将军疯狂地坠入了爱河。几个月前，他放任自己享受写作的乐

① 克里奥尔人，安的列斯群岛等地的白种人后裔。——译者注

趣，创作了一部小说《克利松与欧仁妮》。书中的男主角炽热、清醒又容易动感情，与他本人极为相像。自11月以来，拿破仑度过了一连串充满爱意的夜晚，沉浸在幸福之中的他被彻底折服了。由于情势所迫，他等不急正式官方认可了，因为征战会接二连三的开始。约瑟芬终于说了“我愿意”。1796年2月底二人刊登了结婚通告。3月2日，督政府正式任命波拿巴为意大利军队总指挥。两人于3月8日下午签订了结婚合约，在场只有一位见证人，就是波拿巴的副官。3月9日晚上10时，两人在位于巴黎二区安坦街的民政局举行了仓促简短的婚礼仪式，在场的有民政局官员。老民政局的杂乱无章得以让他们在手续上做手脚：证件上写着约瑟芬生于1767年，而不是1763年；拿破仑生于1768年，而不是1769年，这样他们只有一年的年龄差距！任何家庭成员、任何神甫都没有出席二人的婚礼，两人不打算举办宗教婚礼。巴拉斯和塔尔马是他们的见证人。

波拿巴一方体会到的是浪漫火热的爱情，这份爱情无穷无尽；约瑟芬得到的则是权衡利弊、深思熟虑、谨慎提防的婚姻。两人的结婚合约中制定了财产分割的原则，因为身为将军的拿破仑可能会战死沙场，在这种情况下，妻子约瑟芬会收到一笔1500英镑的抚恤金。约瑟芬对自己的掌控力胸有成竹，她头脑冷静，有条不紊地享受着丈夫的爱。然而无论如何，两人的蜜月只能持续两天，波拿巴要重回前线，指挥三万五千人的军队。他在马赛停留了几小时，看望自己的母亲，并将自己成婚的消息告诉了她。其他家庭成员，包括一直与他非常亲近的兄弟约瑟夫，仍然不知道这个消息。

在二人成婚的前四年里，这对夫妇共同度过的时间还不到12个月。1796年，二人的第一次分别持续了124天。从4月的蒙特诺特战役到蒙多维战役，将军波拿巴连战告捷，头上的功勋也越来越多。4 月 28 日，法方与皮埃蒙特一方签署了停火协议，后者是奥地利的同盟。5 月，帕尔马公爵也签署了和平协定，在于洛迪艰难取胜后，法国人于5月15日胜利进驻米兰。11 月的阿尔科莱桥战役为这一年耀眼的军事胜利画上了句号。波拿巴将军未来可期。

奥赛罗的匕首

拿破仑每在意大利取胜一次，身在巴黎的约瑟芬就多一份荣耀。拿破仑将军的威望反作用于约瑟芬身上，她成了沙龙主角，主持晚宴，并且成了仰慕者眼中的“胜利女神”。战争不会终止生活，而生活让约瑟芬欣喜若狂。服装设计师、调香师、珠宝匠、银行家、男女朋友，以及负债者和寻求庇护者都争先恐后地簇拥在约瑟芬和特莱西亚周围，然而后者的光芒在约瑟芬的闪耀下暗淡下来。拿破仑几乎每天都会给约瑟芬写信，然后她把丈夫的信件当成战利品来炫耀。

拿破仑在战场上行军作战、指挥军队，随着战事的发展，他离住在尚特林街公馆的约瑟芬越来越远，他无时无刻不在想念着自己“挚爱”的妻子。拿破仑有着南方人特有的满腔热血，这让他按耐不住地想要扑倒在她脚下，迟到的信件、简短或缺乏热情的回复都让他神伤。快活放纵的约瑟芬难道已经忘记了与丈夫分别的痛苦？信中的拿破仑撕心裂肺，“我没有一天不在爱你。我没有一晚不想把你拥入怀中，每一次茶歇的时候我都诅咒这些荣誉和抱负，它们让我与你分别”（1796 年 3 月 30 日）。但是约瑟芬的回复冷静克制，她的轻柔像是一堵难以逾越的高墙。于是拿破仑的口吻变得哀怨、恳求："啊！你真坏，你怎么能写一封这样的信呢？这封信是如此冷漠！而且，从二十三日到二十六日，已经过去四天了。既然你没有给自己的丈夫写信，那你干什么了？……我的灵魂悲伤感慨，我的心被你俘虏，我的想象力让我害怕……你是不是不再爱我了？"整个4月，拿破仑的信都是这样的口吻，语调炽热又饱满，时而暴躁又疑心重重。他再也不能掩饰自己的嫉妒心了，甚至将这种心理隐藏在一种调侃的口吻里，"小心奥赛罗的匕首[①]！"

巴黎的宴会一场接着一场，数周很快就过去了。和平曙光初见之时，拿破仑坚决要求自己的妻子来意大利和他会合，他把护送约瑟芬到自己身边的任务交给了自己的兄弟和挚友约瑟夫。拿破仑信誓旦旦，坚决又专横，"你必须和他一起回来，听到了没有？如果我不幸看到约瑟夫一个人回来，那等待我的将是无药可救的不幸和无可排解的痛苦，以及延绵不绝的忧虑……请在我的心头献上一吻，然后再稍稍往下吻，再往下吻！"（1796年4月24日）。两天以后，为了能够让一队侍女和仆人随行，缪拉[②]成了受任护送约瑟芬的人。拿破仑会在米兰迎接约瑟芬，她的住所一切就绪。但是约瑟芬犹豫不决，她再一次推迟了自己的决定——约瑟芬三分之二的书信都不幸遗失了。5月传来了消息，据约瑟芬说，她怀孕了，被孕吐折磨得精疲力竭。

这到底是真是假？谜底一直未解开。实际上，约瑟芬确实觉得自己虚

① 此处映射莎士比亚著名戏剧中的奥赛罗用匕首自杀一幕。——译者注

② 阿尚·缪拉，拿破仑妹妹卡罗琳·波拿巴的丈夫。——译者注

弱焦躁。借口并不足以为证，无论如何，为了能让约瑟芬舒服安稳地出行，一切预防措施都已做好。她将会接受治疗、被人爱戴、享受精心的照顾，并且会在米兰生产！拿破仑不停地催促约瑟芬，他真的很担心，对方的沉默比任何事情都要糟糕。他不得不面对约瑟芬的按兵不动，拿破仑愤而抱怨，“所以说，我肯定要面对不幸了，你不再爱我了！我只求一死……我厌恶巴黎、女人和爱情……这种状态太可怕了……还有你的行为……但是我应不应该指责你呢？”两人之间剑拔弩张，以至于拿破仑甚至考虑到了分手，他转而用悲怆的口吻强制约瑟芬打破沉默，“你造成了我的不幸，我提醒过你，我真心爱你的时候我就感受到这一点了，那时你的心已经完全掌控了我，奴役了我的整个灵魂。你是多么残忍！你对我没有感情，你为何要让我心生期盼！永别了，约瑟芬，你再也不要给我写信了，请你至少能让我有个避风港”（6 月 11 日）。“你本来应该五日从巴黎启程，你本来应该十一日出发，你没有出发。十二日，我的灵魂开始欢欣雀跃，我的灵魂被忧伤填满。信件到了，因而却没有你的来信……我要窒息了”。因为约瑟芬的回信始终寥寥几字，一个月里只写了两条小便签，这让拿破仑在痛苦之余更加恼火，“你什么都喜欢，就是不爱你的丈夫”！

最后约瑟芬终于妥协了，她于 6 月底启程。然而，当她于 1796 年 7 月 9 日到达米兰时，将军拿破仑已经不在那里了，军队去别处征战了。拿破仑一得知这个消息就立刻快马加鞭赶了回来，四天以后，他将约瑟芬揽入怀中。二人的重逢兴奋却短暂，拿破仑又被叫回战场。

爱情间歇

断断续续的爱情不足以建立夫妻生活。两个人都心生顾虑，这些未挑明的内心想法为他们的相处埋下了隐患。挚爱妻子约瑟芬的健康状况令人堪忧，她再也不能怀孕了。33岁的约瑟芬声称经历过一次流产。或者，她也许不幸感染了妇科病？也许旅途中的种种不测加重了她的输卵管炎症，导致她不孕？约瑟芬并没有掩饰自己的悲伤。在米兰，她百无聊赖，拿破仑在前线征战之时，约瑟芬在商店闲逛。当拿破仑从战场回来后，他会满足约瑟芬的所有意愿，因为拿破仑“整整一天都在赞赏我，好像我是神明一样”。但是约瑟芬过度品尝了自由的滋味，巴黎、宴会、她自己的小生意，还有她的孩子们都让她心生思念，这些都反映到了她的情绪上。不知是因为任性还是误会，当拿破仑通知约瑟芬他即将回到米兰的时候，她启程去了热那亚，“你在我到来之时远离我”。拿破仑很受伤，他的书信时而炽烈，时而又冷淡、听天由命，可以看出拿破仑很恼火，之后又懊悔，“为了给你一个吻，我又打开了信”。这是二人之间的第一波嫌隙？在拿破仑征战之时关于约瑟芬的生活起居，很快就有了各种传言，最后这些流言蜚语让拿破仑很烦恼，“我是丈夫。另一个人一定是情人”。

夫妇二人都在精心筹划，但是却互不相干。拿破仑希望看到自己的妻子钟情又殷切，准备好履行公共人物的责任。出于对事业的考虑，拿破仑需要一位迷人的妻子施展魅力攻势。1797年夏，两人在位于米兰北部的蒙贝洛城堡重聚，拿破仑将军在这里过得几乎像是君主一样，身边都是他最亲近的同盟，如朱诺[①]、拉纳[②]和缪拉。拿破仑组建了一个真正的宫廷。拿破仑的母亲莱蒂齐亚来和儿子一起生活，他的兄弟姐妹们也来了。舞会一场接着一场，闪耀的年轻一代在此作乐。成了意大利皇后的约瑟芬尽可能地扮演好自己的角色，她主持了精彩绝伦的宴会，庆典舞会都有凡尔赛的风采。约瑟芬乐于被喜爱、被奉承，非常愿意被王孙公子、部长和大艺术家们追捧。与此同时，她很快就盼望能够回到巴黎，希望能够再见到自己的孩子们，她写信给侯尔坦丝，“尽管在意大利他们为我举办这么多场宴会，尽管这个美丽国度的人民都热情地接待我，但我在这里还是百无聊赖”。

蒙贝洛城堡的欢庆气氛只是表象。拿破仑的母亲和兄弟姐妹们都讨厌约瑟芬这个克里奥尔人。他们指责约瑟芬对丈夫的影响力损害了他们的个人利益。约瑟芬习惯通过一些小伎俩让人有求于她，以此充盈自己的私房钱，拿破仑的家里人就收集了各种与此有关的信息。因为约瑟芬在牵线搭网，她从自己参与的业务里收取担保金，这是一些小手段，没有什么真正可受指责的，但是这些小伎俩有时候会触碰到一些涉及更严重的利害关系的事物，比如意大利军队的补给。“她从我这里盗窃”，日后拿破仑在圣赫勒拿岛之时不无怨恨地如是说道。拿破仑的敌人们紧锣密鼓地散播其他各种各样、无从考证的流言，拿破仑的家人心生嫉妒，约瑟夫越来越敌视约瑟芬，再加上一些投机商人觉得受到了冷落，谣传约瑟芬有一个情人，比她小九岁。这些人的嘴里提到了“伊波利特·夏尔”这个名字，这是一

① 让－安多歇·朱诺（1771—1813），拿破仑时期的法国将领，拿破仑的第一个副官，骑兵司令和挚友。——译者注

② 让·拉纳（1769—1809），法国军人和政治人物，法国元帅。拉纳是拿破仑军队中最优秀、也是最大胆的将领之一。——译者注

位精瘦的年轻上尉，相貌英俊的夏尔被调配到米兰，丈夫拿破仑外出之时他则殷勤地守护在约瑟芬左右。也许那个时候约瑟芬就成了他的情人，但是也许约瑟芬只是和他处理生意。证据都来自气急败坏的敌人，不过过于谨慎的约瑟芬不至于拿自己的前程开玩笑！

1797 年 10 月 17 日签署的“坎坡福尔米奥条约”将荷兰和米兰归到了法国麾下，此条约的签订宣告拿破仑可以胜利回到巴黎了。然而，这一次，夫妇二人的日程表再一次遭遇了不合拍。12 月初，拿破仑在巴黎受到欢呼喝彩，然而此时的约瑟芬却滞留在威尼斯和都灵。拿破仑再一次感到失望。两人很可能是在 1798 年第一季度分别的。然而，虽然拿破仑时不时地指责约瑟芬，但他自己仍然十分伤感。意大利征战彰显了他的军事才能，他盼望能在埃及有新的建树。拿破仑的政治影响力在督政府逐渐稳固，这让他有机会实现一切抱负。

拿破仑显然在意大利有过艳遇，他对挚爱的妻子的热情有所减退。但是他需要光芒四射的“波拿巴夫人”，而且他全心全意地宠爱着自己的继子们——欧仁成了认真、专注的军官，15 岁的侯尔坦丝小小年纪就迷人可爱。他找到了真正的家庭生活，欢快和谐又相亲相爱，他甚至和约瑟芬的狗都相处得很好，这只名为“幸运儿”的狗玩咬他的大腿，还爬上沙发。在两次征战间隙，拿破仑最想要的是能住在凯旋街的公馆里享受舒适平和的家庭生活。

幻想破灭

埃及远征在1798年5月由几场大胜拉开序幕，之后遭遇了沉重挫败——纳尔逊元帅①于1798年8月1日于阿布基尔湾摧毁了法国舰队,高温、缺水，以及鼠疫导致军队士气低落。正是在这个疑云重重、紧张慌乱的时期，同壕战友贝尔蒂埃②和朱诺决定告诫拿破仑，其妻约瑟芬卖弄风情、行为欠妥。他不在的时候，伊波利特·夏尔在约瑟芬身边寸步不离，约瑟芬出行的时候他就在车里陪着她，还驾车把她送到剧院和歌剧院，与此同时约瑟芬任凭夏尔向她献殷勤。拿破仑在感情方面仍然很天真，这突如其来的告发让他不知所措，因为它们正好证实了之前约瑟夫的恶言恶语，约瑟芬背叛了他，而且很可能从很久以前就开始背叛他了！她到底有没有专情的能力？1799年1月，拿破仑和朱诺长谈了一次，得出了结论：他就这样堕落为俗话中的被戴“绿帽子”的丈夫。拿破仑的秘书波里涅听到他边走边断断续续地嘟囔，言辞激愤，“约瑟芬背叛了我……约瑟芬！愿他们遭遇不幸。我要把这种小白脸和纨绔青年赶尽杀绝！至于她，约瑟芬……我要离婚……对，我要离婚”！更详细的汇报传入拿破仑耳中，他在和自己的情感做斗争。对于已经得知一切的约瑟夫，拿破仑希望自己的兄弟对约瑟芬保持“一定的尊重”。和拿破仑一起出征的欧仁形容此时的拿破仑时而沮丧气馁，时而怒气冲天，为谨慎起见，年轻的欧仁提醒自己的母亲，

---

① 霍雷肖·纳尔逊(1758—1805)，英国著名的海军将领及军事家。——译者注

② 路易－亚历山大·贝尔蒂埃（1753—1815），法国元帅，1808年任法兰西副陆军统帅，拿破仑手下的参谋长。——译者注

“五天以来，波拿巴看起来伤心不已”。

约瑟芬已经知晓了一切，约瑟夫、吕西安和路易，这些她丈夫的兄弟们决定利用拿破仑的愤怒削弱约瑟芬，而约瑟芬需要以最快的速度平息事态，反击这些诋毁，甚至要重拾她“未婚妻的贞洁”，或者至少要运用她所拥有的最宝贵的东西——她的微笑、她的运筹帷幄，以及她的魅力。约瑟芬主动购买了昂贵、美丽的马尔迈松庄园，而且都没有顾忌财政问题——这个问题总能迎刃而解——她在马尔迈松城堡隐退了一阵子，以此平息传言。约瑟芬与督政府主席高赫尔交情匪浅，同时一直与巴拉斯保持着联系。最重要的是，她是一位无可指摘的母亲。当波拿巴宣布即将回国的时候，约瑟芬明显忧心忡忡，但是她的确有希望扭转劣势。欧仁从弗雷瑞斯提前告诉约瑟芬拿破仑下船了，为了表现出自己的殷切盼望之情，约瑟芬决定取道勃艮第，去里昂迎接拿破仑。

可怜的约瑟芬！她的夫兄路易跟她的想法一样，下定决心要赶在她之前迎接拿破仑，路易的马车比约瑟芬的马车出发得更早。但是悲剧却不在这里，拿破仑取道了另一条少有人问津的路，波旁路。他于 10 月 16 日清晨到达巴黎，立刻就前往他们位于凯旋街的公馆。家里空无一人。虽然理智告诉他要控制自己的怒气，阻止自己的胡思乱想，但是约瑟芬的缺席还是立刻点燃了他的满腔怨恨。旅途中的约瑟芬终于于两日后回家了，她受到了冰冷的接待。波里涅这样描述约瑟芬和拿破仑之间冰冷的关系，“他整整三天没和她说话……口中还经常冒出威胁离婚的话……”拿破仑第一次真真正正地考虑要一刀两断——说到底，他没有举行宗教婚礼！拿破仑的兄弟们趁机煽风点火，鼓动他离婚。攻击这个叫“博阿尔内”的女人并不是很难。

不过波拿巴并不是一个把自己的人生建立在闲言碎语和夫妻口角之上的男人，他也不是个记仇的人。人们对此众说纷纭，有些人说约瑟芬上演哀求戏码，她的孩子们哭哭啼啼地围着她，最终让丈夫拿破仑心软了。也有一些人说，由可憎的通奸引起的离婚造成的影响过于恶劣，以至于拿破仑还是更愿意选择慈悲为怀，视而不见。最后，老博阿尔内侯爵受到自己前儿媳的请求出手相助，他看上去找到了能够说服拿破仑的措辞，让他以家庭完整为重。许多朋友们——不管是牵涉其中还是毫不相干——都努力促成夫妇两人和解。波拿巴爱自己的继子们，他已经如此熟知这个女人的弱点，他不能抵抗这样的女人。而且也许在不知不觉中，拿破仑的兄弟们无休止的恶意及陈词滥调起到了意料之外的相反作用！很显然，两人差一点就因此而悲剧了。约瑟芬很明白这点，她的丈夫挽救了他们濒临崩溃的婚姻，若是离婚，她的命运会充满不确定性。她现在最需要做的就是和过往生活说再见，她要马上扮演丈夫期望的角色，即便这样会让她抛弃以前那些烦人的朋友，比如巴拉斯和特莱西亚。

在荣光与畏惧之间

共和国第八年雾月十八日（1799 年 11 月 9 日），军功累累的波拿巴将军以共和国命运垂危为由，尝试并成功实施了一次政变，督政府解体，执政权被交给了三位执政官，他们受任终结国家的内部混乱，达成境外和平。新宪法很快就被起草出来了，宪法将执政权交给了独一无二的“共和国首席执政官”——波拿巴将军。波拿巴一步一步地登上了权力的阶梯。

1802年，议会宣布他为终身执政官。1804年，个人权力的恢复让拿破仑得以加冕，这样的结果就是建立了皇室世袭制。

约瑟芬从此有了一个目标，就是让自己变得必不可少。夫妇二人起先住在卢森堡宫，然后又搬到了杜伊勒利宫，正是在这里建立起了第一波严格规定，规范各国大使接见章程、国家庆典礼仪，以及国家元首正式外出礼仪。随后又诞生了一套关于日常生活礼仪的规章制度，比如头衔和称谓、服饰改革，这些让杜伊勒利宫的客人们仿佛身处皇家宫廷。从此国家元首的夫人就要开始扮演公共角色，约瑟芬持之以恒的和蔼风度为盛大的庆典阅兵和刻板的规章制度注入了一剂温柔，她与巴拉斯的关系，还有埃及远征归来后被平息的丑闻都被淡忘了，约瑟芬被当成至高无上的皇后，接见各国大使，陪伴丈夫出席隆重的巡游。1802年，“首席执政官”为约瑟芬组建了最初的荣誉职务，同时指定了四位“宫廷夫人”。在比利时，马林的大主教向约瑟芬奉献了极其恭维的演说，将她位列于上苍的杰作之一，毫不犹豫地将二人明显没有受过宗教降福的婚姻盛赞为“神圣联姻的圣洁结合”！各种各样的请求和诉求都找上了约瑟芬，她慷慨的姿态、慈悲的举动，以及她的魅力让她备受爱戴。为穷苦人民敞开大门的元首夫人在待人接物上表现出色，在此过程中彰显出了她的和蔼和风度。凭借着约瑟芬的“老式法国风格”，波拿巴希望她能让法国的旧贵族阶层融入新政权。

波拿巴和约瑟芬同住一室，同床共枕，表面上看二人已经重拾之前幸福时光中的那种浓情蜜意。拿破仑与约瑟芬的关系得到了缓和，“首席执政官”日夜工作，只有在马尔迈松庄园停留的日子里他才得以稍稍放松。他有时会经历阴郁情绪，对国家大事缄口不言，约瑟芬需要极为谨慎才能重新与拿破仑建立融洽的夫妻生活。这是重大挑战。约瑟芬向新的限制妥协，并且想做到无可指摘。而且，对暗藏竞争者的恐惧——用夏多布里昂[①]的话说，这位竞争者是那些16岁的“春季美人”之一——让约瑟芬时刻不忘她的位置并不牢固，因为“首席执政官”没有继承人，在吕西安的挑动下，波拿巴阵营的投机之人可能随时会挑起她不孕不育的事情，使其变成一桩国家大事。

现在拿破仑还不想双向作战。他需要“一个温情、愉快、不受任何限制的内室”，还需要一位顺从的妻子，“和蔼温柔的约瑟芬不可能从他的心中被抹去，除非这么做的人是约瑟芬她自己”，“我的意愿就是爱您”。实话实说，1802年至1803年这段时间里，两人的通信都很简短、客套且目的明确，很多时候都在谈论天气。但是他们定期通信，关于继承权的敏感问题暂时没有被提上日程。事实上，在拿破仑的安排下，他的继女侯尔坦丝嫁给了他最小的弟弟路易，虽然后者并不情愿。1802年10月10日，两人诞下了一个胖小子，取名为拿破仑·路易·夏尔·波拿巴，这个孩子立刻就以王储身份示人，执政官夫妇考虑收养这个孩子，从此称他为“拿破仑－夏尔”。约瑟芬得以喘息，她暂时忘记了自己可能会遭遇被休的恐惧。但是拿破仑的兄弟们高声反对这个把戏，这让他们在“首席执政官”突然驾崩的情况下失去了头把交椅。1804年12月2日被封为“神圣皇帝”的拿破仑果断绝了竞争者的后路，约瑟芬明白如何赢得法国人的心，她的存在有助于皇族世家的建立。

---

① 弗朗索瓦－勒内·德·夏多布里昂（1768—1848），法国作家、政治家、外交家。——译者注

建立一个王朝

1804年，拿破仑35岁，他不再是曾经那个有些孱弱的男人了，但是却保持了夏多布里昂口中的那种“美好、温和的微笑”。他的抱负和野心永无止境，他深思熟虑又清醒明智的思维，以及他惊人的想象力让所有接触到他的人为之赞叹。在他的飞速晋升过程中，他腾出时间考量人性弱点的影响范围，比如狡诈、利益、贪婪和怯懦，以至于让他从多次谋反中全身而退。是时候让他巩固自己的权力、稳固法国大革命的成果了。新宪法于5月颁布，宪法中的第一条条款贡献给了“法国人的皇帝”和国家政府，第二条条款指定波拿巴为最高领导人。皇室的神圣性将会自动延传至皇帝的直系后辈，可以是合法的生身后辈，也可以是领养的后辈，但女性被排除在外。11月6日，一项全民表决全票通过赞成皇室家族的世袭。为了锦上添花，拿破仑决定借用传统君权神授制度的礼仪惯例，让教皇庇护七世为自己加冕，并在巴黎圣母院大教堂举行了盛大的仪式。

波拿巴家族希望能从这些事物的新秩序中获得好处和嘉奖，但是当拿破仑宣布，为了给庆典增光添彩，他打算让约瑟芬加冕皇后的时候，这家人却恨得咬牙切齿。皇帝的姐妹们要穿拖地长裙，他的兄弟们必须向讨厌的嫂子屈膝。一举一动都要模仿旧政权的礼仪，每一步都必须彰显皇家威严。这一次，约瑟芬得救了。不过，这场非凡庆典差一点就被取消了。这对夫妇在1796年时并没有举办宗教婚礼，只要这个情形还没有被纠正，对此大为震惊的教皇庇护七世就不能为他们正式降福。波拿巴的兄弟们重燃希望；他们祈求自己的兄弟不要把这段摇摇欲坠、多灾多难的联姻变成无法解体的神圣婚姻，到那时分手就会变得更加艰难。

拿破仑用自己一贯的风格迅速铲除了障碍。12 月 1 日 16 时，他让人在自己的工作室竖起了祭坛，在夜里，他的叔叔红衣主教费什为二人主持了宗教婚礼。第二天，被大批人马簇拥的列队从杜伊勒利宫出发，前往巴黎圣母院。当她庄严的丈夫把皇冠戴在她额头上的时候，光彩照人、享受极致荣誉的皇后得以品味她的胜利。从今以后她将凌驾于万人之上，美妙地享受自己的新角色。她的儿子欧仁凭借着自己的忠诚和勇气被授予“国务大臣”一职，不久后又成了帝国的亲王和意大利第二国王。波拿巴的兄弟们也得到了嘉奖，平息了怒火。最让人幸福的是，侯尔坦丝于 1804 年诞下了第二位小王子——拿破仑·路易，此时身在法国的教皇仍亲手将他放入了洗礼盆，民众也受邀参加了公园里举办的庆典。皇室夫妇于 1805 年春在意大利开始了胜利巡游。

此时结婚十年的约瑟芬得以看到了自己稳定的境况，但正是在 1806 年这一年，暴风雨来临了。此前拿破仑的不忠已经不是秘密，但他的那些风流韵事还是比较检点的，并没有掀起大风大浪。直到 1806 年，皇帝拿破仑与妹妹卡洛琳的女伴读艾丽诺尔·德努丽·德·拉普莱涅有染，生下了一个男孩，即莱昂伯爵。消息传播开来，导致了严重后果。所以说皇帝夫妇的不孕不育并不是拿破仑的问题。当拿破仑与奥地利人、俄罗斯人作战时，约瑟夫煽风点火，他从巴黎给自己的兄弟捎信，对自己的嫂子约瑟芬恶语相向。各种恶意丛生，皇后有很多敌人，富歇[①]就是其中之一，他是皇帝离婚的坚定支持者。皇后的消费欲、越筑越高的债务，以及她的服

① 约瑟夫·富歇（1759—1820），1809 年受封为奥特朗特公爵，法国警察组织的建立者。——译者注

饰开销造成的财政缺口，这些都遭到了丈夫拿破仑的严厉斥责。但是目前的战事要比离婚和谴责更紧急。

约瑟芬则强烈盼望能够陪伴丈夫，和他一起出行。1805 年，约瑟芬在斯特拉斯堡等待自己的殿下归来，她随后又驻扎在离战事更近的美因兹。她得到的消息很有限，只有几封简短的便签。约瑟芬苦苦等待，再一次忧心忡忡，1806 年，拿破仑请约瑟芬去柏林与他会合，然后又让她耐心等待，“你不要担心”。战争是个完美的借口。皇帝拿破仑在华沙驻留的时间无限延长，然而此时战事已经平缓下来了。他下达了命令，平和的外表下却不容分说，“你的痛苦让我动容，但是我们必须要以事态为重。从美因兹到华沙需要跨越太多的国家了”。鉴于约瑟芬固执己见，拿破仑给出了生硬的回复，“你回巴黎过冬吧。去杜伊勒利宫，你可以在那里接待客人，过回我和你在一起的时候你习惯的那种生活。这就是我的意愿”。把约瑟芬赶回巴黎，也是为了在耶拿桥战役和埃劳战役后安抚巴黎市民，作战时长和人员伤亡都让他们忧心。约瑟芬和拿破仑在 1807 年头几个月的通信都语气轻快，而在这种语气的背后隐藏的是不由分说的命令，“但是你必须要平静下来”“爱我吧，请你勇敢”“我不许你流泪……快活起来，永远都不要怀疑我的友谊”“我爱你，我想看到欢快、高兴的你”……

约瑟芬一如继往地花时间主持慈善晚宴，或是忙着运筹经济上的小动作。与此同时，拿破仑在华沙爱上了迷人的玛丽·瓦莱夫斯卡，这段感情远远超出了心血来潮的一时迷恋，拿破仑对她动了真情。以至于在 1807 年皇帝回到巴黎时这段艳遇依然没有结束，这位美丽的波兰女郎深知如何让人魂牵梦绕。两人之后会于 1809 年在申布伦重逢。

我永远都不能离开你

“蒂尔西特条约”（1807年7月9日）签署的那一年标志着皇权的顶峰。拿破仑只剩下英格兰需要征服了。然而，一部分消息灵通人士持怀疑态度，质疑这个庞大帝国的稳固性。虽然有巴黎圣母院的非凡典礼和累累军功，但是帝国的问题在1808年也很明显。在巴黎的沙龙和政府领馆里，关于继承事宜的讨论越来越多，关于离婚的传言也形成了气候。波拿巴的家人也没有放弃施压。像许多人一样，缪拉坚信一定要为未来做打算，因为帝国很可能不会比皇帝本人的寿命更长。至于富歇，他则自告奋勇地接手了一项不可能完成的任务，说服皇后做出牺牲，可怜的约瑟芬一边听着他的建议一边抗议，她不知道这个操作是皇帝授权的，还是仅仅只是警察局长主动发起的政治手腕……

拿破仑内心深处是怎么想的？他在犹豫。他再也不能忍受约瑟芬的抱怨了，而且拿破仑对富歇的说辞很敏感。虽然拿破仑疑心很重，而且常常轻视女性，但他不是铁石心肠之人，他的第一次感情冲动甚至让他泪流满面。1806年，准备前往军中的拿破仑来和约瑟芬告别，他的动情变成了神经性发作，甚至造成了呕吐的肠胃痉挛。德·雷米扎夫人形容，当时人们让拿破仑坐下，让他喝橙花水。以拿破仑自己的方式，夏多布里昂笔下的这个遭受各种抵抗的“强大自我”继续沉浸在回忆中，始终爱着自己的妻子，后者有各种方法可以唤起他的怜悯。1808年夏天，约瑟芬发烧了，拿破仑在她的床边日夜照料。这位铁甲之下的强势男人对自己的行为也大为吃惊。当摊牌的时刻来临时，拿破仑的肠胃和神经都一起发作了，他整夜都躁动不安、悲叹感慨。他心软了，拥抱约瑟芬，“可怜的约瑟芬，我永远都不能离开你”！在情感的冲动下，他再一次将妻子揽入怀中。约瑟芬应该立刻在他身旁睡下，用约瑟芬的话说，“床上洒满了他的泪水”。她始终都是拿破仑爱过的那个妻子，然而他无法忘记妻子的卖弄和轻佻。在此之后，拿破仑开始逃避她，待她的方式几乎可以说是冷淡呆板。

矛盾于1809年升级。拿破仑与瓦莱夫斯卡伯爵夫人重逢，后者怀着他的孩子。拿破仑的左右，包括欧仁本人，越来越笃信二人分手的必要性。拿破仑开始幻想和一位俄罗斯公主或奥地利公主过日子，公主或许能给他诞下一个儿子。但是在爱情方面，拿破仑没有任何勇气，他想要对约瑟芬宽容以待，蜷缩在大臣们“疯狂”（用他自己的话说）的言辞背后。他的含沙射影要比言之凿凿的事实更残酷，但是他极力避免给出致命一击。多疑的皇后起初装作一无所知。随后，当他们的谈话内容涉及国家利益这个暗礁重重的领域时，皇后约瑟芬采取了一种体面且坚决的态度，外人不能牵制她，而且从法律的角度上来讲，并不存在适用于离婚的流程。任何补偿都不能安慰约瑟芬，甚至是皇位都不能抚慰她，“陛下，您是尊上，您会决定我的命运。当您命令我离开杜伊勒利宫的时候，我会立刻听从命令。……如果您要离婚，全法国就会知道是您要赶走我，法国人不会知道我的言听计从和我的痛苦”。约瑟芬仍然在抗争，但是她很清楚地感到大势已去。

1809年秋，在经历了数周痛苦折磨后，危机快要得到解决了。大臣们伺机等待皇后的失势和泪水。拿破仑做了决定，但是他想要避免难以忍受的场景。10月末，他把约瑟芬叫到了枫丹白露，这样他们的谈话就能更加私密了。二人不仅没有再共处一室，甚至他们的房间也没有彼此毗邻。

这次拿破仑又退缩了，他怕面对泪流满面的约瑟芬，整个会面沉浸在沉重的寂静中。

揭开真相的时刻是 11 月 30 日。一身盛装的约瑟芬准备与一小撮人用餐，她到此时仍然一无所知。餐桌一如既往地装饰华丽，烛光荧荧。当她发现自己是唯一的客人时，约瑟芬明白她最怕的那一刻已经来临了。喝咖啡的时候，仆人们被支走了。如果贝特朗将军在圣赫勒拿岛听到的叙述属实的话，拿破仑开头就用了毫无转圜的强硬词汇，“对于法国来说，我们必须离婚。我们会离婚的，因为我想离婚。现在有两种离婚方式：有您准允的离婚，或者是不受您准允的离婚”。随后，拿破仑用更温和的方式阐述了自己的决定，把它说成是一项“义务”，他承认，“这是我为法国做出的最重大的牺牲”。约瑟芬体力不支，半昏迷的她全身瘫倒在椅子上。在巴黎行政长官德·鲍塞先生的帮助下，她的丈夫拿破仑把她抱回了房间，但是鲍塞注意到“她始终保持着清醒”，暗示约瑟芬有演戏的成分。拿破仑十分激动，“言辞艰难地从他嘴里说出来，断断续续的……泪水湿润了他的双眼”。

接下来的几个小时令人痛苦。清晨，皇后的双眼红肿，她不得不妥协，她觉得自己生病了。这毫无疑问是悲伤之症。这并没有阻碍约瑟芬开始起草她的弃位演讲，并且开始重新生活。12 月 12 日，她像往常一样在杜伊勒利宫主持自己的社交圈。女儿侯尔坦丝陪伴在她身旁，安慰母亲：侯尔坦丝会追随母亲归隐，她表示自己很高兴能离开这种造作的生活。欧仁则没有放弃自己镇定沉着的原则，他选择了拿破仑阵营，拿破仑是他“真正的父亲”，欧仁不愿失去他的信任。至于波拿巴一家，他们则难掩喜悦之情。

最强动机

这种情况在法国前所未有。所以必须要创建一套离婚的诉讼程序，并且将其公之于众。在妻子大于45岁的情况下，《民法典》不允许双方协议离婚（第二百二十七条条款），然而约瑟芬时年46岁，并且诞下了一位继承人，所以使其成为民事婚姻解体的筹码已经完全不可能了。拿破仑希望宪法能够提供一个至高补充条款，以正式确保婚姻解体时约瑟芬的利益。12月14日，杜伊勒利宫的沙龙灯火通明如节日一般，精心准备的仪式拉开了序幕，在场的有皇室家庭和几位盛装出席的部长。拿破仑开始讲话。人们本来以为会听到一段冷漠的演说，然而他反而强调了情感的力量，以及挚爱妻子做出的伟大牺牲，“上帝明白如此这般的抉择在我的心里造成了多么大的影响……我想让约瑟芬保留加冕皇后的地位和头衔，但是我更愿意让她永远都不要质疑我的感情”。约瑟芬要作出回应，她泣不成声。担心自己昏倒的约瑟芬在皇帝的陪伴下被送回了家。过了一阵，两个人一起回到了现场，一位秘书代替约瑟芬宣读了一段她提前准备好的简短演讲，“我永远都是皇帝最好的朋友……我们为了祖国的利益而做出的牺牲让我们引以为豪”。夫妇二人在笔录上签了名。在笔录上草签的还有拿破仑的母亲大人、兄弟姐妹以及连襟们。第二天，议会受理并投票表决了一条元老院法令，这条法令得到了压倒性支持。法令的第一条明确证实了“婚姻解体”。12月15日，约瑟芬离开了杜伊勒利宫，前往马尔迈松庄园。12月25日，两人在特里亚农最后一次共同用餐。

宗教婚姻解体是另一桩事。如果可以这样说的话，宗教婚姻的解体在一种极度非天主教的氛围中草草了事，通过一轮运作就得以施行。为了这桩宗教婚姻能够解体，必须要为其找到一个无效动机。1808年，罗马被法国军队占领，以及1809年教宗国家合体后，教皇庇护七世在萨沃纳被俘，他于1809年6月开除了拿破仑的教籍。顽固的教皇拒绝做出一切无效宣告。约瑟芬小心翼翼地保存着二人宗教婚姻的证书，她今后不用交还这张证书。所以剩下能做的就是威慑1804年12月1日参加过他们简短婚礼仪式的见证人了。贝尔蒂埃、杜洛克[①]和塔列朗[②]都发誓没有参加过仪式，这几位合格的奴才赶紧跑到教区法庭做证词，宣称这段婚姻不符合常规，也没有发布通告，所以是“非法婚姻”。1810年1月6日，费什确认没有人出席过拿破仑和约瑟芬的宗教婚礼，既没有见证人也没有教区神父。1月9日，宗教裁判所宣布婚姻无效，并将此作为必要手续遗漏的原因。判决于1810年1月11日得到批准。皇帝已经开始寻觅一位新的妻子了。2月7日，他与奥地利国王之女玛丽－露易丝签订了临时结婚协议。

等待约瑟芬的是“流亡和遗忘”，但她却不会遭遇贫穷。城堡、仆人、女侍，还有让她得以维持生活品质的抚恤金，这些都会慷慨地拨付给约瑟芬，她可以继续在喜爱的服帽商那里大量购买各种各样的服饰。她的魅力丝毫未减，行为举止也依旧优雅。1812年至1813年，在一小撮人的簇拥下，她在马尔迈松庄园过了数月。拿破仑于1810年4月迎娶了玛丽－露易丝，后者在一年后为他诞下了一个儿子，但是拿破仑却没有忘记令他倾心的第一位女性。他关心约瑟芬的健康，通过传递温情的便条向约瑟芬表达他的

① 杰罗德·杜洛克（1772—1813），与拿破仑共同作战的将军。——译者注

② 塔列朗（1754—1838），法国主教、政治家和外交家。——译者注

眷恋，这些便条几乎永远都以这些字眼结尾，“请你永远都不要质疑我的感情”。约瑟芬最后一次见到拿破仑是在1812年4月，二人的重逢既温情又感伤。两年后，帝国解体。1813年皇帝遭遇溃败[①]，随后在1814年他又遭遇罢免，这些让约瑟芬心神不宁、精疲力竭。疲惫、脆弱的约瑟芬染上了一种肺病，于1814年5月29日离世，享年51岁。

拿破仑得知她的死讯时正在厄尔巴小岛上流亡，他大为伤感，并且请侯尔坦丝为他做了一个纪念章，把它嵌在约瑟芬画像的周围。约瑟芬是他所认识的人中“最优雅、最慈悲的”，“这是一位用一切言语形容都不足为过的女人，她轻盈、活泼，有着一颗最美好的心灵”。1815年6月，当拿破仑最后一次尝试夺回政权，在滑铁卢再一次被打败之后，在马尔迈松庄园躲避了五日，这栋住所已空无一人，但却充满了不可磨灭的回忆。

① 此处应指法国军队的俄罗斯远征。——译者注

亚历山大·普希金与娜塔莉·贡恰洛娃

爱情与荣誉准则

“一副手枪、两枚子弹——其他任何东西都不能解决他的命运。”

亚历山大·普希金

《叶甫盖尼·奥涅金》，第五章

“荣誉感至高无上。”

皮埃尔·拜耳

《历史批评词典》

荣誉法则是否是一种黑暗中世纪创造的习俗？是否伴随着文明创造了新的社会关系风俗，然后随着民主平等在几个国家的发展，荣誉法则就过时不用了？从17世纪起，西班牙冒险小说就揶揄过这个著名的蕴藏在“女子易碎水晶瓶”中的“男性荣誉”（卡尔德隆·德·拉·巴尔卡[①]）。荣誉感守护的是妻子的贞洁，这份贞洁必须不受任何质疑。既成事实的通奸或者诽谤是无可睥睨的冒犯，几个世纪里，这种冒犯只能通过洒热血的个人决斗来解决。特兰托宗教会议[②]、欧洲的君主们，以及俄罗斯皇帝彼得大帝一世都用尽办法，却无从禁止决斗：这是贵族之间关系正义之事，他们私下解决个人事宜，在黎明举行决斗仪式，远离公众，但这种决斗总能造成破坏。

很长时间以来，与性有关的荣誉问题仍然抵触文艺复兴时期开始的风俗发展。研究人与同类的行为的叔本华甚至把决斗写成了人类智慧箴言，“丈夫的荣誉感必须让他报复妻子的通奸行为，至少要通过分手来惩治通奸。如果丈夫明明知情，却咽下了这口气，那么男性社会就会让他蒙受羞辱，但是丈夫受到的这种羞辱远远比不上失去贞操荣誉的妻子所受的羞辱那般深刻严厉。……然而这种荣誉只会让妻子受到惩罚，而不是情人，情人的惩罚只是附加品”（《生活智慧箴言录》，1851年）。著名的荣誉观比生命更重要，比爱情更强大，这种价值观的影响在19世纪的俄罗斯帝国丝毫未减。相对于等级价值，这种荣誉价值观体现更多的是个人价值和象征价值，它要求保持一种持之以恒的警醒。像“所有与爱之梦相恋的诗人”

---

① 卡尔德隆·德·拉·巴尔卡（1600—1681），西班牙剧作家，诗人。——译者注

② 特兰托宗教会议，于1542年举行，是天主教会的第十九次全体会议。——译者注

一样，亚历山大·普希金为这种荣誉价值观奉献了生命。

失言

众所周知，亚历山大·普希金是个爱斗剑的人。他易怒、性躁又激愤，他的风流玩笑话让妒火中烧的丈夫们找他挑衅。只有写作的需求和俄罗斯美丽的田园生活才能让普希金沉静下来，“我下笔写作，内心平静”（《叶甫盖尼·奥涅金》）。26 岁的时候，普希金已经是一位著名诗人了，在他之前的俄罗斯文学还处于萌芽状态，语言还缺乏准确性。从 1820 年开始，他的第一波作品——《鲁斯兰和柳德米拉》，还有接下来一年问世的《高加索的俘虏》，都受到了广泛欢迎，此时普希金只有 21 岁，他运用的辞藻和诗句就像呼吸一样自然、果断、胸有成竹。如果挑衅可以让他彰显自己的自由的话，那么普希金根本不会惧怕这样的挑衅。18 岁时，普希金从“沙皇村中学”毕业后，交往了一群愤青，他们满腔都是来自欧洲的自由主义风气，为受压迫的农奴抗议，控诉贵族的特权。年轻的普希金的荣誉感就在这里，与受压迫阶层并肩。炽烈、慷慨的普希金写下了颠覆性的诗句和咄咄逼人的挖苦短诗，他宣称自己是无神论者，这在俄罗斯法律里算是不法行为。法律和宗教不容玩笑，但是沙皇亚历山大一世碍于普希金才华斐然且又年华正茂，对他施以皇家宽恕，不过后来易燥的普希金于 1820 年还是被发往比萨拉比亚反思了一段时间。至少，这段流放可以让他远离圣彼得堡纷乱的生活，远离“爱情的疯狂悸动”。受到监视的普希金看上去悔过了，他被允许去高加索地区泡温泉。然而普希金丝毫没有变得循规蹈矩，他引诱美女，这为他招致了几场决斗，也让他发展了几段稳固的亲密关系。普希金在被调往奥德萨时创作出了《叶甫盖尼·奥涅金》的前几章。

除了妒火中烧的丈夫们，不服管教、对上级态度放肆的普希金为自己树敌众多，奴颜婢膝的小官吏们把他口无遮拦的话传给了达官显贵们。但这一次，他的朋友们进行了精密筹谋。普希金收到了一些冒失的邮件，这让他遭到了软禁，被关押在一处位于米哈伊洛夫斯基[①]的偏远家族产业里，距离莫斯科800公里远（受普斯科夫政府管辖）。1824年至1826年，普希金在那里度过了两年的时光。传统俄罗斯乡下田园牧歌式的清净让他文思泉涌：普希金可以每日工作12小时，完成了《鲍里斯·戈都诺夫》最后几幕的创作。然而普希金始终在监视之下，他的通信被拆阅，他在远离朋友的状态下苦苦等待。这段幸运的流亡生活让他逃过了最可怕的事件——1825年12月14日俄国十二月党人的血腥骚乱。十二月党人想将康斯坦丁扶上王位，并且想要制定自由宪法，他们的起义遭到了血腥镇压。普希金必须烧毁他的笔记、书信和写满姓名的本子。米哈伊洛夫斯基木屋里的孤独日子最终变得乏味又沉重，白雪覆盖了草坪，美景不能抹去青年时代好友们遭遇的残酷命运，这些人为了自由而殉难，要么受绞刑，要么成了苦役犯。普希金很可能会受牵连，因为一些诽谤文字已经传播开来。但是他希望新沙皇尼古拉一世能特赦，如果他保持谨慎的话，他为什么不能期待得到赦免回家呢。

1826年9月初，一位骑兵来到了米哈伊洛夫斯基，他来找普希金，要把他带到莫斯科的克里姆林宫，出乎所有人的意料，皇帝热切召见了普

① 米哈伊洛夫斯基，普希金的故乡。——译者注

希金。满心欢喜的皇帝对他印象深刻，普希金的诚恳要比他的才华更让皇帝难忘。诗人对荣誉极为敏感，他将法律置于自己的个人激情之上。普希金就这样得到了赦免，他自由了——至少他自己是这样认为的。看上去尼古拉一世对他的信任令人信服，但是大权在握的宪兵总管本肯多夫将军从此会控制普希金的一举一动、审核他的作品、监视他的人际往来和出行，本肯多夫把这些视为己任。普希金得到的自由是在严密监控下的自由，他不能撰写，或者阅读未经事先审核的诗句，也不能在未经准许的情况下更换住所。当普希金想出发去高加索或是巴黎的时候，会遭到礼貌的拒绝。尽管有父亲喋喋不休的说教，但是普希金仍然很快就重拾了曾经的放浪生活，他整夜不眠，流连桌球游戏，边喝着凯歌和拉菲①边与人谈天说地。出身于俄罗斯古老贵族阶级的普希金有几丝阿比西尼亚血统，他受邀出席莫斯科的盛大舞会，恋爱记录也越来越长。于是他开始考虑结婚……在发现这个计划未能达成时，普希金并不掩饰自己的喜悦，而躲闪是他最喜欢的策略。

像所有人一样成婚

“娜塔莉是我的第一百一十三段恋情”，在1831年2月成婚前不久，普希金用伤感的玩笑口吻如此宣称道。这是告别单身生活的男人的俏皮话，俄罗斯国民诗人不加入几个玩笑好像就写不出一页作品。好事、吵闹、又

① 凯歌香槟和拉菲古堡葡萄酒，两种法国名酒。——译者注

无法无天的普希金列出了自己的“唐璜清单”，因为这不是他第一次订婚。“骄傲的俄罗斯少女”让他心生爱慕和柔情，但是他像惧怕魔鬼一样惧怕婚姻，将婚姻视为“精神阉割”。1831年，普希金32岁，他经历过流亡的苦涩和温柔短暂的爱情，也拒绝了政治的诱惑，在这些之后，普希金想要忘记自己动荡的生活，在有序的家庭生活中找回写作必需的宁静。“我们走吧，朋友，啊我疯狂的青年时代……清澈的灵魂，我冲向一条崭新的道路。我必须要摆脱以前的生活”（《叶甫盖尼·奥涅金》）。

普希金是在1828年12月的一场舞会中与娜塔莉·贡恰洛娃相遇的。当时娜塔莉·贡恰洛娃16岁，这是她的第一次“社交晚宴”。娜塔莉·贡恰洛娃有“圣母的面庞和一双蒙古褶眼睛”，还有维纳斯的身体，大家一致认为她是俄罗斯最美丽的少女。如何能够抵御如此美貌又和谐的尤物呢？这一次，普希金头晕目眩，疯狂地坠入了爱河。年轻的贡恰洛娃谦和稳重，又光彩照人，她身上的一切都彰显出优雅风度和卓尔不群。求爱者将会需要些许时间才能发现，她的稳重出自冷漠，她的羞怯几乎与冷淡无异。娜塔莉是一个没有内心想法的年轻女孩，用不客气的话说就是“没有灵魂”，她身上蕴藏着一种天真的自私。普希金并没有得到她的特别青睐，但是诗人的光环让她印象深刻。

诗人普希金向她求爱，娜塔莉犹豫踌躇，她没有坠入爱河。她务实的母亲非常在乎求爱者的物质条件及其过往，担心他受过警察调查，并质疑普希金在社会中的地位。贡恰洛娃一家没有钱，选择普希金并没有丰厚的利益。诚然，文学的光环具有诱惑力，但是，诗歌不能带来稳定的财富，除了这个现实之外，贵族社会还丝毫不掩饰对这种“码字”职业的蔑视。贡恰洛娃家有三个女儿要出嫁，家里还有三个儿子，他们对普希金的回复模棱两可。贡恰洛娃的母亲想要争取时间，她希望在接下来的社交季里还会涌现其他的候选人。但是社交季过去了，服饰花费昂贵，还有其他各种开销。虽然贡恰洛娃小姐成功赢得了大批赞誉，但是并没有任何态度认真的男子向她表白，亲王梅谢尔斯基在晚些时候也退出了竞争。

于是普希金的追求之路畅通了，他开始以未婚夫的身份频繁造访贡恰洛娃一家。普希金写信给未来的岳母，询问她女儿的感情。他很明白这一家人是因为没有其他求婚者，不得已才选择了他。贡恰洛娃的母亲接待他时态度尖刻，对生活开销斤斤计较，这让普希金有些气馁，让他不得不做出焦虑的抱怨，“您的沉默，您冷淡的神情，以及娜塔莉小姐如此轻慢、如此漫不经心的招待……我希望自己能长久衷情于她，但是我身上没有任何东西可以取悦她，如果她接受我的求爱，那我就会明白她只是有一颗平静冷淡的心而已……以后她不会后悔吗？”至于财富，普希金有足够的金钱让自己过上舒服的日子，但是却没有足够的金钱确保他的妻子“在配得上她的光鲜世界中得以获得一席之地……”细数疑惑的未婚夫已经开始走上了自省的道路。事实上，他更加惧怕的是，缺金少银的日子会让他牺牲掉自己的独立，他热爱生活，他钟爱“女性和她们的小脚”，而且他也已经找到了一些慰藉。

1830 年 5 月 6 日，二人正式订婚，但是还缺少一些欢庆的气氛。娜塔莉·贡恰洛娃 18 岁，普希金 31 岁。走亲访友、礼尚往来、庆典所需的第一波花销，以及所费的时间，所有这些老旧的礼仪都压在了诗人的肩上。贡恰洛娃的母亲并不招人喜欢，她拆阅女儿的信件，并且指导她回信。零星口角逐渐涌现出来，因为未来女婿不会任人摆布，普希金对这些荒唐的习俗十分恼火，虽然他本身是个慷慨之人，但许多花销在他看来既随意又浪费——“我没有钱财让我为了一堆破布负债”。随着婚礼临近，双方的厌恶越来越明显。普希金理智地决定保持一些距离以缓和事态，差不多在1830年7月中，他决定去圣彼得堡待几个星期。

回到莫斯科后等待他的是狂风暴雨。娜塔莉推迟了结婚日期，未来的岳母听信了谣言，态度非常不友好，几乎无礼。两人在分手的边缘徘徊。普希金不得不辞行去博尔迪诺待一段时间，管理那里的房产，他的父亲把经营权交给了他。此时的普希金更不愿意再考虑自己的未来，他在博尔迪诺拖延时日，未婚妻没有给他写信。普希金向一位朋友承认，他很享受在博尔迪诺的隐士生活，“你无法想象，能逃避未婚妻、起笔创作诗句是一件多么惬意的事情……啊我亲爱的朋友，乡村生活在我看来是如此令人愉悦”！两个月后，也就是1830年12月底，亚历山大·普希金回到莫斯科，他心情忧伤。但是他不停地告诫自己要“像所有人一样行事”，与朋友向“自己喧嚣又无用的青春”告别的晚宴非常像是一场葬礼。1831年2月，两人举行了婚礼。

花边灵魂

出于所有人的意料之外，普希金感到幸福，他爱自己美丽的妻子。这段崭新的家庭生活中的确存在一些小摩擦。尖酸的岳母打算牢牢紧握自己的权威，为了更顺利地压制女儿的反抗，她在娜塔莉耳边对普希金恶语相向，说他吝啬小气、伤风败俗、信仰浪荡、少不经事，而且对她不尊重。这是一场小规模神经战，交战过程中贡恰洛娃的母亲极尽所能诋毁女婿的形象。普希金与亲家的关系表面上还过得去，但很快就急转直下，因为他开始反击了，“一位 32 岁的男性不能被一位 18 岁的女子所管制”。“蜜月期”没有持续下去，随着小烦扰的增多，诗人的脑海中只剩下一个念头，那就是重拾些许有助于灵感的安宁。他通过作品挣钱，但前提是他作品的诞生需要宁静的生活，然而“莫斯科是一座虚无的城市”“是一座看时尚杂志的省城”。娜塔莉哭泣，她经常眼红，她只有一个乐趣——光彩照人地出席舞会，岳母用玩笑口吻提出了“离婚”这个意味深长的字眼，然而年轻的夫妇明智地选择租一栋漂亮房子找回宁静的生活，房子位于沙皇村美丽的花园旁。

两人过了一段平静幸福、又丰富多彩的生活，但是这种生活却没能持续多久。按照常规，皇室会在 7 月前后来沙皇村居住，在此度过夏季，社交生活又开始了。年轻的妻子娜塔莉只有在社交圈才感到快乐，比起听自己的丈夫朗诵诗句，她更喜欢选购裙子和装扮自己。所到之处，她的美貌让所有人倾倒。“美人，美人，美人，然而她的神情如此忧愁”，德国大使夫人在给维亚泽姆斯基的信中如此写道。此时，一件事情改变了她的生活轨迹，娜塔莉有幸被推介给皇后。皇帝同时也在一众美人中注意到了她。皇帝通过本肯多夫这个不可回避的中间人向普希金发出了召见令，此时皇帝是满心好意地同意接待这位娜塔莉的丈夫。对于普希金来说，这是一个谋求更稳定职位的机会，他可以请求去“文献库”阅读，以此创作一个关于彼得大帝的故事。皇帝有条件地答应了他的请求，诗人对于这次升职满心欢喜，满心期待地开始工作，然而此时皇后正邀请他年轻的妻子去拜访她。

普希金夫妇和皇室一起于 1831 年 10 月中旬回到圣彼得堡，秋季社交季也在此拉开了帷幕。各种邀请如雨点般袭来，大家都争先恐后地邀请新来的娜塔莉，她迷人的笑容、优雅的举止、纯真的美貌让人沉醉、暗暗惊叹。娜塔莉的行为举止的确无懈可击，她的贞洁也不容置疑。此外她的丈夫对她深信不疑，以至于他很享受这些“翘着尾巴追在她身后的社交卷毛狗”对其妻的赞誉。娜塔莉幼稚地把她这些小小的胜利讲给自己的丈夫听。她是如此年轻，以至于普希金把她看成一个孩子，有时候还是个没头脑的孩子，“好好玩吧，小朋友，但是不要玩过火了，而且不要忘记我”。心软的普希金决心要让妻子幸福，他原谅这个“花边灵魂”所有的一切。他欢快地让娜塔莉给自己接“字母表顺序”列一张追求者清单。

娜塔莉怀孕了，但是家里却很缺钱。当丈夫为了节约开销建议她去乡村修养的时候，娜塔莉泪流满面。家庭开支难以为继，普希金抱怨道，“和你结婚的时候，我觉得花销可能会翻三倍，结果我的花销翻了十倍”；许多汇票仍待支付。一位富有的表姑凯瑟琳·扎格拉斯卡娅将年轻的娜塔莉置于自己的庇护下，送给她如山的礼物，为她提供漂亮的服饰，外交部长的妻子内塞尔罗德伯爵夫人也想请娜塔莉散心。鉴于娜塔莉的身孕还不太明显，内塞尔罗德夫人在普希金不知情的情况下，带他的妻子娜塔莉去参加了一个皇室的隆重晚宴。普希金有他自己的自尊心，故弄玄虚的伎俩燃起了他的怒火，这是一种雷霆之怒，他的火气也许有些过大，这引起了内塞尔罗德一家对普希金的不满。

普希金和娜塔莉的夫妻生活经历了波折，双方都对对方不满，都不理解对方。醉心于装扮的妻子冒冒失失又卖弄风情，丈夫为家庭琐事忧心，在柴米油盐中挣扎，而不是忙于工作。普希金呻吟道，“我的生活完全不像样”。1832 年 5 月，小马莎顺利降生，这是一个幸福时刻，但是很快舞会季和社交生活又开始了。普希金也许不是一位忠贞的丈夫。对于丈夫的爱情悸动，被他称为“圣母”的年轻妻子丝毫不为所动，娜塔莉始终冷淡、冷漠,或是害羞。普希金觉得诗人梦中的“挚爱娇妻”始终是一个陌生人,“你放任自己,没有温柔地沉醉/如此羞惭、如此冰冷,几乎不语/我狂热的激情,你不理解”！普希金埋头工作，永恒的、美丽的俄罗斯带给他灵感。1833年夏，普希金动身去东部省份采风，以便为他的新写作计划——一本名为《普加切夫的故事》的作品——收集必要的材料，他等着能从中获取一笔两万卢布的丰厚预支稿酬。他需要抛开夫妻生活去散心。

普希金利用这次旅行在秋季前往博尔迪诺，在那里安静的写作、处理事务。在出行的几周里，他一直挂念着家人。他对娜塔莉欠下的债务表示担忧，担心不能满足她的物质需求，担心她的追求者名单越来越长，还担心外界对她的诱惑——那些新马车、新仆人、新裙子，“你别想让我害怕，小妻子，别跟我说你引诱了太多的人……否则我们会倾家荡产……不要引诱沙皇，我的天使”。建议变成了指责，随后普希金又说，“为什么你要招待追求你的男人们？我不是嫉妒，我知道你不会越过红线的，但是你不明白，我是多么憎恨所有不该发生的事物，我是多么讨厌所有粗俗之事”。在普希金缺席的这三个月里，虽然各种担忧让他喘不过气来，一些通信中也印证了他的担忧，但普希金作品中最优美的几部仍然是在这期间创作出来的。

我的热血变成了烦恼

1833年11月底，普希金回到圣彼得堡当晚，年轻的妻子却身在舞会。娜塔莉之前不知道丈夫会回来，普希金亲自去舞会“把娜塔莉赢了回来，就像一位士兵征服一个外省女孩一样”。为了讨“圣母”欢心，普希金任凭妻子拖着自己参加头晕目眩的庆典、盛大舞会和狂欢节，他“时而沉默，时而欢喜”。普希金的家族是有好几个世纪历史的老贵族，对于能够被首都最闪耀的社会阶层接纳，他起先表现得很开心。娜塔莉的美貌、她的光彩，以及她对服饰的品位让宾客们赞叹不已，同时也向她提供了各种机遇。但是普希金明白，这些对时尚品头论足的贵族青年是不会为一位相对贫穷、悄悄表达自由主义思想的作家提供任何机会的。有些人甚至嘲笑普希金血液里流淌着的非洲血统，讥讽他是“丑陋的黑人”，嘲笑他从祖先那里遗传了著名的“彼得大帝黑奴”。诗人的敌人众多，这些人以侮辱他为乐。于是，普希金用自己的方式实行报复，他在《叶甫盖尼·奥涅金》里辛辣地描述了所有这些自命不凡的年轻人，他们留恋于舞会和床第之间，读过的书仅限于晚宴邀请函。皇帝本人也毫不掩饰自己喜欢普希金光彩照人的妻子，他想在自己的每一场庆典、每一场舞会上都看到娜塔莉的身影——嘉年华[①]的那一周里甚至每天有两场舞会！鉴于普希金在民事等级中的级别不够让他去宫廷觐见，尼古拉一世于1834年为他颁发了“宫内侍从”的头衔。沙皇也许并没有不怀好意的隐蔽意图，但是这个头衔很可笑，这是个留给毛头小子的头衔，这个职位的制服对于普希金这个年龄的男人来

① 宗教节日，封斋前的星期二。——译者注

说十分滑稽！普希金不知道自己应该哭还是应该笑。诗人被这种可疑的好意刺伤了，羞愧和愤怒让他丧失理智，他准备好不管不顾地发作，考虑辞职，然而苦闷的他妥协了，因为他还要养家。

俄罗斯最伟大诗人情理之中的骄傲被刺痛了。普希金变得敏感、易怒，“他的热血变成了烦恼”。他的敌人对他冷嘲热讽。普希金陪伴光彩照人的“普希金夫人”出席皇宫盛宴时，这些人主动说这是“瓦肯和维纳斯”驾到。虽然此时的玩笑无伤大雅，但之后还会有其他越来越恶意的玩笑，“人性的恶意精华”加上社交界的流言蜚语，一些阴谋诡计开始针对“非洲人”展开。普希金想要逃跑，以便立刻终止天文开销，并且摆脱受监视的烦恼，也是为了逃避这个令人窒息的圈子，重拾让他创造艺术的轻快真切的笔触。警察部门继续拆阅他的邮件，本肯多夫告诉普希金，皇帝觉得他忘恩负义。此外，尼古拉一世大笔一挥就查禁了普希金《青铜骑士》里的一些片段。娜塔莉这边则丝毫不愿努力理解自己的丈夫，醉心于准备舞会的娜塔莉忙着把自己的两个姐妹引荐给皇室。两个姐妹一个叫凯瑟琳，普希金十分讨厌这把“扫把柄”；另一个叫亚历山德琳，普希金也许有点过于钟爱她了。雪上加霜的是，普希金不得不借钱或抵押自己的珠宝。

正是在这个时候，一位年轻的法国骑士来到了圣彼得堡，他叫乔治·丹特斯，是在1830年革命后移民到俄罗斯的。丹特斯被驻俄罗斯的荷兰部长收养了，这位部长是海尔克伦男爵，他面子很大，又强权在握（毒舌们指控这位部长对年轻的法国人有感情），有这样一位部长的支持，迷人骑士的职业生涯就有了保障。1834年，丹特斯被晋升为中尉，调往骑兵卫士队，并被皇室录用。俊美、风流、幽默又无忧无虑的丹特斯是一名优秀的骑士，同时也是一名杰出的舞者，他深知如何运用自己的魅力，在妇人中引起骚动。普希金夫人如“含苞待放的百合”一般的美貌起到了作用。丹特斯按耐不住，向娜塔莉献殷勤，他的追求是如此柔情、如此坚定。丹特斯和娜塔莉随着一曲马祖卡翩翩起舞，在场人士都把自己的小望远镜停留在这对杰出的伴侣身上，此时的二人看上去是如此般配。哪一位年轻女子在受到如此礼遇的时候不会志得意满？下定决心玩乐的娜塔莉毫无芥蒂地享受她的胜利。两人再也形影不离。她没想到会有毒舌对此诽谤嘲讽。公主维亚泽姆斯基提醒她要小心，皇帝也召见娜塔莉，建议她要注意维护自己的名声。

尽管并非出于本意，普希金还是注意到了这些闪烁其词和傲慢讥笑。1836 年这一年，普希金被钱财困境压得喘不过气，他年轻时期的梦想枯萎了，“年龄赶走了欢快的韵律”。他被一种深深的怨念笼罩着，这甚至会让他去找一些冒失之人挑起事端，在普希金看来，这些人放肆的笑容和眼光无异于冒犯，普希金差一点就和作家索洛古伯决斗。欢愉的时光越来越少。本来可以寻欢作乐或是沉思冥想的诗人此时正在枯萎僵化，“我是否已经与狂热绝缘”？

深陷泥沼

1836 年 11 月的一个阴郁的早晨，普希金收到了一封邮件，里面有一封匿名信，一式三份：

在主席先生、尊敬的大勋章获得者 S.E.D.L. 纳雷什金（其妻是被沙皇亚历山大一世引诱的情妇）的主持下，大十字勋章获得者、荣誉勋位获得者，以及尊贵的绿帽骑士们齐聚一堂，一致同意任命亚历山大·普希金为该协会副会长和功勋史官。

信纸是贵重纸张，字迹被有意修改了，但是辞藻风格却无懈可击。普希金的众多朋友都收到了这封信。他的第一个念头可能是想把这封信付之一炬，但是普希金仍然决定把信交给娜塔莉看。年轻的妻子情绪激动，面色苍白，面对指责，她哭着为自己开脱。诚然，娜塔莉对热切骑士的殷勤追求表现得过于纵容，她承认自己行为欠妥、卖弄风情，但她自认没有犯下更严重的罪过——许多当事人也证实了这一点。普希金很苦恼，但是他相信自己的妻子，娜塔莉始终都是一位忠实的妻子。两个人都倾向于认为真正的幕后推手可能是老海尔克伦，因为他对诗人怀有敌意。满心嫉妒的老海尔克伦很可能在字迹上做了手脚。

这种推测并不能得到证实。实际上，写信的信纸很可能来自一个大使馆，海尔克伦，或是他身边的人，也很可能就是信件的作者。对亚历山大一世情妇的影射很可能是反过来针对尼古拉一世的，与此同时“绿帽丈夫”还获得了史官的丰厚报酬，这可能是他保持沉默的奖赏。但这种推测可能过于大胆，会有诸多风险，因为他不可能冒着“犯上”的风险攻击沙皇。那这是不是为了隐藏乔治·丹特斯的身份，还在其中暗戳戳地指责不可指摘的君主，这是为了避免引起轰动，并且混淆视听？如果就像普希金以为的那样，是海尔克伦策划了这个阴谋，实行计划的可能是内塞尔罗德，因为这位外交部长厌恶普希金；或者根据最新笔迹学研究，还有一位不太可能的候选人——就是年轻的同谋者多尔哥鲁科夫亲王。普希金为自己树敌众多。毫无疑问，丹特斯被娜塔莉迷得七荤八素，但是作为多位子女的母亲的娜塔莉已有五个月的身孕，她是一个有原则的女子，顾忌自己的名誉，她对小阴谋伎俩不感兴趣，风流殷勤也有始无终。但是伟大的爱情呢？面对俊男丹特斯热烈的告白，娜塔莉用自己的方式给予了回复，带着温柔和显而易见的平静，“我爱您，但是请您永远都不要乞求我的衷情以外的东西，因为除此以外的一切事物都不属于我……”

普希金在狂怒、激愤、复仇、厌恶和不屑之间徘徊，也许他同时感受到了所有这些情感。匿名信是一种挑衅，信中的言语是一种凌辱。从荣誉被质疑的那一刻起，即使这种质疑缺乏根据，那荣誉也已经消逝了，因为荣誉只能是绝对的。从此之后，普希金要维护的不再是丈夫的骄傲，而是身为男人的尊严。他的妻子被人污蔑，他的名声被拉入泥沼。普希金极度敏感，每一份急躁都促使他采取行动、回应挑衅。在经过了惊慌失措的阶段后，普希金感觉稍稍好一点了，看起来几乎可以说是很高兴，或者至少松了一口气。根据维亚泽姆斯基所言，这对夫妇又重新融洽相处。普希金选择了他的复仇方式：他始终认为信件的作者是老海尔克伦，与其直接攻击老海尔克伦，普希金向他年少又爱吹牛的儿子提出了决斗。在普希金的内心深处，他明白要想获得安宁，就必须当机立断。但是不久后他就口头反悔了，他发现海尔克伦又在酝酿一个新的阴谋。

老海尔克伦非常希望能达成和解，因为这桩丑闻很有可能会断送他作为外交官的职业生涯，而且他也想保护自己的儿子。于是老海尔克伦否认所有指控，但是他是如此焦虑，以至于要想出一个借口逃避决斗。他想让丹特斯和娜塔莉的姐妹凯瑟琳结婚，声称丹特斯很久以来就疯狂的爱着普希金的小姨子，所以说丹特斯爱的完全不是普希金的妻子。零星天真之人相信了这套说辞，整个社会都在谈论这件事。老大不小的凯瑟琳很高兴能得到这个机会，毫不犹豫地接受了求婚。“未婚夫”并没有表现得像父亲期望的那样顺从，后者需要运用各种说辞、各种干预来让他接纳这个计划。婚礼于 1837 年 1 月 10 日举行，整个圣彼得堡都把目光投向了婚礼。丹特斯不再有危险，但是从此以后，两位连襟之间再也没有任何和解的可能性。普希金烦躁并且出奇地愤怒，他在家庭琐事中挣扎，债务、留言、谎言、封禁限令，这些都令他难以忍受。诗人日渐消瘦，反复咀嚼自己的愤恨。任何人都不再能够让他平静下来，他请求通过武力解决问题。

悲剧

悲剧真正的罪魁祸首是海尔克伦。普希金装作相信他的说辞，但是他想要同时击溃两个男人——养父和儿子。在两封言辞激烈的通信中，普希金指责在世人眼中丹特斯才是这些下流匿名信的卑鄙作者。随后他将矛头直指男爵本人："您的儿子做妓，您以前就是靠他养活的……""您就像是个猥琐老女人，到处寻觅我的妻子，以便跟她谈论您的儿子……"普希金用这些无法挽回的字眼结束了自己的书信，"请您帮我找到不向您脸上啐吐沫的理由"。对于那些仍然希望缓和事态的人，普希金骄傲地回答道——在他的每一处留名之地，他都想要留下一个完好无损的名声。此外，丹特斯继续表现得蛮横无理，他的婚事丝毫没有缓和事态。在一位冒失的女性朋友组织的一次聚会上，丹特斯和娜塔莉出乎意料地相遇了，丹特斯哀求娜塔莉离开她的丈夫，和他一起逃往国外。愤怒的年轻妻子转头就走，但是一封匿名信急忙把这次见面告知了丈夫普希金。在这个有限、封闭的社交圈子里，人们总是窥伺各种流言蜚语，敌人经常狭路相逢，诗人扮演了差强人意的角色——他是被人耻笑的丈夫，在强颜欢笑下难以掩饰自己的羞耻和愤怒。普希金寄希望于决斗能修补他的名声，为他带来迫在眉睫的解脱，他驳回了对手一切推迟的请求。从此普希金再也不可能有退路。丹特斯一方则不想被当成胆小鬼。

决斗日期定在 1 月 27 日。提前接到通知的见证人进行了会面，商定好了时间。作为真实历史事件，决斗场景预示着令人心碎的结局，敌对两方再也不能退缩，《叶甫盖尼·奥涅金》中这样描述道，“就像一场不可思议的梦境，两个人静静地、冷冷地、注定死亡……在手持武器之前，他们能不能仍然像蓦然回首的兄弟一样开怀大笑？但是世人眼中的敌意狠狠地撼动着局促的惭愧”。两个男人一齐向前，举起了武器。丹特斯第一个开枪，击中了诗人的盆骨上方，诗人倒在了被鲜血染红的白雪上，受伤的普希金只剩下开枪还击的力气，随后就失去了知觉。生命垂危的普希金被带回了家，娜塔莉晕了过去。普希金得以穿上一件整洁的衬衫，并且躺好，一位医生检查了他的伤口，随后又来了一位神父，几位事先得到通知的朋友赶到普希金塌边。泪流满面的娜塔莉跪在他身边，普希金抚摸着妻子的秀发。很快他获救的可能性就被排除在外了。普希金时年 37 岁。

在几位为数不多，但是情谊真挚的朋友的陪伴下，普希金的遗体被送至教堂，与此同时，警察却在送葬队伍的路上设置了路障，以此阻止民众集会；普希金的遗体将于 2 月 4 日被送至位于普斯科夫政府管辖下的斯维雅多古尔斯基修道院，普希金的家宅离这里不远。尼古拉一世担心人们会在诗人的手稿中发现批评和申诉，沙皇很愿意有节制地表示悼念，却没有真正估量到俄罗斯失去的是一位英才，但是沙皇表示再也不希望在宫廷中见到海尔克伦，并且拒绝接见后者。丹特斯被降级，被押送发配到边疆，妻子凯瑟琳之后会去与他会合。至于娜塔莉，她的忧伤情真意切，她远走米哈伊洛夫斯科耶——这正是她丈夫的栖息之地。悲剧发生六年后，也就是 1844 年，娜塔莉在沙皇的邀请下重新出现在了宫廷舞会上，她依然如此美丽，皇帝此后会为她的下一段婚姻证婚。

普希金为了一位美丽轻浮的少妻所犯下的调情和轻率罪过，拿自己的生命做了赌注。悲剧发生在四位主人公之间——引诱者、妻子、丈夫和观念。荣誉感存在于他人的目光中，观念成了社会重要的评判工具，“世界就是围绕着这个轴线运转的”，诗人如此抱怨道。爱情不如荣誉重要。普希金收到的匿名信是一种可鄙的“公开信”，写信的初衷就是为了让它传播开来、旨在让一位公众作家失去信誉，摧毁他作为男人的尊严，这个男人诙谐的玩笑让这个虚荣平庸的社会感到难堪。这是一位被戴了“绿帽子”的诗人：这两个无法共存的词汇摧毁了诗意。与此同时，决斗同样揭示了整个俄罗斯对普希金的爱戴和赞誉：成千上万的俄罗斯人想要为他戴孝。充满青春梦想的诗人不需要老去，他不用“身披加绒睡裙、在吃吃喝喝、百无聊赖、发福变胖和消沉气馁中”垂垂老矣，也无须像《叶甫盖尼・奥涅金》中描述的那样，在平庸的家庭生活中潦草地翻阅无用的篇章。他是一位无懈可击的自由人，“我永远都不会成为仆人、小丑，即使面对的是上苍之主”。

阿尔弗莱德·德·缪塞与乔治·桑
为其他女性开路

“有一天我也许会被世人所知，如果这一天没有到来，那也没有关系，我将会为其他女性开路。”

乔治·桑，《私人秘书》

“杜德万特夫人犯下了无耻行为，也写下了崇高篇章。”

圣伯夫，《我的毒药》

如今我们再也不会阅读乔治·桑的小说了，但是她的私人文书和通信却被人熟知。大约180年前，情况正好相反，民众醉心于乔治·桑的小说，但是她的人生是如此众所周知地独立、自由，如此异乎寻常地有魄力，公众把这样的人生看成是有伤风化、冒犯社会。

有争议的家族出身、对工作的热忱、过于丰富的想象力，以及涉猎广泛的阅读，这些都让奥萝尔·迪潘——又名乔治·桑，想要逃避所属时代因循守旧的习俗。她的外祖母是家财万贯的金融家杜宾·德·弗兰克伊的遗孀，同时也是萨克森元帅的私生女和波兰国王的孙女。乔治·桑的母亲是一位贫民阶层的舞蹈演员，生活可以用纷乱来形容。日后乔治·桑在自传中坦陈，她的平民出身对自己起到了多么重大的影响，“表面上，我出身于贵族阶层，我从骨子里、从心里热爱人民”（《我的一生》）。乔治·桑于1822年与卡西米尔·杜德万特男爵结为连理，就像同时代的大多数婚姻一样，二人的结合没有强烈的感情基础，当时乔治·桑只有18岁。九个月后，也就是在1823年，乔治·桑诞下了一名男婴，取名莫里斯。初为人母的喜悦让她忘记了夫妻生活的烦恼。显而易见，夫妇二人没有相同的爱好，丈夫整天都在打猎，他饶有兴致地管理着诺昂城的贝里区域，奥萝尔在这里长大。男爵还会为了事务出行，他一点也不喜欢阅读、交谈和交流感想。男爵时不时地会彰显自己的权威，以此明示是男人说了算。

一位平庸的丈夫，一位聪慧、热爱幻想的年轻妻子，一张不算冰冷，但也至少缺少温存的夫妻床笫。奥萝尔不需要再加入其他任何元素就可以让自己的想象力驰骋。在一次比利牛斯山出游中，她第一次真心感受到了爱情的悸动，奥萝尔“敞开心扉”，以一种忏悔招认的方式写信将此告知了丈夫卡西米尔。随后她迈出的第二步更加笃定，倾心对象变成了情人。1828年，一个叫索朗的小女孩来到了世上，从此男爵夫妇分处两室。两人口角不断。丈夫却从负责照顾宝宝的女佣怀里找到了慰藉。当奥萝尔想要寻求更多自由的时候，丈夫也同样睁一只眼闭一只眼。经过多次对峙后，卡西米尔最终同意让奥萝尔在巴黎待六个月，她在巴黎找了个短期住所来践行记者工作，男爵会定期为妻子提供开销。当时女方配偶如果不是遗孀，或在法律上和丈夫分家的话，那么她就没有任何权益。根据《民法典》规定，管理妻子嫁妆和财产的是丈夫。奥萝尔把八岁的儿子莫里斯留在诺昂，她会在假期回来看儿子，她把女儿索朗一起带到巴黎，女儿太年幼了，不会发出任何质疑。奥萝尔一点也不喜欢这些欠妥的安排，家庭和孩子是幸福最牢固的组成之一；但是自由独立是要付出代价的，她的天职就是写作。

男性美德

奥萝尔就这样踏上了巴黎的石板路。为了节俭，她身着一袭男装，用她的“男子哨所礼服”武装自己，这个一身昏暗的巴黎女郎被人群淹没。她像苦役犯一样工作，夜里写作，早上睡觉，白天修修改改，把文章发给《两世杂志》。她结交作家，提供各种服务，因为奥萝尔是一个发自内心的好人和慷慨之人。她会对成见说不，努力谋求她口中的“男性美德”。柔弱的女性在物质上和心理上都不能够自给自足，日后米什莱[①]就会刻画这样

① 儒勒·米什莱（1798—1874），法国作家。——译者注

的女性。为了驳斥这种女性形象，奥萝尔通过工作自己谋生、抽烟斗或者小香烟，在没有陪护的情况下独自出门，用男性笔名署名自己的小说——乔治·桑，她在和儒勒·桑多恋爱后，创造了这个名字。乔治·桑以“弃妇”形象示人，引起了上流社会的反感。但是她却满心欢喜，“生活，这是多么的美好！尽管有忧伤、丈夫、烦闷、债务、闲话、锥心的刺痛和无聊的烦心事，生活还是如此美好！生活，迷人的生活！爱与被爱，这就是幸福。这就是极乐！”（1831年）。

乔治·桑在1832年取得了第一波重大胜利，她的两部小说《安蒂亚娜》，以及随后的《瓦朗蒂娜》在时隔几个月的时间内连续出版，两部作品赢得了评论界的肯定，让她结交了新朋友。乔治·桑很快就成了整个巴黎文学界的著名人物。1833年，她毫不掩饰与女演员玛丽·道尔瓦尔的关系，这段关系发展成了一段坚固的友谊。乔治·桑日后在《我的一生》中承认，她“爱男人多于爱女人，她深信自然意图的逻辑性和完善性”。

乔治·桑于1833年6月结识了阿尔弗莱德·德·缪塞，两人在《两世杂志》主编弗朗索瓦·布洛兹举办的一场晚宴上相遇。缪塞被安排坐在乔治·桑旁边，他是一位年轻的纨绔子弟，穿着天蓝色的窄腿裤，搭配着上装。他长相英俊、身材修长，有着一张天使面庞，有一点骑士姿态，还有一种与生俱来的优雅，这个年轻人本来可能会引起他邻座女士的不快，但是他独立的思想，以及他伤感的讽刺引起了乔治·桑的兴趣。缪塞年仅22岁，比她小6岁。他19岁就出版了自己的第一部诗集《西班牙与意大利故事》，目前正在创作一部戏剧。几天后，缪塞把自己亲自创作的诗句献给乔治·桑，并且重读了《安蒂亚娜》的片段。作为答谢，乔治把自己下一本小说《莱丽亚》的样稿发给了缪塞。

于是两人开始了友好交流，他们的交流夹杂着真挚、尊重以及对知识见解的好奇，在此过程中他们了解了彼此。乔治是一位受人赞誉的女性，数位男子都追求她。忧郁、无常的缪塞在感受自己璀璨的青年时光的同时，把自己的生存之痛淹没在各种各样的放纵中——酒精、风月、游戏、剧场幕后，他同时又对自己的放浪深恶痛绝。但是他的诗作却体现出一种发自内心的清澈和一种潇洒的果敢。20岁的时候他在《堕落诗人》中描述自己笃信“一些事情”，“然而我信奉一些不起眼的行为，在作诗的同时假装一些狡猾的思想，在他人回首的时候我骄傲地继续，即使在镜前也从未孤身一人，我受无脑的同龄人追捧，遭到指责我的人嘲笑，我和与我一般的伟人们胡言乱语，我疯狂地爱着巴洛克诗句、爱着哥特语句和高卢十四行诗……”

缪塞坦陈那时曾经勇敢地把自己的诗作推荐给一位书商，后者回复他说这种营生不能成型，“但是如果我愿意写一本小说的话，他可以每册付给我二十分钱”。至于缪塞的私生活，他把它描述得极度贫瘠，穿插着没有未来的短暂艳遇，“丝毫不爱，因此也不能被爱，我试着讨人欢心”。事实上，这位新手没过多久就会凭借着自己对诗句的掌控，以及自己杰出的才华，震惊文学界。他在玩味辞藻的同时让诗句脱节，用他的话说，就像“随意摆动的拨浪鼓”。在第一波诗作后，缪塞投身于剧作创作，这些剧目不久之后就会被上演，比如《少女做的是什么梦》，还有随后问世的《反复无常的玛丽安娜》。这些剧中的男主角们，比如多疑任性的奥克塔夫和火热的科利奥，都像是作者本人的孪生兄弟。

缪塞感受到的吸引力是如此强烈，以至于战胜了他的谨慎。保罗·德·缪塞倾听了弟弟的知心话，他注意到弟弟觉得乔治·桑美若天仙，“即使他第一眼并不这样认为”：乔治·桑一头棕发，苍白的面色透着橄榄绿，有一双大大的黑眼睛，她看上去像缪塞数部诗作中赞誉的那些安达卢西亚女郎。缪塞赞赏乔治·桑的独立自由和男性力量，但同时也爱她作为大度女性的温柔。在阅读《莱丽亚》的过程中，缪塞得知作者的恋爱经历伴随着诸多失望和挫折：

这些朦胧痛苦里的所有感情，
这些没有幸福的快乐，它们之中充斥着一种巨大的空虚
你以前梦想的就是这些，乔治，或者你还记得它们吗?

乔治仍然保持谨慎。7月，缪塞向她表白：“我爱您，我像一个孩子一样爱您。”这些话是乔治想要听到的，这些表达母子深情的话语，就像她在此后几乎每一段恋情中都扮演着和蔼母亲的角色一样，因为没有任何一种爱能比一个孩子的爱更加单纯、更加无瑕、更加真挚、更加热烈。7月29日，两人成了情人。8月初，两人在枫丹白露的一所旅店里共度了一周，品味着他们的结合，她写作，他绘画。但是一天晚上，当缪塞在林中散步时，一波神经发作突然摧毁了这些清新自然的幸福时光。缪塞远走，他遭受了一段妄想，看到自己变成了衣衫褴褛的苍白老朽，仇恨让他变得面目狰狞，他站在一块岩石上威胁要跳下去。噩梦淡去了，梦魇不会有后续，但是漩涡中的诗人是一个阴郁、受惊的孩子，才华横溢又满腹狐疑。

《莱丽亚》的出版引起了广泛愤慨，记者们群起而攻之，许多读者也处于震惊之中。小说直截了当地展现了女性欲望、不得满足的肉欲带来的苦闷，以及一位妓女露骨的坦白。《费加罗报》评论这本小说“会让您的膝盖都变红”。有人提到了萨德，提到了卑鄙、疾病、无耻和玷污。然而，

作者令人振奋的真诚为她带来了赞誉者，她承认自己“完全是、绝对是莱丽亚”，许多被迫保持沉默的女性在这些叩问中看到了自己的影子。

乔治已经又开始埋头工作了，她担心不能如期完成合约，不能接到日常生活必不可少的预期支付金。她像一位慈母一样试着说服自己年轻的情人埋头工作。懒惰散漫、无忧无虑的缪塞在马拉盖码头[①]定居，他把朋友请到这个“笼罩在疯狂欢乐”的家里。他用铅笔为自己的爱人画像，爱嫉妒的他经常询问乔治的过往。两个人都满心欢喜，准备双双去意大利甜蜜出游。

威尼斯罗曼斯

缪塞生于一个团结、富裕、教养良好的家庭。父亲的离世为他带来了巨大的痛苦，让他发现“一种无声的痛楚，一种永远都不可能淡化的痛楚”。对于自己 23 岁情人的脆弱，乔治·桑持谨慎态度，她认为必须要得到德·缪塞夫人的当面准允才能准备这次意大利之行。缪塞夫人有所保留地接待了乔治·桑。至少，如果缪塞的哥哥保罗·德·缪塞所说属实的话，他眼中看到的是一位听闻自己孩子要远行而泪流满面的老妇人。但是乔治想要让人觉得值得信赖，缪塞夫人的温柔难道不像是她自己对小莫里斯的柔情吗？“她恳求这位伤心的母亲把儿子交给她，对缪塞夫人说她会爱护他、给予他慈母的关怀……在感情冲动下，缪塞夫人

---

① 马拉盖码头，位于巴黎第六区，塞纳河畔。——译者注

同意了乔治的请求……”（保罗·德·缪塞，《阿尔弗莱德·德·缪塞传记》）。

这对恋人一刻也不耽搁。两人于1833年12月12日出发。乔治穿着灰裤子、脚蹬皮靴、头戴天鹅绒鸭舌帽，爬上前往里昂的邮车，缪塞与自己的兄弟告别。两人在马赛乘船。当乔治在甲板上抽烟时，遭遇晕船的缪塞却躺在船舱里。然而到了热那亚，这回轮到乔治身体欠佳，缪塞却找回了状态。乘四轮马车出行很累人，路途漫长又荒无人烟，在博洛尼亚和费拉拉游玩也不足以再次让年轻的乔治生龙活虎。波河河谷缺少多样性，景色凄凉又满眼黄沙，覆盖着一大片橄榄树林。二人终于在12月31日傍晚时分到达威尼斯，光彩照人的圣马可广场和总督宫的穹顶让游人惊叹不已。但是乔治感觉身体越来越不好，经常遭受剧烈的头痛。两人来到了l’Albergo reale，也就是达涅利酒店——他们在这里定下了一个套间，并且受到了热情款待。缪塞不是个无名之辈，乔治·桑的威名也传到了意大利。

爱情没有如约而至。两人丝毫没有做好准备。缪塞流连于轻浮女孩之间，乔治对此的反应是受过良好教育女性的反应，尤其是她现在病得很重，她发着烧，肠胃翻江倒海。在医疗护理方面，缪塞没有任何天赋、任何才能和任何使命感。一位26岁的年轻医生——英俊又活力四射的彼特罗·帕杰罗——在乔治塌边细心照料的时候，缪塞不知所踪、心无旁骛地重拾自己的放浪情趣。这种氛围不适于激发感情。当女小说家乔治于1834年1月底逃脱病魔的的时候，这回轮到缪塞得重病了，他染上的也许是伤寒发热，伴随着阵阵谵妄，他与死神擦肩而过。乔治·桑心急如焚。在自传中，她写道“自己一天里的休息时间不超过一小时，就这样在缪塞塌边照顾了十七日”。但是英俊的帕杰罗守在床脚，他的存在稍稍减轻了这些昏暗时刻，他和乔治·桑良久低声耳语，可以看出两人的相处中有互相关切和赞赏，甚至还有些许更深的东西。

缪塞的恢复期很漫长。病中的缪塞时而经历谵妄，他在半睡半醒的状态里以为抓到了二人的串通迹象：乔治·桑和帕杰罗共用一个杯子，并且悄悄互通便条。这种萌芽中的亲密、日后蹩脚的辩解、还有此后被篡改的记述，这些在日后都只会证实缪塞的怀疑，但是乔治日后一直自辩，她以前是在“给一位将死之人展现一出新爱情场景”。威尼斯让人感觉像是一座令人迷惑的镜面之城，迷茫的情感与这座醉人城市的形象相辅相成。缪塞是一位多疑、嫉妒、极端的年轻男子，两人的争论经常以激烈的争吵告终。乔治提醒他，当她在病榻上喘息的时候，缪塞在寻欢作乐。乔治·桑提出了获得自由的要求。

乔治和缪塞又度过了狂风暴雨的几周，期间穿插着和解和承诺。爱意当然没有消失，但是爱情被赋予了伤感色彩，友情很难找到位置。两人的财政状况显然糟透了，他们爆发了激烈的口角。缪塞大喊，“你自以为是我的情妇，你只是我的母亲”，然而乔治却自愿承认自己身上的种种悖论。乔治和帕杰罗的关系让缪塞深感痛苦，他无法克制自己胡思乱想。缪塞时而接受这种关系，时而又为他们的亲密发狂。他决定于 1834 年 3 月底回到巴黎。两人继续通信、继续深掘他们的情感，把自己比作是分别的情人爱洛依丝和阿伯拉尔。在巴黎，缪塞力所能及地寻觅慰藉，重新与昔日酒肉朋友交往，尽管乔治用母亲或是姐妹的口吻恳求、激励他去工作。

乔治·桑继续在意大利待了三个月，帕杰罗像个殷勤的骑士一样陪伴她。缺钱的乔治写文章，帕杰罗自己也到处奔走寻找收入。7 月，两人向巴黎进发，但是随着他们离法国越来越近，两人的爱情也无影无踪。他们于8月14日到达首都巴黎，两人的关系丢掉了意大利式的吸引力。8月末，乔治终于到达诺昂，她非常高兴能够再见到自己的孩子们，他们被留在父亲身边，受到一位女家庭教师的监管。帕杰罗于10月23日苦闷又受伤地离开了法国。

“最后一次，这可怕的字眼”

威尼斯情人们可能早已经在1834年8月末就重聚了，无论如何他们在10月、11月也肯定再会了。缪塞始终潦倒，徘徊在自杀的边缘。从威尼斯回来后，他把家里的一切都砸烂了，砸碎了古玩、雕刻还有书籍，还准备好毁灭自己。尽管乔治非常高兴能把莫里斯和索朗拥入怀中，但是她也同样经历了一段忧愁的时光。在诺昂，夫妻生活越来越糟，以至于她打算提出法律上的分家，孩子们成了夫妻争执的人质。此时乔治30岁，这是一个致命年纪，岁月已经将她推向人生的另一侧，她最惧怕的就是没有爱情。爱情，她重复道，是一种高于一切的权益，是一种神圣的义务，前提是爱情要真挚。但是在两位情人相遇时却互相诋毁。缪塞像是被魔鬼附身，因为他身上“有两个自己”，“其中一个友好、温和、温柔、天真；另一个像是被一种鬼怪附体，暴力、傲气、独断又疯狂”，这个自己让他濒临毁灭。乔治清楚地看懂了这一切，但是她过于执着于爱情，以至于不能甘心了断，这一次，她看上去是第一个想要重修关系的人，她摒弃了所有的骄傲，她剪掉了自己的一头秀发以示哀悼，并在给缪塞的一封信中加入了自己的一簇青丝：“你仍然爱我……拥抱我，什么都不要对我说，爱抚我吧，既然你仍然觉得我美丽，即使我剪掉了秀发……当你感觉厌倦了自己的感性，你再次恼怒，这个时候请你回来找我吧，虐待我吧，但是请你永远都不要用‘最后一次’这个可怕的字眼。”

缪塞的毕生挚友阿尔弗莱德·塔特请求缪塞抵制这种魅惑，但是无果。这位既像情妇又像母亲的女性之爱对缪塞来说必不可少，他必须通过这份爱才能将自己从放荡和懒惰中拯救出来。他并不会比乔治·桑更能容忍“最后一次”这个念头。火炭依然炙热，爱情之火又一次点燃。1835 年 1 月，两个人在马拉盖码头重聚，乔治可以向塔特宣告：“缪塞又成了我的情人。”也许二人爱的只是一段回忆，他们肉体的记忆，以及在被时间抹去前他们幸福的留痕？温存重新找回了昔日的冲动，但是两人也会爆发激烈的口角，他们互相羞辱，有时还会当着孩子们的面。这是乔治不能容忍的。缪塞始终任性、放浪、妒火中烧，就像他自己描述的那样：他正在“蚕食人心以便慰藉自己的心”。事态变得不可忍受。1835 年 3 月初，乔治·桑在前往拉沙特尔的邮车上定了一个座位，想要悄悄离开，缪塞得知消息后，却放任不管。毫无疑问，乔治会比缪塞更快痊愈——前提是存在痊愈的可能性。

这是两位情人的分手，也是两位作家的分道扬镳。在他们的暴风雨中蕴藏着戏剧成分和灵感源泉。乔治·桑正在创作《一个旅行者的信札》。缪塞苦涩地注意到自己不可避免地深陷泥沼，但是他就此经历写了一部自传体小说《一个世纪儿的忏悔》，书中讲述了一位为情所困的年轻男子，在青年时期被一位水性杨花的女人背叛，于是坠入浪荡的深渊。他从一位年长女性慷慨的爱情中得到重生，这位女性把他从魔鬼手中拯救出来，这是一首爱的礼赞，更是一首对乔治·桑的赞歌。乔治读完这本书后非常激动，她在给女友玛丽·达古尔特的信中这样写道，“从始至终，从悲悯的修女到骄傲的狂人，每一次令人感慨的亲密无间中的任何一个小细节都在书中被如此真切、细腻地复述出来，以至于我在合上书的那一刻像野兽一样哭泣。随后我给作者写了几行字，语无伦次地对他说了一些话；我告诉他我曾经深爱过他，我原谅了他，但我再也不想见到他”（1836 年 2 月）。缪塞很快就又找到了一个情妇，随后还会有其他情妇。他身上只保留下些许青年时期的激情和傲慢。但是往事在他的诗作中得以完好无损地重生，充满怀念：

我只对自己说：在此时，此地，
有一天，我曾经被爱，我爱过，她曾经美丽
我将这个宝物深藏在自己不朽的灵魂中。
我把它带给上帝。

1840 年后，缪塞再也没有什么创作，除非是出于经济需要，他好像失去了上苍的恩惠，他的生活就好像戛然而止了一样。他创作了一套绝美的组诗《众夜》，他在诗中将爱情、痛苦和艺术这些主题交织在一起。1842 年，寥寥几页的《论懒散》问世，这是作者钟爱的主题，因为这种懒惰让他萎靡不振，让乔治大为不快，甚至是他最亲密的朋友也指责他的懒惰。阿尔弗莱德·塔特在 1841 年写道，“缪塞的主要工作就是，躺在他的大躺椅上，琢磨是把自己的左腿还是右腿搭在壁炉上……”缪塞于 1852 年入选法兰西学院，成了受人敬仰之人，他于 1857 年离世，享年 47 岁。

乔治·桑也没有躲过阴郁情绪。她在诺昂修整，并且在这里找到了内心的自由，一点点治愈自己的伤口。在给玛丽·达古尔特的信中，乔治·桑这样写道，“我始终对他保持着一种深深的母性柔情”。此后她也不能忍受别人在她面前说缪塞的坏话，并会为此大发雷霆。乔治的活力占了上风，她开始重新工作。她于1835年结识了一位律师米歇尔·德·布尔日。这是一位风华正茂的男子，他强势，是狂热的共和派，布尔日帮助乔治推进她的分家诉讼材料。乔治和布尔日的关系持续了两年，两人在很多政治理念上都不谋而合，而且乔治也得到了肉体上的满足。但是布尔日只爱他自己，乔治从中汲取灵感写下了这几行讽刺的字眼，“他以为自己自然而然地就能得到他人效忠，仅仅因为他是从自己母亲腹中出生的！”一个男人永远都是渴望被关怀的儿子。乔治·桑的情人们——从最初的儒勒·桑多到1850年的亚历山大·蒙索——几乎每一位都比她年轻，乔治像对待自己儿子一样对待他们。1838年，仍然是她母性的热情和温柔把弗雷德里克·肖邦——“亲爱的小肖”，吸引到她的怀中。

女性的崭新历史

1835年夏，也就是她结识米歇尔·德·布尔日的同年，乔治·桑开始了一场漫长的夫妻分家诉讼。由于卡西米尔投资失败，家族财政严重赤字，让孩子莫里斯和索朗的遗产蒙受了损失。从民事角度上来讲，妻子位居次席，丈夫卡西米尔从来都不会咨询妻子的意见进行金融投资。在诺昂，在这栋从祖母那里继承的蕴藏着无限回忆的家宅里，乔治始终不受欢迎，卡西米尔以业主的身份示人，即使他有权管理这份产业，他也没有以业主身份自居的权利。10月，夫妻二人在见证人面前爆发了激烈口角，这次争执成了正式分家的借口。乔治·桑临时离开诺昂，以此避免一切讲和的可能。她再也不能忍受这些谎言和莫须有的义务了。

诉讼听证会于1836年年初在拉沙特尔举行。法庭没有抓住年轻妻子私生活的骚动问题不放，或者至少把这个问题相对化了，因为男方的越轨行径丝毫不比女方逊色。相反，法院受理了卡西米尔的各种辱骂和粗暴行径。借助丈夫获得的一笔定期收益，乔治·桑重新拾回了在诺昂的幸福生活，并且获得了索朗的抚养权，以及莫里斯的部分抚养权。平静是短暂的，卡西米尔几天后上诉，想要驳回分家请求，并且回到了诺昂。他的哀怨清单越拉越长，他指责妻子当着索朗的面接待情人们，指责她大肆花销、穿男装，总之就是指责乔治是一个淫秽女子，尽管如此，男爵还是宣称愿意和妻子共度一生！法院没有受骗：丈夫这么做是为了得到一份经济补偿。7月两人达成了和解，乔治得以重新自由掌握她的结婚财产，其中就包括珍贵的诺昂地产。作为补偿，卡西米尔得到了纳博讷公馆的收益。

乔治·桑是大胆、热烈的爱人，是慷慨的朋友，也是温柔或心不在焉的母亲，她热爱生活。为了弥补之前的错误，她投身于一场新的历险，很快就从之前的溃败中振作起来。工作治愈了她的伤口。她的自由是无价之宝，得益于她出版的书籍和文章，乔治能够以精明女商人的姿态自给自足。她被“上流社会”拒之门外，然而乔治要他们的看法有什么用。什么是“看法”？难道“看法”就是“对丑陋、冷淡、软弱女子的零容忍”？还有“男人们具有戏弄、羞辱性的贬责，他们不再愿意找虔诚的妻子，也还不想要有见识的妻子，这些男人始终都想找忠诚的妻子”。乔治·桑辗转于巴黎的两处公寓间，被整个巴黎贵族社会屏蔽的玛丽·达古尔特说服乔治用这段时间平息风波，和她一起住在“法兰西公馆”。从1838年起，乔治·桑与肖邦开始了一段新恋情。这位“亲爱的小肖”陪伴着乔治和她的孩子们一起在巴黎和诺昂过日子。

乔治·桑的人生选择让同时代的大部分人都感到震惊，有时候甚至连她的几位朋友也对此表示不快。她过于真诚，以至于不能接受妥协。恋爱中的乔治有着男性的行事风格，在承受最轻微的痛苦的同时穿梭于一位又一位情人之间，而决定分手的常常都是乔治·桑，但是每一段恋情她都全身心投入其中，并且非常自若地转换性别。当她写作或是出游的时候，她自愿变成男人；做情人的时候她又全心全意以女性姿态示人，自由运用性别二重性。她受卢梭影响很深，在《新爱洛依丝》和《社会契约》的影响下，乔治·桑眼中的爱情是一种凌驾于阶级等级和性别等级之上的和谐元素。她不惧怕丑闻。随着年龄的增长，对政治界心灰意冷的乔治·桑开始为伟大的社会和人道主义事业奔走。1848年，法国之所以会遭受贫困和动荡，其症结所在就是社会的狭隘和不公。

从此以后，乔治·桑关心的是慈善事业、工人阶级作家的境况、人民的苦难，以及女性的自由和教育。她在小说里支持被迫遭受夫妻生活桎梏的“囚徒”妻子，但是作者毫不掩饰地蔑视这些轻佻、被神经和情感支配的女子们，她只是感到惋惜，惋惜这些身处“热情和自私之间”，与丈夫分离的幼稚人妻们，惋惜她们投身于自由恋爱中，却没有能力过上一种“受人尊敬和骄傲的生活”。至于把婚床变成“幻想破灭的棺材”的婚姻，乔治·桑并没有直接控诉它，前提是婚姻还能维持下去。婚姻需要丈夫和妻子享有同等权益和责任，唯一必须禁止的爱情就是压迫他人的爱情。夏多布里昂从乔治·桑的作品中看到了女性崭新时代的萌芽，“大胆的观点和享乐至上的风俗是一片尚未被亚当之女开垦的土壤，这片土壤在女性的培育下，生长出了茂密的未知花朵”。

弗朗茨·李斯特与玛丽·达古尔特

“我活着就是为了等待您”

“他离去，我感受到四周的空虚……我泪流满面……”

玛丽·达古尔特，《日记》，1861 年 6 月

“鉴于我活着就是为了等待您，我的心跟随您的脚步。”

保罗·瓦莱里，作品集《魅歌》中题为《脚步》一诗

曾经的爱情越炽烈，它的冷却就越可叹。分手？两个人谁都不愿相信。李斯特和玛丽用心灵、肉体和灵魂相爱，两人共同育有三个孩子。他们有着相同的艺术品位和创造热情，以及共同的高尚思想。为了能与这位年轻、才华横溢的音乐家展开这段独一无二的爱情，玛丽与整个家庭对抗，陪伴爱人走上成功之路，这在上流社会眼中是一桩大丑闻。两人当然可以分别数月，但是如何能让五年炽烈的共同生活一笔勾销？然而他们不得不在 1844 年缴械投降，两人互至永别。1845 年，为了解决孩子们的问题，他们仍然互通了几封信，两人在信中以"先生""夫人"相称。书信的语调变得辛辣尖刻，"您有能力把一个高尚承诺踩在脚下，当一位您全心全意敬重的女性想要履行自己神圣权益（母亲的权益），也是被您自己认可的权益之时，您可以向她提出耻辱的条件。您有能力做出最卑鄙的行径，比如以法制借口隔空威胁一位女性，一位恳求重获自己亲生孩儿的女性"！

16 年后，也就是 1861 年 5 月，李斯特路过巴黎，在玛丽的邀请下去拜访了她。50 岁的李斯特始终像以前一样如此英俊，如此光彩照人。内心翻江倒海的玛丽几日后在自己的私密《日记》中如此描述这次拜访，"自从他这次出现以来，我的心绪一直萦绕在他周围。第一夜我很难入睡。……这是无法泯灭的魅力！他仍然是他自己，只有他才能让我体会到生命的神圣奥秘……"（6 月 8 日，周六）。尽管这是一次如此令人痛彻心扉的决裂，幸福的梦想依然留下了它的印记。

爱情是一种不可推卸的责任

玛丽·德·弗拉维尼于1827年嫁给了达古尔特伯爵。她是个22岁的美丽少女。玛丽一头金发、身材修长、面部线条精致规整，出身于著名的贵族世家。从母亲一系说起，她是一位法兰克福的著名银行家的侄女。玛丽用德语和法语接受了良好的教育，而且她非常有思想。对于男人而言，玛丽是一个不错的选择。她的婚姻是一段门当户对的包办婚姻，一段不太幸福的婚姻：夏尔·达古尔特是一位杰出男子，任骑兵团上校。年轻的玛丽几年前就已经感受过炽热的爱情，丈夫不知如何才能唤起这片爱的火种，但是欠缺经验的他却不能这样持续下去。玛丽刚刚诞下了她的第二个女儿——克莱尔。圣日耳曼区的社交生活让玛丽分身乏术，她的忧郁被各种邀请、接待、音乐会、戏剧淹没。她自己也主持了一个饱受赞誉的沙龙，在沙龙里接待名人。玛丽和蔼、风趣的谈吐让这些名人流连于她位于伯恩街的公馆还有她位于克罗伊西的城堡。很久以后，当玛丽在创作自己的《回忆录》时，仍然惊异于自己曾经同意屈服于家族压力，嫁给一个她不爱的男人，并且还委身屈服于他所处阶层的各种苛求。理想主义、1830年革命、阅读乔治·桑的早期作品，以及圣西蒙的思想，这些都为玛丽打开了崭新的视野。

1832年12月的一次音乐沙龙准备演奏韦伯的合唱，玛丽·达古尔特正是在这次音乐沙龙里第一次遇到了弗朗茨·李斯特。年轻的李斯特时年21岁，他到沙龙时虽然迟到了，但他的“显灵”让玛丽为之着迷：李斯特身材高瘦，有着一双耀眼的绿眸，这双眼睛映照着他痛苦的神情和漫不经心甚至焦虑的神态。李斯特来到玛丽身边坐下，开始与她交谈。谈话从一开始就标新立异，有时还可以用“挑衅”来形容，但是始终能被谈话人温柔的微笑所化解，这与玛丽以前习惯听到的那些过于程式化的交谈相比有天壤之别。用不了多久两人就会建立起更深层的关系。被家人认为比较冷漠的玛丽为这位才华横溢的匈牙利青年所折服，这位有着天使面容的年轻人从此会陪伴她度过漫长的岁月。

弗朗茨·李斯特从小就是一位天才儿童，1820 年，9 岁的李斯特在普莱斯堡为最显赫的贵族们演奏了协奏曲。他在父亲的督促下练习，演奏了多部协奏曲。年纪轻轻就结识了同时代伟大的音乐家们，贝多芬就曾亲自激励小李斯特。他进步飞速，14 岁的时候，就能以精湛技艺即兴演奏钢琴，开始了在法国的巡演，先是在巴黎，随后又在伦敦和维也纳。人们从他身上已经预感到了一种魅力四射、异乎寻常的品性：他的神经过度劳累、健康状况脆弱，这位激昂少年对宗教生活的兴趣和对音乐的兴趣一样强烈。他阅读《圣经》、荒漠神父[①]和亚维拉的德兰修女[②]，李斯特想不顾父亲反对进入教会，但是父亲于 1827 年突然离世，这把李斯特突然从梦想中揪了出来，他为了生存必须去教课。他幻想着一种没有未来的田园牧歌，在这种艰苦的深渊中，他自闭、拼命阅读法国作家的作品，与此同时完善自己的钢琴技艺。他经常被拿来和莫扎特做比较，同时也遭遇了像莫扎特一样的命运，然而公众在几个月的时间里好像已经把他抛之脑后了。

---

① 荒漠神父，主要指的是公元 3 世纪到公元 5 世纪，生活在埃及、巴勒斯坦和叙利亚沙漠中的神职人员。——译者注

② 亚维拉的德兰修女，16 世纪的西班牙天主教神秘主义者、加尔默罗会修女、反宗教改革作家。——译者注

当李斯特于1830年回到法国时，法国正处于动荡之中。政治家、知识分子、贵族、工人阶级，各种阶层混杂在一起。李斯特经常受邀出入沙龙、参演众多音乐会。他的生活繁乱忙碌：他和肖邦一起演奏四手联弹、结识拉马丁、维尼、雨果，并且以见证人的身份出席了柏辽兹的婚礼。他最幸福的时光就是在克罗伊西的城堡度过的岁月，以及在伯恩街公馆达古尔特伯爵夫人家里的促膝长谈的时刻。李斯特自愿推心置腹，对自己的痛苦供认不讳。面对日渐显赫的声名带来的狂热和自己禁欲主义的虔诚，李斯特想调和这两种倾向。玛丽倾听他的诉说，两人的交往是精神的、文学的，也是艺术的。每一天他们都能找到品位和性格上新的共通点，却不敢更进一步表露真心。李斯特按耐不住，吞吞吐吐地表白自己的初心，但是玛丽却在逃避，她心中的激情所产生的后果让她感到惊慌好笑。当二人不能见面时，他们就写信。当玛丽从自己身上察觉到一种近乎虔诚的感情时，李斯特却蜷缩在自己的房间里，避免回复她的短笺，他不能忍受这种没有未来的境遇，“我变得越来越独断，越来越让人难以忍受。”

李斯特于1834年春前往不列塔尼，此行的目的是去拜访修道院院长拉梅内，后者的“众生基督教”理念让李斯特感触颇深，也许他此行也是为了能够在拉梅内那里更清楚地认识自己。他在途中给玛丽写了几行字，并在信中袒露，“希望上帝能怜悯我！您明白，现在对于我来说，世上只有一种眼神、一张面庞、一个灵魂！也请您怜悯我”。爱情变成了侵蚀内心的虎钳，于是李斯特选择沉默。

为二人压抑情感打开闸门的是另一波折磨。玛丽的长女小露易丝于10月病倒了。小露易丝的健康状况急转直下，12月就离开了这个世界。绝望的玛丽泪流满面，去克罗伊西隐居了：这是一位心碎母亲的绝望，但同时也是一位不被理解的妻子的绝望、一位年轻女子的绝望，她感到虚无、贫瘠、无用，她不吃不睡。玛丽有时候可以重新振作。大约在1835年2月，她读到了一篇文章，记下了这样一句话，她从中读出了自己的人生责任，“爱情不仅仅是一种重生，它还是一种不可推卸、不可避免的责任”。

我们走吧！

1835年春，玛丽又回到巴黎，由于工作原因离开巴黎两个月的李斯特与她保持距离。他把内心的爱情隐藏在神学祈祷中。直到5月，两人才得以在李斯特母亲家里重逢。面对这位数周未见的消瘦女子，李斯特起先表现得很担心，随后又变得镇定，几乎可以说是一本正经。玛丽颤抖着质问他：“您下了何种决心？您要告诉我什么？您要离开吗？”李斯特把她揽入怀中，说出了这些不可抵御的字眼，“我们走吧！……我们年轻、勇敢、真诚又骄傲。我们需要的是大谬误和大美德。我们要面对上苍，袒露我们爱情的神圣或是宿命”。浪漫的他们向生活宣告自己的权利，真正的爱情只能是圣洁或者是宿命的。拉梅内恳求玛丽不要“任凭自己被迷途爱情席卷”，尽管有这位神父的终极干预，玛丽还是告知自己的丈夫，她决定终止婚姻。迎接他们的将会是在瑞士的流亡。

6月2日，玛丽抵达巴塞尔，李斯特于6月4日与她会合。两人谨慎地分住在两所不同的旅店里，李斯特住在“鹳鸟旅店”，玛丽则住在“三王旅店”。剩下就是仍待解决的最棘手问题：通知玛丽的母亲德·弗拉维尼夫人，让她去处理法兰克福的相关事宜，并且在毫不知情的情况下陪伴自己的女儿到瑞士。吐露实情对于女儿和母亲两人来说都相当于一场折磨，每一个字眼都像钉子一样深深刺入母亲的心底，酷刑的始作俑者正是自己的宝贝女儿，这位爱女与过往一刀两断，选择投身于一种潜伏着危险和孤独的生活。6 月 19 日，这对孤立无援又幸福满足的情人在瓦伦施塔特湖区开始了他们的二人生活。然而蜜月结束了，他们需要以某种方式再次融入社会，于是两人于 7 月末在日内瓦定居。

二人在生活中免不了会遇到一些新的现实问题: 李斯特是一个多面人，他这样形容自己：他一半是教士，一半是吉普赛人。他始终在追寻更多的宽容和高尚情怀，但是同样会对自己的义务表现出神经质和焦虑的情绪，他急躁、自负，有时还虚荣，对自己的职业生涯忧心忡忡。日后玛丽形容这些表现还不足以被称为“误解”，只是一些小小的、“不足为患”的迷足。李斯特在街上遇到了一位前学生和朋友——皮埃尔·沃尔夫，他把李斯特带到日内瓦图书馆，李斯特可以在这里借阅用于音乐创作出版的书籍。这位热情的朋友把李斯特留在身边，邀请他去自己家，不知不觉中占用了李斯特的宝贵时间，与此同时，玛丽正在家里焦急地等待着李斯特，她被迫品味孤独，还要抵御自己家里的书信质问。为了能让玛丽回归家庭，扭转她这种让人难以接受的失足，她的家人几乎准备为此一战。

每一封法国的来信都让玛丽五味杂陈、焦虑不已。回到家的李斯特看不见她双眼通红，玛丽在自己的日记中抄录下这句伤感的诗句，“我有一位朋友，但是我的痛苦没有朋友”。随后又来了一个学生——15 岁的青年人艾尔曼，李斯特用心招待这位年轻的学生，他的到来又让两位恋人减少了一些亲密相处。李斯特笼统地审视这一切，他只愿意问问家里是否有好消息，显而易见，他不想为此烦心。与此同时李斯特也重新开始了光彩的演出生活，并且重新品味走上讲堂带来的乐趣，然而玛丽希望他能做一个刻苦用功的隐士，避世生活可能会让李斯特成为一位比杰出演奏家更闪耀的伟大作曲家。两人的思想再也不能完全吻合了，“我在自己的内心深处发现了一处隐秘领域，李斯特不能进入这里”。

我们可以依稀从《回忆录》中猜出这位年轻女性的失望，她常常孤身一人。然而正是得益于玛丽，李斯特才得以完善自己的文化素养。他和玛丽一起阅读《神曲》，在艺术鉴赏方面也取得了进步，他沉浸在这些美妙的湖光山色中，然后把它们通过音乐的形式表现出来。12 月，玛丽诞下小布兰丁。1836 年是崭新的一年，硕果累累的一年。李斯特声望渐盛，5 月他收到了里昂大剧院的邀请，玛丽随他一起来到里昂。随后又轮到巴黎邀请李斯特。分别让二人互诉衷肠。然而当玛丽迟迟未到，或者缺乏热情的时候，他们的倾诉中也渗透着指责，“您为什么如此冷漠，如此萎靡，如此倔强！玛丽，玛丽！啊，把我的人生还给我！再一次爱我吧……”两人于 6 月在日内瓦重逢，他们用一次美妙的远足结束了这个夏天，这次远足的地点是风景如画的沙莫尼，随行的还有乔治·桑及她的孩子们。两位女性之间的友谊热情洋溢，即使乔治暗暗嫉妒玛丽的美貌，玛丽暗中羡慕乔治的写作才华。在接下来的几个月里，两个人在巴黎或者诺昂乡间定期见面。

当小摩擦能够成为提升才华的灵感时，这些小小的不快又算得了什么呢！玛丽和李斯特这对情人决定去意大利继续共浴爱河，这是一片沐浴在艺术和优美之中的神奇国度，在这里“自由恋爱关系不是丑闻”。两人把布兰丁留在日内瓦，由一位奶妈照顾。于是他们游览马焦雷湖，来到米兰、科莫、贝拉焦。1837 年 12 月，玛丽正在科莫待产，等待柯西玛的降生，然而此时李斯特又重新开始参演音乐会，他所到之处皆是掌声，虽然钢琴质量欠佳，但他依然兴致高昂，在一个又一个城市巡演，经济上的需要战胜了一切。1838 年 3 月，两人到达米兰，随后又到威尼斯。他们参观博物馆、听罗西尼、在街头漫步，但事实上，这种游牧生活让玛丽身心俱疲，她想安定下来，想要建立一个小小的朋友圈，终止她自己的孤独，然而与此同时李斯特却渐行渐远，收获着自己作为钢琴家和社会名人的成功。

"我衷心尊重您的自由"

1838 年 4 月的一天，李斯特手里拿着一本德语报纸走进寝室。多瑙河的一场洪水造成了严重损失，他考虑去维也纳演奏，把音乐会的一部分收益捐给受灾人民。这是一个慷慨的主意，李斯特脑海中经常会闪现这种高尚的想法，这是其中之一。只是他这次又要把孤独、悲伤的玛丽一个人留在威尼斯，由一位不太亲近的朋友照看。玛丽不敢挽留他——这次旅行只会持续八天。维也纳寄来的第一波来信令人振奋；李斯特为皇亲国戚演奏，像莫扎特和贝多芬一样受人仰慕，他脚下堆满黄金和花朵。有人给他开出难以置信的优越条件，李斯特又有养家糊口的需要。他请求玛丽，让她立刻来维也纳与他会合，分享他的荣耀。但是通信却需要时日，邮局的邮递速度灾难性地缓慢。玛丽发着烧，动弹不得，很快就生了重病。告知李斯特玛丽境况不佳的是他的监护人朋友。李斯特目瞪口呆。玛丽恳求爱人归来，与此同时李斯特温柔炽热的短笺越来越多，他果断地找到了一个好办法，李斯特决定提前出发，并且取消自己的音乐会。但是他却一直迟迟未行，最后八天变成了六周。

玛丽需要站在另一个角度审视真相。李斯特品尝到了自由、荣耀、金钱和荣誉的滋味，也许还有新的恋情。他的书信避重就轻，当两人相处欠融洽时李斯特就是这个表现：他在信中大谈特谈自己的音乐建树，观众的掌声，还有十五次谢幕——帕格尼尼本人也没有享受过如此礼遇！病榻上的玛丽从这些累累功绩中只看到了名利，看到了一个软弱男人的虚荣，这个男人任凭自己接受恭维，把自己引以为傲的尊严价值抛到脑后。精疲力竭的玛丽甚至再也不想拆阅李斯特的来信。5 月 29 日，李斯特终于回到了她的身边，但是二人的重逢却透着苦涩滋味。维也纳时光击碎了二人之间的化学反应，尽管玛丽并不想这样，但她仍然严肃又愚蠢地指责爱人，李斯特则用伤人的言辞予以反击。于是令人晕眩的分手进程就这样拉开了帷幕。偏颇的意见变成抱怨，抱怨又变成暗暗的怜悯冲动。玛丽很清楚地看出自己已经不再是李斯特必不可少的人生灵感。同时，作为一位骄傲、耿直的女性，她并不排除让李斯特重获自由身的想法。李斯特在一封 6 月 28 日的信中写道，“您曾经深深地爱过我。现在这份爱情已经持续了五年，也许这已经足够。让我远走高飞吧。当您呼唤我的时候，我会归来……我衷心尊重您的自由”。

这是二人爱情小说的终章？两个人谁也不愿意承认这就是结局。他们又开始了二人生活，期间穿插着演奏会，李斯特为皇室殿下们演奏。他的演奏家才华无与伦比，但是他的作曲却过少——肖邦和舒曼两人都比李斯特年长一岁，他们已经进入了自己职业生涯的成熟期。玛丽十分有勇气地指责李斯特浪费了自己的才华，抱怨他的行为。计较感情上的过失和沉默是可悲可叹的，这种清算像毒药一样渗透开来，加速了爱的消逝。1838 年在卢加诺，两人迎来了短暂和缓，缓歇之后李斯特就受邀抵达米兰，他给玛丽写下了这些令人心碎的字眼，“我亲爱的玛丽，我只能、只可以和您一起生活。我身上所有的美好，所有的高尚，所有的必不可缺，都会在失去您的时候一并枯萎。……我沉重的双眸被痛苦的泪水浸湿。玛丽，您还会属于我吗？您是否为我驻足？难道是我，我就这样击碎了我们的生活”？（1838 年 9 月 1 日）。三个月后，他又发出同样的慨叹，“请您爱我，让我能够活下去！”（12 月 21 日）。1839 年 1 月，两人在罗马定居，玛丽在这里于 5 月诞下他们的儿子丹尼尔，随后他们在卢卡度过了一段夏日，以便在那里享受温泉。

至少现在他们还不可能分手。两人的关系中有缓和，有喘息。但是他们的日常相处却变得越来越困难。玛丽受到神经衰弱的困扰，这些症状会在接下来的十多年里严重影响她的生活。骄傲的玛丽既受伤又挑剔，她明白，平和的家庭生活再也不能满足这位 27 岁的炽热音乐家，一旦涉及自己的职业生涯，李斯特就自私自利，成功让他晕眩，也不能抵挡女性的诱惑。李斯特有众多情妇。他向往街头艺人的生活，与此同时又觊觎更高雅的殿堂。维系两人关系的难道是习惯？在不知不觉中，李斯特疏远玛丽，鼓励她见朋友和自己的家人，鼓励她写作、工作。争执爆发了，有时候还很激烈，随后不久又会恢复表面的平静。没有什么是不可修补的，除了厌倦，这是一种消耗，一种几乎难以掩饰的恼怒。李斯特质问，“为什么我是您的反面，我不能忍受自己？”李斯特向玛丽宣布他接受了德国全境巡演的邀请，此时明智的玛丽明白，二人的分手在所难免。但是两个人仍然都想对此视而不见。10 月 23 日，玛丽和两个女儿一起从热那亚乘船前往马赛，并从马赛行至巴黎，小丹尼尔将会由奶妈照管。李斯特则开启了一段新的游牧生活。两人约定会定期给对方送去自己的消息，“从此以后，我只能在心里和脑海中见到您”，李斯特在信中这样写道。

爱情之火仍然如此旺盛，以至于两人不能一刀两断。他们的思绪经常交汇在一处，这让沟壑日渐加深的二人不无惊愕。两个人都关心对方的健康。经过协商同意，小女孩们——他们是父母口中的“小苍蝇”——将会在李斯特的母亲安娜·李斯特身边生活，因为玛丽的家人对于接待孩子们的事情总是保持缄默。这是分手的过渡期，玛丽计划自己重新抚养孩子们。年轻的玛丽已经开始考虑和孩子们一起组织和李斯特的重逢，“我脑子里只想着我们将会一起共度的两月夏日时光”。她向李斯特坦陈自己对他的迫切需要：“我灵魂的一切力量都是为了爱您，这段漫长的分别每一天都在加深我的痛苦。那么您打算什么时候回来？”爱情的存在和消逝之间的界限朦胧又多隙。在这条哀怨之路上，仍然存在着柔情时光，还有对最初温热的回味。1840 年 7 月和 8 月，两人一起在巴登 - 巴度过了几周时光，随后他们又在 10 月于枫丹白露重逢，玛丽承认，在这里她感受到了美好祥和之日里“深沉、虔诚的情绪”。1844 年以前的几乎每一个夏天，他们都会在莱茵河畔的诺讷维希岛小岛上找到属于他们的宁静港湾。

内莉达的复仇

一位流亡女性需要非凡的毅力才能回到巴黎，五年前，她正是在这里把自己所属阶层的一切成规抛之脑后，并且舍弃了令人艳羡的生活条件和社会地位。大度的夏尔·达古尔特本来是可能接纳玛丽的，但是他的家人极力反对。玛丽的家人里，除了一位兄弟以外，其他人都没有表现出更多的热忱。玛丽的性情变得坚强且僵硬，她接纳了自由主义思想，并与自己的昔日友人们断绝了关系。她在精神上感到孤独，在感情上觉得自己浪费了人生，加之她的爱情又濒临枯萎，这一切都让玛丽遍体鳞伤。她又重新建立了一个朋友圈子。但是，玛丽的为人处世经常是挖苦多于温柔，当她发觉伪善或者虚假才华时，她的言辞有时就会变得尖刻——“您越来越严厉”，李斯特这样责备她。巴黎的生活充满流言蜚语和恶毒行径。他们很难原谅一个曾经抛弃自己阶层的女子。在哪里才能找到慰藉呢？

1840年至1844年是一段艰苦时日。玛丽与乔治·桑交恶，后者严厉批判了玛丽田园牧歌的幻想。这段标志性的伟大爱情难道只是一种升华的幻觉？在这段爱情中玛丽扮演的是被解脱的女主角，李斯特则拖着这段过于沉重的激情？两人的言辞背信弃义，但是他们会相忘于江湖，不理会到处散播的恶言恶语。巴尔扎克以这些流言蜚语为素材，在“爱情囚徒”中创作了一个名为《贝阿特丽丝和她的强行爱情》的伤感故事，故事中巴尔扎克用夸张的手法描绘了一位叫玛丽的女性——她像一头金发的公主一样高傲，她善妒、爱卖弄学问、矫揉造作又心高气傲。少数人以为玛丽本来可以爱得更低调，同时又可以保持独立自主，就像许多上流社会的女性都深谙此道，在选择了这条引起众说纷纭、议论纷纷的道路的同时，她也不得不接受这段不可摆脱的爱情。小说将现实和虚拟巧妙地结合在一起，让玛丽大为受伤。她浪漫的爱情曾经慷慨又强大，这是一段交织着柔情、谴责与和解的感情。30年间，这对情人互通了大约600多封信件，这些书信的字里行间都体现出他们这段感情的热烈和真挚，也许换做其他许多人，这些书信只怕不久就会被剪碎。

解体的爱情不能掩饰它的光芒以及感情的存在。李斯特过着吉普赛人的生活，他忙于创作自己的《匈牙利狂想曲》，取得了一波又一波的成功——他自己和孩子们都非常需要钱；李斯特过度使用兴奋剂、咖啡和酒精，这让他的健康备受摧残，他还发展了数段张扬的爱情，“我很愿意做您的情妇，但不愿意做您众多情妇中的一位”，玛丽这样抗议到。1844 年 5 月，李斯特路经巴黎，去看望玛丽，但是两人的见面被一场激烈的争吵毁掉了，第二天，病中的李斯特就发了狂症，玛丽马上就在夜里照料他。12 月两人又有了新冲突，双方都拿出了作战态势。李斯特想要自己的女儿们入匈牙利国籍，这样就可以让她们逃脱母亲的管制（在实际操作中，孩子们通常会袭父姓，这样玛丽就对他们没有任何权利可言了）。这个决定几乎可以说是背信弃义的凌辱。于是玛丽立刻明确态度并进行了激烈的反驳，主动提出要把这个男人“从她的生活中抹去”，然而她却从未停止过对他的爱。两人再也不通信了，仅有的交流也口吻尖刻。然而内心的记忆却仍在坚持，“如果我能在自己破碎的心灵里封存全部希望的话，那这份希望就是在一个你我二人共度的秋夜里对您说，您从未误解过我”，李斯特如此自卫。他还说自己正在写回忆录，他会在这些回忆中“用虔诚的方式”明确“我们全部的爱和我们全部的人生，肯定这些企盼、这种意愿、这些欲望，以及这份爱里那些无法回避的伟大瞬间，所有的这一切，您都可以看到，它们在我的心中仍然完好无损……”(1846 年 4 月)。这是短暂的激动：李斯特甚至向玛丽提议重新在一起！

1846 年两人走出了分手的最后一步。《内莉达》的作者是一位受伤的女人，她几乎以自传体的方式向公众呈现了一本尖刻辛辣的小说。玛丽被剥夺了家人和情人，也不是一位善于与子女们沟通的母亲，她在写作中找寻自己生存的意义。也许她写小说是为了追求名声以及满足自己与艺术家们相提并论的欲望，她在圈子里常常光顾这些艺术家，也许玛丽只是想和乔治·桑这样的著名女性们平起平坐，但是玛丽从中也看到了一种报复的可能性。内莉达转换字母位置就是丹尼尔爱上了盖尔曼，后者是一位神秘主义画家，天赋超人的他自学成才。盖尔曼把内莉达带到瑞士山区，在这里，内莉达发现盖尔曼的模特之一就是他的情妇。在艺术上取得的首次成功让盖尔曼醉心不已，他任凭自己迷失在社交界的声色犬马中，丧失了灵感和动力，从此以后他只能创作出平庸的作品。盖尔曼被疑惑侵蚀，他画作中的墙壁此后会一直空空如也。这本自传体小说并不是为了纪念玛丽，她此后只会从中赢得公众的愤慨。但是被怀疑创作灵感枯竭的李斯特感到很受伤，他想一报还一报，讽刺小说中的女主角在“长久、无限的自满”中自慰，这是她根深蒂固的本性。玛丽·达古尔特将会在自己最优秀的作品《回忆录》中予以还击，她还用丹尼尔·斯坦恩这个笔名出版了道德随笔，这些作品都驳斥了李斯特的攻击。

两位曾经相爱的灵魂会形同陌路？为了掩盖时间的侵蚀，在分手很久以后，玛丽仍然继续对李斯特抱有一种近乎崇拜的感情，她在脑海中不断重温自己的感情，拒绝让回忆淡漠。当垂垂老矣的玛丽回首往事时，她想到的还是李斯特，“我把一切都归功于他，也是他在我心中激起了强烈的爱情，是他把我从虚无中拯救出来，是他让我与他分离，残忍但是有益。如果他成为自己本应成为的样子，我也许会留在他身边。我的名字也许不会从黑暗走向光明”。

至于李斯特本人，他则继续自己杰出的职业生涯。女人们始终对他影响巨大。1847 年，他与卡罗琳·莎茵斯坦公主展开了一段长达 12 年的恋情，李斯特于 2 月在基辅结识卡罗琳。这位婚姻不幸的公主是一笔巨额财产的继承人，外表并不讨喜的卡罗琳把自己的一切都献给了这位伟大的音乐家，后者则任凭自己享受这份爱，并且心安理得地接受资助。卡罗琳公开表示出对玛丽的敌意，致力于把玛丽从李斯特身边撵走，她日后则会同样遭受被取代的命运。

即使痛苦淡化，伤口也仍然不会愈合。当李斯特于 1861 年春天在巴黎拜访玛丽的时候，挥之不去的回忆又一次被唤醒。在谈论他们的女儿柯西玛（理查德·瓦格纳未来的妻子）时，李斯特向玛丽坦承“我对柯西玛有感情。她与您非常相像”（5 月 30 日）。玛丽的双眼泪光闪烁。1875 年 2 月 18 日，也就是她去世前的几个月，玛丽在自己的记事本上写道：“如果您曾经能更好地爱我，那该有多好……”李斯特曾经有一段时间考虑过迎娶莎茵斯坦公主，他最终还是选择满足自己狂热的神学理想。他受教会之邀，于 1865 年创作了清唱剧[①]。李斯特于 1886 年在拜罗伊特与世长辞，他想在那。

---

① 指李斯特的清唱作品《耶稣》。——译者注

第五部分

爱情：乌托邦？

1904年是《民法典》诞生100周年，在研究其修改方案时，委员会的一位成员保罗·艾尔维厄提出把“爱情”一词写入第212条条款中，该条款规定配偶双方的共同义务是忠贞、互帮互助：“我将要提出一个可能会被视为具有颠覆性的建议……‘爱情’一词没有被写进《民法典》，这个词毫无疑问是婚姻的基石……”这个诉求没有得到委员会的关注。需要指出的是，在20世纪初，与爱情相关的感情已经被广泛认为是婚姻的真正基础。私密日记、年轻人间的打情骂俏，以及未婚怀孕这些现象已经在19世纪里就宣告了一种不可避免的趋势——选择人生伴侣是自由的个人选择。

直到19世纪末，已婚夫妇仍然很少分家。配偶双方因共同利益结合在一起，建立起一个长久、稳定的家庭，每个人在家庭中各司其职；婚姻关系可能会损坏、僵化，这让配偶双方有权避免处于同一屋檐下，由于妻子们不能掌握自己的经济自由，因此“分离”最常见的情况是把这个念头暗暗藏在内心深处。1918年，安德烈·纪德携马克·阿莱格雷远走，此时玛德莱娜·纪德只能接受这个象征性的婚姻被撤销，与此同时将纪德的书信付之一炬。1884年表决通过的离婚法案要等到20世纪下半叶才能真正见效。从此以后，从喜结连理的那一刻开始，夫妻二人间就已经存在分手的可能。这是一个历史性的深刻转变。1904年，保罗·布尔热在《离婚》一书的前言中仍可以这样写道，“社会的统一性是家庭，而不是个人”，他还在书中证实家庭义务和责任要比主观权益更重要。100年后，诸如此类的言之凿凿已经灰飞烟灭。现代社会时刻散发出一种越来越讲究的个人主义气息，在此过程中个人发展和追求幸福的权利成了合法必需品。因爱而结合的夫妻被授予双重使命，这种使命中蕴含着一些互相冲突的矛盾憧憬：以一种亲密、长久的联系为基础，建立共同生活，并且要保留每个人的个人成就。社会学家弗朗索瓦·辛格丽将其概括为“共同自由”（《共同自由》，2000年）。当具有凝聚力的爱情和具有分离效益的自由相互发生冲突时，这就成了一个充满不确定性的赌注。这种新型关系在历史上是个新事物。它是不是一种乌托邦？

分手还是过渡？

爱情和婚姻的关系并没有降低婚姻制度的话题性和讨论性。夫妇和个人作为两种不同实体共同存在，艰难地维系着脆弱的平衡，因为幸福是不堪一击的。直到19世纪60年代，对于想要过伴侣生活的人来说，婚姻仍然是必经之路。人们相信理想化的爱情，这种爱情是浪漫主义的产物，它需要坚贞，需要摒弃诱惑，在消除严格限制的同时也排斥放纵激情。得益于避孕手段，性爱摆脱了繁殖带来的种种限制，此时许多年轻人都选择了开放式的配偶关系，这通常是一种临时选择，并不意味着两人就要开始用机构认同的一纸稳定合约深深禁锢自己的承诺。为了满足越发增长的自由需要，1999年一种更灵活的婚恋方式加入了婚姻备选项：这种形式名为“民事同居协议”（PACS），它没有婚姻那么庄严正式；“同居协议”下的伴侣只需要给地区法院书记室呈交一封挂号信就可以分手了。“婚姻”和“同居协议”逐渐发生同化：自2009年以来，这两种形式的税收体制经过数个阶段的发展越来越相像，签订“同居协议”的伴侣双方所要履行的互助义务是根据婚姻中的互助义务为模板制定的。2016年，在所有成双入对生活的法国人里，7% 是以“同居协议”的方式，21% 采取开放式关系，结婚的占 72%。

“婚姻”仍然是最广泛的结合方式，它是面对社会做出的一种标志性承诺，当婚礼在教堂举行时，婚姻还会得到上帝的见证。然而一个宽容的社会会把实现个人价值作为首要要益，“婚姻”这种沉重的承诺可能会对个人身份认同造成重创，配偶背负着帮助对方实现自我的沉重期望，以至于这种结最终会成为一种异化。在最近 30 年里，离婚数量激增，大约平均每三对夫妇里就会有一对离婚，在首都和大城市里这个数字变成了 50%，同时分手发生的时间越来越早。司法部和全国统计及经济研究所的数据显示，在 2004 年有 134000 对夫妇离婚，其中大约 20000 对夫妇结婚还不到五年；婚后三年左右是最有可能离婚的时间段。当两个相爱的成年人为人父母后，夫妻间的相处就变得难上加难：“夫妻双方”的关系越来越淡化，取而代之的是“父母双方”——他们要满足子女的需求，分担这项共同义务。用罗西纳·居塞的话说，此时离婚的出现就像是“家庭发展史的一个过渡”，而不是一种决裂，夫妻二人虽然沮丧，但他们始终是人父人母，“离婚”让二人重获自由身，让他们在别处通过新的结合找到丢失或淡去的幸福。精神病专家罗伯特·内布尔热很久以来一直是“法国家庭疗法联盟”的负责人，他指出，“伴侣双方不再是家庭的一部分，‘伴侣’只是一个单独存在的概念”，在教育孩子的过程中，夫妻双方的关系变得“情同手足”。

然而我们却从未像如今这样笃信爱情，以至于德国的一位社会学家乌尔里希·贝克还提到了一种“爱情的百年修道”。在现代伴侣关系形成的过程中，爱情的威力依旧，因为它会让“自我”激昂，让每个人感受到自身价值的是对爱情的认同感。这种认同感让人体悟到自己的强大，人们会对爱情如此敏感，是因为爱情摆脱了之前几个世纪里经济和社会准则的限制，变成了体现个人价值的最有效领域。性爱在维持伴侣关系的和谐中占有重要地位，肉体的结合是衡量夫妻二人幸福程度的标准。享乐文化建立起一种新型爱情秩序，只要伴侣双方可以从中得到满足，那他们的关系就得以持续下去，然而这种“享乐至上”同样也会导致失望。一提到“个人主义”，就不得不提到顾影自怜的脆弱，忠贞为伴侣关系的真诚性提供了保障，但是人们只有在相爱之时才能保持忠贞。所以“不忠”就成了分手约定，从“不忠”的这一刻起一方就对另一方丧失了吸引力。遭到背叛的一方会感受到一种微不足道的感觉。爱情的失败、欲望的单调，以及分手的痛苦，这些都是对自尊的严重打击。1901 年，洛·安德里亚斯·萨洛梅在一封给年轻诗人里尔克的信中这样写道，“你的倩影像风景中的小小细节一样消失不见”，萨洛梅日后成了精神分析学家，这封分手信让里尔克非常痛苦。成为“一片广阔风景中的细节之一”看上去无异于丧失身份，但是同样也让人联想到在一种新维度中获得新生，于是里尔克日后就这样成了一位“铸造隔空爱情的金匠”（娜塔莉·埃波隆，《爱情决裂及其文学处理》,1997 年）。

持久不对等

对于她那个时代的人来说，洛·萨洛梅是一位令人难以置信的自由女性，这让她树敌众多。1900 年，大多数女子没有任何自由可言，她们一直扮演着上几代人延续下来的传统角色：她们非常注意彰显自己的魅力、被迫接受男性眼光制定的审美准则，还要时刻准备好掩饰自己的欲望，并且牺牲自己的内心世界，以此来迎合男性的期待——“自己的房间[①]”仍然不适用。资产阶级的道德准则是在两性都接受的协定下，分配各自的任务。这种思想方式根深蒂固，女性的权力在于谨慎持重，她要引导男性发现她的存在，并且向她示好，如果男方同意，他就要在日后让二人的关系持久且稳定，女性要做的就是保持温柔和服从。男人和女人都要有结婚的意愿，夫妻关系是在一套明确的规章制度下建立起来的，他们的关系受到了一个群体的保护或管控，这个群体的规模很大，并且要为家庭生活提供框架。同样还是这一套法则也规定了一位十全十美的丈夫可以三心二意。

19 世纪末和 20 世纪初的女权主义者们尝试改变这种不对等的关系。女权主义者们拒绝迎合爱情的吸引法则——这是性别差异的标志。通过教育让女孩们刚强起来、改变审美标准、避免卖弄风情，以上这些只是准则中的几条，这些准则可以让她们避免被男性支配的命运。对于许多女权主义者来说，婚姻是一个陷阱。女博士玛德莱娜・贝勒蒂耶认为单身是未来社会的状态，她建议女人们乔装打扮，拒绝性关系。雷昂蒂娜・赞塔是第一位通过哲学高等资格教师考试的女性，在 19 世纪 20 年代抗议“所谓的女性特质，即风雅风流世纪里发展起来的女性特质”的过程中，她体会到了类似的压力。爱情和性爱从根本上就不平等，它是一种本质上的奴役，这会导致恋爱中的女性被迫放弃自己的意愿和权益。“友谊”要比“爱情”更好，因为前者不受牵制，至少不会受到分手的牵制。接受过良好教育的“新女性”可以通过实现个人价值来得到男性的尊重。

---

① 此处影射沃尔夫作品《自己的房间》。——译者注

如今这种结构性的、情感的和情绪上的失衡仍然是异性恋的特点，是否可以把这种失衡视为传统老式两性分工的延续，或者说，两性的划分逻辑一直都未曾改变？现代极端女性主义认为，男女间的一切差异都造成了让女性处于劣势的不平等，激进女性主义者们提出要废除两性差异，动机就是让男女成为单纯的社会构成体。诸如此般的言论也许有益于历史研究，但如果这种论调要把与男性行为的相似性和相异性作为推理根据，那么它只能停留在“构建”层面。用克洛德·阿比博的话说，爱恋中的感情只能是“压抑下的臆想曲解”（《评论》，1996—1997年）。没有一成不变的世界，数不清的细微转移发散开来，正是这些物质上或是主观上的转移在几个世纪的进程中改变了“支配”和“自由”的关系，在潜移默化中一点点引入一种平等的交流。

男人和女人对爱情持不同态度。他们对爱情的期许不同，如今的性解放仍然给男性带来优势。21世纪的女性在努力消除这种支配的同时，并未舍弃靠自身魅力吸引男性的欲望，也没有放弃用人工手段装扮自己，这些方式是“个人性格的鲜活延伸”，她们也没有将性爱和稳定持久的爱情生活，以及感情分开处理。小说家米歇尔·韦勒贝克毫不犹豫地指出，21世纪的女性身上有一种强大的原动力，以及一种感情爆发，这种爆发的目的就是取悦男性，这让女性始终都能得到男性的认可和赞赏。在预测这种幸福状态的同时，韦勒贝克在2019年出版的作品《血清素》中得出以下结论——“爱情对于男性来说是终章”，然而爱情对于女性来说常常是“开始”。

对于两性之间的不对等和相互吸引问题，伊娃·易洛斯用社会学理论，而不是心理学理论做出了解释。她把性爱和爱情领域比作“社会角斗场”或是一种不太正规的市场，这个市场的运行原则就是“不平等”，男人们通过自己的经济权力进行情感操控，尽管人们在不懈努力，但是这种失衡并没有消失，它只是以更隐性的方式继续存在。诚然，如今女子们的角色要比上个世纪更加主动进取，面对男性在经济上的优势，女子们手握一种用来彰显自己女性价值的“性资本”，但是她们始终难以直接表达自己的欲望。除去生活在首都时髦街区里的极少数年轻先驱女性以外，女子们能做的更多的是“赞成”，而不是“决定”，与此同时，男人们仍然牢牢地掌握着征服的主动权。

女历史学家米歇尔·佩洛认为，从一种更宽泛的层面上讲，对于女人们来说，“赞成”态度在其生存环境中的广泛运用很可能“是一种权力体系运转的绝对中心问题，不管这种体系是社会层面的，还是两性层面的”（《女性，以及历史沉默》，1998）。在自由性爱的外表下，女人们仍然在追寻独一无二的伴侣，寻找一段稳定持久的关系，在这些背后至少象征性地隐藏着她们孩童般的期待，然而男人们在“市场”上掌握着更大的选择范围，在性爱领域也占据强势地位。生物钟对男人们更有利，他们迟迟不肯走入一段关系，并且还给自己找消遣的艳遇。一个男人能在五十岁的时候建立家庭，但是一个女人却不可以。既然在完成选择之时“自由”也就报销了，“爱的自由”于是变成了不做选择的自由，这样的后果就是——不确定性、相对性和怀疑论。

两性对于分手的接受度和承受度是不同的。女人们在爱情上过度投入，她们希望从中得到一种身份认同感，与此同时，男人们却更注重自己的职业目标。即使在一个平等的社会，女人们通过耀眼的职业生涯得到认可的机会也不如男性多，她们寻求在爱情建树中让自己的特性得到认可。夫妻生活的溃败会深深刺痛女性的自尊心，这种伤痛是事业成功都不能弥补的。

只要她们还年轻，女人们就可以掌握离婚的主动权，但是即使有整容手术的修复奇迹，年龄的烙印也会在未来的某一天让她们成为婚恋市场上的弃儿。一位女子单身的概率要比男人更高，单身女子在如今社会仍然被认为是“社会非健全”的存在。这种不对等同样体现在文学小说中和电影里：这些文艺作品更喜欢让情节围绕着被背叛的女性展开，而不是被戴“绿帽子”的男人，受情伤的女子代表爱逝的悲惨阴暗面，遭到背叛的男子则诠释重获新生的自由。

还需要一提的就是遵循内心法则的爱侣们，会根据自己的能力或者意愿来投身于爱情。在历史悠久的古典传统信条中，一位像卡拉斯一样的伟大女伶扮演着悲剧女主角的角色，要时刻准备好为爱情牺牲自己的艺术生涯。与之相反的是，西蒙娜·德·波伏娃这样的自由女斗士在她的奠基之作《第二性》中提出了一种观念——女性的行事作风在暗中受到其所处情势操控，而不是受到自身荷尔蒙驱使——这个观点预示了“性别”史的诞生。波伏娃无时无刻不在寻求掌控自己的爱情生活，以至于无暇涉猎其他领域，然而此时她的浪漫情人纳尔逊·艾格林会选择为她提供一种稳定、持久的恋爱关系。但是问题依然存在：在这段恋爱关系中，波伏娃成功了没有？

爱的流浪

理想和现实的失衡导致不和，不和又导致恋情黯淡收场，21 世纪里的人们似乎不愿再承受强烈激情所带来的风险及其伤感后果。多愁善感被看作是愚蠢或是天真，或多或少会被束之高阁。消费社会无时无刻不在煽动欲望，特别是情欲——不再执着于唯一目标的情欲。更换伴侣成了爱情新秩序的一部分，爱情变成了和其他事物一样的消遣，就像18世纪的放浪子弟们所说的一样，“万花丛中过，片叶不沾身”。此说法在今日得到沿用，但是如今在看不见未来的频繁更替和艳遇中，这种模式并非不存在丝毫颠覆色彩。这是一种以自我为中心的流浪，在此过程中每个人都拒绝把自己禁锢在始终“寻求更好”的期望中，与这种“流浪”相辅相成的是个人主义的过度发展。

信息和交流技术的发展，以及互联网的完善让恋爱革命成为可能，它们也伴随着恋爱的发展，通过社交网络和交友网站里计算的区域范围和联系方式，为择偶提供广阔、可再生的选择。得益于智能手机中的App程序，消费者们就像逛集市一样查阅程序所提供的目录（一张照片、一段简短的介绍，还有几种喜爱的活动），手指轻轻一划就把感兴趣的人保存下来，把不感兴趣的排除在外。在经过简短的能力评估后，消费者就会做出选择，想象力为图片让步。整个过程很迅速，双方用短信息交流，谈话会用一种广为认可的既定语言模式开始，其中诸如承诺、孩子、忠诚这样的字眼被禁止使用。短信交流后的第二步就是约会，大部分约会都在傍晚举行，而且它们中的大多数都不会有下文。这是一种崇尚短时高产的文化、强制的性行为、自由的关系，不用许诺、不用分手，也不用解释，当选人会在未来的某一天从屏幕或手机中消失，交流联系戛然而止。互联网世界“充满着互相窥探的孤独”（菲利普·卡尼尔，《感情的流动性》，哲学杂志，2013年10月）。

互联网为持久恋爱关系敲响了丧钟？网络的明显缺陷削弱了它的影响力，即使一些专业网站野心勃勃，宣称以为用户发展严肃的恋爱关系为己任，为他们筛选被认为“具有兼容性”的“优秀”候选者。隔着银幕的交往数量连续攀升，但是这种交往仍然过于新潮，以至于其结果还无法估量。“法国人口研究署”（INED）的一项调查预测在2005年至2013年，只有9%的伴侣是通过交友网站建立起来的，而且大多数通过交友网站建立的伴侣关系都是二婚。如今还能不能提及“爱情”了？网友把自己的“信息”放在网上，信息里并未提及他们的幻想、焦虑以及他们最深处的私密（然而很多人认为，相对于酒吧里的匿名相遇，这些信息让网络交流更安全）。

大量供应让选择贬值，男男女女都变成了“可选项”。廉价的爱情是消费社会的载体，这种爱情与舒适惬意至尚的原则混为一谈。伴侣的更迭带来一种美妙的迷惘和困惑，为每一段短暂爱情都赋予情感重生的治愈色彩。然而，爱情中的不平等要比其他领域更甚，无论老少、丑美、贫富，还是男女，这种不平等都处于支配地位。人们在“分手之时很少考虑对方感受，就像相识只是出于理性和自愿的合约一场，没有什么可以阻碍一段新恋情的继续，也没有什么可以逼人做出解释。英语这门语言创造了一个词——“ghosting”，以此形容那些像“幽灵”一样消失不见的情人们。

网站仍然只有一部分受众，但是正如伊娃·易洛斯所强调的那样，网站却必然“会对欲望结构本身产生影响”。网站愿意保护激情，抚平伤痛，它们的简化效益对所有爱情故事都适用。结束一段感情不再需要特别关注，但同时必须要迅速且高效。这让人想起造型艺术家和摄影家苏菲·卡尔在2007年叙述自己与伴侣的分手。两人通过书信分手，潇洒又标准，书信以这五个字结尾——“照顾好自己”。艺术家苏菲·卡尔随后让100多位知名女性评论这段告别字眼，她们的证言为爱的权益正名，这些权益常常被粗野和愚蠢之人嘲笑。

面对爱情带来的幻灭，少数人引介了一种新型性关系和感情关系——“多元爱情”。“多元爱情”的信奉者们可以在尊重伴侣的原则上选择同时爱上数人：就像同住一室一样，家庭生活、交通方式都可以共享，从今往后最亲密的关系也被置于公共领域。这是一种乌托邦还是一种实用主义？“多元爱情”梦想能够结束一夫一妻制中的独断性和排他性，将情感牢牢植入在一种淡化占有欲的集体背景中，同时建立一种交流方式更多元、意义更广阔的关系……投身于“多元关系”不会增加被占有的风险，于是集体的融入感也许能治愈分手可能会造成的严重伤痛。

修复还是分手？

“爱情故事一般情况下都会了了收场”，瑞塔·米兹可在歌中这样唱到，这句歌词与巴桑[1]抑扬顿挫的“没有幸福的爱情”遥相呼应。不忠、嫉妒、厌烦、烦闷、误解，以及琐事：哪一对伴侣没有经历过这些罅隙？这些小摩擦让爱情岌岌可危，让人不得不重新审视二人生活。忠贞不是占有，隔阂也不总是背叛。在爱情领域的探索让伴侣们惊叹不已，他们渴望稳定的关系，渴望披荆斩棘克服考验。这让人想起雅克·布雷尔[2]的一首歌：“不要离开我 / 一切都可以淡忘 / 这一切已经淡化 / 忘却时间 / 忘却误解 / 忘却流逝的时光……”这首歌创作于1959年，此时作者正在经历分手，这首

① 乔治·巴桑（1921—1981），法国歌手、作曲家。——译者注

② 雅克·布雷尔（1929—1978），比利时歌手、作曲人和演员。——译者注

具有浪漫主义色彩的诗篇交织着哀怨和希望，感伤的泪水在歌中变成“欢腾的雨水”。爱情依靠诺言而生，即使与此同时危险正在暗中潜伏。不过在分手阴影笼罩下的爱情仍然有蜕变的可能，爱情中，人可以转变期待，把从对最初醉人的幸福的执着转化为对旗鼓相当带来的收获的欣喜。为了保持二人关系的纯洁，特里斯坦放一把剑隔在他与伊索尔德之间，这把具有象征性威胁的“特里斯坦之剑”[①]可能在让二人远离马可王的怒火的同时，也躲过了爱情带来的幻灭。横亘在爱情面前的障碍，以及所有关系中固有的不确定性同时也是激发欲望最有力的催化剂。普鲁斯特花大笔墨呈现了“嫉妒”是如何成为爱情的强大动力，“如果我们没有对手的话，那么乐趣就不会转化成爱情”（《重现的时光》）。

修复需要时间，这是一段必要的时间，在此过程中人们可以重拾想象，让想象自由驰骋。从词源学的角度来讲，“危机”属于批判领域，“危机”建议至少能提供一段缓歇，有时候缓歇就像“一股可以消化疑虑的力量”（艾斯黛尔·佩雷尔），修复信任和信心。哲学家斯坦利·卡维尔是美国电影专家，他把美国电影作为自己的思考对象，研究了20世纪40年代大获成功的七部喜剧电影，根据对这七部好莱坞经典影片的研究，诞生了一本名为《追寻幸福》的评论集。在这七部电影中，每一部的主题都是始于一段失败的婚姻，随之而来的是一次可能会成就一段新姻缘的爱情偶遇（在此过程中伴随着一位平庸的第三者），但是这次相遇最终未能修成正果。前夫前妻们依然年轻，但是却明白什么才是生活，他们通过漫长的探索之路

---

① 此处映射欧洲中世纪文学经典“特里斯坦和伊索尔德”的故事，瓦格纳以此故事为蓝本创作了同名歌剧。故事中其实特里斯坦为了能和伊索尔德保持贞洁，同床共枕之时在两人中间放了一把剑。——译者注

发现两人的感情并未熄灭，两人同时意识到他们可以克服所有障碍，以及如山高的隔阂和愤怒，分手是为了更好地重逢。在转变环境的背景下，面对可能会到来的一段新蜜月，这种乐观眼光把言语和交谈变成了缓冲的关键。七个故事总结出的结论就是——因爱而婚是所有人都可以染指的一种教育、一项工作，它必须需要智慧和意志，婚姻要通过交流和真诚才能成功。

显而易见，现代伴侣如今遇到的障碍要比以前更多。在几乎无禁忌、无限制的情况下，现代伴侣担心自己缺乏冲动。防线，以及社会准则和苛刻的传统教条都消失不见了。与此同时，实现个人价值的需求导致变幻、诱惑，以及情感的脆弱。“爱情三人行”及其众多表现形式以地下形式或者半公开形式存在，偶然被一封邮件揭穿，或者被第三方不小心发现，成了最常见、最悲伤的分手动机。但是它也可能成为觉醒的契机和真诚对话的契机。“婚姻疗法”得到了越来越频繁的运用，这显示出人们需要不再被动地“承受”考验，并且需要学习如何在不确定中生活。“爱情教员”们会在互联网上提供诱人的项目，比如，“如何让您的丈夫浪子回头”，此说法同时也适用于“您的妻子”。心理学家们研究爱情和欲望的复杂动机，努力定义不忠。不忠的背后隐藏着各种相悖的需求，比如对真实性的苛求、一种抗击烦闷的方式、一种臆想的渴望，或是短暂逃离舒适小窝，却不想失去它的欲望。勇于开诚布公地交谈可以维系伴侣关系，这属于伴侣关系中必不可少的自由之一。一对伴侣在提及分手之前必须要做的第一件事，就是为他们的冲突揭开最公正、最真实的面目，以此让任何一位当事人都不用失掉自尊。

在共同经历一段时光后，不加解释、草草了事的分手是最苦涩的爱之痛之一，这种分手给伤感情绪又附上了一层受到不公对待的耻辱感。无论是愤怒还是复仇，这些感情都是在致命的现在时带来的苦楚之上篡改过去。罗兰·巴特提出了一种更为宽泛的思想，他认为现代爱情不幸与一个贬值的文化世界紧紧相连，这种文化被一干忙碌之人管控，他们活蹦乱跳，担心自己的生理健康，是露水情缘的行家。没有任何仪式感、任何敬意、任何泪水，但是却有对享乐的精准运作，还有各种消遣，作料就是意大利之旅中的一杯美酒。人们分手就像恋爱一样，一切从速，毫无顾忌。小说家马塞尔·科恩通过继续一位记者的调查，注意到许多年轻的美国女性在度假回来后，趁配偶在高速公路上专心驾车时，做出了单方分手的决定，而此时驾车的配偶既不能冒着出车祸的危险转头，也不能说话作出解释（《细节》）！

新的爱情秩序鼓励“灵活关系”，而不是长久关系；鼓励“混沌爱情”（罗曼·博林格和菲利普·雷博特2018年的一部电影恰恰名为“混沌爱情”），而不是“疯狂爱情”。新式爱情秩序希望通过这样的爱情抹去分手带来的痛苦——因为人们既不愿意心神不宁，也不想遭受痛苦折磨。然而爱情带来的失望和幻灭也同样时日无多，如今的爱情过于透明、过于易如反掌。过多的性爱和过多的可替代性，让爱情失去了它的风险和深度，这些风险和深度正是爱情的价值所在。如何修复一段毫无理想、充满轻浮情绪、建立在性爱建树上的恋爱关系？尽管分手如此令人心碎，但是它在指出所有的灰飞烟灭的同时，仍然是一曲爱的礼赞，是一曲对伴侣、对家庭的挽歌。少数经典小说、歌曲和电影在过去和现在仍然深知如何表达伟大爱情中具有浪漫主义色彩的渴求，伟大的爱情让对方成为独一无二的存在，它拒绝遗忘：米兰·昆德拉的小说作品《生命不能承受如此之轻》中的放荡男主角托马斯肆意发展短暂的恋爱关系，与此同时在瑞士事业有成，但是他却抛弃一切去追随特蕾莎——一位他真心爱慕的女子，而这位女子曾经出于厌倦抛弃了他。托马斯去布拉格与特蕾莎重逢，在此等待他的是一段危险的人生，让他放弃了自己轻浮的性格和成功的事业。在另一种风格的故事里，一位美国农妇在丈夫离家去参加农展会时，对一位偶然在她农场落脚的男人神魂颠倒。四个充满激情、让幸福凝结的日夜改变了她的存在，但是这四个日日夜夜却不会改变她对丈夫的忠诚。她随后让情人离去，让他走上“麦迪孙之路”；女主人公的形象将会完好无损，至死都会纯净高雅（《廊桥遗梦》，1992）。

西蒙娜·德·波伏娃与纳尔逊·艾格林
破碎的女人

“– 你说过你会死于伤感!

– 人们都会这么说……

– 我突然想哭：我不会死；这是最令人悲伤的。”

西蒙娜·德·波伏娃，《破碎的女人》

“这是一种如此美丽、如此自由的温柔，它时而让锁链隐隐作响。”

保罗 – 让·图雷，《杜波先生的记事本》

把爱情和自由结合在一起，这就是两位年轻知识分子的赌注。两位年轻人于20世纪20年代末在巴黎高等师范学校相识，在那个时代里，资产阶级生活的假象、纯真情感和传统人文主义的幻象激起了人们的不满；1930年，西蒙娜·德·波伏娃和让－保罗·萨特分别是22岁和25岁。波伏娃和一位表兄谈了一段无果的纯情恋爱，对此深感失望的她被萨特这位与众不同的大学生所征服，后者刚刚在哲学高等资格教师考试中拔得头筹，一年以后，西蒙娜自己也在这个考试中取得了第二名。萨特并不英俊，但却很吸引人。他向波伏娃建议和他一起完成一种为期两年的“爱情租约”，其间不涉及婚姻，且双方都保持自由。他们的协约出于共同精神需求，建立在无障碍、透明的交流基础上，两人将会对对方无所不言。他们的爱情是“必要”爱情，将会决定他们的存在结构，在这段爱情以外，两人可以心无旁骛地发展多段“偶然”、次要和临时的爱情故事。萨特的露水情缘数不胜数，西蒙娜·德·波伏娃的短暂恋曲要少很多，但是这些强烈的感情都深深地印刻在她的血液之中。她对纳尔逊·艾格林的爱就是属于这种。

“我要得到生活中的一切”，青年时代的西蒙娜就这样言之凿凿。她有能力追求自己的幸福，下定决心要尽可能多地体验事物，并且掌握自己的人生轨迹。鉴于西蒙娜不能逃避情感，她既不掩饰自己的困难，也不掩饰自己的矛盾。波伏娃的第一场斗争就是为了男女平等——在爱情生活和社会生活中的两性平等。她全身心投入写作，拒绝结婚生子，她必须要尽快学会如何应对激烈杂乱的事态，接受共享，处理不忠。到了一定年龄后，西蒙娜在她的第三卷《回忆录》中直截了当地坦陈，他们青年时代达成的合约可能会伤害到这些“偶然爱情”里的当事人，“有一个问题被我们轻率地回避掉了，在我们二人的这种协议中，第三方该如何自处？”对于波伏娃来说，第三方是美丽的陌生人，美国小说家纳尔逊·艾格林燃起了她的强烈感情，也许这是波伏娃爱情轨迹中的第一次。当时她年近40岁。艾格林则不像波伏娃一样在追求幸福方面如此得心应手，对于他的法国情人，艾格林体会到了一连串的强烈感情，从狂恋到怨恨，其间伴随着失望、痛苦，还有憎恶。男人们同样也会哭泣。

在艾格林怀抱中

1947年2月，西蒙娜·德·波伏娃在美国的一次旅行中结识了纳尔逊·艾格林。战争结束后，波伏娃成为知名女性，受人敬仰的同时也遭人厌恶。她最初的两部小说（1945年的《他人之血》和1946年的《人皆有一死》）在巴黎取得了不错的成绩。西蒙娜高强度地工作，正在努力撰写她的评论文章，此文与《摩登時代》杂志合作，内容是关于女性朋友的。她与萨特组成的这对标新立异的情侣打乱了资产阶级的一切教条。萨特教授成了一小撮知识分子的明灯，这些知识分子们集结在巴黎圣日耳曼区，世界既荒谬又虚假，他们在这样一个世界的废墟上建立起一种基于自由、责任和参与的哲学。存在主义正在酝酿之中。萨特刚刚在美国度过了几个月，他在这里发现了这个年轻、强大的民族，与此同时，他也和女演员多萝丽丝·费奈蒂发展出一段深刻的爱情，萨特沉溺于费奈蒂的怀抱中，甚至有一刻想要向她求婚。多萝丽丝来到巴黎，忙于文学工作难以分身的西蒙娜·德·波伏娃勇敢地面对事态。波伏娃自己则和一位萨特的前学生——青年才俊雅克-罗兰·经博斯特——谈着一段“偶然”的恋情。

1947年年初，波伏娃受邀去纽约出席数场讲座。“新世界”让她为之惊叹，波伏娃立刻就被这个国家折服了，她的求知欲无穷无尽。波伏娃的魅力、她蔚蓝的双眼、她的谦和、她的智慧，以及她为女性所作的抗争，这些都让她在大学领域里的认可度越来越高。波伏娃谈吐清晰简洁，爱结交朋友，她想要认识一切。鉴于她需要在芝加哥停留36个小时，有人把一位美国小说家纳尔逊・艾格林的联系方式给了波伏娃，他可以向波伏娃展示美国梦的另一面，向她展示“美国的溃败”：芝加哥是一座冰冷的城市，城市间穿插着呼呼吹风的街道，空荡荡的地铁车顶一片漆黑，和无轨电车一起颠簸着穿越这座城市。一杯伴着忧伤爵士旋律的威士忌就可以让这座城市的悲惨烟消云散。这是一座工人阶级城市，沉溺于毒品的边缘人群组成了令人生畏的底层阶级，芝加哥以前是犯罪之都，环绕城市的密歇根河映射出豪华的摩天大楼和修剪齐整的草坪。波伏娃住在帕尔默酒店，在尝试拨打数次电话之后，在酒店电话总机话务员的帮助下，波伏娃终于听到了电话另一头一个热切的声音。而正在准备晚餐的纳尔逊・艾格林由于没有听懂电话另一头浓重的法国口音，挂掉了电话！艾格林向波伏娃建议一起在夜里在城市里转一转，发现真正的芝加哥。

西蒙娜看见一位健硕的金发男子来到她所下榻的酒店，这个人还算英俊，是一个“典型的美国人，他有着一张木头一样的面庞，面无表情，起家之初乘坐货车出行……几乎可以算是个共产主义者……非常热情、聪明而且人性化”。这就是波伏娃对他的的第一印象，她马上就把自己的感触在1947年2月20日的一封信里分享给了萨特。艾格林把波伏娃带到芝加哥的动荡街区，带她去低级舞厅，随后又把她带到一个“黑人小夜店”和一个波兰小酒吧，一些浑身湿透的人在酒吧里闲谈，打发时间。在深夜，

“他把我带到一辆出租车里，笨拙又一脸认真地拥吻我”。西蒙娜详细描述了这位同伴的一举一动。在给萨特的第二封信里，波伏娃写道，第二天，领事安排让她在法语联盟和一群“可怕的老妇人”共进午餐，随后又为她安排了晚餐，这些安排把她与纳尔逊·艾格林的相处时间挤压到聊胜于无，波伏娃毫不掩饰地表示这让她“勃然大怒”。在下午，官方用车把她带到了小说家纳尔逊·艾格林的住所，这是一栋位于一个肮脏小巷的“可怜小房子”。为了取暖，两人从一个酒吧游荡到另一个酒吧。艾格林殷勤亲切，他一边用胳膊挽着波伏娃走过大片积雪，一边给她讲芝加哥的故事。给萨特的通信就截止到此。日后西蒙娜会在自己的《回忆录》中给出更详尽的描述，“我们之间立刻建立起来一种默契，我不消说这是何种默契，也不用说没能一起共进晚餐让我们二人多么的失望……我在去火车站前给他打电话，他们本应把听筒从我手中抢回来”（《物质的力量》）。在接下来的两个月里，在波伏娃整个美国之旅中，她都在想念纳尔逊·艾格林并阅读他的作品。

波伏娃计划5月初回到法国。然而，在纽约即将出发的波伏娃收到了一封萨特的电报，信中让她先不要回法国。萨特没有向西蒙娜隐瞒事实，多萝丽丝一直在巴黎，她还会再待十几天。心神不宁、嫉妒又踌躇的西蒙娜最终拨响了艾格林的电话，后者建议她回到芝加哥，波伏娃同意了。但是她这样做对不对呢？艾格林有些局促，他先把波伏娃带到了一个肮脏的咖啡厅，然后又带她看了一场棒球比赛，最后把她带到了自己下榻的酒店！这一切都出乎波伏娃的意料。最终，在1947年5月10日这个庄重的夜晚，艾格林在一间爵士酒吧里拥吻了波伏娃。两人的爱情历险开始了，这将是一段平平无奇的旅途露水情缘？在最初的尴尬和疲劳褪去后，良久沉默的艾格林突然向波伏娃坦陈，他对她是真正的爱情，而不仅仅是友情。两人在芝加哥度过了完美的三日伴侣生活，在这三日里，波伏娃说自己感受到了“深刻默契带来的奇妙感受”（《物质的力量》）。

鉴于波伏娃必须要从纽约启程回法国，纳尔逊就陪她一起——这是他第一次乘坐飞机。波伏娃在纽约仍然需要参加许多活动，但是两位情人相约 5 点在酒店房间里见面，“直到早上我们都形影不离”。在艾格林怀抱里，波伏娃变成了一位沐浴在爱情中的神采飞扬的女子——萨特不是一位恋爱高手。纳尔逊温柔善良又精力旺盛，有时候也多疑胆怯，他送给波伏娃一个雕刻银戒指，作为两人结合的标志，他是波伏娃的“丈夫”，她“独一无二的丈夫”。但是波伏娃有义务告诉纳尔逊实情，她不无伤感地向纳尔逊解释，她的生活在法国，并且永远都会如此，“他相信我，却什么都不明白”（《物质的力量》）。在 5 月 17 日回法国的飞机上，“她留下了爱情的温柔泪水”。

“我永远都属于您”

这是一组由将近 250 封亲密书信组成的通信往来，是西蒙娜·德·波伏娃在 1947 年 5 月 27 日至 1952 年 12 月，给她身在芝加哥的“亲爱的丈夫”的书信。俄亥俄州哥伦布大学在一次拍卖会上成了这些书信的主人。两位出生法国的美国学者克洛德·弗朗西斯和费尔南德·龚迪埃发现了这些书信，并为波伏娃本人誊抄了这些信。随后波伏娃的养女西尔维·勒·邦德重读这些信件，将其补全并出版。纳尔逊·艾格林此后禁止所有人把他的回信翻译成法语，并且禁止出版他的回信。怨恨与爱情如影随形。

这一年夏初，这段偶然、一闪而过的爱情已经快要成为必需爱情。回到巴黎后的6月和7月让人难以忍受，情人不在身边、多萝丽丝在法国无处不在、萨特闪烁其词躲避她的追问，西蒙娜向艾格林坦诚自己常常流泪。一封迟来的信就让她泪流满面，“我如此炽热地爱您、如此深刻地爱您，以至于我自己都对此惊讶不已”。“日日夜夜我都感到被您的爱情围绕”。情人的生机勃勃和情欲力量战胜了他的一切局促。还剩下一个挥之不去的阴影，一个让这位“美国丈夫”不自在的阴影：他们可以相隔8000多公里，通过书信恋爱？这份爱情能否是两情相悦？波伏娃对艾格林丝毫不加隐瞒：不管她的爱情是多么的强烈，她的根基、她的工作都在巴黎，在萨特左右。艾格林努力尝试扫清障碍：那就和他结婚吧，他会接受一种有条件的婚姻，一种非常规的结合；至于艾格林自己，他不能离开芝加哥，他探索芝加哥的底层人民，为自己的工作汲取养分，他需要通过工作谋生。这是一个残酷的情况。7月还没有结束，波伏娃就明白她必须要马上见到艾格林，见到这个被她称为“唯一”的男人，见到他真真切切地站在她面前。在萨特的鼓励下，波伏娃于9月订机票飞往芝加哥。“当我想到马上就能见到您、触碰您，我就头晕目眩，我的心灵欢欣雀跃。我无时无刻不在这样想……”“我永远都属于您”。

爱情不属于浪漫小说范畴，但是它是一种对灵肉的迫切需求。两人1947年9月的重逢让波伏娃沉浸在一种简单的舒心惬意中，这种感觉近乎原始，他们住在纳尔逊窄小的屋子里，屋子没有盥洗室，梳洗的时候要用厨房的水槽。纳尔逊又提起结婚，波伏娃再一次陷入窘境，她回绝了对方的请求，努力向他做出解释，为她和萨特缔结的联盟进行辩护。于是乎最好还是珍惜享受现在。波伏娃和艾格林互相爱慕，这千真万确。1948 年 9 月，两人一起出游数月，他们沿着密西西比河，到危地马拉和墨西哥旅游。然而波伏娃又坠入了现实中，为了不糟蹋这些极乐时光，她一次又一次地推迟向纳尔逊吐露实情。由于萨特改变计划，她不得不将二人的爱旅缩短至两个月。

波伏娃最终在 7 月初吐露实情，尽管她在告知纳尔逊自己即将离去时笨拙地故作轻快，但是这次坦诚布公还是导致了严重的后果。纳尔逊起先沉默不语，取消了他们既定的远足计划。接下来的几天里，他表现得越来越沉默寡言，走路步伐如此之快，以至于波伏娃都追不上他。不知所措的波伏娃在旅店眼含泪水地质问他，“您为什么要把一切都毁掉？”纳尔逊丝毫没有缓和下来，他充满敌意，感觉自己遭到背叛，两人现在正在进行的远足让他力不从心。波伏娃小心观察纳尔逊的情绪，直到分别之时临近，必须要作出解释时，“我可以明天就走”，波伏娃提议到，此时纳尔逊表现得神经质，甚至充满恶意。这个时候他的怨恨败下阵来，“我准备好立刻就娶您”，他这样回答。

波伏娃回到巴黎后很苦闷。更让她苦闷的是，萨特在她回法国后在最后时刻爽约。多萝丽丝自从回到纽约后表现得呻吟痛苦，她想和萨特在法国南方共度 1 月，萨特同意了。波伏娃惊慌失措，她在巴黎孤身一人，给纳尔逊打电话，提议回芝加哥。对方的回复简明扼要，“不可以。有过多工作”。纳尔逊对这种弄虚作假的爱情游戏很受伤，波伏娃又写信做出解释，在信里模模糊糊地解释这次计划的变更——一个粗心的制片人、延期的剧本打乱了安排——波伏娃的解释过于笼统，只字未提这些变动是由多萝丽丝而起。波伏娃始终精力充沛，又重新开始工作。随后，她和萨特一起去阿尔及利亚进行了一次持续数周的旅行，之前，萨特刚刚和他的“偶然”爱侣共度1月，和纳尔逊的越洋通信又开始了，起先书信还有些冷淡，随后就变得温热，最后终于热切起来。书信是两人必不可少的联系——“我们不应该感觉我们与彼此分离”。两人约好来年，也就是1949年5月，在巴黎重聚。

在此期间，纳尔逊和波伏娃互通各种温柔言语，他们互述每日时光，分享文学八卦，然而书信中却透出这份残喘爱情带来的焦虑。一方面是美国“丈夫”难以抑制的冲动，他内心的孤独更激发了他对精神伴侣的渴望。纳尔逊想要一位只属于他一人的女子，共同组建一个家庭，而且也许也不排除要个孩子。他作家和调查员的身份让他不得不留在芝加哥。另一方面是波伏娃的事业和成功、巴黎的知识分子世界、她所代表的女性主义斗争、她与萨特的二人行——萨特是她的兄弟和伴侣，他们的二人组在年青一代中备受认可，这些年轻人要找到自己的榜样——这所有的一切都让波伏娃不能离开巴黎。在1948年秋至1949年春，波伏娃和纳尔逊的书信既热烈又伤感，信中到处都是亲昵的爱称，这些称呼既是常用称呼，又表现出二人的亲密无间——“我的爱”“我温柔的小鳄鱼”“只属于我的纳尔逊”，“我的爱人”“我的极温柔的你”“你是喋喋不休的小青蛙”——当一封信不翼而飞或者只是迟到时，随之而来的就是泪水。西蒙娜41岁，两种矛盾的需要折磨着她，她想要做一名自由的女子，不拐弯抹角也不满口谎言，有能力掌握自己的人生。爱情带来的激情让她失控。艾格林经常处于抑郁状态，他看起来接受了临时分别，但是这份不平稳的爱情能坚持到什么时候呢？

“什么都没有发生，他不再爱我了”

按照计划，艾格林于1949年5月初抵达巴黎。西蒙娜不再住旅馆了，她在位于“伐木街”的一栋小公寓里定居，她在这里接待了艾格林。两位爱侣做了一次远至罗马和拿波里的长途旅行，随后他们又从拿波里出发去突尼斯和阿尔及尔，直至摩洛哥。波伏娃给艾格林介绍自己的朋友们，他结识了萨特，后者一个英语单词都不认识。艾格林还认识了鲍里斯·维昂[①]和雷蒙·格诺[②]，西蒙娜带纳尔逊去逛酒吧和地下舞厅。两人度过了美好的9个月。随后，内心不舍的波伏娃必须让他回到芝加哥。每一次离别都让她颤动心弦，至于未来，则一切待定。两人还能再见一次么？她曾经不想要任何联系，每一次离别都让她置身于空寂。因为看上去艾格林并没有想念波伏娃，他是如此高兴能再次回到自己的城市，看到自己的湖畔和亲爱的美国大树。他的小说《金臂人》刚刚加封“美国国家图书奖”，他成了名人，看上去几乎接受了自己不能和波伏娃朝夕相伴的事实。西蒙娜很担心，她需要明确事态。从1950年1月开始，她向纳尔逊提议两人下一次于6月在芝加哥重逢，“我急不可耐地想要再一次投入您的怀抱……”这样一封信很难起笔，因为信中的恳求有点像是在讨欢心，爱情并不是这种说辞的唯一动机。萨特实际上必须要离开巴黎3个月，他坚持让西蒙娜

① 鲍里斯·维昂（1920—1959），法国小说家、剧作家、诗人，代表作《岁月的泡沫》。——译者注

② 雷蒙·格诺（1903—1976），法国小说家、诗人、剧作家、数学家，文学社团“乌力波”的创始人之一。——译者注

在他出行期间也去美国度假！艾格林从米勒[1]那里租了一栋林间别墅，别墅位于密歇根河河畔，两位情人会在那里共度8月，一起休闲和工作。

西蒙娜于7月初抵达芝加哥。但是一切都出乎意料。甚至二人还未重逢，她精心为自己准备好的幸福时光就已经被周遭政治氛围搅得黯然失色。6月刚刚爆发朝鲜战争，未来世界一片昏暗，麦凯锡主义开始像中世纪驱除女巫一样驱除左派人士，并且怀疑他们有共产主义倾向。波伏娃惶惶不安。她还没有进入美国领土，就猜到一切都变了。纳尔逊看上去拘谨又不自然，若即若离并且失望幻灭，现实毫无征兆地突然横亘在二人中间，“什么都没有发生，他不再爱我了”。两人第一夜里就像两个同床共枕的陌生人一样。结束了，但是为什么？在给萨特的信中，西蒙娜抛开一切芥蒂推心置腹，“我们躺下的时候，我要向他解释。他相当简洁地回答我说他没有爱上别人，但是一些事情已经不复存在……”不久后，纳尔逊更加详细地袒露，他受够了这些感情动荡，受够了这种如火如荼又断断续续的二人关系，他甚至又重新和前妻走到了一起。他的语气没有咄咄逼人之意，他甚至语气轻柔地让西蒙娜安心——或者也是让自己安心，“我们无论如何还是会度过一个美好的夏日”，他这样自辩道。应不应该把爱情看得如此重要？西蒙娜遭到了迎头考验，她病倒了，发着烧，整夜啜泣，在选择中进退两难。所以她在这里干什么，在这个距离她的国家千里之外的地方干什么？她需要重新学习生活，她需要一小时、一小时地挨过这些阴暗的日子，这是迫在眉睫的的战争背景下的一桩个人灾难。

然而这个夏天还是会有它的温情瞬间。友谊貌似时而涌现，代替了爱

①此处指美国剧作家亨利·米勒。——译者注

情，至少两个人都愿意这样认为。出于双方一致同意，他们分床而卧，“冷淡导致了冷淡”，纳尔逊常常面色严肃，然而他也会时而流露出爱情的冲动。西蒙娜给萨特频繁写信，在后者面前解析自己的精神状态，她很明白自己正处于一种荒谬的状态，这种状态是夫妻生活状态的拙劣模仿。波伏娃盼望能回到巴黎，在那里重拾和萨特的“幸福晚年”。萨特终于结束了和多萝丽丝的关系，他在科利德兰[①]的帮助下日夜工作；波伏娃自己也每日写作七八个小时，完成了一部几乎可以被称之为自传体的小说——《名士风流》。鉴于一次飞机旅行不足以熄灭感情，西蒙娜带着苦涩的心情回到了法国，“我爱您，像我投入您令人沮丧的怀抱之时一样爱您，这就可以表明我的全部灵魂”，她在给艾格林的信中这样写道。但是却收到了这样的指令，“不要再流泪”。

1951 年 9 月，波伏娃又来到了芝加哥，这将是她第五次，也是最后一次在这个城市停留。美国高层在 7 月拒绝为她颁发签证，但是在 8 月，经过大使馆的调查后，她的情况得以正常化，波伏娃启程飞往美国。她和艾格林都一致同意要平和度过这次旅行。实际上，艾格林心情很好，很快乐，他决定和自己的前妻再婚。波伏娃每天工作 6 小时，在湖畔享受日光浴，就这样完成了一本关于萨德侯爵的随笔。她锻炼自己尽可能地享受生活，不要反复回味和艾格林的过往，二人的永别简短节略，双方都不失局促感伤。波伏娃的《回忆录》要比她给萨特的书信更直截了当、更清醒明了，其中弥漫着感伤气息，“我认为我再也不会见到他了，也再也不能见到湖畔，以及沙滩，白色的野鸟在这片沙子上觅食；我不知道自己最不舍的是什么：

① 科利德兰，是一种兴奋剂，由安非他命和阿司匹林组成。——译者注

一个男人，一片风景，还是我自己”。纳尔逊对这段濒临消亡的爱情持伤感态度，他向波伏娃承认两人之间不可能有友谊，“我永远都不能对您抱有低于爱情的感情”。这些言语抹去了最后几周的冷漠。

于是爱情依然延续。那么为什么两人要最终永别？这些永别让波伏瓦的临别变得如此苦楚，如此难忍。1951年10月末，“身体不适”的西蒙娜在纽约的酒店里度过了她在美国的最后一夜，这一夜里她一直在哭泣。她给艾格林写了一封信，这封信看上去像是一次辩护，诚然，她没有对他以身相许，她对此始终抱有负罪感，但是她把自己的真心交付于他，两人分手带来的伤痕不会愈合。孤立无援又伤心欲绝的波伏娃直到登机回法国前的那一刻还盼望能够有所转圜，“请您不要让我对您的爱情说永别，请您不要对我说这份爱情不复存在”。纳尔逊会给出明确、简单、不容分说的回复，“爱上一位不属于您的女子，爱上一位把其他人、其他事看得比您还重要的女子，爱上一位永远都不会把您当成重中之重的女子，这让人不能接受。……从此我要试着做的，就是把我的生活从您手中拿回来”。无论是纳尔逊，还是西蒙娜，都不能接受真正的一刀两断。撕裂的爱情不愿消亡，“破碎的女人”洗尽铅华，她不能接受荒芜的未来。

回忆是折磨

在接下来的几个月里，两个人定期通信。两人在通信中伪装轻巧、日常的口吻，并且时常会使用柔情字眼：“纳尔逊，我的爱”“纳尔逊，我是多么爱您”“想念您是一种多么忧伤的病痛”。哲学家克莱尔·马兰精准地将所有分手比作“回忆带来的的折磨”。但是对于西蒙娜来说，对生活的热爱、某种自私和自恋、她的掌控欲，以及她对工作的热爱，这些都要比撩人的忧愁更强烈。就像一株终于沐浴甘霖的植物，几个月后波伏娃以胜利者的姿态重新振作了起来。1952 年夏，一位和《摩登时代》杂志合作的青年爱上了波伏娃，此人名叫克劳德·朗兹曼，时年 27 岁，他的谈吐魅力和他的随性自然让波伏娃为之倾倒。年轻人的爱让她又一次成为“年轻女人”。波伏娃 44 岁，比朗兹曼年长 17 岁，被爱的兴奋让波伏娃生机勃勃。一贯诚挚的波伏娃给艾格林写信，把这段新晋爱情告诉了他，字里行间丝毫没有掩饰爱情带来的柔情，她告诉艾格林这段爱情为她带来了新生。两人继续通信，但通信间隔越来越长，随后就是良久的沉默。

在克劳德·朗兹曼这里，西蒙娜·德·波伏娃看上去遇到了“绝对爱情，一种一生只能体会一次的爱情”，两人的爱情是精神的结合，也是肉体的结合。在爱的过程中，波伏娃“重新找到了一个肉体”。1952 年至 1958 年，朗兹曼住在波伏娃位于“伐木街”的居所内，随后又和她一起住在舍尔歇街。然而爱情没有安全可言，朗兹曼水晶般蔚蓝的双眼望向了别处。从亚洲回来后，他遇到了一位年轻的贵族女子，这位女子给他“带来了肉体上的震撼”。朗兹曼推迟了去卡普里的行程，萨特和波伏娃正在那里等他。在经历了电报、意料之外的障碍、躲躲闪闪之后——朗兹曼终于到达阿马尔菲海岸，与萨特和波伏娃会合，但是他却心不在焉。不知是出于年龄差距还是倦怠厌烦，走出这段恋情会花上一年痛苦而又漫长的时间。波伏娃提出两人平分朗兹曼的时间表，每人一晚，但是波伏娃的对手却“愤怒的沉默”，拒绝一切“缓和”，这位贵族小姐下定决心要让波伏娃出局。朗兹曼在《巴塔哥尼亚的猎兔》一书中承认这几个月对他来说同样是一种折磨。因为不存在客客气气的分手，只有野蛮的分手。

这一次又是工作解脱了她。西蒙娜忠于自己年轻时代的信条——“一切皆会为我所用”——她开始写作自己的回忆录，在回忆录中尽可能“无所不言”；事实上，为了尊重自己伴侣们的请求，她在回忆录中掩饰了一些自己的恋爱经历。经历了《第二性》备受争议的轰动，和《名士风流》的成功——这本书让她获得了1954年的龚古尔文学奖——波伏娃又出版了《物质的力量》，这本鉴证实录得到了评论界的肯定和嘉奖。作家波伏娃从未像在自传体写作中这样优秀。波伏娃是个坚定的反殖民主义者，她的政治活动越来越多；波伏娃的思想与萨特难舍难分，但是却不会依附于后者。她在知识分子中间的影响越来越大，已经延伸至法国以外，甚至到了美国。艾格林在美国热切关注着西蒙娜的思想进程。在经过几乎毫无交流的五个年头后，艾格林再一次给波伏娃写信，甚至给她打电话。期间他并非没有过任何犹豫。因为纳尔逊很难接受《名士风流》的出版，此书于1956年在美国被译成英文；书中在李维斯和安妮这两个名字背后，展现出的是他和波伏娃的恋情和分手。这种以他私生活为蓝本的宣传让他越来越苦闷，把他变成了美国记者们追逐的对象。但是说到底，艾格林是爱西蒙娜的，他希望能再一次在法国停留。炭火依然温热。然而，西蒙娜于1960年结束了和朗兹曼的关系。艾格林自己也再一次和自己的第一任妻子离婚了，艾格林觉得萨特和波伏娃的组合与爱情关系相比，更像是“一种商务关系”，因为两人一直分居生活。

于是艾格林于1960年春天动身前往巴黎，他住在西蒙娜家，西蒙娜当时正和萨特一起身在古巴。她回到法国后，出现在艾格林眼前的是一位亲切的女子，两个人看上去都重拾了心灵和思想上的默契，也许还有肉体上的情投意合。两人夜间在巴黎散步，重游他们曾经眷恋的地方：酒吧、小酒馆，还品尝了巴黎大堂的洋葱汤。他们去看朋友，去旅游，互述分别岁月中的故事。他们有没有可能重燃爱火？艾格林几乎就要相信这种可能了，因为这五个月的共同生活是如此的和谐融洽。但是西蒙娜已年逾50岁，她是一位知名女性，斗士波伏娃的声音甚至传到了巴西，她和萨特于8月访问了巴西。在里约，波伏娃给艾格林写温柔款款的信，向他承认她爱他，“前所未有地爱他，永远爱他”。她收到的回信简明扼要，信与信之间间隔很久。随后，就杳无音信了。艾格林于9月乘飞机回到芝加哥，波伏娃不能够、也不愿意挽留他。两人再也没有见面。

不可能的哀悼

“荣耀是幸福光彩夺目的丧服”，杰曼·德·斯塔尔[①]言之凿凿。这段爱情故事本来可以带着美好的回忆停留于此。但是波伏娃耀眼的名声、她对真挚濒临厚颜的苛求、她刚正不阿又冷酷的斗争方式，以及从今往后她对自传体写作的钟爱，这些都激励她摒弃自己生活中的一切禁忌，或者几乎要做到无所不谈。她的《回忆录》得到了同时代人的厚爱。然而作为一位有着血肉之躯的女子，她也会忧虑，波伏娃试着说服艾格林不要阅读她的作品，她已经尽可能努力地缓和他的反应，“我希望与你相关的段落不会引起你的不快，因为我是全心全意写下这些文字的”（1963年10月）。

① 杰曼·德·斯塔尔（1766—1817），以德·斯塔尔夫人而著名。法国小说家、随笔作者。——译者注

大西洋彼岸的生活更加苦涩。艾格林经历了经济和事业上的双重幻灭。《物质的力量》于1965年被翻译成英文，这让他猛然发现了一个事实，之前他只是有过部分怀疑西蒙娜的爱情，以及两人的恋爱关系过去始终被萨特插手，被他搅乱。萨特和多萝丽丝.费奈蒂以及其他女子们的“偶然”爱情也影响了纳尔逊和西蒙娜的爱情走向。西蒙娜把他们二人的爱情扔给了全世界，把他的真心喂了狗——“我更喜欢婊子们，她们直接关门不理”，艾格林苦笑道。自尊心受伤、自己的爱情被人嘲笑——与这些伤痛遥相呼应的是艾格林的激烈言辞，他接受了诸如《哈泼斯杂志》和《壁垒杂志》等杂志的几次采访，期间艾格林把他的激烈言辞公之于众。记者们对此进行了争先恐后的报道。波伏娃的忠贞？这是个谎言，实际上，她的忠贞只取决于另一段艳遇，“她接受一切，除了不能牺牲自己的自由，德·波伏娃夫人感到自己可以相信让-保罗·萨特的不忠”。她的思想权威？这只不过是“一位小学老师”的生存技巧……艾格林的怒火渐渐平息，但是他断绝和波伏娃的一切联系，直到1981年他的生命末期，他仍然会反复咀嚼这段难忘爱情带来的忧伤。

谩骂诋毁的背后隐藏着一个根本问题，几位传记作家提出了这个疑问，“必需爱情”和“偶然爱情”到底相当于什么？萨特和波伏娃是不是仅仅给出了一种传统爱情冲突的更现代版本？此时资产阶级背景下的严肃的关系被利益维系在一起，不管这种关系是不是夫妻关系，它最终都会战胜“偶然”的短暂恋情？萨特和波伏娃是否成功把二人之间的冲突作为他们解放的工具，以及他们自由的前提？

西蒙娜给纳尔逊·艾格林写的最后一封公开出版的信的日期是1964年11月，从这封信开始她就再也没有纳尔逊的消息了。波伏娃拒绝传统夫妻关系的限制，她想要保持自由，做自己命运的主人，她拒绝让自己沉迷于爱情的波涛之中。波伏娃的传记作家克洛迪娜·弗朗西斯和费尔南德·龚蒂耶注意到，直到波伏娃1986年去世时，她手指上一直都带着纳尔逊曾经赠予她的戒指。

亚里士多德·奥纳西斯与玛利亚·卡拉斯
尤利西斯的背叛

“我不是一个不讲道理的女人。我知道男人们的命途，命运对于他们来说并非始终是一件乐事。想要与爱情作斗争，这是发疯了。我没有抱怨这位女子的理由，如果我斗胆对她说出几句责备的话，我是不是不能算得上是疯狂荒诞？赫拉克勒斯没有爱上其他女人么？”

索福克勒斯，《特拉基斯的女人们 》[①]，德加妮尔之语

① 《特拉基斯的女人们 》是索福克勒斯于公元前 450—前 440 年创作的一出古希腊悲剧。女主人公德加妮尔是大力神赫拉克勒斯之妻。——译者注

耀眼的玛利亚·卡拉斯是美丽、爱情、才华、创造力和想象力的化身，她把自己生命中的这一切都献给了一个男人——在卡拉斯身上，情欲不仅还原了它最原始的高尚形态，同时也为她的整个存在赋予了意义。爱琴海的背景就像卡拉斯的幸福，亚里士多德·奥纳西斯白色金色相间的大游艇“克里斯蒂娜O”号航行在蔚蓝的海水中。60多位厨师、侍从、女仆、按摩师和船员们忙忙碌碌，让船客们舒适惬意。船上的客人们中就有温斯顿·丘吉尔和丘吉尔夫人。卡拉斯手挽奥纳西斯，在甲板上漫步，光彩照人的卡拉斯承认自己一生中从未像现在一样“感觉自己是个女人”。她是卡吕普索——《奥德赛》里挽留尤利西斯七年之久的仙女，她赐予他爱的永生。卡拉斯心意已决，她想要与奥纳西斯结为连理，甚至不惜放弃自己歌剧名伶的地位。

没人会拒绝一位女神的床榻，然而灵巧的尤利西斯始终都是一位谨慎又狡猾的掌舵人，他手持操作柄，像驾船一样掌控着自己的生活，绕过障碍、穿越航道。卡拉斯的丈夫巴蒂斯塔·米奈利吉丝毫不准备让出自己的位置。

笼中夜莺

玛利亚·卡拉斯曾经是一个矮矮胖胖的小女孩。她伤心时就会在半夜打开食品柜，大口吃东西，食物暂时缓解了她的肠胃痉挛和紧张心理。小卡拉斯很快就明白，孩子们是不能和家长们分享同一个世界的。乔治和埃万吉莉亚·卡罗盖洛波乌罗斯互相抱怨、争吵。为了过上富足舒适的生活，夫妇俩于1923年移民纽约，但他们难以融入当地社会。身为药剂师的乔治遭遇了1929年的金融危机，他从家坐公共汽车把药品和化妆品卖到很远的药房；埃万吉莉亚无可救药地埋怨自己的丈夫，她离开了自己在雅典富足的资产阶级家庭，在美国却连用一根蜡烛也要节省，然而她梦想的是能爬上更高的社会阶层。夫妇之间的指责如雨点般越来越多，他们在八年里搬了九次家。

玛利亚·卡罗盖洛波乌罗斯与姐姐杰基不一样，她除了美国以外并不认识其他国度，因为她就是于1923年12月在美国出生的。玛利亚是家庭冲突的核心。她专横的母亲陷入了严重的抑郁状态，粗暴地对待小玛利亚；温柔、软弱的父亲则设法逃离家庭。小玛利亚不喜欢自己。黑发棕肤的她体型过胖，还戴着一副大大的近视镜，没有这副眼镜她什么都看不见，这让小玛利亚又害羞又笨拙。她没有朋友，天天躲在家里，看看自己，再看看又苗条又美丽的姐姐杰奎琳——家里最招人喜欢的孩子。然而小玛利亚有一个任何人都不能剥夺的乐趣：埃万吉莉亚买了一架旧钢琴，小玛利亚发现了声音的美妙。两个小女孩争抢着要弹钢琴，母亲鼓励她们，并请人给她们上了几次钢琴课。收音机里转播着纽约大都会的歌剧，还有一些其他音乐。如果说杰奎琳真正表现出了音乐方面的天赋，那么玛利亚则用她惊人的音乐记忆力让人目瞪口呆，她不仅很快就学会了音符，而且她还能在只听一遍以后就记住一首歌曲。她在学校的颁奖仪式上献唱。她精准的嗓音有一种特别之处，她的老师说她的嗓子里“住着一只夜莺”。为了避免小玛利亚在胡乱自学中损坏声线，这位老师准备免费给她上课。小玛利亚还未满十岁就可以唱古诺的《圣母颂》和《卡门》里的一段咏叹调，然而她讨厌登上舞台，因为在舞台上人们都会直勾勾地盯着她肥胖的身躯。

从此以后，埃万吉莉亚有了一个人生目标：让玛利亚成为一个天才儿童，让玛利亚为自己带来财富和名声。重重障碍也没有让这位母亲气馁。

为了弥补自己失败的婚姻，她把赌注押在了自己的两个女儿身上，让她们免受无用的干扰，因为时间宝贵。玛利亚只被允许演唱古典音乐作品，她的母亲已经让她去参加试唱和比赛了。这一招并没有取得圆满成功：玛利亚不懂视唱练耳，与此同时她的才华还没有得到足够证实，就轻率地磨炼极高音区。必须要承认的是，埃万吉莉亚为了能够达成目标有着无懈可击的活力和毅力，她坚信在优秀老师的栽培下，自己的女儿们会成为超群的音乐家。在她看来，只有希腊才能提供高水平的音乐教育。于是她在乔治耳边喋喋不休，让他筹集钱财，以便让他们得以回到希腊。

夫妇俩又开始吵架。进入青少年的玛利亚恳请父亲陪伴她们一起回希腊，无果。埃万吉莉亚从自己的一位希腊友人那里，借钱为杰奎琳买了回希腊的船票，让大女儿在她们之前先回到祖母家里，告诉他们这一家人就要回国了。1937 年 1 月末，埃万吉莉亚变卖了自己值钱的东西，用这些钱给她自己和玛利亚订了两张意大利轮船“萨杜勒尼亚号”的船票，同时向自己的丈夫承诺她们会在夏天回来。在此期间，乔治必须要信守承诺每个月给她寄去自己一半的工资。离别的那一日，只有 14 岁的少女玛利亚心情沮丧，她站在船舷上看着自己父亲模糊又温柔的影子渐行渐远。

夜莺被困在笼子里。在母亲具有侵略性的管教下，玛利亚失去了自己的童年。但是，当她撞见自己的母亲拿她的成功炫耀时，玛利亚同样也学会了反抗。谎话连篇的母亲监视着她的一举一动，还把她打扮成如花少女以此来督促她。希腊这个国度并不像人们曾经向她描述的那样，这是一个贫穷，几乎可以被称之为落后的国家，冬日阳光下的希腊显得忧愁又伤感。玛利亚母亲的家族挤在位于雅典的一栋简朴的房子里。姐姐杰奎琳不得不放弃音乐，成为一名秘书。带着一口美国口音的玛利亚很难适应学校生活。

远在千里之外的父亲患上了肺炎，不得不终止工作，再也不能给她们寄钱了。他无所顾忌的妻子为了避免激起自己天才女儿的无用的感伤，在几封信中闪烁其词地指责丈夫。

然而奇迹出现了，母亲埃万吉莉亚终于为她女儿玛利亚争取到了一次在玛丽亚·翠薇拉面前试唱的机会，后者是雅典国立音乐学院的校长。年纪轻轻的玛利亚虽然还没有到规定年龄，但是考究的妆容也许能让她看起来像16岁。她的声音、她的敏感度、她的戏剧才华将会完成剩下的任务。玛利亚获得了一份奖学金，并且可以享受免费教育。1937年9月，玛利亚开始了真正意义上的艺术学习。作为学生的玛利亚刻苦认真，凭借着刻苦的学习和强烈的意愿，她仅用了6个月的时间就取得了惊人的进步。1939年，玛利亚被音乐学院录取，跟随埃尔维拉·伊达尔格学习美声。

博得全世界

虽然说埃万吉莉亚的计划是正确的，但是战争摧毁了欧洲，希腊被占领了。人们必须要自食其力才能填饱肚子。玛利亚不再怀疑自己的毕生追求。为了能够用原文掌握歌剧剧本，她开始学习德语和意大利语，用从老师那里借来的总谱研究主要角色。1942年8月，当她受邀出演普西尼的《托斯卡》时，玛利亚还未满19岁。她首先必须要克服自己的羞怯。玛利亚太胖了，近视眼让她在舞台上的移动变得不确切，高温酷暑化掉了她的妆容、让皮肤变得斑驳不均。最重要的是，她对自己不满意。然而，演出被证明是成功的，评论界一致赞赏她声音中自然的力量和她的音乐才能，以及她适应角色的戏剧才华，玛利亚就这样成了明星。面对向玛利亚递来的邀请，埃万吉莉亚并不挑剔，凡是接到邀请，玛利亚就去献唱，她在各种独唱会上登台，甚至为占领军演唱，这也因此让她遭受了来自摇摆不定的民众的恶意。玛利亚在希腊的未来就此被堵死。

无论如何，玛利亚的眼光更长远，她想要让全世界倾听她的歌声。母亲的擅自干涉让她恼怒，玛利亚怀念在美国的时光，她尤其想要再见到自己的父亲。在一个年轻女孩谈情说爱的年纪，玛利亚极度缺乏关爱。她不顾埃万吉莉亚的恼怒和老师埃尔维拉·伊达尔格的缄默，下定决心回美国。1945年9月，玛利亚揣着100美元，和其他移民一起登上了“斯特哥尔摩”号邮轮。生于美国的玛利亚护照上的名字是玛利亚·卡拉斯。没有任何人在美国接她，玛利亚丢失了父亲的地址。令人难以置信的是，乔治从别处弄来了战争末期以来所有来自希腊的旅客名单，去港口等待玛利亚。他几乎认不出她来，玛利亚的变化如此之大。

重逢之喜没有持续多久。一个叫亚历山德拉的女人闯入了他们的家庭生活，这是一个漂亮、风韵犹存的女子，随后她控制了家庭生活的一切。玛利亚占有欲强，易怒又嫉妒，因此她瓦解了父亲的这段恋情，让家里按照自己的步调运转。为了弥补数年的营养不良，玛利亚暴饮暴食，又长胖了。但是没有什么能制止她胡吃海塞。一位名为巴加洛奇的演唱家经纪人在听过玛利亚的演唱后，想要帮助她。他相信她的才华，主动提出帮她规划职业生涯，但是这么做的前提是不考虑玛利亚的性格因素。玛利亚终于有幸获得了一次为严肃的大都会负责人爱德华·约翰逊试唱的机会。约翰逊建议玛利亚扮演《费德里奥》中的莱奥诺拉，出乎所有人的意料，玛利亚拒绝了这个提议，随后约翰逊很可能又提议让她出演“蝴蝶夫人”中的女主角，同样遭到了拒绝。玛利亚在希腊取得的成功没有任何特别之处，这位22岁胖胖女孩的坚定让约翰逊目瞪口呆。玛利亚本能的清楚自己需要什么。明智的她不想紧缩在莱奥诺拉的男装下，对扮演优雅的蝴蝶夫人也没有太大的兴趣，她不想以这样的面目示人。鉴于他的经纪人不满意，并对她横加指责，玛利亚会勇敢地予以反击，“以后会有一天，大都会会来跪在我面前求我演唱”。

骄傲和不安、镇定和焦虑、急切和勇气在卡拉斯身上发生了激烈的冲突。她需要的是被人保护、被指明方向，而不是被监管。巴加洛奇强制玛利亚签下了一张十年合同，在这十年中他具有她音乐的专有发行权。母亲埃万吉莉亚不想被撇在一边，她也动身回到了纽约。这是两位名义上的同盟者，他们首先关心的是自己的利益。在家里，夫妻间的争吵十分激烈，家庭经济状况不佳，而玛利亚拒绝做服务员谋生，于是她不得不去餐馆唱歌，然而同时她的减肥努力没有丝毫成果。

维罗纳歌剧节的创始人来纽约物色一位年轻女高音，这位女高音要能胜任蓬基耶利歌剧《歌女乔康达》中的主角，得益于这个机会，玛利亚的天空终于明朗。在埃尔维拉·伊达尔格的指导下，玛利亚研究了总谱，试唱甚至还没有结束，她就得到了录用。她抓住了这次机会，既然美国不需要她，那她就去意大利开始自己的歌唱生涯。1947 年 6 月玛利亚启程前往意大利。乐团指挥图利奥·塞拉芬是一位享有国际声誉的指挥大师，他立刻就发现了卡拉斯的巨大潜力；她的音区几乎可以横跨三个八度，这让她的声线脱颖而出，让她可以演唱所有唱段。塞拉芬和卡拉斯每日一起工作八至十小时，后者如饥似渴地听取指挥大师的每一个细小的建议。卡拉斯在宏伟的维罗纳圆形竞技场的首演并不算杰出，但是她加倍努力。1949 年

1 月，她接到邀请去凤凰歌剧院替唱；她花了六天时间学习艾尔维拉这个角色（贝利尼的歌剧《清教徒》），她的诠释博得了观众们的热烈掌声。她拥有激情、感情，以及戏剧敏感度，一位歌剧名伶正在冉冉升起。

美丽是一个奥秘

一桩幸事永远都不会独自降临。1947 年，玛利亚在维罗纳结识了一位热爱歌剧的工业家巴蒂斯塔·米奈利吉，后者对玛利亚很感兴趣，主动提出为她的歌唱生涯保驾护航，在玛利亚等待令人满意的合约时，如有需要，他还可以为其提供经济支持。米奈利吉年逾 50 岁，是一位根深蒂固的独身主义者，他一头花白头发，一点也不像太阳神阿波罗。然而对于米奈利吉来说，能为这个热情的女孩提供关心和照顾是一件乐事，他很高兴能带着卡拉斯目睹维罗纳和威尼斯的光辉，也很愿意和她一起品尝咖啡。米奈利吉被她的才华所惊叹，他不停地向卡拉斯重复这一点。极少沐浴在温情之中的玛利亚是如此渴望一种真诚的守护，她坠入了爱河。四处奔波的她想要结婚，从而更有安全感地投身于工作。她和米奈利吉认识一年了，但是他迟迟不表白，因为他领导的企业是一个家族企业，一桩轻率的婚姻可能会让家族内部起争执。在征服凤凰歌剧院后不久，玛利亚同意到布宜诺斯艾利斯献唱。分别带来的畏惧战胜了所有障碍，在卡拉斯去南美巡演之前，她的守护者想要让二人关系正常化。鉴于玛利亚信奉东正教，巴蒂斯塔信奉天主教，因此两人匆匆忙忙在意大利办理了结婚手续。家人们并没有得到事先通知，接到消息的姐姐杰奎琳当时正身在希腊。1949 年 4 月

21 日，两人在教区委员会举行了简短的婚礼，玛利亚·卡拉斯在婚礼上成为了米奈利吉夫人。她独自启程前往阿根廷，等她回来后，两人会在威尼斯度蜜月。

为人妻的卡拉斯得到了强有力的支持，这位支持者相比于配偶，更像是父亲。现在玛利亚可以全身心地投入到她钟爱的事业中来——她把一切有关日常生活和经济的问题都托付给巴蒂斯塔。在阿根廷巡演后，她又在拿波里、维罗纳、卡塔尼亚和罗马演出。最后她终于收到了来自米兰的邀请，能在斯卡拉歌剧院演唱就意味着她的歌唱生涯得到了认可。当卡拉斯发现这次邀请仅仅是让她代替著名的丽娜塔·苔巴尔迪扮演阿依达的角色后，她的失望之情只能更加强烈。她病倒了。玛利亚从不给出模棱两可的回应。焦虑、情绪化的她深知自己过于肥胖，细布做的戏服要掩盖她的身形，在这样的戏服下卡拉斯看起来很难用美丽来形容；她的皮肤状态甚至可以用灾难来形容；她不熟悉斯卡拉的舞台，米兰观众们期待卡拉斯苗条美丽的竞争对手，后者的声音实际上要比卡拉斯的声线更加“柔滑”。演出之夜并不成功。苔巴尔迪的仰慕者们失望而归，他们接受不了卡拉斯撕裂的音调带来的奇特效果。为了更加强调“戏剧的激烈性”、突破约定俗成的演唱方式，卡拉斯着重渲染了音色的中断。她遭到了观众们的嘘声。但是擦干眼泪后，卡拉斯身上始终蕴含着超越自我的强烈需求。她的欧洲巡演赢得了毋庸置疑的成功。

女歌唱家得到了肯定，但是作为女人的她始终缺少一些东西——对自己外表的自信。舞台之外的卡拉斯始终脆弱。婚姻令她感到失望，卡拉斯很快就感觉自己被剥削多于被爱，她的母亲通过写信骚扰她，管她要钱、提出要来意大利找她。卡拉斯则由于自己孤僻的性格迅速树敌，这些敌人给她起了个外号，称她为“母老虎”。终于，一波接着一波的巡演让卡拉斯精疲力竭。1953 年——她 30 岁的这一年——是具有决定性意义的一年。卡拉斯结识了迷人的维斯康蒂[①]，后者唤起了她对爱情的渴望——这份未知的爱情和激情，她为这份爱的张力和魔力而歌唱。几乎在同一时间，卡拉斯注意到了电影《罗马假日》中的奥黛丽·赫本，这给她传递了一个她期待之中的信号，只有着手努力改造自己的外形，她才能真正让自己的双重生活和谐共处。与她扮演的戏剧女主角形成鲜明对比的是，玛利亚身上保存着一种清澈、天真和冲动。她意志坚定地决心成为一个窈窕女精灵，开始进行残酷的节食：在 1953 年至 1954 年这段时间里，卡拉斯减掉了 30 多公斤体重。

玛利亚一点点发现了美丽这个奥秘。她修长纤细的侧影、她优雅的脖颈、她的吸引力，以及她具有感染力的笑容，这些从此以后都为她吸引了各种知名服装设计师的目光。卡拉斯不再生硬不自然。她学习如何化妆、如何做发型、如何穿细高跟鞋。得体的裙衫、珠宝和皮衣，这些在不久后就把她变成了“全世界最优雅的女人”。她终于成为梦想中的自己。米兰拜倒在她的脚下，不仅如此，还有芝加哥、柏林、伦敦、爱丁堡、巴黎、达拉斯和纽约。作为女人的卡拉斯光耀四射，亚里士多德·奥纳西斯追求的正是这位耀眼的歌剧名伶，万千闪光灯下的卡拉斯。1959 年 7 月，奥纳西斯邀请卡拉斯乘坐他的“克里斯蒂娜 O”号邮轮出海远航。

---

① 卢奇诺·维斯康蒂，意大利著名导演。——译者注

致尤利西斯之爱

奥纳西斯是全世界最富有的男人，像卡拉斯一样，他也是镁光灯追逐的对象。他有着尤利西斯式的地中海魅力，他个子不高，却身形结实、嗓音迷人，他把自己的生活形容成一段史诗，奥纳西斯身上有一种大胆和放肆，在这种态度下，他的智慧变成了狡猾。奥纳西斯于 1905 年前后出生在奥斯曼帝国时期，出生于士麦那（伊兹密尔）的希腊城区，他白手起家，艰难积累起了自己的财富。在 1922 年土耳其人发起的战争中，奥纳西斯的部分家庭成员遭到屠杀，但是他死里逃生，从美国副领事处得到了一张通行证，凭此通行证，他可以进入美国领海。在雅典短暂停留后，奥纳西斯移民阿根廷，在那里做一些小营生。他对船只的热爱、偶然结识的关系以及希腊同胞们的帮助给他提供了机会，让他得以在 1931 年从加拿大政府处以低价购买了一批老旧货船，奥纳西斯开始经营航运，他周旋于竞争企业之间，让他的船队在巴拿马登记注册，以此逃脱沉重的赋税。七年后，奥纳西斯积攒了足够多的钱财，用来订购一艘巨大的油船。战争结束后，奥纳西斯把宝压在了能源领域，以及洲际运输上。得益于自己的数艘油船，奥纳西斯建立了庞大的财富。奇遇并非没有风险，他在美国进过监狱，最后不得不支付数百万美元重获新生。于是他选择将摩纳哥作为自己财富的窗口，“克里斯蒂娜 O”号正是在摩纳哥下水的。

奥纳西斯于 1958 年与玛利亚 · 卡拉斯相识，此时年轻的卡拉斯正处于事业的巅峰期，但是她没有志得意满，她的婚姻举步维艰。卡拉斯发现她大部分的演出酬金都进了米奈利吉的银行账户，后者借口是在为她理财，此时卡拉斯失去了对丈夫的信任。卡拉斯本人则被密集的演出节奏搞得精疲力竭，她强迫自己进行的极端节食可能也导致她身体虚弱，让卡拉斯在失掉体重的同时也失去了自己的嗓音。状态不佳的卡拉斯不得不取消一些合约。评论界没有放过她，评论家们坚称卡拉斯任性妄为，他们很高兴能够抬举她的竞争对手苔巴尔迪。至于奥纳西斯，他则喜欢女人，他也招女人们喜欢。奥纳西斯生机勃勃、幽默风趣又豪华奢侈，一头灰发让他魅力大增，他很愿意显摆自己的爱情建树，将此作为自己杰出成功的见证。奥纳西斯于 1947 年迎娶雅典娜·利瓦诺斯——后者又名美丽的蒂娜，她的父亲是全世界最富有的船东之一。奥纳西斯和雅典娜育有一女，随后又生下了一个小男孩。两人的婚姻十分自由开放，“为了孩子们的利益”，双方的外遇都没能终止这段婚姻。

然而卡拉斯与其他竞争者不同，奥纳西斯对这位杰出的希腊同胞印象深刻，她用自己的品格和决心克服了如此多的障碍。奥纳西斯受邀出席著名美国女记者艾尔莎·麦斯威尔举办的一个舞会，他让人给卡拉斯送去了一个盛有 30 朵红玫瑰的花篮。先是在伦敦，随后又到了巴黎，卡拉斯下榻的酒店房间里装满了花束。家财万贯的船东奥纳西斯被她征服，他承认自己并不热爱歌剧，但是卡拉斯为角色注入的戏剧张力让他“为之震惊”：卡拉斯和他是一类人。面对丈夫对歌剧名伶的热爱，奥纳西斯的妻子蒂娜不可能一无所知。此外，蒂娜自己也和一位比她年少的男子有着一段恋情，因此当奥纳西斯邀请米奈利吉夫妇去他的游艇上出海时，蒂娜并没有表现出过度担心。被诱惑、被奉承的卡拉斯在踌躇之中，随后她就回绝了对方的邀请，她惧怕丑闻，到目前为止，她一直都是忠贞的妻子。是卡拉斯的丈夫说服她接受奥纳西斯的邀请，没有人会拒绝和一位如此有权势之人发展关系。奥纳西斯进行了精心安排：1959年6月，卡拉斯在科文特花园进行《麦迪亚》的首演，奥纳西斯为所有宾客购买了首演票，演出后，他专门为卡拉斯组织了一场招待会。第二次演出后，奥纳西斯多次与卡拉斯会面，送给她贵重的礼物，这些所作所为似乎并没有引起米奈利吉的不快。他们的游艇巡游之旅定在7月。

“克里斯蒂娜O”号停泊在蒙特卡罗，奥纳西斯是摩纳哥王子雷尼尔的朋友，他掌握着摩纳哥海事银行大部分股份。王储和格蕾丝王妃在“克里斯蒂娜O”号上用晚餐。第二天，轮船在晴朗的天空下缓缓驶向卡普里。丘吉尔及其夫人也在受邀之列。由于米奈利吉忍受不了航行颠簸，于是他下船休息，并加入到了欢迎首相夫妇的人群中。几乎可以确信的是，卡拉斯和奥纳西斯的恋情是上个月在伦敦开始的。两位爱侣毫不避讳，手挽手在甲板上散步。受晕船折磨的米奈利吉很想回米兰，但是处在喜悦之中的卡拉斯没有让步。蒂娜一方也没有对这个情形表示不快，阳光、风平浪静的海面、娱乐，以及交流带来的喜悦，这些让人相信卡拉斯和奥纳西斯两人都感到欣喜惬意。然而蒂娜突然打断了这对爱意正浓的情人，并且将此事告知了米奈利吉。丈夫巴蒂斯塔要求妻子作出解释。卡拉斯的回答简单且直接，“我爱他”。

从意大利回来后，爱情的高温没有褪去。奥纳西斯识破了狗仔队们的诡计，于是他乘坐私人飞机来米兰看望卡拉斯。卡拉斯是一位朝气勃勃的爱人，她为自己的身体感到骄傲，很高兴能把自己的荣光献给情人。柏拉图曰，“当我们与爱人四目相对之时，我们在对方眼中看到的是自己”。爱情、美丽和成功在他们两人的目光中流转、增强。一切都让年轻的卡拉斯欢喜不已——庆典、昂贵的礼物、手镯、毛丝鼠皮毛大衣、奥纳西斯的爱抚、奢华，以及炽热阳光下的闲逸。卡拉斯已经准备好缩减自己的音乐会行程，以便可以陪伴情人旅行，她听从奥纳西斯的意见选择巡演。父亲乔治和姐姐杰奎琳来到游艇上看望卡拉斯。卡拉斯以家中女主人的身份在“克里斯蒂娜 O”号上接待上流社会的精英名流、银行家、贵族，还有阿迦汗王子，她不费吹灰之力就引人注目。卡拉斯在埃皮达鲁斯为船王演唱《诺尔玛》，她的歌声让沉醉其中的船王泪流满面。卡拉斯是一个完整的女人，她不熟悉退让，也不懂说谎。当她向丈夫米奈利吉宣告，她会去和情人生活在一起，甚至不等通过离婚来让他们的关系正常化时，卡拉斯勇敢地面对着大发雷霆的米奈利吉。卡拉斯要面对众多关于财产分割的激烈争执，还有接下来要走的司法程序，得益于这些手续她才能再婚——卡拉斯的宗教信仰和美国国籍有悖于希腊法律，这成了开始诉讼的绊脚石。至于希腊人奥纳西斯，他则一点都不着急，他尽可能地推迟公开宣布和蒂娜分手的时间。

初次流泪，初次警醒

幸福的年月中也伴有黯然神伤。奥纳西斯是个不知疲倦的旅人，醉心于自己的生意，他把卡拉斯安置在巴黎的丽兹酒店，但是却很少去陪伴她。当雷尼尔和格蕾丝出于体面，拒绝赞助她在摩纳哥的演出时，卡拉斯倍感失望。母亲埃万吉莉亚滥用职权，她写了一本关于女儿的回忆录，书中充斥着谎言和令人烦扰的故事，并以此赚钱。最后，不仅亚里士多德不再提及让两人的关系正常化，就连八卦小报也在告诉卡拉斯：奥纳西斯和蒂娜面对面用午餐。报纸声称卡拉斯和他的关系走到了尽头。如此多的伤感话题都解释了为何歌唱家卡拉斯正在经历一场神经质的抑郁。然而，还是有好消息的，蒂娜终于离婚并再婚了。卡拉斯在巴黎的乔治－曼德尔大道上得到了一栋安身住所。奥纳西斯性欲旺盛，不容置疑的是，两人相处得很融洽。但是卡拉斯年近四十，在体会过作为女人的幸福后，她想成为母亲。亚里士多德给出了明确拒绝。他也没有和卡拉斯多提结婚的事。卡拉斯发现了自己情人的阴暗面和他易怒的性情，以及一种无须怀疑的野蛮。

歌唱家卡拉斯继续登台演出，尽管她感到倦怠、健康状况不佳——脆弱的窦道让她感到身体不适，有时候会失声。1962 年 5 月，卡拉斯受邀在纽约麦迪逊广场花园为美国总统约翰·肯尼迪的 54 岁生辰庆典献唱。奥纳西斯在 1958 年在游艇上接待丘吉尔夫妇的时候同时也接待过肯尼迪夫妇，他鼓动卡拉斯接受邀请。卡拉斯演唱了几段《卡门》中的选曲，得到了观众们的热烈掌声，但是她被随后姗姗来迟的玛丽莲·梦露比了下去，身着一件紧身亮片裙的梦露耀眼夺目。肯尼迪阵营的所有人都在场，除了杰奎琳——她不想在丈夫情妇哼唱著名的“生日歌”时出现在公共场合。总统和女演员梦露的荒唐行为人尽皆知，卡拉斯违心出席了随后举办的盛大宴会。结束后卡拉斯很快就乘飞机前往米兰，因为她要在斯卡拉歌剧院演绎一个出色的“麦迪亚”[①]。她再也不想远离自己的情人，卡拉斯对爱情很苛刻。鉴于卡拉斯在 1963 年春夏有多场演出计划，奥纳西斯提议两人一起趁着几周的空闲时光乘船出海。一同出行的还有丘吉尔夫妇、拉兹威尔亲王和他的妻子李：李非常美丽，她是杰奎琳·肯尼迪的姐妹——这

---

① 麦迪亚，凯鲁碧尼同名歌剧《麦迪亚》的女主人公。——译者注

是一段值得培养的关系，船王对这段关系抱有特殊关照，这种关照并不仅仅限于生意范围。

对于卡拉斯来说，奢华的游艇再也不是天堂了。出海期间，奥纳西斯毫不掩饰对李的关照，他熟络地揽着李的纤腰——丈夫拉兹威尔凭借着送给妻子的大堆礼物，并没有陪伴她一起出海。航行结束后，卡拉斯回到了巴黎，然而与此同时李却在雅典停留，奥纳西斯会去雅典与她会合。记者们对这位百万富翁的新战利品大书特书，也没有忘记向他提出关于和歌剧女神卡拉斯的恋情问题，“我们两人是亲近、亲密的朋友”，奥纳西斯给出了闪烁其词的回答。不久后，受邀参观游艇的人就变成了杰奎琳·肯尼迪和她的姐妹。美国第一夫人刚刚痛失了她的新生儿帕特里克，她需要休息和散心；出海日期被定在 1963 年 10 月。

卡拉斯没有太过担心，她赞同自己的情人努力谋求和美国总统搭上关系，更让她害怕的是李也在游艇上。然而从另一个层面上讲更加令人痛苦的伤害正在等着卡拉斯：奥纳西斯突然请她放弃参加这次航海。诚然，这只是一个礼节问题：美国的社交礼仪过于拘泥，他们在看到一个离婚的美国女人以女主人的身份出现在总统夫人和所有媒体面前的时候会感觉受到冒犯。卡拉斯受到了残忍的凌辱，虽然的确并非出于所愿，但她仍然可以忍受自己婚外情女性的现状。杰奎琳身着比基尼在甲板上沐浴阳光的照片遭到了狗仔队们的大肆报道，流言蜚语开始传播开来。杰奎琳是媒体竞相追逐的对象。卡拉斯谨慎地让自己理智下来，美国第一夫人不可能违背自己对丈夫的忠贞责任。在卡拉斯眼中，俏丽的李才是一位更加危险的诱惑者。卡拉斯精力充沛地重新投入工作之中，为年底的演出做准备。然而，想象力是一片肥沃的土壤，卡拉斯可以预感进入她宽敞卧室的女人做出的每一个手势、走出的每一步步伐。1963年11月22日，发生了一个大事件，美国总统约翰·F. 肯尼迪在达拉斯遇刺身亡，当时他正坐在一辆无顶盖老式轿车里在城市中通行。全世界的广播和电视都转播了总统的葬礼，年轻的遗孀美丽庄重，她的两个孩子卡罗琳和小约翰紧紧围绕在她身旁，一起护送灵柩。看到这样的景象，谁不会为之动容？杰奎琳一直被肯尼迪家族严加监管，但从此以后她就是一个自由的女人了。奥纳西斯不再与李会面，也许他已经厌倦了，他把更多的时间用来陪伴卡拉斯。随后两人一起在蒙特卡洛的“克里斯蒂娜O”号上庆祝了圣诞节。

爱情还是生意？

根据卡拉斯两位密友的坦述，当时卡拉斯正在经历人生中最痛苦、最悲伤的考验。她告诉情人自己怀孕了。最初的震惊过去后，卡拉斯本想看到奥纳西斯的幸福欣喜。但实际情况是，奥纳西斯目瞪口呆，把卡拉斯紧紧搂入怀中。他仅仅满足于向卡拉斯指出她已经40岁了，他64岁，而且他们没有结婚，“婴儿的降生很可能会导致二人分手”。七天后，卡拉斯在巴黎住院，名义上是治疗疝气，但这次入院极有可能是为了堕胎。奥纳西斯回到摩纳哥，忙于生意，但是他着人送给卡拉斯一串富丽堂皇的项链。

歌剧名伶正在经历生命中的悲痛阶段，在此期间她的人生信条一个接着一个的破碎。爱情成了生意的绊脚石。1964年，船王奥纳西斯遭遇了一次严重的金融挫折。这位百万富翁没有支持王储雷尼尔为摩纳哥公国制订的发展计划，这让王储大为不满，王储将摩纳哥海事银行60万股归为国有，成了该银行的最大股东，就此让奥纳西斯持有的股份贬值。后者失去了作为主要股东的否决权，奥纳西斯不得不把剩下的股份以低价卖给王储，和支票一起到账的还有一则王储的公告，宣布“克里斯蒂娜O”号从此无权在摩纳哥下水。这让十年的生活付诸东流，奥纳西斯最近刚刚购买了斯科皮奥斯岛，这座小岛距离伊萨岛十公里远，它和“克里斯蒂娜O”号一起都是奥纳西斯真正的家。不久后，奥纳西斯的一位老朋友维尔戈迪斯向船王建议，让他建立一个用于购船的借贷体制给卡拉斯买一艘船，同时建议他给卡拉斯更多一点的财务自由。这是一个值得称赞的计划，但是从1965年1月开始，事态变得糟糕。易怒的奥纳西斯指责卡拉斯天真且冒失，他也和维尔戈迪斯发生了口角。

就像往常一样，卡拉斯在工作中找到了些许安宁。她全情投入地挖掘角色的灵魂。但她有时候会为自己的嗓音焦虑，因为有时候她会声音撕裂、会短时间喘不上气，“反卡拉斯小集团”不放弃一切机会给她喝倒彩。每一次演出都事关她的职业生涯，不过大部分时候，卡拉斯浓墨重染的音色和强烈的戏剧张力都让观众为之折服，为她鼓起热烈的掌声。然而作为女人的卡拉斯已经抱恙，她痛苦地忍受着日常孤独，日渐消瘦，出血症让她身体虚弱。一天晚上，她甚至昏倒在舞台上。忙于生意无暇分身的奥纳西斯终于开始担心了，他陪伴卡拉斯到伦敦，但是这次本该成为让爱火重燃的旅行却被两人的争吵毁掉了。奥纳西斯会羞辱卡拉斯，有时还辱骂她。

卡拉斯继续毫无保留地爱她的尤利西斯，她的幸福取决于他，就像佩内洛普[①]一样，卡拉斯对爱人的不忠睁一只眼闭一只眼。为了能够推进和

① 尤利西斯的妻子。——译者注

米奈利吉的离婚程序，卡拉斯放弃了自己的美国国籍，加入了希腊国籍。在经历了七年的司法程序后，卡拉斯终于于 1965 年接到了二人正式离婚的文书，然而，她的喜悦却已失色。卡拉斯明白奥纳西斯是多么反对再婚。目前，她认为应该谨慎地不要提起这个话题，为了能够陪伴爱人，卡拉斯还小心翼翼地减少了自己的音乐会演出。1965 年 7 月，是卡拉斯最后一次出现在科文特花园的舞台上。奥纳西斯用自己的方式依然爱着卡拉斯，他时而温情，时而强硬。两人之间爆发了激烈的口角，因为两个人都不能控制自己的情绪，但是他们同样也经历了重归于好的喜悦。在 1966 年至 1967 年这段时间里，奥纳西斯经常不在卡拉斯身边。他悄悄地数次跑到大洋彼岸，按照奥纳西斯的说法，他和美国政权有一些纠葛，美国行政机构控告他没有交付麾下油船的税务。是不是李把他留住了？卡拉斯对此视而不见。她如何能够推测出所谓的“美国政权”其实是肯尼迪遗孀美丽的双眼和魅力？

因为，奥纳西斯在暗中背着所有人会面的正是杰奎琳·肯尼迪。两人在纽约、巴黎和斯科皮奥斯岛上悄悄约会。罗伯特·肯尼迪曾经告诫过自己的嫂子，她的恋情很可能会重创肯尼迪家族，并且严重阻碍他的白宫之路。然而和玛利亚一样，他从来都没有想过奥纳西斯会成为配得上美国第一夫人的追求者。杰奎琳自己则不想违反家族法则，所以她继续私下密会奥纳西斯。两人每次约会时，杰奎琳都会悄悄走员工入口。小报记者们可没有那么能守口如瓶，各种关于与她私会的神秘男子的传闻满天飞，杰奎琳和奥纳西斯的名字常常一起定期出现在报纸上。1968 年 3 月，有人撞见二人一起在纽约一所著名的希腊餐厅用餐。

奥纳西斯很少会放弃。作为一个追逐女人的男人，他在收集自己的战利品。奥纳西斯并非冷漠无情，但是他情欲旺盛，而且他总想赚取更多的钱财、更多的荣耀、更多的征服。在征服歌剧皇后之后，没有什么能比美国第一夫人更能让他志得意满的征服对象了。鲜花、精致的晚餐、表白、礼物，奥纳西斯深知爱情的节奏。卡拉斯对此一无所知。致命一击在她毫无准备的情况下给了她当头一棒。作为一个行动者和统治者，奥纳西斯选择不容分说地快刀斩乱麻，他平静地向卡拉斯宣布自己已经向杰奎琳·肯尼迪求婚了。为了软化这个消息带来的震撼，奥纳西斯补充道，“这里面没有爱情可言。我爱的人是你，但是我需要她”。卡拉斯目瞪口呆，瞬间石化。在共同度过了九年时光后，她就这样被三言两语给打发走了。奥纳西斯不愿意看到他给卡拉斯带来的痛苦，这个女人从未停止过对他的爱。他有同样的情感吗？也许奥纳西斯愿意同时把这两个女人都留在身边，但是他首先考虑到的是自己的生意，想到的是和美国税务局的纠纷；也许他的脑子里甚至只是想着要报复美国，报复这个在他年轻时粗暴地对待他的国家。对于玛利亚这个充满热情的女子来说，她对家庭、对婚姻、对孩子的渴望，就这样跌入了深渊。卡拉斯痛哭流涕，此时奥纳西斯给了她最后一击，为了不得罪美国，两人必须终止见面。

1968 年 6 月 5 日，罗伯特·肯尼迪遭到刺杀，再也没有什么可以阻止这桩美式婚姻了，10 月 20 日，奥纳西斯和杰奎琳在斯科皮奥斯岛上举行了婚礼。各种没完没了的合约谈判要比婚礼时间漫长得多。卡拉斯通过媒体得知了二人成婚的消息。她把自己关在寝室里，她感觉遭到了别人的报复，至于杰奎琳·肯尼迪的结婚动机，她是一位以爱慕奢华而闻名的女子：“亚里像克罗伊斯[①]一样英俊。”杰奎琳是在寻求一位富有的庇护者，以及在经历了

① 克罗伊斯，生于公元前596年，梅尔姆纳德斯王朝的最后一位国王。在法语中，Crésus又有“富豪”之意。——译者注

两桩刺杀后，带着孩子离开美国。在美国人眼中，杰奎琳·肯尼迪跌下了神坛。

为什么这样的事情会发生？

卡拉斯万念俱灰、身体抱恙，她的梦想破灭了。位于乔治－曼德尔大道的居所窗帘禁闭，她再也不能克制自己的泪水。这个曾经赢得过如此多胜利的女子，这个抵抗住了自己贪婪的母亲和拿她当摇钱树的寄生虫的女子，她战胜了自己的体重，战胜了为了一点瑕疵就要将她打入谷底的观众，战胜了歌剧这门“能让人疯狂”的苛刻艺术——她就这样被奥纳西斯的过火言行击垮了，被她自己盲目的激情，以及对于爱情的幻想击垮了。她同时是托斯卡、诺尔玛、麦迪亚、伊索尔德和吕茜，是所有这些经她演绎过的悲怆爱人，然而奥纳西斯现在和未来都始终会是她唯一的爱。

然而生活没有结束，卡拉斯也不再美丽。伴随着情伤，卡拉斯还意识到时间的流逝，以及她的声音大不如前。1969 年，玛利亚·卡拉斯结识了导演帕索里尼，后者和她一起将《麦迪亚》搬上了大银幕。她以工作而生，为工作而生，卡拉斯又进行了几次全球巡演，面对座无虚席的剧院，接受男高音歌唱家德·斯泰方诺的鼓舞和激励，她和后者在一起的时间越来越多。奥纳西斯在结婚不久后就想再见到卡拉斯，他没有向卡拉斯隐瞒——他和杰奎琳的婚姻时好时坏，完全是一段失败的婚姻，并且他已经请律师帮他着手离婚了。杰奎琳疯狂地花费数百万美元购买珠宝和华服。奥纳西斯此时也许是在考虑“捡回”卡拉斯。根据一些朋友的所见所闻，卡拉斯和奥纳西斯可能又成了情人，甚至还是热恋中的情人。伟大的歌剧名伶在巴黎过着低调、平凡的生活，几位朋友和忠诚的仆人，还有两只卷毛小狗陪伴着她。

年迈的尤利西斯没能逃脱厄运，他的女儿尝试自杀，儿子在一次飞行事故中丧命。奥纳西斯本人在雅典也经历了一次身体不适，他提出要回到法国，在讷伊医院接受治疗。卡拉斯不是正在巴黎生活吗？与浪漫丝毫不沾边的夫妻关系越来越坏。杰奎琳来医院看望了一次奥纳西斯，随后就回到了美国。卡拉斯在其家人不知情的情况下得以来看望了他一次。奥纳西斯于1975年3月15日死于肌无力症。卡拉斯也只剩下两年的生命，为了抵御忧伤和抑郁，她喜欢听曾经的录音，喜欢和几位朋友在一起。卡拉斯拒绝演唱，但是她却保留了一颗少女之心。

“为什么这样的事情会发生？”，卡拉斯这样问道。在一个虚伪的世界里，卡拉斯保持真诚，在这个媒体名人、利益、金钱和诡计至上的时代，她曾经想要忠于伟大的爱情。她没有成为奥纳西斯夫人，她永远都是伟大的卡拉斯。

查尔斯和戴安娜

忠于自我

“我们的爱情脱离了它的初衷。”

普鲁斯特，《重现的时光》

威尔士亲王查尔斯和王妃戴安娜的故事始于童话。戴安娜是那个时代许多女孩的典范。年仅19岁时，命运的安排让她走上了一条非比寻常的道路——她即将成为未来的英国王妃。然而王妃美妙传奇的人生也免不了要经受日常生活的打磨，遭遇所有夫妻之间都会遇到的嫉妒、厌倦等情绪，也会像所有因为爱情而结合的伴侣一样，为了婚姻而孤注一掷。虽然她的未婚夫查尔斯属于权力阶层，但彼时他也还只是继承人的身份。查尔斯的未来责任重大，充满了不确定性，他眼下的生活一成不变，却也舒适惬意，王储的生活就在这两极之间飘忽不定。狗仔队窥探着他们这对年轻伴侣的一举一动，两人之间任何一个小小的异常都会被捕风捉影。众目睽睽之下，这段感情逐渐偏离正轨，成为一出悲剧。

择偶

20世纪中期，一位皇位继承人的婚姻基本上不存在任何偶然性，而且与激情无关。不列颠上流社会那些貌美、受过良好教育的年轻女孩们都可能成为未来王妃的人选。70年代末，很多这样的姑娘都梦想嫁给查尔斯这位全欧洲最有魅力的男士，竞相争当未来王妃。每年伦敦社交季皇室都会邀请一批这样的年轻小姐来参加狩猎活动和皇家游艇“不列颠”号上的晚会，或者在白金汉宫举行的招待会。伊丽莎白女王和丈夫菲利普亲王丝毫不掩饰对他们儿子轻率行为的不满。英国皇室需要他们的继承人结婚，然后为人父。然而30岁的查尔斯虽然经常轻易就坠入爱河，但却是一个根深蒂固的单身主义者。他那时已经追求过戴安娜的长姐萨拉，不过这段情缘并没有持续多久。他有过多位情妇，由于女方已婚的身份所以这些感情并未公开。特别要提到的是，查尔斯于70年代初认识了一位年轻女子，并且和她秘密地保持了长期稳定的联系，该女子还陪查尔斯出席各种活动。这个人就是卡米拉·帕克·鲍尔斯夫人。虽然这个现状看起来有些尴尬，但不得不承认这种情况在皇室家庭中其实司空见惯，更何况未来一段美满的婚姻就会让曾经的秘事烟消云散。

查尔斯第一次见到戴安娜是在1977年年末的一场狩猎活动中。狩猎结束后还举行了一场舞会，戴安娜的长姐萨拉那时看上去更受王子青睐。那时的戴安娜只有16岁，是个无忧无虑且充满活力的姑娘，她那时没有任何顾虑只想着玩个痛快。之后回想起那段时光，戴安娜觉得那时的自己“又矮又胖”，还有点笨拙。不过可以肯定的是，查尔斯当时一定很喜欢她身上的欢乐和活力。一年之后，1978年6月戴安娜受邀出席一场在白金汉宫举办的晚宴，那时姐姐萨拉和查尔斯的感情基本已经画上句号了。那时候戴安娜即将年满18岁，她兴高采烈地只想独立，做一个快乐的单身女孩儿。

戴安娜是第八代斯宾塞伯爵之女和女王的见习骑士之女，她是一个单纯的女孩，身材高大，漂亮美丽、热爱运动，比较害羞。戴安娜喜欢动物和孩子，还喜欢跳舞、弹钢琴，相比于钻研学业，她更喜欢家务工作。戴安娜在念完中学三年级后就终止了学业，从而可以更自由地进行自我完善。她有两个姐姐——萨拉和简，还有一个弟弟查尔斯。戴安娜貌似幸福的童年其实经历了一件悲剧事件：她的父母离婚了。斯宾塞夫人离开了自己的丈夫，于1969年再婚。如果说两位已经长大的姐姐平和地接受了父母的离异，时年7岁的戴安娜还有小查尔斯会在以后很长的一段时间里都感觉自己受制于父母一方。戴安娜的母亲住在伦敦，所以她把女儿送到了伦敦的一所走读学校，随后戴安娜又到离父亲家不远的一所学校上学，她在父亲和母亲之间辗转度过假期，父母之间的讨论经常变成争执。戴安娜少年时期经常伴有厌食症，这些症状是不是因这段伤心时光引起的？1977年，父亲斯宾塞伯爵再婚，戴安娜也逐渐独立。她去瑞士学习家装精修，随后回到伦敦，在父母的经济资助下，戴安娜于1979年和两个最好的朋友一起合租了一间公寓，公寓位于科勒赫尔尼街的一栋私人公馆里。这是一段自由又快乐的时光，在这段时间里，年轻的戴安娜和一群同龄人青春焕发，过着幸福愉快的日子。她为人慷慨，乐于助人——戴安娜甚至去姐姐家做家务——在工作日期间，戴安娜在一所幼儿园做老师。正是在这时，也就是1979年的圣诞节期间，她正式受到皇室邀请，去桑德灵厄姆和他们共度2月的一个周末，桑德灵厄姆是女王在诺福克的住所。

查尔斯王子则正在竭力从一段动荡不安的短暂恋情中抽身。王子最大的愿望应该就是能继续自己平静的生活：打马球、钓鱼、狩猎，再加上履行些许“职业”义务。他的感情生活则留给了卡米拉·帕克。但是女王催促查尔斯成婚。那么为什么不选这位招人喜欢的小戴安娜呢？皇室家族看起来很喜欢她。戴安娜比查尔斯小12岁，这个年龄距预示着她具有更多的灵活性和适应性。王子邀请戴安娜去阿尔伯特音乐厅听音乐会、去“不列颠”号上看船赛。终于，在1980年9月初，查尔斯邀请戴安娜到巴尔莫勒尔堡，这是温莎皇室位于苏格兰高地的“家宅”。两人促膝长谈，戴安娜的快乐和纯真给查尔斯带来了不少乐趣，戴安娜笑容迷人，她所展示出的羞怯是因为她接受过良好的教育并且性格稳重。王子在不久后就开始公开追求戴安娜。激动又不安的戴安娜很庆幸能回到她位于科勒赫尔尼街的避风港，和一群可以说笑的朋友们一起开各种各样的玩笑。摄影师们下定决心不放过戴安娜这个猎物，朋友们帮她逃脱摄影师的长枪短炮。

表象背面

王妃戴安娜？很显然，戴安娜的父母只会对他们小女儿的命运欣喜若狂。然而，日后在与记者安德鲁·莫顿进行的一次访谈中，戴安娜对其说出了自己最隐秘的秘密，莫顿此后精心撰写了戴安娜的传记。访谈中，戴安娜承认自己“目瞪口呆”，面对这个被安排好的未来，她几乎对此感到不适。戴安娜的私生活的确发生了天翻地覆的变化，记者们凌晨两点给她打电话，并且在戴安娜出行的时候尾随她、骚扰她。虽然接受过最好的教育，但是戴安娜对皇室的一些礼貌习俗十分陌生，他们的冷淡和成规让她担心害怕。对于自己将来作为皇室继承人配偶和母亲将要履行的职责和任务，戴安娜只有一些模糊的概念。然而，与查尔斯的接触让戴安娜放下了焦虑，到目前为止，她还从未有过恋爱经历。查尔斯有时候会情绪低落，不过大多数时间都很风趣，他被一群阿谀奉承的人包围着，戴安娜感觉自己可以为这位年轻男子付出她力所能及的所有的爱。戴安娜不知道卡米拉的存在。两人的官方订婚仪式在温莎举行。从今以后，戴安娜就是皇室一员，住在克拉伦斯王府——这是查尔斯的母亲，女王陛下在伦敦的住所。

戴安娜更积极地参与到未婚夫的日程活动中，此时等待她的是严酷的考验。戴安娜比较迅速地融入了查尔斯王子身边的朋友圈，还和这个圈子里众多年轻姑娘中的一位发展了更为亲密的友谊，这位姑娘向戴安娜透露了卡米拉在查尔斯感情生活中占有的真正地位：卡米拉不是一段短暂的艳遇，而是一段长久的关系，她已经深深植入王子的内心和生活习惯中，戴安娜新晋未婚妻的身份丝毫不会动摇卡米拉的地位。戴安娜撞见查尔斯和卡米拉两人在打电话，谈话内容让他们二人的关系一目了然。戴安娜不得不忍受和这位女士面对面用餐，这是一顿名义上“友好”的餐会。两人把话说开。戴安娜得知查尔斯和卡米拉共进午餐，王子还送花给卡米拉，还给她打电话。查尔斯着人为卡米拉定制了一根金链，链子上面有一个用蓝色珐琅做的纪念章，纪念章上刻着的是缠绕在一起的 F 和 G 两个字母——两人出于谨慎，在通信中以别名相称，这两个字母正是他们的别名弗雷德（Fred）和格拉迪斯（Gladys）的首字母。如此多的受伤和疑问值得作出解释，然而这是一个暗礁潜伏的话题。戴安娜偷偷流泪，还时不时地遭受神经性暴食症和失眠的折磨，她和查尔斯的私密时间很有限，婚礼准备工作带来的压力又让人精疲力竭。戴安娜处于惶恐不安中，脑海中反复划过一个念头——她盼望能够终止这个沉重的进程。未婚夫查尔斯则一切照旧，或者几乎没有改变任何生活习惯。在荆棘陷阱中探寻道路、谋求一席之地是戴安娜自己的事情。不过查尔斯同样明白如何表现得风趣、有魅力，除了订婚戒指以外，他还送给戴安娜一枚镌有纹章的戒指，上面刻着威尔士亲王的徽章，还有一句亲热的话语，“我以您为傲”。

1981 年 7 月 29 日，重要的一天来临了。这是一位童话故事里的公主：戴安娜身着一身象牙白丝绸婚纱，拖着七米长的裙摆，美丽动人。她相信幸福。欢乐的人群簇拥在她身旁，人们陶醉其中，用欣喜的目光目送戴安娜被父亲挽着手，跨过圣保罗大教堂的门栏。在所有的照片里，新婚夫妇都看上去十分恩爱，欢乐的人群为他们喝彩。两人乘坐皇家游艇在地中海航行，这次出海为王妃的“见习”生涯画上了句号。阳光照耀下的古铜肤色还没有褪去，夫妇二人就回到了位于巴尔莫勒尔的住所。伴着秋季的迷雾，戴安娜很快就必须要面对严酷的现实。

成婚意味着坠入五里雾中。戴安娜不仅是一位20岁的年轻妻子，她还是在保镖看管下的皇室殿下，女士们要向她行屈膝礼，男士们要向她鞠躬。等待戴安娜的是被置于公众目光下的做作生活，蜜月旅行中伴随着官方晚宴，这只能让这种生活提前到来。一条无形的锁链把戴安娜和真实的世界隔绝开来，在公众目光的背后还有卡米拉的阴影笼罩在戴安娜左右。在努力尽其所能适应自己的新角色的同时，戴安娜拒绝披上这层华丽的外衣，成为皇室偶像。戴安娜身上的某种东西并不认同她在公众面前展示出来的形象：她必须以笑容满面、幸福美满的形象示人，成百上千的记者用长枪短炮对着她，向英国民众传播她的形象，民众们愿意相信幸福。她的面庞出现在各种各样的杂志上，民众喜欢她的单纯清新。然而笑容背后隐藏的是悲伤的事实：戴安娜没有私生活，她所有的私密空间都被各种教条桎梏挤压，这些成规是所有真诚交往的障碍；在她作为妻子的生活之外，戴安娜没有保持足够的距离来接受她的新角色所必须做出的牺牲，但她的婆婆女王陛下深知如何扮演好这样的角色。戴安娜是个爱丈夫的妻子，她期待能从王子那里得到同等的爱。

参加活动、投身于公共事业也许可以拯救戴安娜，但是没有一个人能够帮助她，也没有人给她提供建议。皇室家族厌恶表露情感，对于戴安娜所作出的努力，他们保持距离，且漠不关心，至少表面上看是如此。至于查尔斯，他则注意保持谨慎体面的行事作风，他时而顺从，时而恼火，时而想要逃避困难投入卡米拉的怀抱。不过查尔斯有时也会向戴安娜发出友好信号，和她一起去巴尔莫勒尔山间散步，给戴安娜大声朗诵他自己喜爱的文章，只是查尔斯缺乏想象力。他的确是一位有责任心的男子，但是责任让人失掉本心。戴安娜不稳定的神经、她的真诚，以及她出于嫉妒而发的脾气，这些都对她不利。两人的婚姻逐渐变质，这个充斥着半真半假的迷宫唤起年轻的戴安娜童年时期的梦魇——自己父母的离异。戴安娜进入了一个暴饮暴食的恶循环，呕吐后紧接着又想塞满肚子，就好像食物可以淹没她的悲痛一样。自杀的念头频频出现在戴安娜的脑海中，她想从楼梯上摔下来。没有一个人来帮助她，就连被查尔斯唤到榻前的心理医生和她的密友们都没能帮助戴安娜走出困境。戴安娜被记者围追堵截，她是这座巨大宫殿里的囚徒，宫殿被令人窒息的体制笼罩着，在这里，戴安娜孤独一人，被当成陌生人、被打压，在大臣和民众的关注下举步维艰，民众在爱戴她的同时也可以同样迅速地背弃她。戴安娜没有任何可以护身的盔甲。

一位几乎寻常的母亲

1981 年 11 月 5 日，皇室正式宣布戴安娜怀有身孕。威廉小王子于 1982 年 6 月出生，哈利于两年之后，也就是 1984 年 9 月出生。所以，这些年焦虑时光中也有幸福美好的瞬间，妊娠期间的孕吐向皇室掩盖了戴安娜长久以来的暴饮暴食症，查尔斯在照顾宝宝们的过程中体会到了巨大乐趣，戴安娜成为了真正的女人和母亲。她想让孩子们在远离皇室造作生活的氛围下成长。查尔斯的弟弟安德鲁刚刚迎娶了戴安娜的一位朋友——欢快又轻浮的莎拉 · 弗格森，这位被好友们称为“弗吉”的女子搅乱了他们的日常生活——过不了多久，莎拉就会去违反皇室的体面底线。当戴安娜逃离温莎和巴尔莫勒尔这些金碧辉煌的监狱时，当她避开令人窒息的监管时，她的心情平复下来。她去寻医问药、喜欢上了星象学还有玄学，为了能够更好地掌控自己的生活，她重拾以前喜欢的活动，比如游泳、健美操，还有舞蹈。有时候，她还会尝试着像其他年轻女人一样在伦敦的街上购物。最后，当她必须陪伴自己的丈夫时，戴安娜尽可能地服从作为皇室成员需要履行的义务。她希望工作，用另一种方式为皇室的荣耀做出贡献，而不是通过她那些出现在杂志封面上的漂亮裙衫。

但是戴安娜很脆弱，她没有接受过高等教育，对自己也缺乏信心，夫家用居高临下的态度对待她，在不知不觉中蚕食她仅存的那一点自尊，戴安娜的尝试有时候像是在挑战，甚至成功也能让她不知所措。戴安娜的暴食症、她的泪水和她的抑郁情绪，这些都让查尔斯很恼火。如果他们的婚姻不会涉及如此沉重的使命的话，那他们之间爆发的可能仅仅只是平常的夫妻口角。在国外正式访问期间，比如对澳大利亚和加拿大的访问，戴安娜出色地完成了自己的角色，她也许表现得过于出色了——因为，当摄像机聚焦在她美丽的面庞上，让查尔斯被贬成了背景板的时候，戴安娜的优点反过来成了对她不利的因素。戴安娜并非出于本心要博得公众的爱戴和关注，她的人缘和声望让查尔斯心生醋意，只能更加加深她的孤独感。

戴安娜的私生活则始终笼罩在同一片疑云下。为了能够度过平静的假期，查尔斯之前在格洛斯特郡购买了一处房产——海格洛夫庄园。戴安娜发现这处房产紧挨着卡米拉的住地。这个像阴影一样的卡米拉显然对于查尔斯来说远远不止是一位朋友和一位知心人。在海格洛夫，这位“朋友”以家里女主人的身份待人接物，组织宴会。两个女人的躲闪丝毫不起作用，她们不得不面无表情地与对方正面交锋。一天，戴安娜忍不住将自己的想法全盘托出，“我清楚您和查尔斯之间发生的事情，我想让您知道这点。……请您不要把我当成傻子”（戴安娜王妃对安德鲁·莫顿的口述，《戴安娜：她的真实故事》，1992 年）。就这样隐忍多年的积怨突然爆发。威尔士亲王和王妃之间的关系变得越来越紧张，两人的相处时而剑拔弩张，时而漠不关心，他们分室而处，不再寻求步调一致。查尔斯表示无能为力，他并没有作出理解妻子的努力，两人共同的朋友们也不得不选择站队。戴安娜身边有几位忠诚的朋友，当站在她身旁的朋友是单身男性时，媒体就被激起了贪婪的八卦欲望。

王妃至少可以在两个问题上相信自己的本能：孩子们的教育问题，以及她作为王妃和女人，对遭遇生活变故的不幸之人应有的关怀。脆弱会导致敏感和感性，戴安娜的敏感和感性得到了充分发挥，每一次只要力所能及，她都会去拜访福利院和医院。她会给病人送去关怀的话语和小礼物、陪伴他们的家属、爱抚孤儿、拜访无家可归的流浪者，戴安娜不怕和病体发生身体接触，艾滋病带来的悲剧激发了她的怜悯之心。这种对不幸之人的共情能力没有任何生硬做作的成分，不仅为戴安娜带来了内心的平静，在帮助皇室和人民靠拢的同时，还证实了她对英格兰的意义。

人民的王妃

在经历了一连串的争斗和口角之后，王储和王妃的夫妻生活仅仅剩下了一纸空文，两个人都无力终止这些争论。结婚八年后，嫌隙变成了裂痕，在缺少共同信念的情况下，所有重归于好的努力都无济于事。查尔斯非常注重自己的形象，很久以来，作为王位继承人的他都是世界的中心，他接受的教育是为了让他准备好过上一种充斥着官方典礼的生活。查尔斯并非冷漠无情，只是他会抑制自己的感情，把它们隐藏在自己的玩笑和诙谐之下。溜须拍马之人的奉承、卡米拉的支持，再加上足以维持体面的表象，这些让查尔斯丝毫不用准备面对夫妻间的冲突。戴安娜则依然拒绝满足于在人前演戏。她的两个孩子去位于伯克郡拉德格罗夫预备学校求学，孩子们的离去让戴安娜感到更加孤独。1992 年，戴安娜年满三十岁，她成熟了，她深知自己的职责所在，深信自己除了在花园派对中闪亮登场以外，还可以以另一种方式真正服务于皇室。她只身前往巴基斯坦进行正式访问，努力准备演讲，勇敢面对政治辩论。戴安娜和女王的关系变得更加融洽。作为两位小王子的母亲，戴安娜不再是演戏的配角，她不准备放弃自己婚姻的根本。在心理医生、精神疗法医生，甚至还有星象学者的帮助下，戴安娜力所能及地努力接受自我。

1992 年 3 月，欢快的弗吉和其夫约克郡公爵正式离婚，这也许是个为事实鸣钟的时刻，这桩离婚掀开了皇室沉重的面纱。差不多 40 年以来，女王伊丽莎白都用一种沉静的威严履行着皇室职责，但是新一代人以一种正直的虚伪为由，不愿意为了礼节责任牺牲幸福和自己的生活。玛格丽特公主和安东尼·阿姆斯特朗·琼斯、安妮公主和马克·菲利普斯，还有现在的约克公爵和公爵夫人——这数桩皇亲国戚的婚姻都不得善终，他们或分居，或离婚，抑或是带着难以缝合的裂痕勉强度日。戴安娜见证了这些婚姻的瓦解，她拒绝让自己也成为这种体制的受害者，这是一个与时代脱节，且毫无灵魂可言的体制。但是戴安娜并非轻率之人，她可以估量媒体的力量，记者们会时刻窥伺丑闻，大新闻带来的反响会有损于皇室的形象。

因为，英国社会的传统及其主角所占有的地位很容易就会被撼动。今后皇亲国戚们的夫妻争端会被一幕幕呈献给民众。威尔士王储和王妃明白舆情是主宰，两个人都分别暗自寻求媒体的支持。他们的顾问相互竞争，为两人各自量身定制了日程表，并不排斥哄抬炒作，赞美一个人，就等于贬低另一位。摄影师们也被邀请加入战斗：查尔斯锁定了自己的慈父形象，成了一位关心儿子成长和教育的周全父亲，查尔斯之前极度缺乏魅力，这个形象让他稍稍弥补了这个缺陷；戴安娜则常常被说成是挥霍无度的女人。戴安娜一方则深知自己济世王妃的温柔形象、单纯的举止，以及对底层不幸人民的关怀可以博得民众好感；媒体很愿意将她描绘成“人民的王妃”。夫妻间处心积虑的竞争对两个人都没有好处。

对于这对夫妻面临崩溃的婚姻，皇室一族再也不能装作一无所知。在戴安娜以皇位继承人之母身份示人的最后这几年间，她发生了不容置疑的改变，她不再是一个为王朝利益牺牲自我的羞涩新手，而是威尔士王妃——一位受伤的女子、一位深知自己优势、一位渴望得到认可的女子。戴安娜想要说出真相。从 1992 年开始，当安德鲁和弗吉的婚姻走向尽头时，戴安娜集结律师和私人顾问，以便考虑正式分手，以及她可能以何种身份立足于皇室。不过她仍然小心翼翼地推进，戴安娜很清楚自己所作所为的严重性，她生活在恐惧中，担心会有人以王室利益的名义剥夺她对儿子们的抚养权。

一声惊雷

1992年6月7日，《太阳报》刊登了几段安德鲁·莫顿著作的节选，这本书是根据戴安娜王妃透露的隐情创作而成的，文章的发表带来了一声惊雷。文章题目足以博人眼球，“遭到查尔斯抛弃、走投无路的戴安娜五次尝试自杀”。文章披露，查尔斯王子和另一个女人有一段地下情，这个女人是摧毁他们婚姻的罪魁祸首，且戴安娜患有严重的暴食症和抑郁症。为了能够避免引起皇室怀疑，作者利用了一个中间人——王妃的一位朋友，作者交给他一张问题清单，让他用几个月的时间录下戴安娜的回复。在选择结束谎言生活的同时，戴安娜并未忽视这些披露会带来的后果，但是她下定决心保卫自己，用自己的方式行事。

此事立刻就引起反响，反响之大无异于一场震荡。从第二天开始，皇室一族就齐声将其称为背叛，并且采取了冰冷的态度。权力集团站在了戴安娜的对立面上，一些人将王妃描述成一个精神错乱、偏执妄想、歇斯底里且玩弄是非的女人，另一些人把他们编纂的小道消息兜售给报纸，重申卡米拉只是一位值得信任的好友，除此以外别无其他。每一天，媒体都在一点点的煽风点火，刊登有辱戴安娜的流言蜚语，以此让她失去信誉，还有一些背地里的录音传播开来。有人提起王妃的友谊以及婚外关系，一些陌生的姓名成了替罪羊。莫顿的书被书店禁止销售，但是丑闻的回声占据人们视线数月之久。民众的感情神经被波及，公众选择站队，人们相信一位被嘲弄的妻子所遭遇的婚姻不幸，以及一位被抛弃的母亲的痛苦，而且批判皇室成员的冷漠无情。

在最初的震惊过后，理性逐渐占了上风。戴安娜不想损害皇室利益，然而她更要让自己得到尊重。她常常可以从忠实的朋友那里得到他们的友好信号，朋友们帮助她抵挡压力。女王则意识到一波诋毁和中伤会对皇室稳定带来一些影响，女王从未赞同过查尔斯王子的行为，她担心离婚会给自己两位皇孙带来影响，所以必须要让双方进行沟通。于是女王和菲利普亲王在巴尔莫勒尔会见查尔斯和戴安娜，尝试找到一个可以接受的折中办法：查尔斯会离开肯辛顿宫，戴安娜此后只有在国家重要场合才会陪同查尔斯。1992 年 12 月，英国首相正式宣布威尔士王储和王妃分居。根据法律规定，必须要等待两年之后才可能提出离婚，然而没有人提及此事。

童话结束了。公主不想再做受害者，然而当她向孩子们宣布这个消息时，戴安娜泪流满面。她首先想到的是自己是一名母亲，因此她拒绝主动提出和查尔斯一刀两断。一些戴安娜的顾问也向她解释离婚会给她带来多么大的不利，离婚既有损于民意，又不利于戴安娜自身的行政、经济状况，如果戴安娜想要选择过上新生活，那她就需要王妃的光环。与之相反的是，查尔斯希望尽快澄清他们夫妻的状况，如果伊丽莎白女王遭遇不测，查尔斯则会登上皇位，他的妻子会成为女皇——因此，戴安娜必须放弃自己的王妃身份。这是两个集团的斗争，也是律师间的博弈。王妃头衔对于戴安娜来说意味着民众的爱戴，目前她深知如何博得民心。为了打破僵局，查尔斯同意在电视上回答记者提问，他最终承认了自己和卡米拉·帕克·鲍尔斯有婚外情。这一次，决裂不可避免。1996 年 8 月 28 日，两人将会公开宣布离婚。

我要做自己

远离公众视野、重建自己的生活、创造一个未来、理性合理地享受醉人的自由，这些对于“人民的王妃”来说是一个既艰难又振奋的赌注。戴安娜年轻富有、声名远扬又乐善好施，遭遇生活鞭打的她在经历了令人痛心的婚姻后威望和魅力大增——她的经历是很多不再相爱的夫妇都遭受过的痛苦。她接下来要做的就是找到自己真正的身份。戴安娜用她的美貌、优雅和魅力征服了民心，她在人道主义事业方面的深度投入让民众越来越爱戴她。媒体热切跟进戴安娜像《一千零一夜》一样的爱情故事，然而，身处皇室之外的戴安娜不允许让自己皇位继承人之母的身份遭到践踏。也许她能过上明星般的生活，或者成为所有不幸之人的使者？她的每一个抉择都不轻巧。因此，当 1997 年 8 月 31 日，戴安娜与当时的伴侣“多迪”，阿尔 – 法耶兹一起在巴黎命丧车祸时，她的悲惨命运让全世界为之动容，大批英国民众前来悼念他们的王妃。20 年后，民众对戴安娜的纪念和崇拜依然不减。查尔斯王子和卡米拉·帕克·鲍尔斯女士于 2005 年平淡再婚，为这桩悲剧画上了句号，将其变成了一段老套的故事。

不管是出于王妃的光环，还是出于其自身故事的特殊性，戴安娜王妃都代表着想要“过自己的人生”、拒绝被社会摆布的现代女性，“我要做自己”“我想要成为自己的主人”，她这样重复着。作为 20 世纪的偶像，她是所处时代的产物，在这个时代里，爱情是自尊心的决定性组成部分，对幸福生活的责任让爱逝变得难以忍受。在这条追寻内心真理的道路上，许多女性都看到了自己的影子，她们和戴安娜一样拥有证明自身价值的勇敢意愿，这正是一个极度个人主义的世界所衍生、所提倡的。

结论

内在性时代

爱情是承诺，爱情的本质决定了它要“一生一世”。两厢情愿为感情带来了神奇的色彩，让爱人在成为“对方”的同时仍然保持自我。每一个人都感到自己独一无二，希望被认可、被渴望，他们感到自己身上蕴藏着无限的可能性，并且终于得以展示自身所能。这个念头战胜了真实的欲望，根据生物学家的研究，欲望的真实性很可能取决于多巴胺含量。爱情的念想超越了爱人本身，这种念头抵抗我们根深蒂固的自我保护意识和坚定的性欲，作为一种发自内心的情感，爱情会让人心生遐想、进行升华。让爱情得以生长、成熟和延续的是爱侣双方。“爱情合约”是对未来的赌注，这个合约定在当下，建立在对过去的忠诚之上。

在过去的几个世纪里，一段爱情的解体会损害社会形象、不利于理性的结合、有悖于正直准则和道德风尚，还会扰乱各种各样的安排，只要这些危害还存在，“分手”就依然标志着失望和幻灭。不过分手只会有损于当下，它有利于重塑之后的生活。现代爱情悲剧直指人心，影响个体存在的身份问题，以及个体的思想、欲望、渴望和情感，现代情殇也因此更加让人神伤。分手导致的绝望注定会与爱情带来的期望成正比。伴侣之间的“我们”分裂解体成为两个孤立的个体，他们或漠不关心，或充满敌意，最后变成了对方眼中形同陌路的陌生人，只得在面面相对一言不发中禁锢自我。爱情，这个西方的伟大神话，是否正在走向衰竭？

最坚固、最平静的爱情关系也会在某一天经受悄悄潜入的外界诱惑。凯瑟琳·博西是女数学家和诗人，在七年的时间里，她与另一位诗人和思想家保罗·瓦莱里经历了一段炽热的激情，他们的爱情具有典型性、悲剧性，是一段尝试走向绝对的爱情。1920 年凯瑟琳结识瓦莱里时年届四十，已婚的她婚姻不幸。瓦莱里则比凯瑟琳年长十岁，他是一位平和的丈夫，以及三个孩子的父亲。两人发展了一段深沉、完整的爱情，这是一段感情生活、思想生活和性生活交织的爱情，套用凯瑟琳·博西的传记作者劳伦斯·约瑟夫的精准形容，在这段爱情中，每个人都像是在对方身上“看到了自己的化身”。凯瑟琳放任自我，在一种近乎神秘主义的冲动中徜徉，“应该像信教一样投身于爱情”。至于瓦莱里，他则是一位享受孤独的思想家，他注重控制自己的感情、通过写作克服自己的焦虑，瓦莱里唯理多于虔诚。两人之间存在差距，但是这些差距为他们的创造力提供了强大的动力。瓦莱里会从凯瑟琳那里汲取灵感，两人相识两年后，他出版了自己最优美的诗集——《魅歌》。虽然凯瑟琳为瓦莱里的作品牺牲了自己的工作，她对此感到幸福。

就像一张过于紧绷的画布一样，他们的爱情最终破裂。分手绝不仅仅是幸福的反义词，还是冲垮生活的堤坝，抵消能够促进个人提升的动力。凯瑟琳越来越难以接受两女共侍一夫，她本人则已经与丈夫离婚，她希望情人能采取相同态度。瓦莱里只满足于妥协，他任凭自己埋头于家庭义务和责任之中，他的事业更让他无法分身。瓦莱里喜欢荣誉和沙龙生活，他不停地追求巴黎生活里必不可少的灵感女神们，并且努力取得事业上的成功。1925 年，瓦莱里入选“法兰西学院”。瓦莱里的日程安排没有顾忌凯瑟琳的等待——这是一位渴望绝对的情人。疲惫的凯瑟琳患上了肺结核，她慷慨大度地情愿自己杰出的才华被淹没。随着瓦莱里渐行渐远，地下恋情不得不承受的束缚以及凯瑟琳在工作中对自己的强制约束都让她感到越来越沉重，她的疾病、她的骄傲让她遭到了社会的排挤。两人的爱情从蓬勃的希望变成了一种折磨。他们爆发了激烈的争执后，凯瑟琳选择保持距离，也不再给瓦莱里回信。瓦莱里则起了自杀的念头。然而，两人的爱情又出现了转机。虽然说爱情不再能够满足欲望，但它仍然保持了强大的创造力，并且在此期间并非没有苦涩的羁绊。沙龙里的流言蜚语搅动了本就不平静的水面。瓦莱里和凯瑟琳的幸福时光中交织着指责、借口、寻求解释和冷漠，不久后还有缄口不言。

这段爱情又磕磕绊绊地持续了两年。在经历了良久的垂死挣扎后，为了能够寻求真理，两人最终在痛苦中做出了抉择。1928 年 1 月的一个早晨，当瓦莱里拜访凯瑟琳时，后者突然与他作别，“一天早上，我对爱情说，让它永远都不要再回来”。七年的爱情就这样结束了，用凯瑟琳的话说，这是一段持续七年的浮生若梦，“七年的时间用来明白，我们曾经的所作所为丝毫不重要”。瓦莱里从此以后只是“对方”——一位不忠者。“对方”给凯瑟琳写信，然而她再也没有拆阅这些信，并把它们原封不动地寄了回去。瓦莱里有意篡改了自己的笔记，以此来打消凯瑟琳的警惕，他让另一个人写信封上的地址，但凯瑟琳识破了他的伎俩。5 月 15 日，她发出了一声怒吼：“在经历了这样一份爱、这样一份爱逝后，您再也无权出现在我的生活中。我有权度过平静的夜晚……”随之而来的是苦涩的指责，“您曾经让我相信您的生活一无所有，没有情人、没有妻子、没有朋友圈、没有朋友、没有姐妹，也没有陪伴。然后，您把我引入您的生活七年之久，在此期间，您还要施舍这位常驻的女士……”

传奇真的就这样结束了，以这样一种平庸的方式了结了。凯瑟琳知道自己并非“独一无二”，从此以后，他们的爱情在她眼中一文不值。甚至过往也不足以挽救这段爱情。六个月后，凯瑟琳把这位绝妙又不忠的情人给她写的信件封存在盒子里。因为“对方”仍然在给她写信，一直在写。

伤口始终开裂，“什么时候我才能不用再忍受这些？我想忘却”，凯瑟琳这样哀叹道（1931 年 12 月）。一年后，她又收到了一封瓦莱里的来信，但是信被扔进了下水道。凯瑟琳只剩下三年的生命。在凯瑟琳离世后，公证人按照她的要求烧毁了她与瓦莱里之间的大部分书信。破碎的爱情变成怨恨，保罗·瓦莱里用文字表达出这份破碎之爱给他带来的绝望，“最刻骨的憎恨来自于这些只是内心被阻隔的人，这些人可以更深刻地理解彼此，他们可以看透对方灵魂的深渊，他们是互相为敌的‘同类人’”（《备忘录》，VIII）。经过分手一劫，曾经两人共同的思想、共同的经历都失去了意义，然而这些却不能只属于一人。不管能不能治愈情伤，一些无法泯灭的东西，以及植入脊髓的刺痛还是会引起质疑，有时也会带来羞耻，同时改变对自身和世界的看法。

因此爱情就仅仅只是一种幻想、一种失信的设想，因为它过于孤僻与活跃、灵活的高科技现代社会甚少相容？狂热的激情相对于自由解放来说更加使人异化，爱情的激昂命中注定就不会持久。人们在爱情中寄托了一切，包括自己的身份和标志。哲学家弗朗索瓦·于连[①]提出疑问，也许应该走出这个西方的伟大神话，走出这个“嘈杂爱情”的神话。在一篇关于“生存”的文化历史随笔中（《论私密》），弗朗索瓦·于连提出从侧面探寻爱情和恋爱关系。他认为，“私密进程”是在保持每个人的特殊性的同时组成的结合，这是一条需要用谨慎、持重的方式探索的道路，这条道路的源头就是卢梭和浪漫主义。一对爱侣从熟悉到亲密，这种纵情、默契的亲密成了两人共同享有的“避风港”，爱侣在时代的动荡中静静生活在这个

① 弗朗索瓦·于连（1951—），法国著名汉学家。——译者注

“避风港”中。亲密隐藏在微不足道之中，它伴随着日常生活中每一个或微不足道、或沉重威严的时刻，在极致的情况下，这种亲密会抹去“对方”和“自我”之间的界限，废除“内在”和“外在”的隔阂。但是，爱侣之间同样必须要懂得让“相异性”存在于这种亲密关系中，“让分离成为可能”，创造一种游戏式的分离，以此来激发欲望。

当这种亲密关系破碎或陷入困境时，分手也就席卷而来。分手的爱人必须要重新找回自我、果断抉择、学习独自生活。这样的考验常常令人痛彻心扉，而且需要外界陪伴。然而，一段恋情的结束意味着可以为世界的其他角落打开大门，在经历漫长的努力之后，一段爱情的结束可以激发意想不到的才能。孤独之境可以变成私人之境，因为，正如哲学家克莱尔·马兰在 2019 年的著作《破裂》中强调的那样，“我们的身上蕴藏着各种可能的身份，分手可以激发这些潜在的身份”。除了科技进步以外，21 世纪可能还开创了一种新式人文主义，为人们提供前所未有的交往机会，为创造性话语提供自由。离婚数量恰恰从反面证实了夫妇之间信念的活力，以及他们对稳定关系的渴望，当然，前提是要留给爱情探索“内在”的时间，以及体会私密的时间。

图书在版编目（CIP）数据

爱情的破碎：一部分手史 / (法) 萨宾娜·梅尔基奥尔-博奈著；陈晓琳译. -- 北京：中国环境出版集团, 2022.4

ISBN 978-7-5111-5025-7

Ⅰ. ①爱… Ⅱ. ①萨… ②陈… Ⅲ. ①爱情—通俗读物 Ⅳ. ①C913.1-49

中国版本图书馆CIP数据核字(2022)第017626号

著作权合同登记号 图字：01-2021-0635

出 版 人 武德凯
责任编辑 王 荣
责任校对 任 丽
装帧设计 岳 帅

出版发行 中国环境出版集团
（100062 北京市东城区广渠门内大街16号）
网　　址：http://www.cesp.com.cn
电子邮箱：bjgl@cesp.com.cn
联系电话：010-67112765（编辑管理部）
发行热线：010-67125803 010-67113405（传真）
印　　刷 天津科创新彩印刷有限公司
经　　销 各地新华书店
版　　次 2022年4月第1版
印　　次 2022年4月第1次印刷
开　　本 880mm×1270mm 1/32
印　　张 14.25
字　　数 301千字
定　　价 99.00元
